有土兹有财

近代江南地权与农民日常生活

YOUTU ZI YOUCAI

JINDAI JIANGNAN DIQUAN YU
NONGMIN RICHANG SHENGHUO

张佩国 著

中西書局

图书在版编目(CIP)数据

有土兹有财：近代江南地权与农民日常生活／张佩
国著.—上海：中西书局，2023
ISBN 978-7-5475-2065-9

Ⅰ.①有… Ⅱ.①张… Ⅲ.①农村—土地所有权—研
究—华东地区—近代②农民—生活状况—研究—华东地区
—近代 Ⅳ.①F321.1②D422.7

中国国家版本馆 CIP 数据核字(2023)第 023940 号

有土兹有财——近代江南地权与农民日常生活
张佩国 著

责任编辑	伍珺涵
装帧设计	黄 骏
责任印制	朱人杰
出版发行	上海世纪出版集团 中西书局(www.zxpress.com.cn)
地 址	上海市闵行区号景路 159 弄 B 座(邮政编码：201101)
印 刷	浙江天地海印刷有限公司
开 本	700 毫米×1000 毫米 1/16
印 张	25.5
字 数	379 000
版 次	2023 年 4 月第 1 版 2023 年 4 月第 1 次印刷
书 号	ISBN 978-7-5475-2065-9／F·037
定 价	108.00 元

本书如有质量问题,请与承印厂联系。电话：0573-85509555

序

姜义华

在夺取政权的中国革命战争中,农民问题是根本问题;在中国社会主义所有制改造和社会主义经济建设中,在中国从传统文明向现代文明的转变中,农民问题同样是根本问题。这一点,已经为越来越多的人所认识。但是,农民问题的核心究竟是什么,人们见仁见智,见解往往大相径庭。

张佩国教授在他的博士后研究成果中认定:"地权是乡村社会历史变迁的全息元,即地权蕴含了乡村社会历史的全部信息含量。"抓住地权问题一层层剖析下去,我以为是抓住了中国农村问题的核心或要害。

在我国新民主主义革命时期,"土地革命""打土豪分田地""土地改革"等口号,无一不紧紧环绕着地权问题。地权关系的巨大变动,形成了现代中国第一次农村包围城市,最终使中国共产党取得了新民主主义革命的伟大胜利。新中国成立不久,通过农业合作化运动,将农民的土地集合到小生产共同体之中,取消了农民对一家一户土地的所有权。改革开放后,最初从包产到户及实行家庭联产承包责任制开始,实际上就是从变革地权关系入手。正是从这里打开了通道,方才有后来农村的、城市的、国有大中型企业及整个计划经济体制的全面改革。

地权关系的变革,从 20 世纪初孙中山提出"平均地权"开始,人们研究、讨论了整整一个世纪,图谋解决地权问题的种种方案也试验了整整一个世纪。然而,直到世纪之末,人们或者主张继续坚持地权关系模糊的家庭联产承包责任制,或者主张实现土地私有化,或者主张恢复农村合作制,仍然众说纷纭,莫衷一是。究其原因,非常重要的一点,就是人们在观察和试图解决地权关系时,几乎毫无例外地都囿于固有的思想模式,这些模式或取之西方的产权理念,或源于中国古代某些地权关系的理想化设计。

正是针对近代中国乡村史的概念化解释及相应的方法论上的弊端,张佩国确定了自己有别于这些先行者的研究方法。他认为:

> 农民们不像学者有所谓的"学科意识",他们的观念、话语全面地反映了乡村社会生活的实际过程。因此,尽量地发掘中国乡村社会固有的乡土概念,如村界、村籍、家产、家业、家计、族产、田底、田面(无锡地方又称"灰肥田")、"烟火"(即宗祧继承观念)等乡土话语,才能走进乡村社会历史的深处,最大限度地再现农民的历史主体性,而学者头脑中的学科概念相对于这些乡土观念明显地缺乏解释的力度。本项研究最基本的解释策略也正是要突破概念化的历史书写方式,走向中国乡村史的乡土化书写,我称之为历史人类学的方法论。

根据这一研究方法,张佩国分别从江南农民村落共同体意识入手,考察了村落和地权的关系;有别于以往从经济学角度对农家生计作单一化学科分析的做法,贴近农民日常生活讨论了农家生计的问题;透过分家析产、宗祧继承、族产分配,以及与此相关联的家产纠纷及民间习俗,揭示了中国乡村"差序格局"的家庭伦理关系和财产关系。所有这一切,都是为了一个目的,这就是"再现农民生活场境",从而充分揭示近代江南乡村地权的真实面貌。

本书第八章专门分析了"一田两主"这一特殊的地权形态,揭示了这种地权结构发生的乡土意义。田面权和田底权相分割,田面权可能让渡、抵押、典卖、出租,可以作为家产继承以及由此而显示其所有权性质。江南土地交易圈远远超出"村级土地市场",在"一田两主"条件下,佃户依靠乡族势力和村民的村界意识、村籍观念而在主佃关系结构中拥有较多的资源优势。凡此等等,都进一步表明,用单一化的分析模式,无法深入了解地权关系的真实面貌。

张佩国教授研究的仅仅是近代江南地区这一特定区域的乡村地权,但是,他的努力,价值不仅仅在此。我以为,更值得重视的,正是他所尝试的新的研究方法。由此可以从新的视角去考察中国历史和中国乡村社会的现实。像作者所说的"用人类学的'在场'式观察方法"去恢复历史时空序列中特定的地权关系的实际,经过仔细寻找,可能窥见引导中国乡村社会从传统走向现代的契机或独特路径。不妨考虑既不走土地私有化的道路,又不走土地公有化的合作制道路,而又能突破目前地权关系模糊的状态,在国家、乡村及农户之间形成较为明晰的地权分割;既可使农民有确定的一定比例的土地所有权,由此推动农村土地市场、资本市场、技术市场、劳动力市场及商品市场的形成与发展,而又可使地权转移、兼并不致失控,利用许多有效的习惯法及一系列新的国家法,使地权的维持、转移、兼并和农业规模经营的高技术、高效率发展有机地结合起来。

中国现代化事业的成功,有待于中国农村实现一场亘古未有的大变革。一个世纪来,我们已经经历了太多的曲折。未来怎样前进,人们还在努力探索,努力实践。张佩国教授多年来一直在进行着中国乡村社会的研究,这部著作是他的最新成果。我们的事业需要一大批致力于原创性研究并辛勤耕耘的学者。盼望张佩国教授继续努力,使他所运用的再现农民生活场境的历史人类学研究方法进一步拓展和完善。

是为序。

二〇〇一年十一月三十日于复旦大学

目　　录

第一章 导 论

20 世纪 90 年代末,我有感于关于地权分配问题研究的弊病,指出"史学界对该课题的研究多偏重于经济史层面,近年来勃然兴起的社会史研究又较少顾及农村土地问题",试图在对这一问题的研究中建立经济史与社会史方法内在统一的经济社会史方法论体系。① 在此方法论基础上,我的博士学位论文《地权分配·农家经济·村落社区——1900 —1945 年的山东农村》,作为一项区域经济社会史研究,"在研究方法上力求突破传统经济史学静态生产关系述描的偏狭视野,从人与自然的生态关系、国家与社会的互动关系角度,分析了地权分配在农村社会经济生态系统中的地位、作用,并对农家经济、村落社区等相关因素进行了尽可能周详的历史分析"②。然而,经过几年的进一步思考,我发现所谓经济社会史方法论体系仍然是一种机械论的概念框架,并未实现经济史和社会史方法的有机融合与内在统一,以致造成农家经济和村落社区"两张皮",俨然是互无联系的两块自在实体,未能达到对地权分配实态进行全方位透视的学术目的。

实际上,地权分配关涉经济史学、社会史学之外更为广阔的学术领域,我们不能说文化史、思想史、法制史乃至政治史等所谓的史学领域可以将地权分配完全摒弃于分析视野之外。要想对地权分配进行全方位透析,必须进一步拓宽视野,进行整体社会史的研究,才能在更大程度上接近历史真实。我现在进行的江南乡村地权的研究,正是要通过地权分配这一有着

---

① 参阅拙文《寻求经济史和社会史的契合——近代中国农村土地分配研究方法论探析》,《江海学刊》1997 年第 6 期。

② 拙著:《地权分配·农家经济·村落社区——1900—1945 年的山东农村》,齐鲁书社 2000 年版。

全息意义的社会历史范畴,来透视近代江南①乡村社会历史变迁的深层内蕴。然而,接近历史真实谈何容易,在我们前进的道路上,隐藏着众多可怕的陷阱,而挖掘陷阱的不是别人,正是历史学者自身。问题在于,历史学者未意识到陷阱的存在,而这便成为陷阱产生的根源,结果只能是学者们掉进陷阱而不能自拔。而进行不间断的学术省思,找出陷阱之所在,才能绕过去,最大限度地减少史学研究投入中的成本,并实现对历史真实的趋近。以我绵薄之学力,窃以为就目前进行的这一研究课题而言,有两大"陷阱"需要清理,一是近代中国乡村史的"概念化"书写,使历史成为被建构的,而"建构的历史"离"真实的历史"相去甚远,可以说,历史的"概念化"书写与历史学"再现过去"的最根本要求背道而驰;二是学科本位的狭窄视野遮蔽了人们的眼光,使历史被碎割化为所谓的政治史、经济史、社会史、文化史、思想史、法制史、军事史等专门领域,历史成了历史学者展现其工匠技艺的场所,而社会历史各要素间的内在联系则被搁置一旁。

第一节　建构历史抑或再现历史
——质疑近代中国乡村史的"概念化"书写

美国研究近代中国史的历史学家柯文曾对战后美国近代中国史研究中的范式转换作过深入的剖析,提出以"中国中心观"为主导范式来再现真实的中国历史。② 他又通过对义和团运动的研究,从老课题中阐发新

① 历史时期的江南区划,固然有一个客观的演变过程,但不同学者的区域界定仍有很大悬殊,如钱杭、承载将江南的区域范围确定为"长江中下游地区、淮河地区和赣江流域,如按现在的省(市)级行政区划,涉及江苏、浙江、安徽、江西、上海四省一市"(《十七世纪江南社会生活》,浙江人民出版社 1996 年版,第 1 页)。而大部分学者,如黄宗智、樊树志、刘石吉、陈学文、范金民、姜彬、段本洛、李伯重等学者则将其界定为长江三角洲地区。对此,李伯重有较为系统的专论(《简论"江南地区"的界定》,《中国社会经济史研究》1990 年第 4 期)。我同意后一种意见,故将研究区域确定为有着特定生态条件的长江三角洲地区,并适当与华北及其他地区作比较分析。

② 参阅[美]柯文《在中国发现历史——"中国中心观"在美国的兴起》,中华书局 1991 年版。

意,提出区分三种历史,即人所创造的历史、历史学家书写的历史及被神话的历史。[①] 柯文的本意在于,历史学家书写的历史可以矫正被神话的历史中的虚假成分,以期趋近于人所创造的真实历史,但又与真实的历史有一定的距离。然而,历史学家所书写的历史(文本)中就没有神话的成分吗? 在近代中国乡村史的研究中,神话的力量主要不是来自非理性的狂热,而是来自历史学者概念化的逻辑推演。就是说,在这一领域中,不管是以建构模式见长的西方史家,还是以实证资料取胜的中日史家,都程度不同地围绕某些基本概念来进行他们的历史学文本的书写,故我将这种现象称为"概念化"书写。

在近代中国乡村史的"概念化"书写中,我们看到了"丰富多彩"的乡村生活景观。以经济决定论为主流范式的研究者,其笔下的近代中国农村呈现一派危机景象,帝国主义、封建主义和官僚资本的压迫使农民处于水深火热之中,故只有以彻底改变旧的土地制度为革命的根本任务,才能摆脱危机。与这种危机论相关的景观就是土地占有的高度集中、残酷的阶级压迫、帝国主义的入侵与乡村经济的破产。近年来流行的现代化范式所呈现的乡村景观更是花样繁多,如在停滞论(珀金斯)、陷阱论(伊懋可)、过密化论(黄宗智)等理论中,近代中国乡村社会处于一种结构性或制度性的不发展状态。而在新古典主义经济学的增长论(马若孟、布兰德、罗斯基)研究中,近代中国农民却有着相对自由的经济选择和较为广泛的经济机会,生活水平不仅没有下降,反而有所提高。在制度经济学的框架中,近代中国乡村产权是排他的,甚至在前近代时期,市场经济已经孕育出不断生长的现代因素(赵冈、张五常、许倬云),姑且称作产权论。而权力共同体论(秦晖)所展示给我们的则是共同体对个体小农的权力压迫。[②] 如此等等,不一而足。仁者

---

① 参阅[美] 柯文《历史三调:作为事件、经历和神话的义和团》,江苏人民出版社 2000 年版。

② 以上分别参见[美] 珀金斯《中国的农业发展:1368—1968》,上海译文出版社 1984 年版;Mark Elvin, *The Pattern of the Chinese Past*, Stanford, California: Stanford University Press, 1973;[美] 黄宗智《华北的小农经济与社会变迁》,中华书局 1986 年版;[美] 黄宗智《长江三角洲的小农家庭与乡村发展》,中华书局 1991 年版;[美] 马若孟《中国的农民经济,1890—1949,河北、山东》,江苏人民出版社 1999 年版;[加] 布兰德、[美] 桑德斯《超越马尔萨斯和李嘉图:20 世纪前期中国农村的经济增长、土地集中和收入分配》,慈鸿飞（转下页）

见仁,智者见智,这种多元化的研究格局对于学术进步有其现实的合理性。然而,众说纷纭,莫衷一是,又使读者无所适从。这是真历史吗? 我们是要建构历史,还是要再现历史? 如果大家不否认历史学者的首要任务是最大限度地再现历史真实,那么,这种概念化的历史书写究竟是在再现历史真实的合理轨道内,还是偏离了其根本的方向? 只有对此作深入的学术史清理,才能最终回答这一问题。就近代中国乡村史的研究现状看,虽有学科整合之趋势,但目前学科本位理念仍居主导地位,且学界前辈和同行的工作主要集中在经济史、社会史、法制史三个领域,故清理工作亦应分别在此三领域渐次展开。

一、经济史:革命与现代化范式的两难

在我国史学界,可以说在 20 世纪 30 年代中国社会史大论战以后,革命史学曾成为近代中国史编史学的主流范式,革命成为近代史的中心事件。而近年来兴起的现代化范式却作出了对中国革命的另类解释。对土地革命、土地改革的研究就充分显露了革命与现代化范式的两难境地。在革命史学的解释体系中,土地改革的积极意义被凸显,如韩丁(William Hinton)的名著《翻身》中,土地改革成为世代受经济盘剥和文化压迫的农民翻身求解放的史诗性事件。而 Edward Friedman、Paul Pickowicz 和 Mark Selden 所著《中国的乡村,社会主义的国家》(*Chinese Village*, *Socialist State*)一书,其结论则是土地改革及其后的集体化并没有达到应有的效果,且存在中国社会的那些"不良分子"得以掌权的现象,潜存于中国传统文化中的某些恶劣习性难以控制。我无意在此讨论其具体结论,只想追问,何

(接上页)译,载上海中山学社主办《近代中国》第 9 辑,上海社会科学院出版社 1999 年版;Thomas G. Rawski, *Economic Growth in Prewar China*, Berkeley and Los Angeles: University of California Press, 1989;[美] 赵冈、陈钟毅《中国土地制度史》,台北: 联经出版事业公司 1984 年版;张五常《私有产权与分成租佃》,载《财产权利与制度变迁——产权学派与新制度学派译文集》,上海三联书店、上海人民出版社 1994 年版;[美] 许倬云《汉代农业》,江苏人民出版社 1999 年版;秦晖、苏文《田园诗与狂想曲——关中模式与前近代社会的再认识》,中央编译出版社 1996 年版。

以革命范式与现代化范式在对同一社会历史现象的解释中会陷入两难境地？可以说，两种解释都存在一个问题，即革命范式和现代化范式均是一种价值体系，以此为价值预设的历史解释只能是以价值判断代替事实判断，历史事实似乎成了编史学框架可以随意形塑的材料。我们看到的并不是两种截然相反的历史事实，而是两种不同的价值理念对历史事实的不同反映。

表面看来，对革命的研究似乎属于政治史范畴，与经济史没有直接联系。实则不然，革命的政治史解释与社会经济史的研究是紧相呼应的。"封建主义论"学派强调封建生产关系下地主与佃农之间冲突的中心地位，而帝国主义加剧了阶级矛盾，从而引起了反帝反封建的阶级革命。"资本主义萌芽"论学派尽管强调帝国主义如何阻碍了中国资本主义萌芽的充分发展，但封建地主阶级对农民的剥削仍占显著的优势，共产党正是被剥削阶级的组织代表，故此说明共产党领导的反帝反封建革命有着深层的社会经济动因和广泛的群众基础。①

有关革命和封建地主土地所有制这种内在联系的论说，在以陈翰笙为代表的"中国农村派"学术团体的学术实践中首先得到发扬光大。② "中国农村派"对于近代中国农村社会经济研究的最基本概念是生产关系，以为"一切生产关系的总和造成社会的基础结构。这是真正社会学的研究的出发点，而大部分的生产关系是属于农村的"；农村诸问题的中心是"集中在土地之占有与利用以及其他的农业生产手段上"，③而"土地所有与土地使用间的矛盾，正是现代中国土地问题的核心"。④ 封建地主土地所有制构成了农村生产关系的中心，似乎对土地所有制进行根本性变革，农村中的其他问题

---

① ［美］黄宗智：《中国经济史中的悖论现象与当前的规范认识危机》，《史学理论研究》1993年第1期。

② 关于"中国农村派"在20世纪30年代中国农村社会性质论战中的理论表述，雷颐已在《中国农村社会性质论战与新民主主义理论的形成》一文中做了很好的清理工作，可资参阅，该文刊载于《二十一世纪》(香港)双月刊1996年12月号。

③ 陈翰笙：《中国的农村研究》，《劳动季刊》第1卷第1期，1931年9月。

④ 陈翰笙：《现代中国的土地问题》，载冯和法编《中国农村经济论》，上海黎明书局1934年版，第241页。

便可迎刃而解。这一论说也成为农村经济史研究领域的主流观点,并逐渐发展成"土地制度决定论"的理论模式。其逻辑是:经济基础就是生产关系,封建社会的生产关系主要是土地所有制,既然经济基础是决定因素,因此封建社会当然就是由土地制度所决定的,半封建半殖民地的近代中国社会也不例外。① 反映"土地制度决定论"的基本概念,便是至今仍作为中国农村社会经济史学主导性概念的"地主制经济"。按照李文治的概括,"地主制经济指整个地主经济体制,即以地主所有制为主导包括农民所有制及各类官公田地在内的土地关系整体,并由以形成的社会经济关系"。在李文治的解释体系中,地主制经济以其顽强的生命力,不断适应着农业生产、商品经济发展、地权分配变化、宗法等级关系松懈、农民战争冲击和国家政策调整,其主导作用始终不曾改变。②

　　"地主制经济"作为中国社会经济史学中的主导性概念,其扩张性是很明显的,举凡与土地制度有关的研究课题都可以借用"地主制经济"的原理进行解释。傅衣凌在研究乡族经济和市镇经济时,认为"必须注意到所有制下的社会内容,应以封建社会的主要矛盾,即地主和农民之间的阶级关系作为中心的课题"。傅衣凌并认为乡族经济只不过是中国地主经济的一种特殊表现形式,是地主阶级统治农民采取了一种更隐蔽的方式;而市镇经济也始终作为地主经济的一个组成部分而存在。③ 杨国桢则在地主制经济的框架下解释土地契约关系的弹性。④ 小农经济这一经营形态意义上的概念也被放在与地主制经济相对立的层面上加以讨论。史志宏对清代前期小农经济的研究,仍然是在地主制经济的概念框架下解释小农经济的变迁过程。⑤制造地主制经济与小农经济的对立格局,无非是想彰显地主阶级和农民阶

---

① 参阅居之安《"土地制度决定论"质疑》,《光明日报》1987 年 11 月 25 日。
② 李文治:《把地主制经济的发展变化作为考察某些历史问题的中心线索》,《中国经济史研究》1996 年第 2 期。又见李文治《明清时代封建土地关系的松解》,中国社会科学出版社1993 年版。
③ 傅衣凌:《明清封建土地所有制论纲》,上海人民出版社 1992 年版,第 8 页;《明清社会经济史论文集》,人民出版社 1982 年版,第 81、235 页。
④ 参见杨国桢《明清土地契约文书研究》,人民出版社 1988 年版,第 20 页。
⑤ 参阅史志宏《清代前期的小农经济》,中国社会科学出版社 1994 年版。

级在土地占有关系上的剥削与被剥削关系。其实,与小农经济相对应的概念,不是地主制经济,而是资本主义农场经济,或称"大农"经济,这是土地经营规模层次上的一对概念;与地主制经济相对应的则是自耕农经济,从生产方式看,它们都属小农经济范畴。① 如果是在这一意义上进行解释,那么我们看到的恐怕更多地是作为家庭层面上地主、佃农和自耕农的相互转化,正所谓"千年田八百主""三十年河东,三十年河西"。而张研在研究清代族田时,以"地主制经济"概念为前提,以清代以后自耕农经济范围显著缩小为理由,而将其置于分析视野之外。② 由"地主制经济论"必然推演出"租佃关系决定论"和"地权集中论"。栾成显通过对明代黄册制度的研究,认为明清时期土地占有呈集中化趋势,土地集中于少数业户,且"90%以上的土地都出租给佃户耕作,租佃关系极为发达。……而租佃关系的发达也正说明了土地过于集中于少数地主富农一方,大多数农户并不占有土地,或仅有很少土地,只能依靠租佃他人土地为生,即地主制经济是占主导地位的"③。在"地主制经济"框架中解释租佃关系,而租佃关系发达的实证性结论又为"地主制经济论"作循环式论证。

秦晖则以其对关中地区的研究,一反"租佃关系决定论",认为"不是租佃制决定了封建社会的性质,而是社会的封建性决定了当时的租佃关系只能是封建租佃,即以人的依附为基础的租佃",而传统社会关系中的人身依附主要表现在个人从属于宗法共同体。④ 按照李根蟠的归结,此为"权力经济论"。"权力经济论"强调人身依附关系和自然经济密不可分,同为封建社会的主要标志,这应是正确的,但该理论又无限扩张人身依附关系的作用空间,认为封建社会的基础是人身依附关系而不是封建土地所有制,甚至将两者对立起来,则有失公允。⑤ 在方法论上,"权力经济论"犯了与"地主制经

① 参阅严立贤《中国和日本的早期工业化与国内市场》,北京大学出版社1999年版,第167—168页。
② 参阅张研《清代族田与基层社会结构》,中国人民大学出版社1991年版,第225页。
③ 栾成显:《明代黄册制度研究》,中国社会科学出版社1998年版,第453页。
④ 秦晖、苏文:《田园诗与狂想曲——关中模式与前近代社会的再认识》,第179页。
⑤ 李根蟠:《中国封建经济史若干理论观点的逻辑关系及得失浅议》,《中国经济史研究》1997年第3期。

济论"同样的错误,即以概念的建构为前提,对社会经济现象仅作某种单一化的解释,类似于数量经济学的计量模型,不自觉地过滤掉一些相关的社会历史要素。

　　"地主制经济论"将土地关系理解为租佃关系,而地主和佃农的对立是建立在土地占有集中化基础上的,故地权集中论又成为"地主制经济论"的基本判断。邓拓依据其参与土地改革的实践经验,指出"旧中国农村主要是由地主阶级和农民阶级构成","土地分配极不平均,约占百分之十的地主富农占有土地百分之六十以上"。① 以此来解释中国农村社会经济关系,就很容易忽略甚或无视农民小土地所有制的存在。章有义在经过认真的实证研究后,认为"小自耕农占有土地达到 40%～50% 或者说 40%左右,乃是中国近代土地关系的一个重要组成部分"。而且土地关系变迁可以从诸子均产制对家产、家业的影响中得到解释。② 这就在一定程度上突破了概念化的"地主制经济论"所作的单一解释。革命范式主导下的中国农村经济史领域的概念还有很多,如"封建制度""资本主义萌芽"等,已有若干学者讨论过,笔者不便在此赘述了。对"地主制经济论"解释策略的清理,已足以说明概念化的历史书写方式离再现历史真实的目标究竟有多远!

　　在以美国学者为主的现代化范式的乡村经济史书写中,存在着如前文所说的"停滞论""高水平均衡陷阱论""增长论""产权论"和"过密化论",亦不能一一展开评述,况也属本人学力所不逮。好在,我现在的目的是想从方法论角度对乡村史的概念化书写进行一定的清理,故仅就黄宗智的"过密化论"加以评述,企望收到举一反三之功效。

　　黄宗智的"过密化"或"内卷化"概念,想必从事中国近代乡村史研究的朋友不会感到陌生。在《长江三角洲的小农家庭与乡村发展》一书中,黄指出"长江三角洲农村经济的商品化不是按照舒尔茨的逻辑,而是按照蔡雅诺

---

① 邓拓:《旧中国农村的阶级关系与土地制度》,《社会科学战线》1982 年第 3 期。
② 章有义:《本世纪二三十年代我国地权分配的再估计》,《中国社会经济史研究》1988 年第 2 期;赵冈在读了这篇文章后,撰文提出对"地主制经济"概念的否定性意见,见《地主经济制质疑》,载《中国社会经济史研究》1989 年第 2 期。

夫的逻辑推动的"。应当说,对于小农经济的解释,蔡雅诺夫的逻辑更适用。舒尔茨从现代经济学中的"经济人"假定来解释传统农业,以为"从事传统农业的农民接受一种新生产要素的速度取决于适当扣除了风险和不确定性之后的利润,在这方面,传统农业中农民的反应和现代农业中农民所表现出来的反应相类似"①,显然是用错了地方。我国台湾地区学者刘石吉在对明清江南市镇的研究中,实际上也借用了舒尔茨的"经济人"假定,认为市场经济利润的诱因,使明清时期江南地区的小农不愿再拘守着传统形式的农业经营,而不得不把自己投身在整个市场经济体系中了。洪焕椿已经以实证资料对此作了批评,指出明清时期松江、嘉定、太仓等地种植木棉多于种稻,是为了完租税,资衣食;湖州农民重视蚕桑,也是为了"生计所资",完全不是为了"利润的动机"。② 这种"经济人"假定不是在农民经济活动的特定历史空间中去解释其内在的逻辑,而是从预设的概念出发给出形式化的解释,自然是不能接近历史真实的。

那么,黄宗智所倾向的蔡雅诺夫的解释策略又当如何呢?蔡雅诺夫反对将农民农场视作农业企业性质的农场,以为这种观点在资本主义制度中才具有说明力,主张以家庭劳动作为认识农民农场组织根本性质的基础,这固然比舒尔茨前进了一步;然而蔡雅诺夫从经济学学科本位出发,只是要阐明农民农场理论的静态的形态特征。③ 这仍旧是一种单一化的解释,他没有注意到人口、经济因素之外的其他社会因素对农民经济行为的影响,则又是其理论的致命伤。

黄宗智的"过密化论"同样也存在两方面的理论失误。其一,以西方经济学的"边际"概念解释中国小农经济,本土化的工作做得还很不够,其内心深处隐含的则是资本主义技术密集型生产取代劳动集约型生产的现代化诉求。黄的解释策略是,"过密化"不合理之处甚多,应向更加合理的经济行为模式趋近,说明的只是长江三角洲怎样未经历根本性的经济突破(这是应然

① [美]舒尔茨:《改造传统农业》,商务印书馆 1987 年版,第 26 页。
② 分别参见刘石吉《明清江南市镇研究》,中国社会科学出版社 1984 年版,第 8—9 页;洪焕椿《评刘石吉先生的明清江南市镇研究》,《学术月刊》1984 年第 12 期。
③ A. 蔡雅诺夫:《农民农场组织》,中央编译出版社 1996 年版,第 9、12 页。

的而不是实然的);对于在特定的历史时空中,"过密化"如何产生以及该地区的经济到底发生了什么变化,未作充分说明。日本有些学者,如滨岛敦俊、森正夫的研究,则着意于解释"事实上到底发生了什么"①,虽没有太多的概念化建构,却更接近历史真实。事实的解释不是对经济现象的简单描述,而是在发生学意义上探究农民经济行为产生的内在逻辑。诚如林刚所指陈的,"在寻求落后国家的发展问题上,可称为科学的经济理论的含义,不是去设计一套完美无瑕的经济行为模式或前景,而是指明客观存在的社会经济环境条件下所可能做出的最佳选择"②。如果"过密化"确实存在,那么学者首先应当做的工作是解释、描述农民为什么会做这种选择而不是他种选择。侯杨方和范金民在分别对江南农村蚕桑业做了深入细致的研究后,认为单位面积土地的收益和家庭年收益更加符合江南农民的理财观念,农民之所以放弃部分稻作来发展蚕桑业是因为可以从单位面积的土地上获得更高的年收益,而对每天报酬的高低则不会去用心核算。③ 可以说,小农家庭的这种经济选择是在特定的历史时空中发生的,其内在的发生机制以模型化的西方概念尚难得到较为合理的解释。

其二,"过密化论"同蔡雅诺夫的静态经济学方法一样,也存在着单一化解释倾向,即对于人口、经济因素之外的社会文化因素考虑不多。"过密化论"的这种一元单向解释策略,实际上无限制地扩大经济发展中的某一侧面,而忽视或过滤掉一些重要的影响因素。王国斌就此评述道:"他(指黄宗智)实际上是以大学一年级经济学课程所讲授的那种典型市场为标准来衡量中国的,只是未明说而已。"④如此说来,"过密化论"却与新古典经济学方法殊途同归,尚未达到以新制度经济学为主导方法的新经济史

---

① 分别参见[日]滨岛敦俊《明代江南农村社会研究》,东京:东京大学出版会1982年版;[日]森正夫《明代江南土地制度研究》,京都:同朋舍1988年版。
② 林刚:《中国国情与早期现代化》,《中国经济史研究》1999年第4期。
③ 分别参见侯杨方《"过密化"论与小农经济决策行为分析——以湖州小农家庭蚕丝业为个案》,《学术月刊》1994年第7期;范金民《明清江南商业的发展》,南京大学出版社1998年版,第335—338页。
④ [美]王国斌:《转变的中国——历史变迁与欧洲经验的局限》,江苏人民出版社1999年版,第31页。

学的认识水平。新古典经济学的主要学术取向是在现存经济制度下,如何
求得均衡点,如何达到资源的最优配置,这与经济史的整体考察视角背道
而驰。①

革命范式与现代化范式在中国乡村史的解释上之所以会陷入两难困
境,关键在于研究者以外在的概念框架去解释乡村社会经济变迁过程,其
结果只能是南辕北辙,迷失了方向。更加合理的解释策略应是深入乡土社
会内部去观察、理解农民经济行为的现实空间。小农不是纯粹的经济单
位,更承担着村落社区的社会义务和责任,在伦理化的经济组织中,个人的
经济角色往往随其亲属角色而定,其经济交换关系兼具市场交换与非市场
导向的双重内涵。② 罗红光在关于陕北米脂县杨家沟的社会人类学研究
中,就据此以村民生活脉络中的“生活关系”来取代“生产关系”概念,因为
杨家沟人在日常生活中所实际感受的是基于伦理观念的交换、协作关系,
这是本来存在的社会事实,而不是历史学家从“生产关系”概念出发所建
构的“所谓社会事实”。③ 周锡瑞在对同一村庄的研究中,也不同意一些理
论家对中国革命的概念化书写,认为这种结构主义的解释或许适合大学讲
义或国外的跨文化比较,然而真正的革命似乎是一个更具有条件的过程,
它需要在自己的权力范围内受到检验。④ 这种解释必定根植于乡土社会
本身的内在逻辑基础上,也因此必然是一种多元的而非一元单向的解释。
至此,对于如何走出革命与现代化范式的两难困境,我们总算有了一个较
为初步的认识。

---

① 参阅赵冈《制度学派的经济史观及其他》,《中国经济史研究》1996 年第 3 期;吴承明《经济
　学理论与经济史研究》,《经济研究》1995 年第 4 期。
② 参阅陈春声、刘志伟《清代经济运作的两个基本特点——有关市场机制的论纲》,《中国经
　济史研究》1990 年第 3 期;沈虹等《边缘地带的小农——中国贫困的微观机理》,人民出版
　社 1992 年版;Scott, James, *The Moral Economy of the Peasant: Rebellion and Subsistance in
　Southeast Asia*, New Haven: Yale University Press,1976。
③ 参阅罗红光《不等价交换——围绕财富的劳动与消费》,浙江人民出版社 2000 年版,第
　51—52 页。
④ Echerick, J., "Revolution in a Feudal Fortress: Yangjiagou, Mizhi County, Shanxi, 1937-
　1948", *Modern China*, Vol.4, pp.368-370.

二、社会史：从固化的"结构"到流动的"关系"

也许在史学领域中，再没有比社会史学的学科边界更为模糊的了，社会史向经济史、政治史、文化史、法制史乃至思想史的渗透、扩张趋势愈益明显，以至于将社会史作为一个专门学科领域的观点越发缺少成立的理由。正因为如此，社会史更加显示其独特的方法论意蕴，这是史学专门化学科所无法取代的。毋庸置疑，社会史学从社会学、人类学等学科吸纳了丰富的学术资源，从而成为一个开放的方法论体系，然而恰由此而形成的结构主义式概念化书写又较其他史学专门化学科更为突出。社会学上有方法论结构主义与个体主义之争，虽然对所谓"结构"的探讨不断地引入对个体行动者行为、关系的分析视角，但目前似乎结构主义仍占主流地位。社会史学的"剩余领域"化或社会学化，对于社会学结构主义方法只是盲目套用，反思、批判却远远不够。在近代中国社会史的研究中，结构主义的概念化文本俯首即拾，对社会组织的结构—功能的研究掩盖了人的活动。不错，人是生活在社会组织中的，结构性整合程度愈高的社会愈是如此。然而，组织结构仅仅是稳定化的社群关系而已，离开了有血有肉的人的互动关系在特定历史时空的流动，所谓"结构"只能是空壳化、形式化的虚假概念，我将其称为"固化的结构"。社会史学的研究视野只有从"固化的结构"转向"流动的关系"，才可以动态地、全方位地再现社会历史时空的普遍性，因为只要有人群存在，必然就有社群关系网络，而特定的社会组织在历史时间和空间序列上都只能是相对的。

家族、宗族和村落应当说是乡村史研究的基本单位，有关这方面的研究成果也因此构成近代中国乡村社会史的主体。我这里不可能全面加以评述，只就乡族经济论、宗族理论及共同体论作一简要清理。乡族经济论由傅衣凌肇其始，前文在探讨"地主制经济论"时已有所涉及。傅衣凌所开创的"社会经济史"研究方法，将社会史的视角引入经济史研究领域，代有传人，历久不衰，以致形成中国史研究中一个影响很大的学派，学术贡献自不可小视。然而"乡族经济论"同样存在一个将宗族组织与个体农民、宗族结构与人际关系二元化的问题。傅衣凌将乡族势力作为个体农民的对立面，认为

"中国乡族势力的成分,既残留了原始氏族制的许多遗制,而又纠缠着封建的特权在内,它和封建政权既相互利用,而又有所区别,不易分开,组成为一个非常错综复杂的封建统治力量,而强加于农民的身上"①。对农民来说,乡族势力似乎是一种异己的力量,是外在于个体农民而存在的。傅衣凌晚年又进一步发展了乡族经济论,将乡族组织看作"一种多层次的、错综复杂的网络系统",而"传统中国农村社会的所有实体性和非实体性的组织都可被视为乡族组织,每一社会成员都在乡族网络的控制之中,并且只有在这一网络中才能确定自己的社会身份和社会地位"。②从"乡族势力"到"乡族网络",的确有更多的社会历史现象得到更充分的解释。与将乡族势力和个体小农作二元化处理相比较,在"乡族网络"的结构框架中解释个体农民的日常生活更有说服力。然而问题的另一方面则是,乡族势力和乡族网络不应是固定不变的已知因素,也应当在人的互动关系中得以发生、发展、变迁。如果能够将分析的着眼点转移到这一层面,那么我们对于宗族史乃至乡村史的认识就会向历史真实迈进一步。在这一认识行程中,对"乡族经济""乡族网络"的概念也未尝不可以有一个证伪的过程。如果在人的互动关系层面,比如从个体生活史、宗族内部关系(包括协作、交换、支配等诸种关系)、村籍意识、村界观念等视角分析宗族的发生学机制,相信会有更强的解释力。

傅衣凌的乡族经济论和乡族网络论对当今的家族、宗族史研究影响甚巨。郑振满在关于福建家族组织的研究中,从乡族组织结构探讨地主经济形态,以为"乡族地主经济指乡族组织与地主经济直接结合,由乡族组织集体所有的一种地主经济形式,因而乡族地主经济的所有权形态,取决于乡族组织的内部结构"③。族田、义庄、祠堂等由乡族集体控制的资源固不属于家庭财产,然而作为稳定化的宗族组织形态毕竟又离不开族众的伦理关系,仅作结构化的解释,有可能会忽视关系层面的社会历史内

① 傅衣凌:《明清社会经济史论文集》,第84页。
② 傅衣凌:《中国传统社会:多元的结构》,《中国社会经济史研究》1988年第3期。
③ 郑振满:《试论闽北乡族地主经济的形态与结构》,《中国社会经济史研究》1985年第4期。

涵。乡族组织的结构化解释又主要将着眼点放在族内权力支配关系上,对家际协作关系却视而不见。王日根在分析有关族权力量对地权转移的影响时,即认为明清时期乡族势力"不仅决定着族众的经济地位,亦决定着族众的其他一切方面,因而,族众对任何财产的占有权都附着于乡族、家族之上,是在乡族、家族庇护基础上的占有权,故乡族、家族对族众的地权转移有一定的支配权"①。殊不知,在乡族对地权的控制中,每一个族众既是被支配的对象,又成为乡族势力的一个因子,否则所谓"乡族势力"如果仅理解为族长及有形组织如祠堂、义庄等,有些社会历史现象就无法作历史的解释。

林济关于湖北黄州地域宗族的论著,则进一步从村落社区空间解释宗族组织结构。黄州地区特有的大村垸为宗族组织提供了活动的生态空间,而宗族活动又借助于祠堂、家谱和族田的组织设施得以展开。② 据作者坦言,这一视角是借鉴了徐扬杰的观点。徐扬杰认为:"所有的聚族而居的家族组织,都由祠堂、家谱和族田三件东西连接起来,这三者是近代封建家族制度的主要特征,也是它区别于古代家族制度的主要标志。"③如照此标准,北方地区宗族组织化程度显然不如东南沿海地区,族田、祠堂较少,是否乡族势力不发达? 笔者在研究清末民初山东地区的村落家族现象时,曾指出该时期山东地区乡村宗族同样有着浓烈的宗族道德观念和"差序格局"的宗族伦理秩序,④可见,如果仅从宗族组织角度分析,似难以给出令人信服的结论。已如前文所论,乡族组织不像宗族伦理具有历史时空序列上的普遍性,关于宗族组织的研究虽有学术价值,但并不具有全局的意义。

李文治、江太新的宗族研究,在地主制经济论和乡族经济论的框架下,也将宗族组织看作农民的对立物,同时较多地注意到明清时期宗法关系和

---

① 王日根:《清代地权转移中的非经济因素》,《中国社会经济史研究》1996 年第 2 期。
② 参阅林济《长江中游宗族社会及其变迁》,中国社会科学出版社 1999 年版,第 5、64 页。
③ 徐扬杰:《中国家族制度史》,人民出版社 1992 年版,第 320 页。
④ 参阅拙文《近代山东村落社区的整合与分化》,《史学月刊》2000 年第 1 期;拙著《地权分配·农家经济·村落社区——1900—1945 年的山东农村》,第 185—195 页。

宗族伦理的松解化趋势。他们主要引用地方志资料来说明,在明清时期,父子兄弟间为竞争财产而发生纠纷,已成普遍现象,从而显示宗法伦理关系呈松弛趋势。① 应当说,这比单一的结构化组织形态的研究进了一步。然而,在旧方志资料中,地方志作者作为士绅阶层,从典籍文化出发,以正统儒家伦理为价值评判标准,对民间宗族文化的议论和描述,正反映了典籍文化与民间文化疏离化的二元并存状态。所谓宗法伦理的松解,如果是从典籍文化角度的观察,则所谓"松解"是非历史的,因为,长时段的历史分析更应注意不同的历史时空序列上发生在民间文化层面上的宗族伦理的实际变动,则历史过程的纵向比较才具有可比性。可以说,宗族伦理首先是现实存在的宗族人际关系,其次是内化于人们文化—心理层面的道德情感。在"固化的结构"中,看不到宗族伦理的实际流变,至少可以说这种宗族史的研究是不全面的;将视角由结构分析延伸到伦理关系描述,如果不注意伦理关系的流动,则其解释是不彻底的。

说到近代中国宗族问题,文化人类学的研究就不能不提及,著名人类学家莫里斯·弗里德曼(Maurice Freedman)和林耀华所做的工作更是想在这一领域有所创新的后来者不能径直越过的。弗里德曼对中国东南宗族组织的研究主要是运用文化人类学的功能主义方法,重点探讨了中国宗族的结构和功能。弗氏认为,在中国社会,宗族成立的根本原因是共同祖先的认定和共同财产的占有。而财产的分配在宗族内部是不平均的,这正是大规模宗族得以成立、发展的主要动力,故宗族内部的权力结构是不平衡的。弗氏自己也声称,从观察的角度看,"区分宗族的重要性不在于以单个家户控制的财产衡量财富的平均水平,而在于这些家户实际或潜在地从中得到利益的共同财产的总量"②。根据弗氏的描述,在广东、福建,水利灌溉系统、稻米种植及边陲社会等三个变量成为宗族发展的重要动因,种植稻米而有农业剩余,可以容纳高密度人口的生长;而水利灌溉的建立需要有更多劳力之合

---

① 参见李文治、江太新《中国宗法宗族制和族田义庄》,社会科学文献出版社 2000 年版,第164 页。

② [英]莫里斯·弗里德曼:《中国东南的宗族组织》,上海人民出版社 2000 年版,第 164 页。

作,因此促成土地的共同占有与宗族协作;在边陲地带,移民者为防御外来的威胁,很容易促成宗族的团结。① 如果说这种解释尚能符合中国东南宗族发展的历史事实的话,那么,弗氏建构普遍化理论模式的追求,则又使其解释超出了合理的限度。帕斯特奈克(Burton Pasternak)即根据两次在台湾的田野调查经验,对弗里德曼的华南宗族发展理论予以反驳。帕氏也承认稻米种植可造成农业剩余,但由此是否促成宗族发展,必须视农业剩余的分配情形而定;同样,水利灌溉系统的建立虽需要较多劳动力合作,也许可以促成宗族的团结,但也必须进一步分析水利灌溉的性质及土地分布的情况。帕氏所调查的打铁村和中社村,并没有事实说明农业剩余、稻作经济、水利灌溉必然导致宗族发展的理论模式,而边陲地区的人口迁移因素并没有促成宗族内部的聚合,反倒促成非宗族间的联合。②

看来,囿于宗族组织结构的单一视域,想建构普遍化的解释体系确实很困难,想反驳结构化的宗族组织之研究是很容易找到反证的。又如,一般认为,苏南地区自宋代范仲淹设义庄以来,至民国时期,族田及宗族血缘共同体向为发达。而周晓虹的研究则揭示出,在昆山县的周庄附近,自 19 世纪中叶以来,基本上一无公田,二无祠堂,并引用陶煦光绪六年(1880)所撰《周庄镇志》"宗祠为近地所鲜"为证。③ 周晓虹所揭示的现象也许符合历史事实,但以一时一地的宗族组织形态为分析的着眼点,并没有太大的解释学上的意义。还是如前文所说,分析视角从结构化的宗族组织转向宗族伦理关系的实际流变,就可以走出这一理论上的困惑。

相比之下,林耀华有关福建宗族的研究,虽仍以功能学派的结构主义方法为主导,但也十分注意对关系网络的观察、描述和分析。在对义序宗族的研究中,林耀华"先以乡村社区为宗族的基础,进而分析宗族组织及其功能,宗族与家庭的连锁结构,亲属关系的系统与作用,最后用生命传记方法,描

---

① [英]莫里斯·弗里德曼:《中国东南的宗族组织》,第 165 页。
② 参阅庄英章《林圯埔:一个台湾市镇的社会经济发展史》,上海人民出版社 2000 年版,第 190—192 页。
③ 周晓虹:《传统与变迁:江浙农民的社会心理及其近代以来的嬗变》,生活·读书·新知三联书店 1998 年版,第 129 页。

述个人之在宗族内的生活"①。对亲属关系的重视,应当说是文化人类学功能主义学派的一大特点,但主要从亲属称谓所作的观察、描述并不能揭示宗族成员生活关系的全部内容。在稍后关于"金翼"黄村的小说体人类学作品中,林的分析视野从亲属关系扩展到家庭关系体系,勾画出一幅好似由竹竿和橡皮带组成的"均衡论"图像。他说,人类行为的平衡,就像"由竹竿和橡皮带所组成的框架结构,任何时候任何一个有弹性的皮带和竹竿的变化都可以使整个框架瓦解;在这样的架构中,人际关系的体系处于有恒的平衡状态,称之为均衡,而均衡不可能永远维持下去,变化是继之而来的过程,人类生活就不断地摇摆于均衡与非均衡之间"②。可以说,"均衡论"着眼于实际流动的关系网络,在一定程度上突破了功能学派的结构—功能主义分析方法,但所揭示的乡村景观仍稍嫌偏颇,即对关系网络中的分层差异和支配倾向重视不够。林现在也对这一方法作了深刻的反思,如讲到第十四章对土匪的描述时,说如果用社会层化的观点分析,这一章可能写得更好些。③

庄孔韶对"金翼"黄村的后续性田野工作,在方法论上正是要对"均衡论"有所修正和发展,他提出了"类蛛网"式社会解说模式,将人际关系网络看作类蛛网结构,其中有一个中心点原则,即"从大社会网的中心点到周边的联系呈放射状。社会层级都有类似的类蛛网结构,只是网内条块空间大小不一。网内条块分布表现了与中心点的层级性关系的构架,越靠近中心点越可摆布下级机构以及平衡下级横向机构之间的关系"④。在平衡的互动关系中,更注意了关系网络中的支配性一面,应当说这一解释模式有较为宽泛的适用空间和较强的解释力。与林、庄着眼于地方社会的人类学观察视角不同,美国学者杜赞奇(Prasenjit Duara)在关于华北乡村的研究中试图通过"权力的文化网络"来解释国家政权深入乡村社会的多种途径和方式,乡

---

① 林耀华:《义序的宗族研究》,生活·读书·新知三联书店 2000 年版,第 187 页。
② 林耀华:《金翼——中国家族制度的社会学研究》,生活·读书·新知三联书店 1989 年版,第 208—209 页。
③ 林耀华:《林耀华学述》,浙江人民出版社 1999 年版,第 53 页。
④ 庄孔韶:《银翅——中国的地方社会与文化变迁》,生活·读书·新知三联书店 1999 年版,第 53 页。

村领袖在文化网络中因更易接近、控制资源而使文化网络带有一种权力支配特征。① 当然,"权力的文化网络"不是单向的,而是多向的,权力本身就是一个关系范畴。不过,这种解释框架因其强调关系网络的支配性一面而忽视了协作、竞争、平衡的一面,故也是不全面的。可见,在结构化的概念框架中解释关系网络仍不能避免价值预设的误导。

能够较为客观地反映历史事实的不是学者头脑中的结构主义概念,而是乡土社会中本已存在的理念。我国台湾地区学者陈其南即主张以本土化的理论模式解释中国宗族史,以批评外国人类学家对中国宗族史的误说。他提出宗族以"房"为中心的理论,认为"'房'的观念才是厘清汉人家族制度的关键";根据"分房的原则,每一个父母团体在每一世代,都根据诸子均分的原则,在系谱(着重号系引者所加)上不断分裂为'房',故'房'永远是'族'的次一级单位"②。似乎可以说,宗族的组织结构与关系网络(即陈其南所说的"系谱")应该成为宗族史研究中的两个基本支点,本土化的宗族史研究是从乡村社会自身的文化理念和关系网络的实际流动来解释宗族变迁,才能达到学术创新的目的。分析视角从"固化的结构"转向"流动的关系",也正是要说明宗族史研究从概念化走向乡土化的学术走势。

宗族生存发展的生态空间是村落社区,这应是一个不容置疑的事实,故应在分析视野中将两者有机结合起来。战后日本史学界以"满铁"的"中国农村惯行调查"为基础的村落家族研究,正代表了乡村史研究的主流方向。"中国农村惯行调查"所提供的不单是丰富的文献资料,更为重要的是颇具启发性的经济人类学和法律社会学方法。该项调查是"满铁"调查部与日本东京大学法律系及京都大学的研究人员共同进行的,采用了东京大学法律系末弘严太郎所建立的"法律社会学"理论模式,力图把握"中国农民实际生活中的社会习俗","了解活生生的中国农村社会的真实面貌"。③ 内田智

---

① [美]杜赞奇:《文化、权力与国家——1900—1942 年的华北农村》,江苏人民出版社 1995 年版,第 20—21 页。

② 陈其南:《家族与社会》,台北:联经出版事业公司 1990 年版,第 3、129 页。

③ [日]中国农村惯行调查刊行会编:《中国农村惯行调查》第 1 卷,再版序言,东京:岩波书店 1981 年版。

雄、平野义太郎、旗田巍作为调查的直接参与者,均对宗族与村落共同体进行了详尽的研究。内田智雄主要以山东省冷水沟的调查为基本素材,通过对村落社区中家、分家和宗族现象的描述,力求揭示家庭内部的权威关系及规范意识。① 平野义太郎也以村落作为研究单位,观察了宗族和村庙在村庄历史变迁中的意义。② 旗田巍则从村落共同体的性质探讨宗族在村落内部结合过程中所扮演的角色。③ 东京大学社会学系的林惠海和福武直率领一个调查班对苏州(吴县)近郊枫桥镇孙家乡进行了以土地制度为中心的调查,其方法类似"惯行调查"。福武直还对江南和华北农村的社会结构作了比较研究。④ 他们两位对村落社会中的交换关系、宗族伦理关系均予以特别的关注。

　　此后,以上述文献和方法为基础进行研究的,主要有仁井田陞、石田浩、小林一美、佐佐木卫等诸位学者,虽各自探讨问题的角度不同,但均程度不同地注意到村落内部的整合与分化,并注重村落惯行的描述。⑤ 然而这些学者的方法论似乎有一种"共同体情结",即将村落宗族理解为一种结构化的组织形态,戒能通孝、平野义太郎和旗田巍关于村落共同体性质的争论就突出地反映了这一方法论倾向。戒能通孝根据"惯行调查"分析了中国农村以土地所有权分配为主导因素的村落结构,认为村落并不构成内部紧密结合的共同体,村落内部缺乏一种由相互认同的结合意识所支撑的规范秩序,不能限制或支持土地所有权。⑥ 而平野义太郎则解释说,中国村落内部具有一

① ［日］内田智雄:《中国农村的家族与信仰》,东京:弘文堂1970年版。
② ［日］平野义太郎:《作为北支村落基础要素的宗族和村庙》,《支那农村惯行调查报告书》第1辑,1943年油印本。
③ ［日］旗田巍:《中国村落和共同体理论》,东京:岩波书店1973年版。
④ 分别参见［日］林惠海《中支江南农村社会制度研究》,东京:有装阁1953年版;［日］福武直《中国农村社会的结构》,东京:大雅堂1945年版。
⑤ 分别参见［日］仁井田陞《中国的农村家族》,东京:东京大学出版会1952年版;［日］石田浩《论华北水利共同体》,《亚细亚经济》18-22,1977年;［日］小林一美《近代华北的土地经营和商行运行的特征》,载《国外中国近代史研究》第26辑,中国社会科学出版社1994年版;路遥、［日］佐佐木卫编《中国的家、村、神——近代华北农村社会论》,东京:东方书店1990年版。
⑥ 参见［日］戒能通孝《法律社会学的若干问题》,东京:日本评论社1943年版。

种互助合作的亲和性,并给予高度的评价。① 旗田巍将平野的观点称为"大亚细亚主义",而将戒能的观点归结为"近代市民主义"。我以为平野和戒能的研究实证性很强,此种鲜明的价值预设成分倒不至于如此浓烈。冲突和认同、分化与整合应当是同一过程的两个不同侧面,平野和戒能的研究只是强调了其中一面而忽略了另一面而已。在旗田巍眼中,华北农村则是这样一幅景观,在那里,"占有一定范围土地而安土重迁的村民们辛勤地从事农耕,同时又以作为该地村民偶像而保佑一乡的土地庙神为精神生活中心,在代表村民并服务于他们的权威人物率领下建立起社会性协同关系的群体"②。这似乎是一幅田园牧歌式的图景,并未将戒能、平野的视点综合起来。究其原因,仍是先入为主地将所谓"共同体"与个体小农作了二元化处理,并且是单向地从"共同体"出发去解释村落内部农民的关系,而没有从关系网络视角考虑村落作为一个实体是如何发生、发展的。仁井田陞关于村落共同体性质的评价,实际上也是从市民社会理念出发,将前近代中国的村落视为"虚幻的共同体",从中获得解放并形成真正的共同性,是中国革命的特质。③ 秦晖基于对"前近代"时期关中地区的实证研究,也得出类似的主张。④ "前近代"社会的形态定位就已经隐含了价值预设的成分,基于农民应当从宗法共同体获得解放的价值诉求,在解释框架中,共同体对人的支配充分凸显,而共同体之存在,实有赖于流动着的人的互动关系。

文化人类学的田野调查显示,人的关系网络不仅涉及工具理性和理性计算,也涉及社会性、道德、意向和个人感情,既是一种权力游戏,又是一种生活方式。⑤ 这就要求我们突破将共同体与个体农民作二元化处理的单向解释模式,走向多元的解释,而社会史(包括经济史)引入文化史的视角显然

① 参见[日]平野义太郎《作为北支村落基础要素的家族和村庙》。
② 参阅[日]旗田巍《中国村落和共同体理论》。
③ 参见[日]仁井田陞《补订中国法制史研究:奴隶农奴法、家族村落法》,东京:东京大学出版会1962年版,第338页。
④ 参阅秦晖《"大共同体本位"与传统中国社会》,《中国社会科学文摘》2000年第1期;秦晖、苏文《田园诗与狂想曲——关中模式与前近代社会的再认识》。
⑤ 参阅阎云翔《礼物的流动——一个中国村庄中的互惠原则与社会网络》,上海人民出版社2000年版,第85页。

有利于全面揭示关系网络的实际发生机制。武凯芝（Kathy Lemons Walker）
在关于南通县妇女家庭劳动的研究中，认为家庭劳动力的性别分配主要应
从市场体系、经济变迁和家庭劳动实践的多元互动中加以解释，而文化心理
结构则不是主要的影响因素。① 也许这种解释本身是符合事实的，然而在方
法论层面上拒斥了文化生活史的介入则是不可取的。日本学者森正夫的
"地域社会论"，则力图突破"共同体论"的一元单向解释模式，建立一种新的
解释体系，其新之处正在于文化史方法论的引入。森正夫提出"秩序"概念，
强调把意识作为研究对象的重要性。他指出，所谓秩序或秩序原理，与人们
生存的基本场所深深关联着，它对于整合构成这个场所的人们的意识来说，
是不可或缺的要素。换言之，虽然孕育着阶级矛盾和差异，但面对从广义上
来说共同的再生产的现实课题时，各个人都处于共同的社会秩序下。这样
由共同领导者统治下的被整合的地域场所叫做地域社会。② 研究史上提出
过的区域实体概念，有家族—同族基轴论、地主基轴论、市场圈论，都能在现
实中找到对应的实体，而地域社会则显示其边界的模糊性。岸本美绪对此
的评述极为到位，她说，地域社会论是"作为分析单位而提出的，正是一种不
一定与明确的实体性团体范围相重合的'场境'，或者说是一个人们在意识
中共有的认识的、观念性的世界"③。这是一种方法论的个体主义，与前述结
构主义的社会史写作正相对应。岸本以自己关于 17 世纪江南社会秩序问题
的实证研究，进一步发展了"地域社会论"，即是在民间日常生活的层面上描
述人的互动关系和秩序场境，进而理解社会的流动性。④

　　也许有人会担心，由于没有相对应的社会实体，"地域社会论"解释框架

---

① Kathy Lemons Walker, "Economic Growth, Peasant Marginalization, and the Sexual Division of Labor in Early Twentieth Century China: Women's Work in Nantong County", *Modern China*, Vol.19, No.3, 1993, pp.354-365.

② ［日］森正夫：《中国前近代史研究的地域视点——中国史研讨会（地域社会的视点——地域社会与领导者）基调报告》，《名古屋大学文学部研究论集》，史学 28 号，1982 年。

③ ［日］岸本美绪：《伦理经济论与中国社会研究》，载王亚新、梁治平编《明清时期的民事审判与民间契约》，法律出版社 1998 年版，第 344 页。

④ 参见［日］岸本美绪《明清交替与江南社会——十七世纪中国的秩序问题》序，东京：东京大学出版会 1999 年版。

中的关系秩序是否会成为研究者想象世界中的虚构? 这种担心并不是多余的。不与实际存在的社会实体相对应,由关系整合所形成的"规范秩序"仍然可以在社会变迁的历史行程中得到解释。滨岛敦俊、田仲一成、科大卫、蒲乐安、萧凤霞、萧邦齐等学者的研究证明,宗教仪式、象征符号、社会事件、空间场所都为再现关系网络的流动提供了基础。① 如萧凤霞针对施坚雅市场网络结构的解释方法,提出一种新的区域分析方法,认为"这样一种分析的中心是人的因素,这种人既是经济人,又是政治人和文化人。区域体系的发展包含了这种人的因素积极地创造传统的活动,在这一过程中,文化的个性和历史意识一再地起着重要的作用……文化形式不是作为阐述历史进程时的一种点缀,而应该作为历史的展开过程进行分析的一个重要领域"②。以如此方法将结构主义与个体主义的方法论优势有机结合起来,才不至于走极端。从文化史视角解释流动的关系网络,必须联系社会经济变迁的整体脉络,才能更清楚地显示仪式、象征符号和单个事件的意义。研究视野从"固化的结构"转向"流动的关系",并不是要否定结构主义方法;相反,对于其合理的成分尤其应吸收借鉴,从而矫正文化史研究中"避实就虚"的病态。

三、法制史: 再现乡土社会的法秩序

地权既是一个社会经济事实,又是一种法权关系,两方面乃相辅相成,相互从对方得到说明。过去的社会经济史研究比较注重前一方面,而对法权关系较不重视。法制史研究又主要从典章制度、成文法典的视角研究相关问题,忽视了法权关系背后的社会经济条件和文化心理结构。现在,法制

---

① 分别参见[日]滨岛敦俊《明清江南农村的商业化与民间信仰的变质》、[美]萧凤霞《文化活动与区域社会经济的发展——关于中山小榄菊花会的考察》、[日]田仲一成《浙东宗族的祠产形成与宗祠演剧》、科大卫《从香港新界乡村调查所见明清乡村社会的演变》,以上诸文均载叶显恩编《清代区域社会经济研究》,中华书局1993年版;科大卫、刘志伟《宗族与地方社会的国家认同——明清华南地区宗族发展的意识形态》,《历史研究》2000年第1期;[美]蒲乐安《川沙的织工和女巫——中国农村妇女政治行动主义的社会起源》,《中国社会经济史研究》1996年第1期;[美]萧邦齐《血路——革命中国中的沈定一传奇》,江苏人民出版社1999年版。

② [美]萧凤霞:《文化活动与区域社会经济的发展——关于中山小榄菊花会的考察》。

史研究已有吸纳社会经济史和文化史方法的趋向。法制史研究从静态的典章制度到动态的规范秩序描述的学术转向,其中的学科意识逐渐趋于淡化。我国从事中国法制史研究的学者,大部分将注意力放在典章制度、成文法典上,张晋藩、叶孝信、陈鹏、郑秦、汪世荣、童光政等人的研究,即属此种类型。① 即使如杨国桢对明清土地契约文书的研究,朱勇、费成康对宗族法的研究,虽然在学科意识上较倾向于社会经济史方法,但对土地契约文书和成文的宗族法背后的乡土社会关系秩序却关注不够。瞿同祖的《中国法律与中国社会》作为中国法制史领域的经典性著作,有将社会史与法制史融会贯通的学术旨趣,较多地在礼法关系、亲属关系结构层面上研究传统中国社会法律运作的社会机制。② 诸家的研究,给人的印象是研究者均将分析问题的视角强化为一种学科意识,也许是看到了问题的某些侧面,但距离全面地理解法律关系的实际变动仍有相当长的路要走。

全方位地关注乡土社会的法秩序,则是法制史研究前沿首要的问题意识。对这一问题意识的研究进路,因学科意识的不同而分两种情况。仁井田陞、草野靖、戴炎辉、黄宗智等学者的法制史研究是奠基在其最初的社会经济史学术背景上的。前文已指陈,仁井田陞的研究与"满铁"的"中国农村惯行调查"有着密切的联系。可以说,在一开始,他就已将经济人类学与法律社会学的方法有机结合起来,在村落家族的层次上探讨中国乡村社会内在的法权关系。草野靖关于分种制的研究,确实主要着眼于经济史的分析,但此后对田面惯行的研究已注意在经济变迁的历史脉络中把握田面惯行的内在逻辑。从草野靖的研究中,可以清楚地看到地权作为法权关系和经济

① 分别参见张晋藩《清代民法综论》,中国政法大学出版社 1998 年版;叶孝信主编《中国民法史》,上海人民出版社 1993 年版;陈鹏《中国婚姻史稿》,中华书局 1990 年版;郑秦《清代司法审判制度研究》,湖南教育出版社 1987 年版;汪世荣《中国古代判词研究》《中国古代判例研究》,中国政法大学出版社 1997 年版;童光政《明代民事判牍研究》,广西师范大学出版社 1999 年版。

② 分别参见杨国桢《明清土地契约文书研究》,人民出版社 1988 年版;朱勇《清代宗族法研究》,湖南教育出版社 1987 年版;费成康主编《中国的家法族规》,上海社会科学院出版社 1998 年版;瞿同祖《中国法律与中国社会》,见《瞿同祖法学论著集》,中国政法大学出版社 1998 年版。

事实两方面的内在联系。戴炎辉对我国台湾地区淡水、新竹民事诉讼档案的整理和对中国法制史的研究备受关注,然而他关于清代台湾地区村庙、宗族祭祀和乡约的研究至少未引起法制史专家的足够重视。其实,社会史和法制史不能截然分开,戴炎辉对乡约文书的整理和研究已经显示了经济史、社会史和法制史视角的有机结合。黄宗智最初治社会经济史,继而转向法制史,如他自己所说,法制史的研究得益于他的社会经济史研究之处甚多,至少是为分析民事诉讼提供了社会经济环境的认识维度;如果说关于清代民事审判与民间调解的研究侧重司法制度层面,那么他下一步要研究"一田两主"这种特殊的地权结构,即显示了社会经济史与法制史学科界线的逐渐消弭。① 而认识乡土社会本已存在的法秩序这一问题意识,则是促成学科意识逐渐淡化的基本动因。

滋贺秀三、寺田浩明、森田成满、梁治平、赵晓力等学者的研究则属另外一种路数,即最初从法制史学科本位出发,在研究行程中注意到与有社会经济史学术背景的学者同样的问题,即对法权关系寻求一种社会经济史的解释。② 正

---

① 分别参见[日]仁井田陞《中国法制史研究:土地法、取引法》《中国法制史研究:奴隶农奴法、家族村落法》《中国法制史研究:法与惯习、法与道德》,东京:东京大学出版会1980年增订版;[日]草野靖《中国的地主经济——分种制》,东京:汲古书店1985年版;[日]草野靖《近世中国的寄生地主制——田面惯行》,东京:汲古书店1989年版;戴炎辉《清代台湾的村庄及村庙》,《台湾文化论丛》第1辑,台北:清水书店1943年版;戴炎辉《台湾的家族制度与祖先祭祀团体》,《台湾文化论丛》第2辑,台北:清水书店1945年版;戴炎辉《中国法制史》,台北:三民书局1979年版;戴炎辉《清代台湾之乡治》,台北:联经出版事业公司1980年版;[美]黄宗智《民事审判与民间调解:清代的表达与实践》,中国社会科学出版社1998年版;Bernhandt, Kathryn, and Philip C. C. Huang, *Civil Law in Qing and Republican China*, Stanford University Press, 1994。

② 分别参见[日]滋贺秀三《中国家族法原理》,东京:创文社1967年版;[日]滋贺秀三《清代中国法与裁判》,东京:创文社1984年版;[日]寺田浩明《权利与冤抑——清代听讼和民众的民事法秩序》,中译文载王亚新、梁治平编《明清时期的民事审判与民间契约》;[日]寺田浩明《关于清代土地法秩序"惯例"的结构》,中译文载刘俊文编《日本中青年学者论中国史·宋元明清卷》,上海古籍出版社1995年版;[日]寺田浩明《中国近世土地所有制研究》,中译文收入"法律史研究丛书"第2辑《中外法律史新探》,科学出版社1994年版;[日]森田成满《清代土地所有权研究》,东京:劲草出版服务中心1984年版;[日]森田成满《清代民事法秩序的结构》,《星药科大学一般教育论集》第12辑,1995年;梁治平《法律的文化解释》,生活·读书·新知三联书店1994年版;梁治平《清代习惯法:社会与国家》,中国(转下页)

如寺田浩明所指出的，是"把以前过分地集中在法官判断的基准这一焦点上的清代诉讼性质问题重新置于更广阔的社会背景中去"，从而弥合"民事实体性法律的研究与民事审判制度的研究之间存在的断裂状态"。①不同学科背景的学者由对同一问题意识的关注，不约而同地走到一起。这种学术整合的走势当然值得肯定，但是对于如何再现乡土社会的法秩序，则又产生了分歧。滋贺秀三、寺田浩明、梁治平同黄宗智的学术争论，集中到方法论层面的问题，即研究者是从学者所建构的概念还是从乡土社会内部存在的观念出发去作解释。

滋贺秀三从中国法文化的视角探讨了清代民事诉讼的性质，并从其背后的民间惯习如"法谚"加以解释，最后将民事诉讼归结为"听讼"这样一种教谕式的调解，"在那里，地方官以作为官员的威信和行使一定强制力的权限为背景，主要依靠建立在情理基础上的判断——如果有相关的法律条文则不妨参考之——来劝导说服当事者以平息纠纷"②。滋贺的观点可以概括为"情理说"。滋贺在同一篇论文里也承认他在写作一系列关于中国诉讼审判制度的论文时，内心一直把西欧的诉讼观和诉讼审判制度作为参照，但这是一种比较研究的意识，并未将西欧的诉讼观作为价值的先导。无疑，从"情理"视角所作的解释，可看出其本土化的努力。

黄宗智自言与滋贺秀三等日本学者的分歧主要在方法论上："滋贺他们研究法制的方法，主要是德国传统的法理学，要求抓住一个法律传统的，甚至于是整个社会和文化的核心原理……而我的研究方法首先要求区别不同层次的官方表达，再注意到官方表达和民间表达的不同。"③黄注意到法律体系内部的非均质性，而且注意到表达（话语）与实践之间的背离现象，这的确是发前人之所未发，其方法论意义值得肯定。但是，有一点需要注意，滋贺的"情理

（接上页）政法大学出版社 1996 年版；赵晓力《中国近代农村土地交易中的契约、习惯与国家法》，载《北大法律评论》第 1 卷第 2 辑，法律出版社 1999 年版。

① ［日］寺田浩明：《权利与冤抑》，载王亚新、梁治平编《明清时期的民事审判与民间契约》，第 197、253 页。

② ［日］滋贺秀三：《清代诉讼制度之民事法源的考察》，载王亚新、梁治平编《明清时期的民事审判与民间契约》，第 85 页。

③ ［美］黄宗智：《中国法律制度的经济史、社会史、文化史研究》，《北大法律评论》第 2 卷第 1 辑，法律出版社 1999 年版，第 367 页。

法"说及其学生寺田浩明从乡土社会探讨法秩序的视角,即使是借鉴了德国历史法学派的方法论,其积极意义也不容否认。而黄宗智的文本中不乏气势恢宏的概念建构,"第三领域"概念的提出影响很大,这一基本概念对历史事实的反映如何呢? 他是从两个方面使用这一概念的,一是司法体系中的第三领域,即成文法典、官家法庭的正式司法体制与宗族、社区调解之间的相互作用构成了司法体系中的重要部分;二是从国家与社会关系的视角看,存在于国家正式机构与民间社会之间的乡保和村里正等县以下行政职位的立足之处,构成社会结构论意义上的第三领域。① 对此,梁治平已经作了较为深入的批评。梁治平认为,黄宗智"抛弃了社会与国家的二元模式,但却不加批判地接受了同样的社会与国家的概念";具体到司法体系,在诉讼中间阶段"官府调处与民间调处相结合,但这并不意味着一个介乎民间调处和国家法律之间且区别于此二者的第三领域存在,恰恰相反,它表明了二者之间的内在联系:作为一项优先考虑的价值和目标,调处息讼无论在民间还是官府均被奉为基本原则"。② 地方官判案的价值标准主要是以儒家伦理为主导的典籍文化,普通老百姓在村落社会的日常生活中所面对的宗族关系,必然内化为宗族伦理情感,而宗族伦理秩序与"修齐治平"的儒家伦理又具有一定的同构性。所以从"家国同构"的角度解释传统中国社会结构是可行的,也可以看出传统中国社会并无国家、社会二元化的历史发展趋向。国家、社会的二元化是西欧经验,据此解释传统中国社会,尚需向中国本土的文化资源寻求滋养的成分,如日本学者沟口雄三对传统中国社会"公""私"观念的分析,③是否可作为对官府与百姓关系、个人利益实现与社会调控关系的更为合理的解释? 这是一个非常大的理论问题,留待以后探讨吧!

在清代民事诉讼的性质问题上,黄宗智用"实体理性"概念来归纳和解

---

① 参见[美]黄宗智《中国的"公共领域"与"市民社会"——国家与社会间的第三领域》,载邓正来等编《国家与市民社会——一种社会理论的研究路径》,中央编译出版社1999年版,第430—433页。

② 梁治平:《习惯法、社会与国家》,《读书》1996年第9期。

③ 参见[日]沟口雄三《日本人视野中的中国学》,中国人民大学出版社1996年版,第12—14、40—43页。

释清代民事诉讼中表达与实践的背离现象。他认为，从话语、表达上看，清代法律和民间社会均不存在绝对权利意义上的产权观念，但事实上，许多诉讼当事人还是成功地通过法庭保护了自己的财产，可以说清代法律中有保护产权的实质。① 在这一意义上，黄氏反对马克斯·韦伯关于传统中国司法为"卡地"法性质的观点，即中国的司法依赖于一种实在的个体化和恣意专断，但是"实体理性"又借鉴了马克斯·韦伯工具理性的表达方式。马克斯·韦伯对传统中国司法"卡地"法性质的归结，同他对中国立法与中国乡村社会权利秩序的认识紧密相连。他认为，传统中国立法的内在性质是在以伦理为取向的家产制基础上，寻求一种实际公道，而不是形式法律，这比较接近滋贺秀三所谓"情理法"的解释。这种伦理化的家产制是村落社会结构的一个重要组成部分，即"氏族的势力与村庙的管辖往往无法发挥保护财产、特别是保护重要财产的功能"②。韦伯的判断就事实方面来说基本正确，但在价值层面上又认定因中国司法的专断性质而不利于资本主义的成长，这当然是一个"德国式韦伯"问题意识的表露，在一定程度上也影响了他对中国社会认识的准确度。而黄宗智的"实体理性"概念也同样未能走向本土化，寺田浩明就此评述道："黄教授的工作实际上意味着以西欧近代型的审判模式为蓝本，并从清代听讼中也找出与此相符的要素。"③

　　看来，传统中国的法律，无论是从立法、司法还是从民间习惯法所反映的法秩序来看，都不能以某一西方社会科学式的概念加以简单的解释。美国学者琼斯（William C. Jones）对大清律的研究，沃特纳（Ann Waltner）对明清收继与亲族关系的研究，④虽然因各自研究问题的切入点不同而对政治、伦理因素格外强调，但也提醒我们在解释法律关系时不能忽视其中政治和伦理的因素。进一步说，这种多元化的解释必须抛弃以概念化模式去解读

① 参见［美］黄宗智《民事审判与民间调解：清代的表达与实践》，第16、226页。
② 参见［德］马克斯·韦伯《儒教与道教》，江苏人民出版社1997年版，第113—124页。
③ ［日］寺田浩明：《清代民事审判：性质及意义》，《北大法律评论》第1卷第2辑，第614页。
④ 分别参见［美］琼斯《大清律例研究》，载高道蕴等编《美国学者论中国法律传统》，中国政法大学出版社1994年版；［美］沃特纳《烟火接续——明清的收继与亲族关系》，浙江人民出版社1999年版。

在地方社会中生活的人们眼中当时的秩序究竟是什么形象,并按照传统中国人的意义世界去理解他们的生活,唯其如此,才能更好地再现乡土社会的法秩序,奉献出更富创新意义的法制史文本。

　　以上的学术史清理工作,虽不得不以学科领域为叙述的线索,但其中很多问题是交叉的,这也看出打破学科畛域对更深入、全面、客观地再现历史真实是多么重要!况且,即如对地权问题的研究,除需整合经济史、社会史、法制史的方法外,还要援借政治史、文化史乃至思想史、军事史的学术资源。至此,概念化的中国乡村史书写究竟是否更有利于再现历史真实,已经看得很清楚了。正像吴承明经常说的,经济学理论对于经济史研究只能是方法,而且"史无定法",史学方法论永远是一个开放的体系。概念毕竟是一种方法,是认识问题的手段,建构概念化的历史解释模式是任何持实证取向(不是实证主义)的历史学者所要坚决反对的。我所反对的是历史的概念化书写,而不是在历史研究中运用概念。我提倡并想以自己的实证研究来发现和解释的,恰恰是存在于乡村社会的乡土概念。

第二节　社会史学整合论

一、问题之缘起——学术史考察

　　在中国史学界,社会史研究的学术传统绵延已久,民国时期的社会史研究已是方法多元,成果甚丰,吕思勉《中国制度史》,潘光旦《明清两代嘉兴的望族》《明清伶人血缘之研究》,瞿同祖《中国法律与中国社会》,等等,即使在今天看来,也是典型的社会史著作,且很少有人能超越其所达到的学术水平。在20世纪20年代末、30年代初的中国社会性质大论战及30年代中期的中国农村社会性质论战后,接受马克思主义的史学家群体,基本上采用经济决定论的范式来构建其历史编纂学;①虽然也不乏意识形态争论的内涵,

---

① 对这一进程的清理,雷颐和黄宗智已做了很好的工作,分别参见雷颐《中国农村社会性质论战与新民主主义理论的形成》,《二十一世纪》(香港)双月刊,1996年2月号;[美]黄宗智《中国经济史中的悖论现象与当前的规范认识危机》,《史学理论研究》1993年第1期。

但在当时多样化的编史学模式并存格局中,仍不失为一种有效的历史解释工具,像郭沫若《中国古代社会研究》、周谷城《中国社会史论》等著作,应当说体现了很高的学术造诣。中华人民共和国成立后,经济决定论成为主宰史坛的一元化编史学范式,"五朵金花"的盛开直接导源于这一范式的流行,以阶级斗争为主线的农民战争政治史模式又成为"五朵金花"中的佼佼者。早已为梁启超所诟病的"帝王将相家谱""相斫书"的旧史学模式,却与这种农民战争史有着惊人的相似性。以"阶级斗争是推动历史前进的唯一动力"这一价值预设为先导,传统社会中的农家经济活动、宗族村落文化就不可能进入农战史专家们的学术视野,以至于再现下层社会生活实态的"社会史"不见了。经济史研究以经济分析为主线,在生产关系层面,将地主制经济与小农经济分为两个互不兼容的经济体系,且村落社区文化实体要素也被排斥于经济史视野之外,在方法论上与农民战争史有着异曲同工之妙。

20世纪80年代以来,社会史学作为一个学术领域勃然兴起,迄于今日,硕果累累,蔚为大观。史学界重建社会史的学术努力,正是基于30余年政治史、经济史极少顾及下层民众日常生活的学术缺陷,而突出社会史学作为"剩余领域"这一历史学分支学科的特点。在社会史学这块久已荒芜的土地上,为矫正上述缺陷而开拓耕耘的学者,当首推乔志强和冯尔康。乔志强构建社会史学知识体系的学术努力实际上开始于1980年前后,至1990年《中国近代社会史》一书写成时,已进行了十年的探索,而写作该书的最初动机是构建社会史学科的教材体系。现行大学教育的制度框架及由此决定的学术资源的学科本位分配方式,是教材编写的制度性基础,而真正全方位地以问题意识为中心来审视近代中国社会变迁的历史进程,这在当时的乔志强及其合作者们自然是不太可能的。对于社会史研究的对象,乔志强界定为"不是包罗政治、经济、文化等在内的所有社会现象的历史,而是研究人类有史以来赖以生存并必然结成的社会本身的历史",故社会史的知识体系包括社会构成、社会生活、社会功能三个部分的内容。① 在1996年9月"区域社

---

① 乔志强主编:《中国近代社会史》,人民出版社1992年版,第6—7页。

会比较"研讨会上,乔志强提交了论文《中国近代社会史研究中的几个问题》①,又指出社会史知识体系包括社会构成、社会运行、社会功能等三个方面发展变迁的历史,在原有结构层面的社会史知识建构基础上,又融合了过程层面现代化理论的学术资源。在《近代华北农村社会变迁》这一进一步的实证研究行程中,乔志强及其合作者不仅将结构与变迁的分析有机结合起来,而且表达了构建整体社会史的意向,认为应"将社会史放置于整个人类社会历史变迁的过程中加以考察,而这种社会历史变迁自然包括政治、经济、文化各方面的变迁"②。然而,由于仍然以学科意识为主导来拓展、深化社会史研究,故其学术整合受到自身学术视野的羁绊,以至于在整体社会史与通史的关系定位上,遇到了在学科意识本位上所不能超越的障碍。乔志强不无忧虑地写道:"将政治史、经济史、军事史、文化史等各类专史研究对象,统统包罗在社会史的研究领域,那社会史就无异于通史,社会史的学科特征也无法得到体现。"③如果仍以学科为本位来处理社会史与通史的关系,那么这恐怕会成为永远也理不清的死结。

以整体社会史的视野来透视传统中国社会变迁过程,也可以是一种通史的编史学方法。曹大为在反思《中国大通史》的著史方法时,论述了传统中国社会"家国同构"结构的全方位影响,认为举凡政治、经济、军事、文化教育等活动,乃至意识形态、社会心理、价值取向、行为模式,无不深受这种社会基本格局的制约。④ 可以说,整体社会史的编史学方法,并不在于所选择研究实体的庞大,而在于以宽广的学术视野透视全方位的社会历史进程。在此,视野的宽广与焦点的集中并不矛盾。由此来审视乔志强构建整体社会史的不间断的开拓性工作,也正是分析视野与透视焦点未能实现一种有机的整合。

在所发表的最后一篇论文中,乔志强及其合作者写道:"整体社会史要将人类活动历史中的社会生活与经济生活、政治生活和文化生活相对区分

---

① 该文发表于《史林》1998 年第 3 期,署名"乔志强、行龙"。

② 乔志强主编:《近代华北农村社会变迁》,人民出版社 1998 年版,第 9 页。

③ 同上。

④ 参见曹大为《关于新编〈中国大通史〉的几点理论思考》,《史学理论研究》1998 年第 3 期。

开来,并形成一个整体,需要有更多的抽象和综合",并将社会史学科体系概括为"3 加 1 模式",即社会构成史、社会生活史、社会功能和社会制度史三个部分的历史,加上整体社会变迁的历史概括,以为这样就"有效地防止了学科体系碎化的缺点"。① 乔教授"3 加 1 模式"的概括与十年前关于社会史的界定并无实质性区别,"除去政治、经济、文化等社会现象之外的社会本身的历史",与同政治、经济、文化生活相区分的"人类活动历史中的社会生活",其含义是一致的。试想,除去了政治、经济、文化等活动的"社会"是什么样的社会? 这只能是空壳化了的抽象的社会,在这样的社会里,先行存在的是预设的"社会"概念,活生生的、有血有肉的人却消失了。乔志强构建社会史知识体系的孜孜追求和良苦用心,目的是为了防止社会史学科体系的碎化,实际上却因学科意识本位的遮蔽而无形中限制了自己的视野,上述目的并未真正达到。当然,我不敢断言,乔志强社会史知识体系的构建工作归于失败,但我可以大胆地假定,如果当初乔教授能以超前的眼光和全方位的视野来从事整体社会史研究,当会有更大的创获。

其他如冯尔康、蔡少卿、陈旭麓、张静如等都在理论与实践方面为建筑中国社会史大厦做了很可贵的奠基工作,我无意在此一一评说。对乔志强所建构的社会史学知识体系的评论之所以着墨较多,主要是其著述带有开拓性,又较为系统、连贯,且笔者旨在由此观点引发出两点社会史学方法论思考,即只有从狭隘的学科意识走向开放的问题意识,社会史学才能更有效地整合所能利用的学术资源,对社会历史进程的认识也才能更彻底;黄宗智虽对经济决定论这一分析范式有较为深刻的清理,但对于经济决定论所导致的社会四位一体(政治、经济、文化、社会)的实体定位并未触及,而这一非科学的假定却成为史学研究路途中一口极其危险的陷阱。也只有从这两个方面对社会史学的理论问题进行彻底的清理,才能够实现社会史学的整合目标,从而使社会史研究走向健康发展的道路。虽然我并不相信历史研究

---

① 乔志强、陈亚平:《中国近代社会史研究诸问题》,《史学理论研究》1999 年第 1 期。与该刊编辑部编辑一样,我在认真读完这篇文章后,心情也十分沉痛,但愿此时的学术批评能成为对乔教授最好的纪念。

有坦途、捷径可走,但摘下有色眼镜,携带探测器,可以更准确地探知陷阱所在,绕过去,不是可以节省史学工作投入中的人力、物力资源吗?

令人欣慰的是,法国年鉴学派的"总体史"研究、英国的"新社会史"、美国的"新文化史"已经为我们提供了社会史学整合的典范。霍布斯鲍姆否定了社会史作为专门化学科存在的价值合理性,以为应从"社会史到社会的历史"进行整体研究。① 这种整体研究并不排斥微观的实证分析,年鉴学派(运动)第三代史学家以"新史学相标榜,产生了一种新趋势,即把一块历史当成一个标本,将其视为洞察整体历史的微型景观,以如此的方法进行全面的研究"②。勒高夫以拉杜里的研究实践说明了这一取向,认为:"新史学在任何领域中的开拓性著作全都表现出他们不受任何专业限制的雄心壮志。他们是旨在介绍和研究社会整体的历史著作。在这方面,勒华拉杜里的《一二九四年至一三二四年间的奥克语地区的蒙塔尤村》最清楚不过地表明,新史学希望用历史人类学囊括所有扩大了的历史领域。"③我阅读《蒙塔尤》一书,虽看不到作者刻意追求逻辑体系完美严谨的迹象,但能体会到书中所展示的蒙塔尤村落社区乃至中世纪法国乡村的全息社会生态景观。近年来,国内也有很多学者致力于改变因狭隘的学科意识所导致的社会史学碎割化的缺陷,进行了一些可贵的探索,而对笔者所说的两点方法论问题却很少顾及,且大多仍持有一种学科本位理念。尽管其中多数学者称要以开放的心态来吸收、整合其他学科的学术资源,但如仍坚持学科本位观,则这种整合工作的学术价值会大大削弱。与其说是历史学的学科本位,倒不如说是历史学的问题本位更为确切。

二、学科本位·问题意识·研究单位

在学科本位理念下,也会有问题意识,但正因为学科本位的狭隘视野遮蔽了人的眼光,故所提问题也有可能是假问题,根本就不存在可证伪的学术

① [英]霍布斯鲍姆:《从社会史到社会的历史》,载蔡少卿主编《再现过去:社会史的理论视野》,浙江人民出版社1988年版,第6页。
② [法]勒高夫:《〈年鉴〉运动及西方史学的回归》,《史学理论研究》1999年第1期。
③ [法]勒高夫:《新史学》,载蔡少卿主编《再现过去:社会史的理论视野》,第94页。

价值。在狭隘的学科意识中,问题意识这一本来就是对社会存在本质的追索反倒成为学科意识形式化的附属物,中国社会科学离形式化的要求还很远,但形式化永远应是对社会本质认识的技术性手段,其本身不应成为目的。就社会史学科体系的建构工作而言,我们当然不能否定其学术意义,但为追求外在形式的完美而损害了对社会历史真实的认识,则是其最大的缺失。诚如赵世瑜在批评龚书铎主编的《中国社会通史》对社区的研究时,指出该论著运用社会学理论,对社区类型作了多种划分,但社会学中的社区划分是在现代社会社区分化日益复杂的情况下作出的,在研究历史时期的社区时,还应以历史事实为依据,进行具体分析。①

　　社会发展带有全方位性,历史本来就是一个社会有机体的系统演化过程,即使是某一社会历史现象或某一历史事件,也都蕴含了社会整体的信息资源。以文化全息论的方法看,社会历史发展具有全息特征。因此,带有"人为切割"色彩的历史学分支学科,都只能反映历史发展的部分侧面。社会史学作为一种学理层面而非学科层面的方法论,其意义也就在于分析视角的多维性和全方位性,而并不在于与史学各分支学科的研究领域不同。因此,需以高度自觉的辩证思维来把握社会历史发展的全息特征与社会史学的性质之关系。刘修明曾以"一个学习历史但不以社会史作为专业的学者"身份评述了社会史研究,认为:"人们今天理解的'社会史',一般有特定的内涵,如家族制度史、地域史、社区史、基层史、婚姻制度史、社会生活史等,并没有也不能将政治史、经济史、文化史、军事史统统包容在内。无限制地人为扩张社会史研究的范围,有可能导致社会史研究领域的'雾化',即看来无边无际,最后却什么也抓不住。"②这一看法也是将社会史界定为学科意义上的历史学"剩余领域",是对社会史学的一种圈地式界定,将政治史、经济史、文化史、军事史排斥于社会史的"领地"之外,那么剩余的社会史领域会是一幅什么样的景观呢? 如抽掉政治、经济、文化、军事内涵的家族制度史,将毫无社会历史内蕴。

① 参阅赵世瑜《打破学科畛域与历史学的学科本位》,《史学月刊》1997 年第 6 期。
② 刘修明:《中国社会的转机与社会史研究》,《学术月刊》1994 年第 12 期。

　　常宗虎已断言,作为学科的社会史已归于失败,作为方法的社会史仍有
其存在的学术价值。① 我基本同意常宗虎的观点,但认为他的论文对作为方
法的社会史阐释得仍稍嫌粗疏,在逻辑上也有诸多不周延之处。然而,问题
的提出要比问题的解决更为重要,就连不同意常文观点的王先明也承认常
文的关键在于所提问题的尖锐性。王先明对于"建构社会史学科体系的努
力归于失败""社会史学充其量也只能成为泡沫学科"这一结论,在感情上似
乎接受不了,慨叹:"这就是中国社会史学的历史命运?"在对"社会"的界定
上,王先明也认为:"在政治、经济、文化之外,也还有着难以为上述诸项所包
容的'社会'内容。"与之相对应,他断言:"对于经济史、政治史、文化史等二
级学科的专题史所无法囊括的研究内容而言,为什么不可以有一个相对独
立的历史学之下的'社会史学'存在呢?"②在这种浓重的学科意识主导下,
社会史研究实践能够达到全面客观地再现历史真实和认识社会历史发展本
质的目的吗? 王先明所著《近代绅士——一个封建阶层的历史命运》一书,
主要运用社会分层的理论方法,对社会等级体系中的绅士阶层在近代中国
社会变迁中的历史命运作了探析,应当说是有一定的认识深度和学术价值
的。但是,如果能够将社会历史发展的总体内涵融汇进绅士阶层的"历史命
运"中,岂不是向历史真实更进了一步? 就此而论,王先明论著的学术贡献
并没有超过张仲礼的《中国绅士》一书。

　　王先明从学科意义上的社会史定义,即所谓"今天的社会史观点"出发,
认定"马克思、恩格斯是社会史研究的先行者",与常宗虎将马克思社会史研
究归结为一种方法相比较,恐怕后者更接近历史真实。以今人之概念去剪
裁历史事实的,不是常宗虎,而恰恰是王先明。我们大家都熟知马克思的
《路易·波拿巴的雾月十八日》,在这篇论文中,马克思没有为狭隘的学科意
识所限制,从社会历史的全方位视角分析了路易·波拿巴政权的产生、发展
及社会经济制约要素,其中特别分析了法国农业生产方式、小农的生活方式

---

① 常宗虎:《社会史浅论》,《历史研究》1995 年第 1 期。

② 王先明:《中国社会史学的历史命运》,《天津社会科学》1995 年第 5 期;《关于社会史学的学
　科定位问题》,《社会科学战线》1998 年第 3 期。

与官僚行政体系之间的历史渊源关系。马克思从土地所有制切入,认为:"小块土地所有制按其本性说来是全能的和无数的官僚立足的基地。它造成全国范围内一切关系和个人的齐一的水平。所以,它也就使得有可能从一个最高的中心对这个划一的整体的各个部分发生同等的作用。它消灭人民群众和国家权力之间的贵族中间阶梯。所以它也就引起这一国家权力的全面的直接的干涉和它的直属机关的到处入侵。最后,它造成没有职业的过剩的人口,使他们无论在农村或城市都找不到容身之地,因此他们钻营官职,把官职当做一种值得尊敬的施舍,迫使增设官职。"以小块土地所有制为主导的"生产方式不是使他们互相交往,而是使他们互相隔离……他们不能代表自己,一定要别人来代表他们。他们的代表一定要同时是他们的主宰,是高高站在他们上面的权威,是不受限制的政府权力,这种权力保护他们不受其他阶级侵犯,并从上面赐给他们雨水和阳光。所以,归根到底,小农的政治影响表现为行政权支配社会"。① 之所以不厌其烦地大段引述马克思的原文,是想彰显马克思社会分析方法的多维性和全方位性。小土地生产方式、小农生活方式和社会心理、官僚行政体制乃至社会政治结构,在马克思的理论视野中得到了绝好的相关性分析。试想,抽取政治、经济、文化的内涵,对波拿巴政权的分析还会有什么意义? 由此,人们自然不难作出判断,作为"剩余领域"的学科意义上的社会史,与马克思的社会史研究有多么大的距离。不必给马克思、恩格斯戴上"社会史研究的先行者和开拓者"的帽子,借以壮大今天社会史研究的声势。然而,正如常宗虎所说,我们要做的工作,就是要花大力气去整理和继承马克思、恩格斯运用社会史方法研究历史的具体实践所提供给我们的经验。也只有这样,才能从根本上充分利用马克思、恩格斯留给我们的思想和学术遗产。

巴勒克拉夫在批评 20 世纪前半期的历史学时,就已经尖锐而又深刻地指出:"到 1957 年,历史学被当作一门工艺学,而不是科学,并且把 50 年代划定为历史学家能力的最高极限。结果,历史学陷入了专业性质的狭隘的技

①《马克思恩格斯选集》第 1 卷,人民出版社 1972 年版,第 697、693 页。

术问题中去了,这些问题只有其他专业历史学家才感兴趣。"①20 世纪 60 年代中期,英国学术界颇具权威的《泰晤士报·文学副刊》的一篇社论也写道:"目前史学面临的最大问题是繁琐和徒劳无益的专业化,如果不同这些现象作斗争,就会使史学丧失任何意义。"②西方历史学和社会史学的专业化、学科化,与我国 20 世纪 80 年代以来大部分研究社会史学者的学科化迷思,有着惊人的相似性。当然,科学史研究表明,学科的分化和专业化是学术史上的一个必经阶段。近代自然科学,尤其是牛顿力学的革命意义,不仅在于科学范式的转型,也为社会科学形式化提供了认识论工具。至 19 世纪,知识的专业化和学科化作为制度已经确立。华勒斯坦等学者认为:"19 世纪思想史的首要标志就在于知识的科学化和专业化,即创立了以生产新知识、培养新知识创造者为宗旨的永久性制度结构。多元学科的创立乃基于这样一个信念:由于现实被分成了一些不同的知识群,因此系统化研究便要求研究者掌握专门的技能,并借助于这些技能集中应对多种多样的、各自独立的现实领域。这种合理的划分保证是有效率的,也就是说,具有思想上的创造性。"③正是学科的分化,为科学研究提供了日益丰富的方法论资源,没有分化,就没有整体视野中的整合,历史学中的学科分化也应该作如是观。

霍布斯鲍姆以经济史为例说明了这种学科分化的合理性,认为:"至少为了分析的目的,我们可以把某些人类活动界定为经济活动,然后历史地研究它们。尽管这或许是(除了某些限定的目的)人为的或不现实的,但它不是行不通的。"进一步说,经济史学作为专门化史学学科的产生和发展,更有着现实经济活动专门化的客观基础,但经济史学决不能满足于对经济活动专门化的分析。英国经济史家希克斯就认为:"学术上的专门化符合现实生活中实际发生的某种情况,但生活中发生过的情况不是全部如此……在我看来,经济史的一个主要功能是作为经济学家与政治学家、法学家、社会学

---

① [英]巴勒克拉夫:《当代史学主要趋势》,上海译文出版社 1987 年版,第 15 页。
② 转引自陆象淦《现代历史科学》,重庆出版社 1991 年版,第 246—247 页。
③ [美]华勒斯坦等:《开放社会科学》,生活·读书·新知三联书店 1997 年版,第 8—9 页。

家和历史学家——关于世界大事、思想和技术等的历史学家——可以互相对话的一个论坛。"①这样一种对话，就应当打破狭隘的学科意识形成的樊篱，真正以开放的问题意识来进行科际的平等交流。

如前所述，狭隘的学科本位观也有问题意识，但其中价值预设的陷阱可能从问题的提出开始就已经存在。马克斯·韦伯以专业化时代文化科学的问题背景为例分析了这样一种价值判断与事实判断关系的颠倒。他深刻地指出："专业化时代中文化科学的所有研究，一旦通过特殊的问题背景定向于给定的论题并确定了它的方法论原则，就将把资料分析当作目的本身。它将终止根据个别事实与基本价值观的关系对个别事实的价值进行评估。"②而从狭隘的学科意识走向开放的问题意识，将有利于对历史事实的全面客观的认识（在其可能性上，只能是近似的）。赵世瑜、刘志伟、陈春声对社会史学的整合已作了有益的探索，论文也做得很有气势，富于思辨性，然而一个共同的方法论立场，就是仍然坚持历史学本位观，在历史学本位前提下，谈对社会科学其他学科研究成果的理解和吸收。③就连坚持"剩余领域"说的王先明，也主张社会史学要借鉴其他社会科学的学术资源。尽管前者的方法论立场与后者相比是一种进步，但无论如何，以学科本位观来框定问题意识，都不可能真正实现社会史学的整合，也不会有开放的问题意识的产生。在此，舍弃学科本位观这样一种单向度的思维定式，以科际整合的多维视野来推进对问题意识的追索，似乎是更为明智的选择。

澳大利亚研究社会与政治理论的学者加里·威克汉提出的"互为学科性"方法，是实现科际整合的有效路径。威克汉认为："互为学科性应是关于打破学科的疆界，以便允许对特殊的认识，做更大的趋近；而科际整合的目标，也就是知识的政治领域的目标。无论是否以假借更广泛的理解'社会'

① ［英］约翰·希克斯：《经济史理论》，商务印书馆1987年版，第4—5页。
② ［德］马克斯·韦伯：《社会科学方法论》，华夏出版社1999年版，第206页。
③ 参阅赵世瑜《打破学科畛域与历史学的学科本位》，《史学月刊》1997年第6期；刘志伟、陈春声《历史学本位的传统中国乡村社会研究》，《历史学年鉴》1997年卷，中华书局1998年版。

或理解'人'的名义进行,当主要的关系是留在学科的复合体内,而援借其他学科只是为了壮大此复合体,那么互为学科性就成为一种反动的多元学科性。"①"互为学科性"作为一种方法论概念,应当是在承认学科分化的前提下,彻底打破学科界限,实现各不同学科的平等交流,而不是以某一学科为本位来吸收、借鉴其他学科的研究成果,这是一种真正开放的社会科学观。目前很多研究社会史的学者所提倡并付诸治史实践的跨学科方法,实际上是威克汉所说的"多元学科性",是对开放社会科学的一种反动。岳庆平曾著文论及社会史学的学科整合问题,比较了三种整合方式,即学者的整合、课题的整合与知识的整合,认为第三种整合方式最重要。他所说的知识的整合是指"某人的知识结构中同时具备历史学、社会学、人类学和民俗学的有关知识,并能综合运用这些知识去解决学科研究中的实际问题"②。岳庆平在行文中所具体论述的是历史学借鉴社会学、人类学、民俗学有关理论成果的具体方法,并未从方法论层次提出社会史学整合的深层问题,没有达到威克汉"互为学科性"的认识高度。

华勒斯坦在关于现代世界体系的研究实践中,采用了"一体化学科"的研究方法,比"互为学科性"又进了一步。在《现代世界体系》一书的导言中,华勒斯坦写道:"当人们研究社会体系时,社会科学内部的经典式分科是毫无意义的。人类学、经济学、政治学、社会学以及历史学的分科是以某种自由派的国家观及其对社会秩序中功能和地缘两方面的关系来确定的。如果某人的研究只集中在各种组织,其意义是有限的。如果研究集中在社会体系,其研究将一无所获。我不采用多学科的方法(multidisciplinary approach)来研究社会体系,而采用一体化学科的研究方法(unidisciplinary approach)。"③毕竟,"互为学科性"固然打破了学科疆界,但仍然缺乏方法论层次上的整合;"一体化学科"方法则是对多学科的一体化整合,它不是一种新的交叉学科,而是一种多维度的方法论,故翻译成"学科一体化"似乎更准确些。华勒斯坦

① 见 S.肯德里克等编《解释过去,了解现在——历史社会学》,上海人民出版社 1999 年版,第 66 页。
② 岳庆平:《社会史研究中的学科整合》,《社会科学辑刊》1989 年第 4 期。
③ [美] 伊曼纽尔·华勒斯坦:《现代世界体系》第 1 卷,高等教育出版社 1998 年版,第 11 页。

在其研究行程中,确实也认真贯彻了"一体化学科"的研究方法。

如此说来,社会史学走出狭隘的学科本位观,走向多维度的科际整合,就必须以开放的问题意识统摄研究方法,而不是相反;否则,走向方法论本位观,也会与学科本位观犯同样的毛病。开放的问题意识之形成,有赖于突破两个障碍,一是学科隔离,二是民族主义情结。对于医治学科隔离病态,只有以问题意识为先导,才能建构科学意义上的方法论;如果仍以学科本位观为价值先导,则问题的提出就会缺乏深度,对问题的追索也会缺乏建构性。在近几年社会学内部的专业化中,即出现了研究者研究行为的定位分化误区。一些人更多地从事社会科学的"采掘业",热心于各种新生的、热点的社会问题材料的挖掘、收集;另有一些社会学者不甘于这种初级材料采集的社会学学科定位,而有志于在此基础上,从问题意识出发进行理论提炼,强调将理论与经验勾连起来。基于学科本位观的社会问题的"采掘",只是材料的堆积,没有理论的建构过程,也就缺乏方法论的创新意义。从学科本位观出发,走到最后,却对学科方法论的进步并无多少贡献。

邓正来曾一针见血地指出了这一学科本位观前提下的问题研究之学术弊病:"每当一些对于我们社会、政治或经济具有重要意义的现象或热点问题凸显出来时,总有些论者乐此不疲地紧随其后,不经科学的思考,甚至未经足够的知识准备,就对这些现象进行分析,作为对他们的'研究成果'的评价之结果,我们便有了许多这些问题的'专家学者'……他们的研究在学术上并不具有什么意义,不仅没有在前人就此问题而形成的知识脉络上对既有的理论进行证明或证伪,也没有做出理论上的创新,成为其他社会科学研究者深入研究此一问题的知识基础,更没有对这些问题转换成社会科学研究对象的前提做出追究。"①近年来,一些历史工作者(还不能称其为史学工作者)从所谓重大的现实问题出发,去研究对应的历史时期的同一社会问题,并强调研究成果的重要现实意义。这犯了与上述"问题专家"同样的错误,即缺乏史学方法论的建构,有可能既误导现实,又对学科的建设无益。

---

① 邓正来:《研究与反思:中国社会科学自主性的思考》,辽宁大学出版社1998年版,第12—13页。

进一步说,这类研究,在方法层面,还是以历史学学科本位观为前提,但是却忘记了历史学结构与过程双维度契合的方法论学术资源优势,只将历史时期与现时代的同一社会现象或社会问题作机械式的类比。至于基于地方保护主义的为地方和利益集团作论证性研究的所谓"地方史",也有问题意识,却完全背离了历史学者起码的学术良心,自不必说。

历史学家当然并不以方法论建构为旨归,否则从学科本位观走向方法论本位观,同样也会掉进陷阱,但历史学家的紧要任务是提出问题,其工作好坏同提出问题的质量高低有直接关系。在终极关怀的层面上,历史学首先要面对的是人类从哪里来,经过哪里以及走向何处的问题。历史学的主要功能是分析、阐释,而不是预知未来,"鉴往事而知来者"是中国传统史学政治功利化之后所派生的带有乌托邦理想的一项功能。分析、阐释不是对社会历史现象的民俗学式的事象描述,而应有结构层次上的方法论建构,这同样也需防止掉进自己设定的陷阱。我们都以寻求历史规律为历史学的终极目的,但这绝不是历史学的终极问题意识之所在。况且,走向历史主义(或历史决定论)的历史规律不可抗拒说,已为卡·波普尔所批判,即明显缺乏可证伪性。我们探求历史表象下的潜流,但只能尽智力所及(包括个体的和人类总体知识的积累)最大限度地去认识历史,绝不可能穷尽历史,也不可能真正恢复历史的本来面目。这不是相对主义和不可知论。

如果说学科隔离的病态可以通过不同学科学者的平等交流而加以改变,对于社会史学者乃至全部历史学者来说,即是获取多学科的知识背景;那么,历史学中的民族主义情结却因为民族国家的制度框架和意识形态的语境而显示出现实合理性,其障碍恐怕更难以跨越,即使像马克斯·韦伯这样的思想大师也不能超越这一障碍。甘阳揭示了晚近20年来西方韦伯研究基本倾向的表征是"解构美国韦伯,重构德国韦伯",并认为:"'一战前后的德国韦伯'乃是从当时欧洲一个后起发展国家即德国的这种历史处境出发来思考问题,事实上,马克斯·韦伯全部问题意识都是从当时德国大大落后于英国等欧洲发达国家这种焦虑意识出发的。'德国韦伯'的这种历史处境及其焦虑意识,不消说乃与我们中国人至今的历史处境和问题意识具有更多的相似性。"①国内史学界近年来颇为流行的现代化研究,在方法论上所做的本土化工作尽管还远远不够,但在问题意识上无不立足于中国如何走向现代化的本土关怀。景天魁谈到社会学理论发展时说道:"现代社会的结构化、定型化和重新结构化是否可能、如何可能的问题,构成了社会学强烈的问题意识,对这些问题的回答,构成了社会学学术意识的基本内涵。换言之,关注现代性和现代化问题,是社会学的学术灵魂。"②实际上,关注现代性和现代化问题只能是目前发展中国家社会学的问题意识,而西方发达国家社会学则引入了后现代主义话语,因为西方社会学的问题意识是如何走出现代化或者说如何避免现代化的弊害。在大部分发展中国家,其现代化的历史进程中大都存在殖民主义背景,这是促成现代化研究中民族主义情结的主要原因。

研究单位的确定与开放的问题意识紧密相连。马克·布洛赫在研究法国乡村史时,即注意到了两者的辩证关系,认为:"只有那些小心谨慎地囿于地形学范围的研究才能够为最终结果提供必要的条件。但它很少能提出重大的问题。而要提出重大问题,就必须具有更为广阔的视野,决不能让基本特点消失在次要内容的混沌体中。甚至有时候,把视野放在整整一个民族的范围中还嫌不够,如果不在一开始就将眼光放在全法国,我们怎么能抓住不同地区发展中的独特之处呢?推而广之,法国的发展运动只有放到全欧洲范围内来考察才能显示其真正意义。"③布洛赫所揭示的方法论,可以归结为理论体系中的研究单位与分析视野中的研究单位应保持和谐的统一。即使课题定位中的研究单位是村落社区这样的微型社会,学者的分析视野也必须放到更为宏大的地域共同体乃至世界范围内。

开放的问题意识之理念,也承认问题意识的多层次性,故相关的研究单位可以是多元的。美国著名社会史学家查尔斯·蒂利总结了社会史研究中

---

① 甘阳:《韦伯研究再出发——韦伯文选第一卷编者前言》,见[德]马克斯·韦伯《民族国家与经济政策》,生活·读书·新知三联书店1997年版。

② 参见冯小双、李海富《加强学科建设　回应伟大时代——"中国社会学的学科建设"讨论会综述》,《中国社会科学》1997年第5期。

③ [法]马克·布洛赫:《法国农村史》,商务印书馆1991年版,第2页。

的几种趋向,其中涉及研究单位的选择问题:"宏观历史研究,采用区域、市场、生产方式、多种资本主义间的关联,以及其他大型结构,作为他们的研究单位;世界体系的研究,尝试去检视:在欧洲资本主义主导之下,世界经济体的历史实况;微观历史的方式研究结构与进程,当今社会学家主要是把它们置于当代世界加以检视。"①由此可知,研究单位如从研究主体与客体关系的角度加以区分,可分为客观性实体与建构性实体。客观性实体外在于研究者的分析视角而独立存在,大多是地域单位,如社区、区域和民族国家;建构性实体,如华勒斯坦所研究的世界经济体,则需要研究者以理论思维加以整合,而之所以又称为建构性实体,则是其并不因研究者的理论建构而失去其客观实在性。这样的界分也只是大体准确而已。不同的研究者由于学科背景和知识积累不同,对同一客观性实体的界定也会不同,如黄宗智和施坚雅对近代中国农村社会经济的研究,黄宗智倾向于将村落社区作为农村社会的基本单位,而施坚雅则将市场圈视为基层社会的基本单位,这已为大家所熟知。

研究单位的确立,是由问题意识引发的,研究者的问题意识不同,对研究单位也会有不同的选择。在当代中国的社会学研究中,研究者的问题意识和分析视角即造成了这样一种差异,过于强调国家因素的研究往往将乡镇作为研究单位,而过分强调本土资源因素的研究往往以村庄为研究单位。还有一类农村社会学研究,超越了这种研究单位划分的二元对立格局,将农村中乡镇、村庄、农民三者之间的关系置于一个特定的动态过程(事件)中,通过这种过程揭示其中的复杂关系,从而在很大程度上克服了研究单位选择的狭义性。②在选择所谓客观性实体作为研究单位的过程中,亦有研究者的理论建构过程,故不应以一元单向式的思维去确定研究单位。

以问题意识主导研究单位的选择,必然也会引起多学科方法论资源的有效整合。华勒斯坦认为:"我们时代的许多重大问题的争论,在某种意

① 〔美〕查尔斯·蒂利:《未来的历史学》,载 S.肯德里克等编《解释过去,了解现在——历史社会学》,第 18—19 页。

② 孙立平:《"过程—事件分析"与中国国家—农民关系的实践形态》,《清华社会学评论》第 1 辑,鹭江出版社 2000 年版,第 1—20 页。

上可归结为选择研究单位的争论。"华勒斯坦的问题意识导源于两场理论大论战，即关于"全部历史是阶级斗争史"这一论断适用程度的争论和某一社会中在何种程度上存在一致的价值观的争论；研究单位由其自身所处社会转向非洲殖民地，最后放弃采用主权国家这种模糊概念作为分析单位，转向世界体系这样一种典型社会，而且是在某种抽象的层面上研究世界体系，即描述整个体系结构的演进。① 这样，基于建构性实体的确定，单一的学科本位视野显然无法胜任这一研究任务，多学科方法论的整合也就成为必然。

第二次世界大战后，"地区研究"作为一个多学科领域受到普遍关注，这首先在于东西方发展差距这一现实的诱因。地区研究将有关的学者集合在一个单一的结构中，他们彼此之间有着十分密切的学科联系，继而对制度化的学科分离状态形成某种挑战，地区间的比较又加深了人们对问题的认识。美国著名学者巴林顿·摩尔以其对民主和专制社会起源的比较研究实践，令人信服地指出："在致力于国别史的探讨时，比较研究会有助于人们提出很有价值的，有时甚至是意义全新的问题。更重要的是，比较考察可为公认的历史解释提供初步的否证，比较研究还可以引出新的历史概括。"②反过来，比较研究的学术价值也有赖于研究单位的建构性界定，布莱克在《现代化的动力——一个比较史的研究》一书中所阐发的比较研究方法充分证明了这一点。反观国内一些比较史研究，将中西方社会作牵强附会的类比，其结论难以服人，病因即在于这些学者缺乏深层次的问题意识和对研究单位的理论建构。现在，人类社会的历史命运，或如皮亚杰所说，现代人依赖其历史到什么程度的问题成为全世界学者所普遍关注的问题，由地区研究到比较史研究再到文明史研究，研究单位的整合程度越来越高。这更加需要多学科的一体化方法，所以，"文明史越来越成为多学科的事业，其中科技史、经济史、历史社会学等等都应该共同分析同一变化的不同侧面"③。走出学科本位观、深化问题意识和对研究单位的理论建构，成为须臾不可分离的

---

① ［美］伊曼纽尔·华勒斯坦：《现代世界体系》第 1 卷，第 1 页。
② ［美］巴林顿·摩尔：《民主和专制的社会起源》，华夏出版社 1987 年版，第 3 页。
③ ［瑞士］让·皮亚杰：《人文科学认识论》，中央编译出版社 1999 年版，第 190 页。

逻辑整体,社会史学者只有以多维视野和开放心态从事研究工作,才能够实现三个方面的有机整合。

三、"社会"的实体定位:一种研究范式的超越

在近年来关于社会史学科性质、研究对象的争论中,学者们首先遇到的一个问题,就是对"社会"概念的界定。持通史说者,如陈旭麓、张静如,以马克思社会形态理论为基本方法,从生产方式切入,将社会中的政治、经济、文化活动作为一个整体来考察。① 持专史说者,如乔志强,是将整体社会分成政治、经济、文化、狭义的社会四个部分,前文已有详论;冯尔康则主张社会史同历史学其他专史的区别在于它是研究社会生活的。② 这里,我无意厚此而薄彼,只想寻求其共同的方法论基础,即两者对"社会"的实体建构,都在理论潜意识中因循了经济决定论的研究范式。长期以来,在传统的政治经济学与历史唯物主义的论域和文本中,从生产力到生产关系的总和(经济基础)再到上层建筑(包括政治法律制度和意识形态)的一元直线式演进,成为纵向结构层面的僵化社会实体模式,并带有某种普遍适用性;在横向结构上,也就将社会整体肢解为政治、经济、文化领域,以至于造成这样一种印象,似乎社会诸领域之间有着鲜明的分界线。政治制度史研究基本上着眼于法内制度,而对社会历史实践中广泛存在的权利、权力关系则全然不顾,这不能不说是一种病态。对经济决定论的清理及分析范式的转向,哲学、经济学、社会学界已做了很好的工作,国内史学界反应却较为迟缓。如果不破除这种方法论神话,社会史学乃至整个历史学引进再多的新方法、新技术、新手段,也只能限于支离破碎的状态。

超越经济决定论的分析范式,其工作难度甚至远远大于对狭隘的学科本位观的清理,因为这一范式曾一度成为甚至现在仍为部分学者所信奉的不言而喻的分析前提。在 20 世纪 80 年代中期的一本较有影响的史学论著

---

① 分别参见陈旭麓《略论中国近代社会史研究》,《华东师范大学学报》1989 年第 5 期;张静如《以社会史为基础深化党史研究》,《历史研究》1991 年第 1 期。
② 参见冯尔康《中国社会史研究对象、研究状况及社会史资料》,载冯尔康等编著《中国社会史研究概述》,天津教育出版社 1988 年版,第 1—28 页。

中,金观涛及其合作者在坚持历史唯物主义方法论立场的同时,又运用系统论、组织理论来展开历史唯物主义的"适应性"原理,探讨一个社会的经济结构、政治结构和意识形态结构互相适应性的含义。他们认为:"历史唯物主义最精彩、最核心的思想是:一个社会经济、政治、意识形态之间要相互适应……这种适应性是在相互作用的关系中形成的,并不是经济结构单方面决定的,政治与意识形态结构不是被动地适应经济结构的变化。"①从纵向结构看,这一理解突破了一元单线决定论的范式,从直线经济决定论回归到恩格斯的合力论;而在横向结构上,又将社会结构分解为经济、政治、意识形态结构。从表面上看,这是对社会结构的实体定位,但深究起来,则可以看到其中价值预设的成分相当明显。因为,在金观涛看来,社会结构是一种规范框架,"功能异化会造成社会结构的畸变,而且社会结构最终将不能容纳不断发展的社会生活"。结构相对于社会生活而言,是一种外在的东西,从中我们可以看到黑格尔主义的阴影。在这种预设的结构中,现实的"人"消失了。

马克思曾经指出:"人的本质并不是单个人所固有的抽象物。在其现实性上,它是一切社会关系的总和。"②这一命题对于历史研究的方法论意义有三:其一,研究社会历史应从实际出发,而不是从抽象的概念和基于学科本位观的价值预设出发;其二,社会由人的活动构成,失却了人的社会历史只能是"人心中的历史",绝不可能成为人的历史,而从作为"总体的人"来切入社会历史才是历史唯物主义的方法论;其三,社会整体由政治、经济、文化、社会诸领域组成,实际上仍是一种抽象,此乃导源于经济决定论关于经济基础、上层建筑、意识形态的划分,而将历史碎割为政治史、经济史、文化史、社会史不正是这种分析范式的直接结果吗?

匈牙利哲学家阿格妮丝·赫勒从日常生活切入,将"总体的人"与社会结构的构建联系起来,认为:"日常生活的确向我们揭示了社会结构和一般

---

① 金观涛、唐若昕:《西方社会结构的演变》,四川人民出版社 1985 年版,第 16—17 页。
② 《马克思恩格斯选集》第 1 卷,第 18 页。

发展的一些情况",而"日常生活是某种总体的人参与其中的东西"。①"总体的人"不是预设的概念实体,而是活生生的、有血有肉的、现实的人,他必然载负了其所处时代的社会历史内容。现实的人基于衣、食、住、行的基本需要,必然发生人际间的各种社会关系,正如马克思、恩格斯所深刻揭示的:"以一定的方式进行生产活动的一定的个人,发生一定的社会关系和政治关系。经验的观察在任何情况下都应当根据经验来揭示社会结构和政治结构同生产的联系,而不应当带有任何神秘和思辨的色彩。社会结构和国家经常是从一定个人的生活过程中产生的。"②只有从现实的人出发,才能消除政治、经济、文化结构的分割状态和先验性质,实现"社会"实体定位的整合性建构。

法兰克福学派的重要代表人物哈贝马斯在重建被斯大林所篡改的历史唯物主义学术传统时,从"交往"范畴出发,阐发了自我的个体发生学、集团同一性和社会结构的关系:"集团同一性调整着社会中的所有个体成员(并且能作出排斥)。在这方面,自我与集团同一性有着某种互补的关系,因为个人的统一乃是通过与同一集团中他人的关系形成的……可以从自我发展的个体发生学诸阶段推断出部落集团、国家以及最后全球形式交往的互补性社会结构。"③并且,哈贝马斯倾向于引入皮亚杰实证性的发生学结构主义,而不是列维·斯特劳斯带有先验思辨色彩的结构人类学,也正是基于从个体发生学视角来重建历史唯物主义的方法论关怀。

然而,这里仍然有一个方法论层级上的悖论,即个体主义和结构主义的二元对立格局。20世纪,特别是第二次世界大战后,西方最著名的社会学家如韦伯、吉登斯、布迪厄、帕森斯、布劳、科尔曼、埃利亚斯等都在试图解决这一难题。吉登斯曾将这一悖论归结为结构社会学和方法论个体主义的对立,是体现社会科学本体论特征的主体与社会客体之间的二元论。在吉登斯看来,布劳的社会结构理论是一种典型的"结构社会学",个人似乎是被分

---

① [匈] 阿格妮丝·赫勒:《日常生活》,重庆出版社1990年版,第60—62页。
② 见《马克思恩格斯选集》第1卷,第29页。
③ [德] 哈贝马斯:《交往与社会进化》,重庆出版社1998年版,第114页。

配到结构中的。① 而实际上,布劳并未忽视人的活动,其社会结构理论的中心问题意识,就是"要从充满了个体间日常往来和他们的人际关系的较简单过程推导出支配着社区和社会复杂结构的社会过程";而且,在方法论上,社会理论"解释社会生活最复杂方面时如果不参考作为其根本的较为简单的方面,这种解释就不可能是充分的"。② 反观对政治、经济、文化领域的勘分这样一种抽象的假设,并不能在现实的人的日常生活史中得到验证。法国当代社会学家布迪厄在积极地做一种消除上述二元对立格局的理论建构工作,即首先将世俗表象搁置一旁,先建构各种客观结构,即社会有效资源的分配情况;其次再引入行动者的直接体验,以揭示从内部构建其行动的各种知觉和评价的范畴。③ 在其建构过程中,资源分配结构是在经验层次上可以检验的实体,但又不同于经验实体。这种客观结构之所以是实证的而非思辨的,关键还在于它能够与个体行动者的内在体验相结合,从而成为一种建构性实体。

超越结构主义和个体主义的二元对立,还必须在分析与阐释层面揭示个体活动的微观过程和宏观社会结构水平之间的关系。美国社会学大师科尔曼虽被视为方法论个体主义者,但他却极为重视社会研究中从微观到宏观的转变。科尔曼以社会史研究为例加以说明:"人们可以看到,凡是优秀的社会史著作都成功地描述了从微观到宏观的转变。例如,如果一部优秀的社会史想在加尔文教教义的出现和西方资本主义经济的兴起之间建立因果联系,那么它不仅应说明那教义怎样传播到个人,怎样影响个人的行为,还应说明这些行为怎样被结合在一起,怎样产生了资本主义企业这种社会组织。"④结构主义和个体主义的二元对立对于社会史研究来说,还另有一层关系需要考虑,即结构与过程的关系。当下的中国社会史研究即没有将这

---

① [英]安东尼·吉登斯:《社会的构成》,生活·读书·新知三联书店 1998 年版,第 319—326 页。

② [美]彼德·布劳:《社会生活中的交换与权力》,华夏出版社 1988 年版,第 1—2 页。

③ 参见[法]布迪厄、[美]华康德《实践与反思——反思社会学导引》,中央编译出版社 1998 年版,第 10—11 页。

④ [美]科尔曼:《社会理论的基础》上册,社会科学文献出版社 1999 年版,第 27 页。

一关系有机地统一起来,造成重结构轻过程和结构过程两张皮的历史实体定位的错误。埃利亚斯以其关于文明进程的研究实践雄辩地证明,通过打破结构主义和个体主义的二元对立状态,可以将结构与过程整合起来。他是从个人行动及其交织切入的:"单个人的计划和行动根本性的密切交织会招致出并非个人策划与创造的变迁与形态。从相互交织的关系中,从人的相互依存中,产生出一种特殊的秩序,一种较之单个人所形成的意志与理性更有强制性和更加坚实的秩序。这种相互交织的秩序决定了历史变迁的行程,也是文明进程的基础。"[1]

从中国的社会史研究现状看,本土研究成为选题的主导,因此,社会史学方法论的本土化也就有着十分重要的理论意义。经济决定论这种范式之所以影响至深,一个很重要的原因,就是长期以来,我们对马克思主义学术上没有一个很好的本土化建构过程。通过引进西方的学术资源,企图超越这一研究范式,如果不经过本土化建构工作,则目的仍然很难达到。像梁漱溟的"礼俗社会""伦理本位",费孝通的"乡土社会""差序格局"都是本土意味非常浓厚的概念,至今恐还无人能望其项背。从人际互动的角度看,中国社会实际上是一个关系本位社会,关系成为一种可供分配的资源。日本学者滨下武志由此思考作为社会史研究的出发点问题,即是对某一社会的研究,"需要在与构成社会关系的基本要素的人的集团之间的相互平衡关系中,发现其特性。换言之,他们是该社会内部所固有的、共同的价值判断问题";对于中国社会史研究而言,"能够分析社会纽带的线索,必须按照中国社会历史的顺序,研究集团与个人二者均包含在内的家族或地区社会的构成与结合、以家政家计等的家族为主的社会经济活动以及各行业的商业活动或经营哲学"。[2] 在此,关系网络概念是一个贯穿中国社会史的解释性概念。中国意义上的关系网络是以亲缘、地缘关系为主要内容,将个人的时空位置相对凝固化的人与人关系的互动体系。人际关系自然是互动的,但关

---

[1] [德]诺贝特·埃利亚斯:《文明的进程 II》,生活·读书·新知三联书店 1999 年版,第 252 页。

[2] [日]滨下武志:《近代中国的国际契机——朝贡贸易体系与近代亚洲经济圈》,中国社会科学出版社 1999 年版,第 342—343 页。

系作为一种资源,带有实体性质,也呈现多元互动状态,故形成关系网络。当然,关系网络不是唯一可用的分析概念,但相对家族、社区、地域、官府等经验实体,它特别具有分析和解释功能;相对于国家、社会、公共领域等概念,它又是可为经验所检验和还原的,较能揭示社会历史真实。笔者并不企图构建本土化的中国社会史概念体系,只是以关系网络为例来说明超越经济决定论范式的方法论意义。超越经济决定论本身也要求研究者必须有一个广阔的学术视野,这同由打破学科本位观走向开放的问题意识殊途同归,成为社会史学整合工作不可分割的两个侧面。

第三节 历史人类学与传统中国 乡村社会的解释策略

一、由单一论域到多维视野

实际上,乡村地权分配的基本单位是家,同时这种资源分配又是在村落社区的社会生态空间中展开的;就研究单位而言,也须将家、族与村落有机地整合起来。地权分配是中国乡村社会历史进程的"全息元",中国乡村社会的全部信息含量通过地权分配折射出来,而透过地权分配这一聚焦点也能够全面地透析中国乡村社会乃至整个中国社会变迁的历史行程。王家范认为,对中国历史上的农业产权,宜作一整体的考察。[1] 此言甚是。其工作主要是对传统社会农业产权的性质进行评价,是一种"大历史"的宏观定性分析,自然也极有意义。然而,关键不在于如何评价,而在于如何阐释,诚如周锡瑞(J. W. Esherick)所言,客观地理解历史过程发生、发展的逻辑性,要比简单地进行定性分析更为重要。[2] 地权分配既蕴含了乡村社会历史变迁的全部信息源,则理解地权应作一种全方位、多向度的历史解释。马克思曾明确指出:"权利永远不能超出社会的经济结构以及由经济结构所制约的社

① 参见王家范《中国传统社会农业产权"国有"性质辩证》,《华东师大学报(哲社版)》1999 年第 3 期;《中国传统农业产权辨析》,《史林》1999 年第 4 期。
② 参见[美] 周锡瑞《义和团运动的起源》中译本前言,江苏人民出版社 1994 年版。

会的文化发展。"①的确,我们很难将地权分配问题仅作某种单一论域的界定,过去那种圈地式的史学领域之划分(如经济史、社会史、政治史、文化史、法制史),对于全面地再现地权分配的历史真实来说,其流弊已显露无遗。刘光临认为:"封建地产的存续是与封建社会种种社会经济关系分不开的,像封建家族的嬗变、财产继承方式、政治权力与土地集中的相互影响、传统社会内不同产业的报酬率之比较及产业间的资金流动等,都在不同程度上影响着封建地产的聚散,研究视野由此从封建地产经营体制本身转入到体制外部环境这一层次,涉及的因素及相互关系错综复杂……想要取得一个明白无误的结论还有待时日。"②此说诚然不错,不过就传统社会的地权关系看,我们与其说所"涉及的因素及相互关系"为外部环境,倒不如说这些因素及相互关系本来就是乡村地权实态的内含要素,似更为准确。

新制度经济学的产权理念虽不能与中国传统社会多元产权观念相对接,但其方法却于传统社会地权的解释策略颇有增益。美国著名的新制度经济学家斯密德(A. Allan Schmid)以为:"权利是一种手段,社会依此控制和协调人类的相互依赖性,解决人们的利益分配问题",而"权利包括实在的和人格的财产……还包括非正规的惯例,融于文化中的传统以及正规的法律制度,这些法律的和文化的东西构造了人们的机会边界"。③可以说,产权的观念演进和运作机制已经内在地生发于社会资源配置的历史进程中,在此行程中显示人们相互依赖性的关系网络逐渐孕育、形成,并融合进围绕地权分配而形成的聚落共同体中。

此就一般而论地权尚为不谬,而深入中国传统社会结构看,"关系网络"这一实体性范畴更带有鲜明的伦理情调。梁漱溟"伦理本位、职业分立"的著名论断,其文化哲学层面上的价值取向姑且不论,仅从事实判断看,也不能不说道出了传统中国社会产权的实存状态。他强调"伦理本位、职业分立

---

① 《马克思恩格斯选集》第 3 卷,人民出版社 1972 年版,第 12 页。

② 参见马克垚主编《中西封建社会比较研究》,学林出版社 1997 年版,第 95 页。

③ [美] A. 爱伦·斯密德:《财产、权利和公共选择——对法和经济学的进一步思考》,上海三联书店、上海人民出版社 1999 年版,第 6—7 页。

之交相为用"，"从伦理本位所影响于职业分立者言之：以其为伦理本位的经济，财产不属个人所有；而视其财产大小，隐然若为其伦理关系亲者、疏者、近者、远者所得而共享之"。① 可以从两方面说，"差序格局"的社会关系结构通过伦理化的产权（在农业社会主要是地权）分配而充分凸显，财产观念则和诸种伦理关系纠缠在一起而根本不能以现代产权理念加以厘清。英国历史法学派法史学家梅因在研究印度"财产的早期史"时，发现"印度'村落共产体'一方面是一个有组织的宗法社会，另一方面又是共同所有人的一个集合。组成它的人们相互之间的个人关系是和他们的财产所有权不能辨别地混淆在一起的"②。中国传统社会亦复如是，其土地权的最大特质，当在个人对于土地缺乏绝对的处理权，土地所有权不是与个人，而是与家族相连，土地权家族化与传统家族为核心的文化相互应和。③ 无怪乎农民学专家秦晖惊呼："民主革命的基本任务就是要将财产所有权从宗法共同体的人身依附关系中解放出来。"④

因此，地权分配的一般发生学机制和中国传统社会地权的特定历史实态，均要求研究者改变过去那种单一论域的思维定式，转向多维度的全方位透察。吕西安·费弗尔在解释《经济和社会史年鉴》的办刊宗旨时曾说过："所谓经济史和社会史其实并不存在，只存在作为整体的历史。"⑤多维度的全方位考察，实际上就是一种整体史研究，不过这种整体史不是过去机械碎割的部分之和，不是包罗万象、面面俱到的，而是对各个单一论域的辩证综合。值得注意的一个学术动向是，近年来若干海外汉学家的研究有将社会史、经济史、法制史、文化史等论域加以整合的趋势，特别是将文化史的话语分析和心态描述方法纳入整体史研究。周锡瑞比较了社会史与新文化史研究，以为："社会史在其更接近社会科学形态上的一个特点是关注塑造和限

---

① 梁漱溟：《乡村建设理论》，《梁漱溟全集》第 2 卷，山东人民出版社 1990 年版，第 173 页。
② ［英］梅因：《古代法》，商务印书馆 1959 年版，第 147 页。
③ 参阅［美］居密《从各省习惯法和土地契约看清代土地权的特质》，载叶显恩主编《清代区域社会经济研究》，第 901 页。
④ 秦晖、苏文：《田园诗与狂想曲——关中模式与前近代社会的再认识》，第 125 页。
⑤ 参见蔡少卿主编《再现过去：社会史的理论视野》，第 95 页。

制人类行为的社会制度",却倾向于否认行动者的力量,而"新的文化史的引人之处在于它给予了历史行动者以声音和主体性,因此帮助他们成为历史过程的动因,不光是历史过程的人质"。① 黄宗智则呼吁一种"新法制史"的研究,"要求我们同时从文化史和社会经济史的角度来考虑法律制度"②。周、黄二位原来是治社会史的,于今认识到文化史学术资源引人社会史视野的必要性。而素以研究明清文化思想史为学界称道的艾尔曼(Benjamin A. Elman)却在检讨过去那种"精英透过文化来支配平民的粗糙观念",意识到"文化的创造和再生产所牵涉的,不只是自主的'个人选择',社会、政治和经济的脉络的确会造成差异"。③ 饶有兴味的是,不同论域的史家不约而同地走到了一起。现在,对于一些史学论著,如孔飞力(Philip A. Kuhn)的《叫魂:1768 年中国妖术大恐慌》、勒华拉杜里的《蒙塔尤:1294—1324 年奥克西坦尼的一个山村》,我们已经很难将其界定在某一所谓的"史学领域"了。对于传统中国乡村社会地权分配研究这一课题,也不妨作如是观。

二、凸显农民的历史主体性:从"旁观"到"贴近"

从单一论域走向多维视野,固然可以较为全面地"再现过去",显示历史学的科学性;但是,如果就此忽视了历史学的人文性一面,那么这种"多维视野"必定是有缺陷的。翻检以往有关乡村史的论著,可以看到研究者大多以旁观者的角色去作远距离的观察,其文本给人一种"见物不见人"的感觉。尤其那种以计量史相标榜的文本,使读者只看到大堆资料、公式,而活生生的农民这一历史的重要主体却从历史中消失了。由此,不能不说,对历史学科学化的追求达到极致,反而是对科学化目标的最大反动。近年来,国内史学界有关社会史的研究不断深入,"从下层看历史"的呼声不绝于耳,但我的

① [美] 周锡瑞:《把社会、经济、政治放回二十世纪中国史》,《中国学术》第 1 辑,商务印书馆 2000 年版,第 204 页。
② 参阅[美] 黄宗智《中国法律制度的经济史、社会史、文化史研究》,《北大法律评论》第 2 卷第 1 辑,第 376 页。
③ 参见[美] 艾尔曼《中国文化史的新方向:一些有待讨论的意见》,《经学、政治和宗族》中文版序,江苏人民出版社 1998 年版。

一个总体感受,就是这种历史学社会科学化的追求,离历史学的人文学科固
有定位越来越远。事实上,传统史学的人文性一面如司马迁《史记》的叙事
方式,是现代史学应该大力继承的一笔宝贵财富。

也许有的学者抱怨,能用于描述农民个体生活和观念演进的资料太少。
这的确是个障碍,但资料永远是死的,而方法论才是活的开放性工具。我们
可以看法国年鉴学派第三代史学家埃马纽埃尔·勒华拉杜里的心态史学代
表作《蒙塔尤》一书,该书类似讲故事的叙事方式使我们对中世纪法国农民
的特定生活场境有了一个直接而又深刻的印象。勒华拉杜里是幸运的,他
能够利用内容丰富的宗教裁判所文书,这些档案文件详细记录了蒙塔尤村
庄的人和事。更重要的是,农民们留下了自己的声音。如何再现农民从历
史深处发出的声音,发现他们的历史主体性,勒华拉杜里为我们创造了一个
典范。这里,问题的关键就在于,史家作为研究主体,其角色意识应从"旁
观"走向"贴近"。如果有关乡村史的研究只能使读者看到枯燥乏味的资料
和冷眼旁观的分析,而看不到农民的情感世界和观念变化,那么可以肯定地
说,这种"再现"是蹩脚的、不完全的甚至是不正确的。

费孝通曾批评过南京国民政府行政院农村复兴委员会所作的云南省农
村调查,说:"复兴委员会那次调查的中心,可以说是在土地权的分配问题,
他们根据租佃关系来把村户分类,从而说明农村的结构……这详细的分类,
用在禄村一类的农村中,却发生了很大的漏洞,因为禄村的土地制度的基础
是在雇佣关系,而不是在租佃关系上。"①以预设的概念和理念去框定乡村地
权的复杂关系,这一缺失不仅在有关云南省的农村调查中存在,在"农复会"
关于江苏、浙江、河南、陕西等其他几省的农村调查中也同样存在,如关于永
佃权与"一田两主"的混同在农复会江浙两省农村调查中多有所在。地政学
院的农村土地调查其实也存在这类误区,而乡村地权实态远比有关地权的
概念复杂。② 究其原因,乃在于"农复会"诸学者(大部分为中央研究院社会
科学研究所的农村问题专家,该次调查的提纲即为陈翰笙设计)是作为旁观

① 费孝通:《禄村农田》,见《费孝通文集》第 2 卷,群言出版社 1999 年版,第 310—311 页。
② 杨国桢已指出此点失误,参阅《明清土地契约文书研究》,第 125—126 页。

者,未能贴近乡村社区生活作深入的参与式观察。我们可以清楚地看到,费孝通的《江村经济》和《禄村农田》对于乡村地权实态的揭示更接近历史真实;①而且,费孝通后著比前著的一大进步,就是比较注重农民个体生活轨迹在乡村地权实态所呈现的历史时空中的位置。试想,如果离开了农民个人的活动,地权变迁的历史学研究只能成为概念的流动,此类地权史只是空壳化的物权史,与历史真实相去甚远。

农民与地权息息相关的活动,可以归结为人及家庭的再生产过程。在这一再生产过程中,农民个体生命轨迹充分展现,地权随之呈现多元流动的状态,农民相应的财产观念也自然形成并逐渐稳固化,农民在特定的历史生活场境中所形成的互动关系得以网络化。这应当是一幅活的历史画卷。值得庆幸的是,已有诸如心态史(或曰精神状态史)、口述史、生活史(或生命历程研究)和文化人类学等学术资源可供我们更加真实地再现"活生生的人的历史"。我们当然不能否认,历史是人的历史,但离开了个体生活的历史,只能是简单地以固化的社会有机体范式将历史行动者"打发去度假"。

生活史就是关于个体生活的历史,但不是孤立的零星的个人记忆,而是"在社会、文化和历史情景里,一个生命从出生到死亡的过程中所发生的事件和经历"②。个人的生活史不仅具有个体生物学意义,更重要的是,我们透过个人的生活史,可以观察到历史行程的全部信息源,"由于人生活在具体的时空坐落中,因此生活史不仅是社会时空坐落的一部分,而且较为人性和生动地体现了与社会的互动……从生活史的描写,我们可以表述人之外的各种大历史和不同时间感的文化如何'再生产'人,可以体现人作为无法控制命运(由个体之外的因素决定)的个体如何'再生产'历史和文化"③。

也只有"走近"人的生活,才能真正走进历史的深处。在此,文化人类学的"参与式观察"为我们提供了很好的认识工具。青年学者陈俊杰在关于浙

---

① 关于陈翰笙、费孝通及他们所代表的学派所持的方法论,笔者打算另辟专文论列,此处不赘。
② 参见李强等著《生命的历程——重大社会事件与中国人的生命轨迹》,浙江人民出版社1999年版,第5页。
③ 王铭铭:《村落视野中的文化与权力——闽台三村五论》,生活·读书·新知三联书店1997年版,第362页。

东越村的社会人类学研究中,深深地体会到"人的生活是一个连续的整体,'关系'总是在生活历程中不断被人建构的,因而任何一种'关系',都蕴含着人的生活历史,蕴含着人的能动性"①。马克思所说"在其现实性上,人是一切社会关系的总和",如果从生活史的角度加以阐释,会更容易理解。人的生活史是现实的人的互动关系的充分展现,我们很难就此作机械的关系类型学划分。缘此路径,能够由关系与人的行为互动来认识社会结构的发生学机制。英国文化人类学家 A. R. 拉德克利夫-布朗就曾将社会结构定义为"在由制度上即社会上已确立的行为规范或模式所规定或支配的关系中,人的不断配置组合"②。由此,可以更清楚地再现社会历史的全息景观,而历史学科学性、人文性两界面也会实现和谐的统一。这恐怕要比那种建立在预设的历史哲学观基础上的宏观社会结构形态论来得更为实在些,也许更接近科学的原生形态。

人的生活史也应当包括人的文化心态、伦理观念层面,通过特定时空坐标的观察,可以明了个体文化心态的内化与外化过程。精神状态史(心态史)就是要揭示人的内心世界及其外化的形式诸如语言、行为、象征符号等,从而使"屡屡被剥夺发言权的普通人拥有发言的权利"③。比如近年来颇为流行的话语分析对揭示人的内心世界颇为有用,就乡土话语来看,农谚、歌谣、民间传说以及农民口述资料都是很好的素材。当然,要揭示这些表象下的深层社会变迁,必须突破民俗学的"采风情绪"和零乱的民俗事象描述,才能使这些素材展示其全新的意义。

笔者最近搜集到相当数量的江南地区"土改"档案和民事诉讼档案。在"土改"档案中,农民的财产观念(主要是地权观念)得以充分表露;民事诉讼,尤其是土地权纠纷案庭审中的答辩词强烈地表达了当事人对土地的财产权主张。通过对这部分资料进行乡土话语的分析,可以更清楚地看出地

---

① 陈俊杰:《关系资源与农民的非农化——浙东越村的实地研究》,中国社会科学出版社 1998 年版,第 7 页。

② [英] A. R. 拉德克利夫-布朗:《社会人类学》,山东人民出版社 1988 年版,第 148 页。

③ 参阅[法] 保罗·利科《法国史学对史学理论的贡献》,上海社会科学院出版社 1992 年版,第 91 页。

权结构形态的内在逻辑。这种解释要远比依靠地方志和"民商事习惯调查报告录"所提供的地权惯行资料来得更为深刻。当然,决不能孤立地离开特定的社会生活场境来进行话语分析,在此,文化心态史和生活史乃至"大历史"的视角是融为一体的。

在具体的操作层面上,口述史方法可以将这两种视角有机地统一起来。现在一般用得较多的口述史方法,是借助于仍然健在的历史当事人的个人回忆来弥补文献资料之不足。这当然很有意义,但是口述史的更为本质的功用在于通过有意识地记录下人民大众自己的表达,让"老百姓讲述自己的故事",在历史的"磁带"上留下自己的声音。口述史正是"用人民自己的语言把历史交还给了人民。它在展现过去的同时,也帮助人民自己动手去构建自己的未来"①,进而充分凸显人民大众的历史主体性。

从"旁观"到"贴近",来深入再现农民的社会生活场境,还必须将着眼点放在他们"生于斯长于斯"的村落社区生态空间中,这就是研究单位的选择问题。前文已比较详细地讨论了研究单位与问题意识的关系,主张研究单位的确立是由问题意识所引发的。探讨传统中国乡村地权实态的发生机制这一问题意识,必然应将研究单位确定在村落社区。将村落作为一个研究单位,在社会人类学的著作中比较常见,但即使是人类学家的眼光也未局限于村落社区中,如费孝通对江村的调查,就"尽可能全面地记录外来势力对村庄生活的影响"②。人类学者甚至还可以超越社区研究的界限,将自己的视野扩展到更为广阔的背景,去关注与这一社区的社会和文化生活相关的思想及其在整体社会中的位置。"大历史"的视角更应该从社区的微观生活场境中捕捉关乎社会历史脉络的信息,以求见微知著。

李银河在研究农民生育行为时,认为微观经济学的"经济人理性"分析模式难以对中国农民的生育行为作出完全的解释,尝试用"村落文化"去作更为全面的解释。她认为:"村落文化不是抽象的概括,而是一种切实存在

---

① ［英］P. 汤普逊:《过去的声音——口述史》,辽宁教育出版社 2000 年版,第 327 页。
② 费孝通:《江村经济》前言,见《费孝通文集》第 2 卷,第 6 页。

的社会群体及其所拥有的文化形式。"①其实,这也完全适用于传统中国乡村地权实态的学理解释。农民们有关地权的观念、惯行、礼俗、制度,都离不开村落社区特定生活场境中所结成的人际关系网络。当然,村落社区的结构形态表现也有差别,施坚雅所描述的四川盆地散居式聚落形态基础上的农民市场社区生活,自有其客观的事实依据,即便主张以村落作为研究单位的黄宗智也比较了江南与华北村庄的结构性差异。但是,无论如何,对于绝大多数传统中国乡村地区来说,离开村落社区的生活场境来远距离地观察乡村地权变动,都会找不到乡土感觉,会因此而远离历史事实,前述"农复会"农村调查的失误已经证明了这一点。由此亦可见,研究单位不仅仅是由研究者的问题意识所决定的,也与研究者的角色意识有很大的关联性。乡村史学者"再现过去"的问题意识决定其角色意识从"旁观"到"贴近",从而最大限度地凸显本已存在的农民的历史主体性。

我运用社会人类学方法整合经济史、社会史、法制史、文化史等学科领域的学术资源,实际上是在多维视野与再现农民的历史主体性两个层面下功夫,这就是我所提倡并付诸实践的历史人类学方法。不过,我在此想要强调的是,历史人类学不是单向度的学科,而是一种开放性的方法论体系。

---

① 李银河:《生育与村落文化》,中国社会科学出版社 1994 年版,第 58 页。

第二章 村界：有形与无形之间

施坚雅(Skinner)提出的"市场层级"理论中，近代中国农民日常生活的基本空间是以基层市场为核心的"市场圈"，市集中的茶馆成为农民市场社区生活的重要场所。施坚雅所研究的四川盆地农村，由于特定的自然生态原因，聚落多为散居式，不似华北农村内向封闭式的聚居式村落。江南水乡的生态特征迥异于上述两地，近代以来，市场体系也较为发达，但乡村聚落仍保持聚居式村落的基本特征，农民日常活动的基本空间是村落社区，但又远较华北农民涉足更多的市场生活，可以说是呈现了一幅介于四川盆地与华北平原农村之间的日常生活景观。聚居式村落之间必然存在较为固定的地理边界，村落内部有着稳定的社群关系，这就是存在于村民日常生活意识中的村界和村籍问题。村界和村籍是乡土社会本已存在的固有观念，不是学者理论分析框架中所构建的概念，围绕乡土化的村界和村籍意识，才可以更为客观地认识近代中国乡村地权的实存状态。

折晓叶在关于当代中国沿海地区"超级村庄"的研究中，提出了"村庄边界"的概念。她在两种意义上使用这一概念："一是村庄与外界之间的疆域性界限，如以亲缘和地缘关系为基础的地域共同体的范围，以土地所属为依据的村界，以及行政关系制约下的村组织行政的界限；二是村庄主要事务和活动的非疆域性边缘，如村庄的经济组织、市场经济网络、人际关系网络和社会生活圈子所涉及的范围等。"并且村庄边界呈现多元化趋向，即指"村庄是由多种独立的、不完全互相依存的边界构成"，这多种村庄边界包括地理边界、行政边界、经济边界和身份边界。① 在折晓叶所研究的"超级村庄"中，

---

① 折晓叶：《村庄边界的多元化——经济边界开放与社会边界封闭的冲突与共生》，《中国社会科学》1996 年第 3 期。

村庄边界的制度化趋向特别明显,因涉及经济利益的分配问题,身份边界(村籍)以村规民约的制度形式出现,这一现象在王颖对广东省南海县乡村"新集体主义"的研究中也同样存在。① 我不完全同意这种有机体论式的类型学划分,况且这种分类也不一定适用于对近代中国农村的解释。实际上,存在于农民日常生活意识中的村界和村籍观念是多重而又统一的,并非多元而独立的。我在关于近代山东村落社区的研究中曾指出:"村庄边界有两种意义,一为地理方位,一为产权观念。乡间所存在的村界意识则兼有这两种意义,即村民基于土地占有权归属而对本村落四至地理空间界限的认同,和村落成员对上述地理空间内耕地、山林、水域的监护权。"②这是村庄的地理边界和产权边界,两者是直接统一的。村庄的地理边界是有形的,每当村外之人对村界内的土地资源(包括田地、山林、湖荡)造成侵害时,有着浓厚村界意识和村产观念的村民易与之发生纠纷,形成冲突;邻村之间因水利等公共工程的维护而开展的合作,也以村界为限。产权边界实际上是村民的村产观念和村界意识,是无形的,然而却是更深层的制约因素。此外,在村际的宗教、教育等活动中,某一村庄是作为一个整体参加的,虽然不涉及地权因素,但也无形中强化了村民的村界意识。

第一节　聚　落　形　态

讨论村界,不能不说到聚落形态。乡村聚落形态不仅反映了区域自然生态对人类生活方式的影响,而且在社群关系上由合族而居带来的人文地理景观,被历史进程赋予了更多的社会经济文化内涵,即是说聚落形态有着自然的和人文的双重要素,这在聚落名称上得到了鲜明的体现。旧松江府青浦县③的乡村聚落有 794 个,大多以浜、泾、桥、港、湾、圩、浦、溇、荡、堰、塘等命名,既典型地反映了江南水乡水网密布的生态特点,又凸显出人民利

---

① 参阅王颖《新集体主义:乡村社会的再组织》,经济管理出版社 1996 年版,第 168—179 页。
② 参见拙著《地权分配·农家经济·村落社区——1900—1945 年的山东农村》,第 181—182 页。
③ 书中地名均保留所论述时段或所引文献使用之原名——编者。

用、改造自然环境的活动痕迹。① 在清末民初的上海县法华乡,李徙泾水系为当地自然生态景观的主体,无数的水路与李徙泾相合流,法华乡也通过与李徙泾水系的连接同外界保持着细密而广泛的交通。乡内则通过水路、桥梁、村道与市镇相接。② 江南水乡的交通必然主要依靠船只来解决,像吴兴县荻港镇钞田村,距太湖仅三五里,四周环水,港汊交错,农民出门就得坐船。在距此地不远的吴江县开弦弓村,航船制度甚或成为沟通城乡市场网络的枢纽。③

　　乡村聚落的演变又离不开农民最基本的生存活动——农业生产。在江南水乡,以稻作农业为基本特征的生产活动,主要就是土地利用中的水利问题,而塘浦圩田体制即是这一活动的直接结果。据缪启愉的研究,江南地区自宋代以降,“随着豪强地主盲目圈围的加剧和民修小圩的零乱发展,于是塘浦纵横之间位位相承的原有圩田体制,日趋分裂、碎割,而私家泾、浜配合着任意开挖,塘浦圩田体制终于日趋紊乱、隳坏”④。尽管存在着日益紊乱的趋势,但“圩”作为农民土地利用的基本单位在近代却不曾改变。在20世纪30年代的吴江县开弦弓村,圩仍是土地单位,当地人称一块环绕着水的土地为“圩”,圩的大小取决于水流的分布,因此各不相等。该村有十一个圩,在三条小河的汇集处。⑤ 在吴县枫桥镇孙家乡,有载字圩、乃字圩、南字圩、俶字圩、稼字圩等共十个圩环绕村落四周分布,桥则成为连接圩田间水道的纽带,故当地又有“无桥不成镇”之说。⑥ 在地势低洼的圩田区域,围绕着圩田开发、利用而形成了稳定的村民间的互助合

---

① 参见〔日〕滨岛敦俊、〔日〕片山刚、〔日〕高桥正编《长江、珠江三角洲农村实地调查报告书》,《大阪大学文学部纪要》第34卷,1994年版,第11—12页。

② 参见〔日〕高桥正助《上海都市化的扩大与周边农村——1920年前的上海县法华乡》,载《上海研究论丛(1993年)》,上海社会科学院出版社1993年版,第62—63页。

③ 华东军政委员会土地改革委员会:《浙江省农村调查》,1952年版,第294页;费孝通:《江村经济》,江苏人民出版社1986年版,第177—181页。

④ 缪启愉:《太湖塘浦圩田史研究》,农业出版社1985年版,第32页。

⑤ 费孝通:《江村经济》,第12—13页。

⑥ 〔日〕林惠海:《中支江南农村社会制度研究》上卷,东京:有裴阁1953年版,第46—47、81—82页。

作关系,并且产生了以维护圩田为首要任务的"乡圩"组织,①这也从社会生态系统的角度说明,圩田体制确实突出地反映了近代江南地区人与自然之间的密切关系。

水乡特定的圩田体制对聚落规模、住宅分布、村庄防卫和交通系统都有着直接而又深远的影响。日本学者滨岛敦俊在考察了江南三角洲农村聚落的规模后,作出如下判断:"高地乡村一般是小村或散村,低地乡村一般是集村。这种由地势的不同而引起的聚落规模的差异,也会对社会结构状况造成影响。"②其实,聚落规模的形成还可以从自然生态之外的社会因素如人口迁移条件下的社群关系来解释,自然地理条件不是唯一的影响因素。不管怎样,在江南水乡,特别是低洼地带,由于水网的分割限制,房屋多傍水而建,即使是在同一村落中,村民居住得也不像华北平原的村落居民那样集中。吴江县开弦弓村附近的河道沿岸,大小村庄应运而生,大村落都建在几条河的岔口。因为房屋要建在河道附近,故开弦弓村村民的房屋就在三条小河的汇集处,并且分散在角城圩等四个圩的边缘。③ 吴县枫桥镇孙家乡村民的房屋也多依圩田的自然地势而建,附近多小村落,村落内部村民居住较分散。曾参与林惠海主持的枫桥镇孙家乡调查的日本社会学家福武直的研究揭示,江南百户以上的村落较少,一般在二三十户乃至数十户,规模较小,又居住较分散。④

而在华北平原地带,民国初年及此前时期,乡村聚落多为"土围子",或称"寨",或称"集",或称"庄"。民国初年的一位调查者在描述苏北旧徐海道属农村的聚落景观时,这样写道:"在这土围子内,中心有一家高大的瓦房,另再有一个炮楼,该当是寨主的宫殿了。四围就有数百十家的农民,大

① 吴滔对此做了较为详尽的研究,他虽然主要从社会组织入手,但对理解江南圩田体制的生态特征却不无帮助,参见其论文《明清江南地区的"乡圩"》,载《中国农史》1995年第3期。
② [日]滨岛敦俊:《旧中国江南三角洲农村的聚落和社区》,载《历史地理》第10辑,上海人民出版社1991年版,第100页。
③ 费孝通:《江村经济》,第13页。
④ [日]林惠海:《中支江南农村社会制度研究》,第82—83页;[日]福武直:《中国农村社会结构》,东京:大雅堂1943年版,第227页。

都是种着寨主的土地。"①在鲁西南地区也存在这种情况,该地区曹县的朱庄为一寨子,出租地主朱凯臣居住在寨子的中央,周围都是他的佃户。② 围寨主要是为应付匪乱、兵灾等治安问题而修造的,这种特定历史场境中的聚落景观也反映出华北乡村特定的社会分化和权力结构,可以说聚落景观表象下有流动着的深层社会关系。华北平原村民居住得较为集中,而江南水乡村落内部又相对分散,单从自然生态角度比较,亦不难解释。聚落形态既是人与自然互动关系的再现,那么对与之密切相关的村界问题的研究,也就必然在特别关注自然生态要素的同时,更要注意其中所蕴含的社群关系和村落共同体意识。

第二节　土地交易习俗和村界的稳定性

在传统中国社会,土地权的流动性极强,所谓"千年田八百主"正是土地权转移的生动写照。金坛有民谣云:"穷人不是穷到底,富人不是生啥根;百年风水轮流转,十年田地换三村。"③土地和房产对于农民来说是命根子,即使是经过绝卖,乡间仍然存在多次找价的民间惯行。杨国桢的研究披露了日本国立国会图书馆所藏太湖理民府的一份档案文件,即同治六年"张文均呈控叶天如纵妾加找房价等情"一案。同治六年(1867)十一月,后山二十九都后五图杨湾张文均凭中契买叶天如住房一所,"言明一卖永绝,一切乡例贯如价"。事过五年,即同治十一年六月,叶天如夫妾二人持迈加找,经同乡说合付洋八元,劝她回山寻原中说话。八月,张文均返山,经契中劝谕,嘱帮贴叶天如钱壹百千文。叶天如妾不从,到契中家肆闹,硬要加找钱贰百千文,否则就要拼命。④ 1917—1920 年前后,在临安县城的钱氏宗祠从乡下分别买了孟何氏、胡周氏、孟城坤、王文生等人的几块田地,第一次均书"绝

① 吴寿彭:《逗留于农村经济时代的徐海各属》,载冯和法编《中国农村经济资料》,黎明书局1933 年版,第 131 页。
② 何思源:《梁漱溟先生所办的乡村建设研究院》,载《光明日报》1952 年 1 月 10 日。
③ 钱静人编著:《江苏南部歌谣简论》,江苏人民出版社 1953 年版,第 126 页。
④ 杨国桢:《明清土地契约文书研究》,第 247—248 页。

卖"，言明以后永不加找，但一般数月后原业主即要加价，找价大体相当于原卖价。① 清代上海县甚至在田地，尤其是房地产买卖时，存在"卖、加、绝、叹"的乡例，如在光绪二十三年（1897）十二月至次年六月短短的半年时间里，江庆生将自家坐落在城二十五保十图二十铺金家旗杆房屋一所，先立卖契卖给凝晖阁鞋业，又经立"加契""绝契""叹契"和"拔根叹契"，才算断绝了与该处房产的产权关系。② 清至民国时期，官方认为此种乡例为恶俗，律令禁止，光绪年间青浦县知县甚至勒碑示禁，可见此乡例流行之普遍和深远。其碑文曰："前原主率向现业加借不绝者，总之有产必借，有借必扰。每于冬间有等痞棍，率领年迈病妪，向人包揽坐索，串诈朋分，日夜踞扰毁物，以及抢夺耕牛、船只，酿成事端。名曰加借，实系籍产索诈，举家为之不安……本县访问青邑，此风甚炽。"③原业主之所以能多次加找，且所谓"串诈朋分"，无非是田地仍在其"乡土势力范围"、人多势众而已。

如果说土地交易中的加找惯行主要体现了某个家庭对其家产的产权依恋，此行为又借乡族势力而得以开展，那么，江南乡村普遍存在的"阻葬"风俗和乡村民众对"风水田"（坟地）资源的控制就反映出更强烈的村产观念和村界意识。在川沙县地方有"信风水"之习俗，民国时期的方志作者云："风水之说，事属渺茫，俗尚信之甚坚，往往以寻风水为名，停棺不葬……且有因此互起争端，经年缠讼，倾家荡产，每悔已迟。至护塘两侧，棺没池中，上又置棺，叠床架屋，沿塘几无净土。"④并非人们缺乏孝心，相反，"入土为安"的"慎终追远"式祖先崇拜使人们为寻所谓的"风水田"而停棺不葬。在人地关系高度紧张的情况下，要寻一块理想的"风水田"就更加困难。在明清时期的常熟县和昭文县，人们"信风水"的习俗由来已久，但"虞山不深，而旧冢已

① 钱文选等编：《钱氏家乘》"契据汇录"，1924年。
② 上海市档案馆编：《清代上海房地契档案汇编》，上海古籍出版社1999年版，第262—267页。
③ 上海博物馆图书资料室编：《上海碑刻资料选辑》"为禁绝产加叹告示碑"，上海人民出版社1980年版，第156页。
④ 《川沙县志》"风水"，上海国光书局1937年铅印本，转引自丁世良等编《中国地方志民俗资料汇编》华东卷，书目文献出版社1992年版，第34页。

密,佳壤寻觅殊难"①。城镇居民也为其死亡家属在乡间寻找"风水田",就更加剧了此种人地关系的紧张。

对于村庄地理边界内的土地资源,村民有着浓烈的村界意识,对于城镇人口到乡间寻找"风水田"就采取拒斥的态度,故有所谓"阻葬恶习"。在旧湖州府嘉兴县的双林镇,"不论营葬、浮厝,辄视其家之贫富需索埠费,一不遂意,则纠众拦阻,不许登岸,甚至桥门水埠多方堵塞砖灰等物,任意攫取抛散。虽经崇善堂请官示禁,习讫难革。葬者子孙为亲枢所在,必极力将顺,无敢上控,此难革之由"②。虽经官示禁仍不能令行禁止,此种习俗与其说是乡民的文化心理因素,毋宁说是在村界意识下对土地资源的强烈支配欲望所致。即使是在乡间已购置了坟地,城镇业主也无法对其行使有效的控制。在上海县虹桥镇乡村,有些人凭借乡族势力或政治势力取得上海人或外地人的风水田的支配权,再以高价转租给贫农,以二地主身份坐收其利。按照习俗,风水田是不付租子的,仅须于扫墓或年节时送些蔬菜礼物就可以了。③吴县枫桥区阳凤乡比上海县虹桥镇更是有过之而无不及,外地买主在该地购得坟地后,"实际把持的是属于看坟的人。例如生产村富农张真宝有 26亩田,其中有租田 7.6 亩,是专做生意的,转卖或租给他人做坟,马上入土的坟要两石到三石,起码要一石,仅属寄有棺材也需 7 斗米,表面上看他的地是出租的、出卖的,实际上如坟主一年不来上坟,他就把坟铲平或掘坟,然后再租出或卖出,假使坟主来的时候,他就指新建的为原坟,敷衍坟主"④。像张真宝这样的农民凭借着熟悉地形和乡土关系等乡土资源优势,即使在契约关系上并不拥有坟地的所有权,但其控制能力显然已使城镇业主的所有权虚置,他们所能满足的仅仅是"慎终追远"的人文关怀而已,况且连这种伦理

---

① 《常昭合志稿》,1904 年活字本,转引自丁世良等编《中国地方志民俗资料汇编》华东卷,第428 页。

② 《双林镇志》,商务印书馆 1917 年铅印本,转引自丁世良等编《中国地方志民俗资料汇编》华东卷,第700 页。

③ 华东军政委员会土地改革委员会:《山东省、华东各大中城市郊区农村调查》,上海,1952年,第161 页。

④ 苏州地委调研组:《吴县枫桥区阳凤乡调查材料》,苏州市档案馆藏档,卷宗号 101-长期 7。

情感上的需要也因"张真宝们"转租、转卖坟地的交易行为而失去了其本来的意义。

在土地交易行为中，同族四邻先买权也是确保村界稳定性的一个重要因素。在辛亥革命前后的无锡县，"甚至在家庭土地已经成交以后，族人还有权要求出售人取消这一买卖，把土地卖给自己"①。而一田两主制这种地权结构在太平天国运动以前的江南地区就已存在了，说明江南地区宗族先买权的民间习惯法在一定程度上已为城乡之间密切的经济联系所打破。在华北农村，同族四邻先买权的执行要比江南地区更为严格。在山东省恩县后夏寨村，若是将土地卖给五服以内的同族成员，则无需签立契据；如果不经家族同意而将土地出卖给族外之人，家族成员就有足够的理由到官府控告。② 同样，在华北农村也存在同家族的人买不起土地，只能被迫容忍家族成员将土地出卖、典押给族外或外村的居民。在河北省良乡县吴店村，村界之内的土地有一半属于外村人；在山东省泰安县涝洼庄，全村108户农家中，有57户将土地典押给村外之人，但在该村村民的村界意识中，该村村界包括本村土地和典押、出卖给外村的土地，③这就是所谓的"插花地"现象。虽然华北地区的农民有着浓厚的村界意识和村产观念，但是这种广泛存在的"插花地"现象则说明华北地区的村落产权边界呈现了相当程度的模糊性。而在江南地区，因城乡的市场联系远较华北地区密切，土地交易圈大大突破了所谓的"村级土地交易市场"，但由于田面权滞留乡村，故村庄的产权边界反而更为清晰，这还可以进一步从围绕村界的合作与纠纷来加以解释。

第三节　围绕村界的合作与纠纷

前文已展示了江南水乡的聚落形态景观，村民虽然居住得比华北地区

---

① 章有义编：《中国近代农业史资料》第2辑，生活·读书·新知三联书店1957年版，第76页。

② "满铁"华北经济调查所：《北支惯行调查资料》第79辑之二第10号"土地买卖篇"，山东省恩县后夏寨庄，第221页。

③ 分别见《中国农村惯行调查》第五卷"概况"，第6页，转引自［美］杜赞奇《文化、权力与国家——1900—1942年的华北农村》，第187页；"满铁"调查部：《北支农村概况调查报告》（二），1940年，第135页。

的农民相对分散,但在某种程度上因湖荡等村庄公产的存在,村民的村界意识和村产观念要比华北地区的农民更为强烈。兴化县(清代属扬州府,1914—1927年属淮扬道)尽管地处江北,然而由于地处里下河地区腹部,为江苏省地势最低的县,素称"锅底洼",境内湖荡罗列,河渠纵横,县内生态环境颇类似于江南,又被誉为"鱼米之乡"。① 清末民初,该县正是因其特殊的生态条件,在乡村普遍存在"水面公租"的民间习惯法。民国初年民商事习惯调查员朱承佑根据民事案件调查报告写道:"兴化地势低洼,河湖纷歧,水势平衍,数百或千亩之庄,大都四面临水。习惯本庄之水面多有公租,泰半归本庄公用,如挖泥培田、种布菱芡、捕鱼取虾、栽芦作薪、驱鸭入田,秋成以后,俾食道粒等事,各须出有公租,始能相安无事。"②水面公租即是某村落作为一个整体占有四周河道公产的表现,此种村庄公产为全村人所有,外村人使用须交所谓"公租",故又涉及村籍问题,可见公产离开社群关系也就失去了赖以存在的条件。水面公租的出现,其实还在于村落周围的河道可以作为资源加以利用,如种菱芡、捕鱼、养鸭,是为收益权。虽然此收益权为村庄公产所派生,但村庄公产又因收益权才有存在的必要性。水资源的村庄公产也并非整齐划一的,从整个村落的角度看,可以说环绕村庄四周的河道均属于村庄公产,但由于土地属于每个家庭,故某一家庭对靠近自家田地的河道又有直接的产权。在嘉定县娄塘镇娄南村,土地交易行为发生时,土地契约上一般载明买卖田地所附带的"水面权",在"四至"项中,如书"至河中"字样,就表明原田主人拥有该河靠近自家田地一岸一半的水面所有权;如书"至河面",则表明原田主人拥有贴近田地河流的全部水面所有权;如书"至河",就表明原田主人不享有水面所有权,此种场合,水面权显然属于河对岸田地主人所有。在同一村落中,村民可以相互到对方田地附近的河道中捕鱼、取泥、放鸭,而无须支付"公租",只不过某一家庭对靠近自家田地的水面享有优先权而已。③

---

① 参阅单树模主编《中华人民共和国地名词典·江苏省》,商务印书馆1987年版,第299页。

② 南京国民政府司法行政部编:《民事习惯调查报告录》,中国政法大学出版社2000年版,第509页。

③ 〔日〕滨岛敦俊等编:《长江、珠江三角洲农村实地调查报告书》,第229页。

　　既然水面权是一种村庄公产,那么某村庄居民就会表现出强烈的村庄共同体意识,拒斥村外之人对村庄水面权的侵占。在浙江省吴兴县荻港镇钞田村,"一部分鱼荡为人工开挖,即是人工将田地挖掘成荡,其中大部分是某些家庭的祖先传下来的,属家庭财产。该地不是人工开挖的港洋里也有鱼,数量多到难以统计,河港分有主、无主两种,靠近谁家田地的港名义上归谁,不过本村人或熟人仍可以去打鱼,但外乡人不能擅自进入打鱼,群众称港里的鱼为野鱼,因不用喂养,大者每条十几斤,一般三斤以下"[1]。在当地村民的话语中,无主河荡里的鱼被称为"野鱼",就说明靠近某家田地的河道是对全村人开放的,同时此种公共水面权又排斥了外村人的参与。与该村相距不远的江苏省吴江县开弦弓村,河荡中的所有水产(包括鱼、虾、水藻)是村子的公共财产,"村里的居民对于这些水产享有平等的权利,其他村庄的人们则排除在外",费孝通调查时发生的一次民事诉讼就突出地反映了该村落水面公产的此种性质:"1925 年,周村长把村西的湖中捕鱼的权利租给了湖南省来的人。这是由于那时村庄需要钱来修理河上自卫用的栅栏。签订了合同以后,周向村民宣布,今后不得有人去该湖捕鱼。村民遵守了这个协议。我(指作者费孝通——引者注)在村里的时候,发生了一起争端。那些湖南人抓获了一条捞虾的船,把渔民押到城里警察署,控告他们偷窃。周抗议说,租给湖南人的不是那个湖,而是在湖中捕鱼的权利。这个权利不包括捞虾的权利。最后,被抓的人获释。"[2]出租捕鱼权期间,开弦弓的村民不能到村西的湖中捕鱼,但因该湖系村庄公产,村民还可以去捞虾和水藻。租入捕鱼权的湖南人显然是没有理解该村公共水面权的习惯法,将契约中的捕鱼权作了扩大的解释,村长出面捍卫村庄水面公产,表明水面公租所体现的村落共同体意识,因村庄行政权力的参与而得到强化。普通村民对本村落水面公产的保护意识,也在村外之人侵占村庄公产时充分显露。1912 年初的一天早晨,家住吴县唐家桥的张阿富、邹阿木、葛福寿三人到距该村约一华里的无锡县夹蠡村取河泥。此时夹蠡村

---

[1]　华东军政委员会土地改革委员会编:《浙江省农村调查》,第 295 页。

[2]　费孝通:《江村经济》,第 125 页。

村民戴金弟正在河边端着碗吃粥,见此情景便告知同村的陆炳章,陆、戴二人即向前追赶,在西夹蠡河桥畔,与张阿富等三人发生争执并相互殴打,戴金弟被踢伤,数日后死亡。[①]

村落水面公产有时会因地方权势人物的侵占,从而表现出一定的非均质性。清初康熙年间,在苏州府长洲县,有"渎墅、朝天、金泾等湖,为郡城东南之水泽,傍岸村民之所资赖",有陈心敷等地方豪强霸占湖荡,俞华等联名上告至苏州府,苏州知府特谕令示禁:"为照渎墅、朝天、金泾等湖,泽梁无禁,原听万姓罱泥捞草采捕……嗣后如有豪强在湖栽种菱芡、签簖截流、索诈渔户捞草船只害民妨农者,或经察出,或被告发,定行立拿解宪,按光棍律惩处。"[②]长洲县渎墅等公有湖荡虽为地方豪强侵占,但仍可通过官府裁断而恢复其公产性质。而在青浦县,直至"土改"前夕,"除大盈河等公河外,一般岔河小港,均有'鱼图'控制渔权,这种鱼图多为农村中的地痞流氓恶势力者,把河港分成段,每段长达二里三里不等,一般产蟹百斤左右,大鱼图都占有好多的段,出租给渔民时,每段每年索米八斗"[③]。这种渔权的租佃关系之所以成立,至少是得到了乡民的认可,甚或成为地方的一种习惯法。在吴兴荻港镇钞田村,尽管有村庄公有水面,然而该村东北的一个名和洋孚的湖荡,面积约有300亩,"土改"前夕该湖由荻港镇镇长姚翔卿霸占,"往年他组织农民打鱼,以产量一半作为工资,镇完全小学、伪镇公所各提一部分,名义上作办公费,实则多为私人吃喝浪费,余下大部由他贪污自肥。解放后,农民将恶霸斗倒,这个湖归镇上四个村共有"[④]。和洋孚的渔权为镇长的行政权力所支配,附近村民受雇打渔,对丧失村庄水面公产也采取了默认的态度。捕鱼所得充小学学费、镇公所经费,则表明和洋孚渔权并非为镇长姚翔卿所独有。"土改"过程中,旧政权为新政权所取代,当地农民才夺回村庄水

---

① 无锡地方审判厅刑厅判词"判决同级检察厅起诉张阿富等殴伤戴金弟致死一案",载《江苏司法汇报》第5期,1912年9月1日。

② 王国平、唐力行主编:《明清以来苏州社会史碑刻集》,苏州大学出版社1998年版,第589—590页。

③ 华东军政委员会土地改革委员会编:《江苏省农村调查》,第17页。

④ 华东军政委员会土地改革委员会编:《浙江省农村调查》,第295页。

面公产。

在村庄公产权利归属较为明确的情况下,豪强霸占毕竟是于法无据,村民可以通过各种途径收回村庄公产,而当相邻村庄之间的公有湖荡产权不明时,则更容易产生村与村的纠纷,此时村庄往往是作为一个整体参与的。1929 年,宜兴县周山村与邻近的前化村因争夺两村间的湖荡而发生了民事纠纷。周山村邓焕棠、邓洪保、高锁生、蒋天梅、秦德元、邓生根等六人代表村民诉至吴县地方法院,称他们世居周山村,所有祖遗管业滩地计有西湖小滩、杨巷滩、双庙下滩,向为周山村前段居民共同所有,清光绪十六年(1890)由邓彦章(即邓焕棠之父)召集各户公议,报认注册,执业完粮,有印粮券及光绪二十一年宜兴县署勒石永禁碑为证。前化村以蒋寿南、蒋生发(时为图董)为诉讼代理人,称他们世居前化村,聚族而居,前化支祠内花山滩地向以蒋昭燕堂等户名办粮执业,制有部照、粮串为凭。① 暂不论其中是非曲直、诉讼双方物证是否真实,仅看这一案例中诉讼双方各以村庄领袖出面参与诉讼,就显示了村庄成员在维护有争议村产时的强烈村庄公产意识。像上文所述吴兴县钞田村的和洋乎为附近四村村民所共有,非为一村独有。而杭县上四乡李家村与葛家村为相邻两村,两村共有一荡,土名“地龙池”。在清代,两村村民就常因车水捕鱼等事发生争执。清光绪十四年,李、葛两姓遂邀亲邻张廷记、袁文伯等议立合同,“订明池水任凭两姓车戽无阻,不准开沟流放,池内之鱼,得由两姓共网……不涉他姓之事”。1921 年,李家村李成泰等村民以李姓承粮多于葛姓,“则此荡所有持分及所收鱼花,应照七三分派等情”,起诉至杭县地方审判厅。② 李、葛两村共有湖荡首先排斥了两村之外他姓的参与,其共用权原本是明确的,但是在这种共有关系中,两村各作为一个整体分别承粮,说明两个村落又是相互独立的权利主体。在这两宗民事纠纷中,宜兴县前化村聚族而居,言明宗祠拥有湖荡滩地公产权;杭县李家村、葛家村均是单姓村,两村共有湖荡实为宗族公产,故不妨将这种民事纠纷看作宗族间的争讼,如处理不当,有可能演变为宗族械斗。我尚未发现

① 上海法学编译社:《民刑事裁判大全》,会文堂新记书局 1937 年版,第 251 页。
② 凌善清编:《(全国律师)民刑诉状汇编》,大东书局 1926 年版,第 95 页。

近代江南地区宗族为争湖荡等公产而械斗的案例,林济则提供了湖北省广济县、黄梅县宗族为争夺湖场公产而发生械斗的案例。①

与相邻村落的湖荡公产争讼相比,近代江南地区围绕农田水利活动而展开的合作与纠纷,同样也反映了村民的村界意识。清乾隆二十九年(1764),溧阳县前村、下社、墅塘、皇赘四村合作开河造闸,自乾隆四十一年至民国年间,邻近的中梅村均在天旱时借用四村共享的水源,并立有"开河过水议据"②:

> 　　立议合　钟德庆、万亮大、李舜年、刘开元、陈传禄等为申立议据,永杜争竞事,穷信字图闸河于乾隆二十九年,经前村、下社、墅塘、皇赘四村,按亩捐资开河造闸,迨至四十一年干旱,中梅村借闸过水,公议解车一部。嘉庆二十年干旱,中梅村又情恳增车,各村又情让增一部。道光五年复经前邑尊赏出示永禁,中梅村只准安车两部,不得添增在案。迄今兵灾之后,田地荒芜,开垦者少,闸中积有浮水,中梅只能借闸过水,不得戽车。今年夏间旱干,中梅村邀同四村一再熟商,四村公同议酌,如戽闸中浮水,每车每日贴钱五百文,以抵贴工之费,仍照前章解车两部,此系两面情愿,凭公议明,上闸以旱洞为限,洞底未露不得戽四村所浚闸河之水;下闸以闸底为限,闸底已露,不得复戽底水。倘该四村田亩浚垦已多,闸无浮水,永照前禁设车两部借闸过水。欲后有凭,立此议合一样五纸,各村执一纸永远存照。
>
> 　　　　　　　　　　　　　　　　　　　　同治十年八月

在中梅村与前村等其他四村的水资源利用过程中,其间经过县令示禁不得增车戽水,可见此前曾发生过水事纠纷,后经立议据才使各方的权利义务关系得以明确。在水资源有限的情况下,以村庄为整体而展开的水利合作与冲突也是必然的。清代嘉庆年间,武进县长游沟陈氏宗族与前村蒋姓合作车戽灌溉,"迨后田园日广,生齿日繁,以一练之水供两村灌溉,凡遇旱

---

① 参阅林济《长江中游宗族社会及其变迁》,中国社会科学出版社1999年版,第297页。
② 刘兴开、刘昌明修:《中梅刘氏续修家乘》,道胜堂刻本,1940年。

干,苗则槁矣,余(乡绅陈宏灏——引者注)甚忧之,爰集村人议添一练,村人曰:'铺前浜深五里,在浜起水者三十余练,向有定例,今欲额外添新,毋乃不可乎?'余曰:'人孰无情,言必无中。'遂邀过浜人等,告以实情,众皆悦服,慨然许之,同声相应者,如听千人之诺诺,由是陈蒋两村各得一练,虽有亢旱,亦无忧矣"①。乡绅陈宏灏在这次水利协作中无疑发挥了至关重要的作用,但在乡间的用水习惯面前,也不能为所欲为,而是要征求附近村民的意见方可另行设练戽水;同时,他也正是代表了陈氏宗族村落的整体利益,方才有此次行动的成功。吴县善人桥地方多山,地势较高,也面临灌溉的困难,1934年夏季天旱,"河浜悉行干涸,水源断绝,经各村村民自动组织合作灌溉,沿浜口作坝,用人力或机力,将外河之水戽入浜内,再灌入田面,法至善也。有毗村、堰头村两村村民,即因作坝而争夺戽水机,其原因为两村起始包水时,合包一商营机器,田亩数颇多,后逢久旱,田禾需水急迫,而机力有限,兼顾不遑,于是夺机事起矣。几至双方动武,发生流血惨剧"②。争夺戽水机,实际就是争夺有限的水源,也只有以村庄为单位才可以进行较大规模的筑坝水利工程合作。表面看来,因为水是流动的,不像田地有较明显的分界线,水利协作与冲突往往是跨越村庄地理边界的,但在协作与冲突中,某一村庄又是一个整体的单位,这似乎又说明村民心目中无形的产权边界在顽强地发挥着作用。这使我又不禁想起华北平原地带的闸会。杜赞奇的研究揭示了河北省邢台县百泉闸会的组织形态,这个闸会由多到九个村庄的用水户组成,当龙王圣诞之时,会中所有九村都聚集于百泉之旁的龙王庙中,但祭祀时则由两三个村结成三个小集团分别进行。祭毕后,各村会首也是单独会餐。杜赞奇认为:"该闸会并不是天衣无缝的,其内部仍分为以村为单位的小集团。尽管在管理用水上整个闸会是一个合作单位,但很久以来,为争夺用水而在三个层面上便展开着争斗: 村与村,村庄联合,闸会与闸会之间

---

① 陈懋和修《毗陵双桂里陈氏宗谱》,中节堂刻本,1880年,载《中华族谱集成》"陈氏谱卷",第1册,巴蜀书社1995年版,第145页。
② 王洁人、朱孟乐编:《善人桥的真面目》,吴县善人桥农村改进会委员会1934年印行本,第64页。

均有争斗。"①闸会当然是典型的村际水利合作组织,但村庄仍为其中基本的单位。江南地区的村际水利合作与冲突不像华北平原的闸会那样呈现稳定化的组织形态,但村庄作为一个整体性单位参与其中则是可以想见的。

相对于戽水灌溉,江南稻作农业的经常性工作项目恐怕还是排水问题,而排水合作主要发生在一村之内村民之间。江南水乡河网密布,湖塘泾浜的泄洪功能极强,村际排水的矛盾并不突出。1928 年,江宁县徐明亮等五个圩的乡民,其田地为坐落于便民河两岸的圩田并设有涵闸,附近的龙潭水泥厂因汲长江之水于便民河中,并关闭沿河一带的闸门,使河水陡涨,淹没两岸十余里的麦田。乡民公推各圩圩长至江口筑坝地方看视,与该厂人员发生争执。② 在这一特定的案例中,面对水泥厂的民事侵权行为,乡民们虽然直接维护的是自己的农田利益,但公推圩长出面争斗,即表明村民们是作为一个群体在行动的,他们在保护自家田地的同时,无形中也凸显了他们的村界意识。类似这种非自然的原因而产生的排水水事纠纷,毕竟是特例,倒是其中所蕴含的无形的村界意识,仍然具有历史时空的普遍性。

渔权属于村庄公产,用水权虽更多地带有村际共有性质,但村庄毕竟是作为一个整体拥有部分产权,在这两种权利的发生和运行机制中,村落居民的村界意识得以张扬自然可以理解。而田地各属某个家庭,家族共有土地只在族田的地权结构中才存在,在小农家庭土地所有制条件下,村民的村界意识又如何理解呢? 在一田两主制条件下,即使对于田底权属不在村地主的田,农民也认为是属于自己村界内的土地,从而使村庄产权边界呈现一定的稳定性。农民这种浓厚的村界意识和村产观念在"土改"过程中充分显露出来。1950 年至 1952 年江南农村的土地改革,是以乡为单位重新分配土地的。在无锡县坊前乡,分配的具体办法是这样的:"全乡着眼,从村入手。多田的村照顾少田的村。一般邻近市镇的村子,居民比较集中,

---

① [美] 杜赞奇:《文化、权力与国家——1900—1942 年的华北农村》,第 27 页。
② 《江宁县乡民徐明亮等呈请查办龙潭水泥厂经理阻断水道呈文》,《农矿公报》第 7 期,1928 年 12 月,转引自章有义编《中国近代农业史资料》第 3 辑,第 494 页。

土地较少,需要由其他村调进……同时,在田亩数上也要适当照顾余田多的村,其补田数字应该略高一些(如新民村补田数字提高到九分多,全村才有八户补进土地),不能绝对平均。能这样进行的一般比较顺利,否则不容易打通思想。"①土地调剂中考虑到村民的村界意识和村产观念,工作就较容易展开,可见千百年来存在于乡村民众心中的村界意识和村产观念,靠行政权力是不会轻易改变的,反而是行政权力向农民的这种乡土观念妥协。在常熟县姑苏区藕渠乡,土地改革中以乡为单位分配土地的做法就受到部分农民的抵制。"在田多村上,群众要求以村为单位分配或以南北二点分。因全乡分配,在南五村很多人说'北七村有很多人不会耘田,分田给他田会荒的'。"②江阴县谢北乡和岐南乡"土改"中村落之间的土地调剂就更为典型地反映了农民的村界意识和村产观念。"谢北乡南面的田要往北调剂,芦家村要拨出田二十亩,最初群众对拨田的思想不明确,究竟往哪村拨,如何拨法,都没有计划好,只说外村种不及就没法移民,结果该村将田搭配好,待外村来要田时,拨的田散布在各自然村,耕种太远,移民又没有房子,同时群众对移民思想不通。最后没有办法,芦家村只好又重新搭配,本村尽南面先分,将北面田留下拨出去,当时该村田已搭配好,他们就感到有些麻烦,埋怨田不该往外拨。"芦家村田地尚有一部分散处他村,说明该地方也存在一定程度的"插花地"现象。该村村民将这部分田让出来,其一是路远耕种不便,其二恐怕与这部分田不在本村地理边界内因而不易控制有重要关系。"土改"工作团批评农民的这种观念是狭隘自私的思想,但是农民的话语却表达了他们根深蒂固的村界意识。"农民的狭隘自私的思想是比较严重的,当他们知道村里的田要往外拨的时候,总有些不高兴的,如东缪村干部说:'不管思想怎么通,田拨到外村总归有点肉痛。'有的提议各村分各村,不要全乡统一,有的要将好田分掉,留下南面的拨出去,离补

---

① 无锡县坊前乡土地改革典型试验工作委员会:《无锡县坊前乡土地改革典型试验工作的初步总结》,载苏南人民行政公署土地改革委员会编《苏南土地改革文献》,无锡,1953 年,第331 页。

② 苏州专区农村工作团:《常熟县姑苏区藕渠乡土改总结》,苏州市档案馆藏档,卷宗号 101 - 长期 10。

进的村子有二、三里路他们不管,理由是'分外村的有啥格丑啥格好,要就要,不要就拉倒,又没出一个铜钿'。"①村界意识实际是与土地产权相联系的,如果离开利益驱动机制,对此也不能进行客观全面的解释。在秦晖所研究的关中地区,"土改"时也遇到了这类问题:"一些地区各村农民私下开会,研究怎样包庇本村地主,以免土改中把土地分到外村去。"②与其说是农民包庇地主,倒不如说是他们的村界意识和利益追求在起作用。秦晖将此种现象归结为农民个体对宗法共同体的服从,我并不完全同意。近代江南村界现象发生在有形(地理边界)与无形(村产观念)之间,就表明村界问题已经蕴含了村落社区及村际的社群关系网络,从这样的视角可能会作出更为真实合理的解释,这又涉及村籍问题。

---

① 《江阴谢北和岐南两乡村与村的土地调剂工作》,载苏南人民行政公署土地改革委员会编《苏南土改情况》第 31 期,1951 年 3 月 1 日,苏州市档案馆藏档,卷宗号 101 - 长期 10。
② 宝鸡地委研究室:《土改简报》第 12 期,1950 年 12 月,转引自秦晖、苏文《田园诗与狂想曲——关中模式与前近代社会的再认识》,第 65 页。

第三章　村籍：一种地方性制度

村界意识首先表现的是人对物的占有,村庄的地理边界和产权边界统一在村庄居民的村界意识中,鲜明地体现了特定生态条件下人与自然密切的互动关系。然而从本质上讲,村界意识发生机制的深层则蕴含着社群关系的流动,当村民面对村外之人侵占村庄公产时所表现的村落共同体意识,又可以从村落社区结构加以解释。围绕村界而产生的合作与纠纷,实际是村庄居民与村外之人对土地资源的分配过程。当村外之人进入某个村落并产生永久居住的意向时,就产生了村籍问题。从逻辑上讲,村籍就是个村民资格问题。在人地关系较为紧张的情况下,村外之人取得村民资格就意味着要从有限的"蛋糕"中分取一份,村籍就必然成为一项严格的地方性制度。对此,新制度经济学的制度变迁理论为我们提供了很好的观察视角。诺斯即认为:"制度提供了人类相互影响的框架,它们建立了构成一个社会,或更确切地说一种经济秩序的合作与竞争关系","制度是一系列被制定出来的规则、守法秩序和行为的道德伦理规范,它旨在约束追求主体福利或效用最大化利益的个人行为"。①

虽然村界也涉及资源分配中的合作与竞争关系,但制度化趋向不似村籍那样鲜明。之所以经常发生关于村界的民事纠纷,就是村外之人并不认同某村庄有关村界的习惯法,此种场合,村界意识发生作用的空间只在某一特定社区内。而村籍问题就不同,由于有着严格的入村条件,想入村籍者也必须认同这一游戏规则。20 世纪 30 年代,理发匠徐应弟一家从镇江到吴江县开弦弓村谋生,但直至"土改"前仍没有田。一位姓沈的老村民说,如果不

---

① [美] 道格拉斯·C. 诺斯:《经济史中的结构与变迁》,上海三联书店、上海人民出版社 1994 年版,第 225—226 页。

是解放后政策好,徐是人不了村籍的,没有土地,没有财产,他家的儿孙辈就将继续做理发行业。这一点,徐和他的儿孙都没有表示异议。① 即使是村外之人,也必须适应地方社会的这一游戏规则,可见村籍已经成为一种非成文法形态的地方性制度。表面看来,村籍反映的是村落社群关系,实则涉及对物(主要是土地)的分配,与村界的逻辑正好相反。当然,村籍制度的形成是一个动态的历史过程,亦即它有赖于村落居民共同体意识的长期孕育。在人口迁移频繁、规模较大的情况下,往往有较为严重的土客冲突(主要是争夺土地所有权),此时村籍作为游戏规则并未形成。从个体家庭来看,村籍的取得也需要一个长期的过程,上文所述徐应弟一家在土地改革前一直没有取得村籍,即是一例证。在华北地区栾城县的寺北柴村,只有当一个人其祖孙三代都居住在该地,并且在该村拥有坟地,才会被认为具有完全的村民资格。② 故此,只有从人口迁移、地权分配、家族制度等社会经济、文化要素来认识村籍这一地方性制度,才能得出较为全面、客观的结论。

第一节　人口迁移和土客之争

说到近代江南地区的人口迁移,太平天国运动的影响是不能不提及的。战争的破坏,使江南地区的人口锐减,土地荒芜。有一西方人白齐文"至南京时,此地至苏州间一带,皆富饶殷实;沿运河十八里,廛舍栉比,人民熙熙攘攘,往来不绝。官军克苏州后,房舍、桥梁,尽被拆毁,十八里中杳无人烟,鸡、犬、牛、马亦绝迹……自此至无锡,沿途如沙漠,荒凉万里。虽禽鸟、鹿、豕,可供猎取,然遗骸积血,望而生畏……至常州,途中九十五里不见人影,桑麻枯槁,田野无穗……自常州至丹阳,枯骨累累,遍地皆白"③。又据一位国人的描述,句容县在太平天国运动之前"地土膏腴,人烟稠密。自遭赭寇,

---

① 参见刘豪兴《农工之间——江村副业 60 年的调查》,《社区研究与社会发展》上册,第 468—469 页。
②《中国农村惯行调查》第 3 卷,第 39、56 页,转引自[美]杜赞奇《文化、权力与国家——1900—1942 年的华北农村》,第 197 页。
③ 李文治编:《中国近代农业史资料》第 1 辑,第 148—149 页。

十室九空,鸡犬之声,几无鸣吠。向也天王寺、樊家边一带,村落千余户,今不过两三沿比而已。又大树凹一带村庄前亦百余户,迩亦不过三四人而已"①。这种实地观察要比人口密度变化的统计数字更为直观、形象,也更为真实。战争的破坏,使原先的乡村聚落大都陷于废墟。丹徒县西南乡的杨林村,"三面环山,土田肥沃。山中树木茂盛,樵采者取之不穷。所产青石,烧成石灰,物高价贵。故承平时,居民一百余家,族大丁繁,皆称富庶。自红羊苍狗,兵燹罹灾,村内人民半为赤眉所害。加以连年瘟疫,鬼籍频登,年来只剩二十余户,田荒野旷"②。乡村聚落形态反映了乡民聚族而居的社群关系特征,一旦聚落不复存在,此种社群关系就随之消亡。

村籍制度是依托于稳定的聚落形态而存在的。在太平天国战争后的一段历史时期内,政府招大量外地客民来江浙一带垦荒。因失去了村籍制度这一游戏规则,土客之间争夺土地所有权的冲突也就时有发生。据一位浙江省严州府的地方官员记述,浙江省自太平天国战争后,"田亩久荒,各市镇悉成焦土,远近乡村亦复人烟寥落,连阡累陌一片荆榛,办理善后事宜,垦荒其第一要务也……外来垦户由江西来者,则有衢属之荒田可耕,由宁绍来者,则有杭属之荒田可耕……今查各属田亩,或业户畏完钱粮不肯遽报,或佃户私自垦种不即呈报,其中更有因田亩垦熟假冒诬认,甚则书差舞弊借端勒诈,种种弊端,不一而足。且支河叉港种田者必资水利。闻开垦各户,本地农民不准取水,是必严行禁止,以广招徕"③。此种土客冲突一般以土著居民占优势,概因其聚族而居的聚落形态并没有破灭,在与垦荒客民的冲突中仍可以保持人多势众的乡土资源优势。而在太平天国战争后特定的社会历史场境中,发生在江南地区的土客冲突大多以客民占优势地位。"句容境内,自行开垦而后,客民争携耒耜来受塍廛。其中强有力者,飞来客燕,敢欺本地篱鸥,有主田畴,强行霸占,有喧宾夺主情形,乡民无可如何。"④客民宗

---

① 李文治编:《中国近代农业史资料》第 1 辑,第 149 页。
② 同上。
③ 戴槃:《两浙宦游记略》,沈云龙主编《近代中国史料丛刊续编》第 76 辑,台北:文海出版社有限公司,第 8—9 页。
④ 李文治编:《中国近代农业史资料》第 1 辑,第 166 页。

族规模的迁移较少见,迁居江南后,类多散居,像浙江省昌化县,太平天国运动时亦遭重创,土地荒芜,"因之客民纷纷盘据,以四、七两都及外五都占大多数,不似他处之纯粹族居"①。此时,地缘的联合就成为必然。在嘉兴府,"自光绪间垦荒令下,客民丛集,有温台帮、宁绍帮,有河南江北帮"②。客民以地缘关系为纽带的联合,常在荒田创垦中取得人力资源的优势,在浙江的杭州、湖州两府,"一则荒田太多,初来客民,任力之强弱,以垦田之多少。而又聚于一处,并不由地方官酌量安插,迨愈来愈众,则党与[愈]结而愈固。而土著之流亡者,一旦生还,反倒无所归宿。田为人有,屋为人居,力不能夺,讼不能胜,乃不得已而亦舍己芸人,占别家之产以自活"③。前一种情况,土著居民尚聚族而居,虽经冲突,但面对土著居民浓厚的村界意识和村籍观念,客民也只能逐渐地采取设法插进去的方式来取得村民资格,如费孝通所说,这不像"种子掉进土里就可以生根"一样。在后一种类型的土客冲突中,客民因其迁出地的地缘联系,土著化进程反倒较为迅速。

　　不管属于哪一种类型,外地移民至江南地区垦荒,如果有长久居住的意向,就必然有一个土著化过程。这里,台湾地区学者"边疆社会"和"本土化社会"的概念,倒是颇具启发意义。庄英章在关于一个台湾市镇——林圯埔社会经济史的民族学研究中,进一步厘清了由弗里德曼提出的"边疆社会"概念。他认为:"边疆社会是指移民迁到某一新的环境,而当局的力量还不能有效地控制该地区,形成一种弱肉强食的状态。"并且此种社会状态必然转向本土化社会,而本土化社会是指"台湾汉人的社会意识已经逐渐抛弃了原来的祖籍观念,而以现居的聚落组织为其主要的生活单位,因此村庙和宗族组织扮演极重要的角色。换言之,台湾的社会经济情态已发展到跟内地类似的形态"④。也只有当客民有长久居住的意向时,才存在这种由边疆社会到本土化社会转变的可能性。在上述前一种类型的土客冲突中,由于稳

① 李文治编:《中国近代农业史资料》第 1 辑,第 170 页。
② 同上书,第 167 页。
③ 同上书,第 169 页。
④ 庄英章:《林圯埔:一个台湾市镇的社会经济发展史》,上海人民出版社 2000 年版,第 192、196 页。

定的聚落形态仍然存在，村籍制度是客民本土化的一个必要关口。在后一种类型的土客冲突中，客民在由"边疆社会"转入"本土化社会"的过程中，会很快形成具有很强内聚力的村庄共同体意识，村籍制度必然伴随着人地关系的渐趋紧张而产生。

在吴县枫桥区孙家乡，聚落多为太平天国战争后客民自由迁徙而形成的杂姓村。① 青浦县朱家角镇金家沙村，20 世纪初最早迁来此地的有吴、盛 2 姓 4 户，后渐有因灾害、战争、欠租等原因迁入的客民，至"土改"时该村有 20 户人家，其中绍兴人 6 户，苏北人 5 户。② 像这样的客民迁居村落在 20 世纪都经过了较为迅速的本土化过程。本土化时间愈长，农民的流动性愈差，世代祖居，即使是在杂姓村，也会萌发出这种"守望相助"的村落共同体意识。江宁县地近南京，应属太平天国战争的重灾区，客民迁居具有相当规模，至民国初年已成相当典型的本土化社会。1934 年乔启明在江宁县淳化镇的调查显示，该地"农家多系土著，故交情厚而互助亦多"，"一遇到某一家有人逝世，什么掘墓移棺，无须雇人，都是邻居出来帮忙，只要事主预备饭食就好，工资是绝对不取的"。③ 据张履鸾的调查，在江宁县杨柳村，"由于此地圩田最多，而人烟较密，排外的思想，又特别来得浓厚，所以客民不易插足"。距该村 15 公里的陶吴镇，"客民就很多，都河南光山与罗山两县的人，他们的生活程度较低，而性情骠悍，对于当地的治安，时常发生危险，本地人对于他们异常仇视"④。陶吴镇的客民尚未进入土著化社会，土客冲突也较严重，土著居民主要是基于村界意识而维护村庄地理边界内的土地资源。

1935 年几家围田公司对太湖东岸湖田进行大规模围垦，吴江、吴县沿湖农民的沿湖良田因此断水，湖里的鱼虾芦蒿甚至太湖沙等水产资源也因围田而断绝，故爆发了沿湖农民与围垦客民工人的冲突。⑤ 这些客民工人均是

---

① ［日］林惠海：《中支江南农村社会制度研究》上卷，第 80—81 页。

② ［日］滨岛敦俊等编：《长江、珠江三角洲农村实地调查报告书》，第 76 页。

③ 乔启明：《江宁县淳化镇乡村社会之研究》，《金陵大学农学院丛刊》第 23 号，1934 年，第 39 页。

④ 张履鸾：《江宁四百八十一家人口调查》，1925—1926 年调查，载冯和法编《中国农村经济资料》，第 449 页。

⑤ 参见张潜九《东太湖围田始末记》，《中国农村》第 1 卷第 12 期，1935 年 9 月 30 日；徐伯符《太湖湖田之研究》"地政资料"，第 39200—39208 页。

被围田公司雇来的,并不具有长居此地的意向,沿湖农民的反抗应视为保护村庄公产行为,故这一案例中的土客冲突并不关涉村籍制度,而是反映了土著居民的村界意识;对于客民来说,他们尚未产生长久居住的意向,或即使有此意向,因土客之间的严重冲突,客民也不会认同土著居民的村庄共同体意识和取得入村资格的游戏规则,故村籍在此种场合尚不是一种现实的制度。淳化镇和杨柳村的土著合作精神及排外的封闭心理,是造成客民不易取得村籍的前提条件。至此,可以说,在稳定的聚落形态下形成的村落共同体意识,以及客民有永久居住的意向并认同入村资格限制规则,是村籍制度由以发生的基本逻辑。

第二节　村籍与地权

　　村籍作为一种地方性制度,有着直接的经济后果,即能否成为"村子里的人"是在村落里占有土地的前提条件。据费孝通对20世纪30年代初期吴江县开弦弓村的观察,外来户除了在语言和习俗方面没有融入社区社群关系之外,又全部从事特殊职业,都没有土地。特定的方言、习俗和强烈的社区归属感是村籍制度由以形成的文化基础,土地资源的占有则加剧了此种封闭内化的村庄共同体意识,这种意识长期以来根深蒂固地存在于村民的内心深处,以至于靠行政权力也无法随意改变。土地改革时,江宁县东山镇小里村雇农张全等四户是外乡人,居住该村已五年多,本来1950年10月"土改"已基本结束,但这四户人家因无法找家乡地方政府机关开具证明信,所以直到1951年春天都还未分到田。① 在无锡县东亭区潮音乡,没有取得村籍的贫雇农也怕受人排挤分不到田。② 而在城镇工作的工人、店员,只要本人愿意,仍然可以在"土改"时回家乡分田。中共无锡市郊区区委在"土改"调查中发现,"有20几个搬运工人不参加工会,说回去参加农会可以分田。

---

① 《东山镇小里村分配中有偏向》,《苏南土改情况》第36期,1951年3月19日,苏州市档案馆藏档,卷宗号10-长期10。
② 苏南农村工作团第一大队:《潮音乡土改第一阶段总结》,锡山市档案馆藏档,卷宗号B1-2-7。

有的认为分也分不到多少,个别的已打算如分得太少就送给别人,一般的是想算他为半工半农,既能参加工会又能分到田地"①。沈关宝对吴江县开弦弓村的一位老贫农的访问也形象地揭示了村籍对于"土改"时土地分配的意义,这位老贫农说:"我原来一直在湖州的厂里做事,土改时我的女人说地主家的田要分给缺田的人家。我开始不相信,人家的田怎么可能白白送给你呢?后来我的女人硬叫我回家种田,她说在外边赚不了几个钱,还是回来可以多分1亩6分田。我心一动,就回了村。"②周晓虹1996年的口述史调查也揭示了这一现象。昆山县周庄镇双湖乡妇女主任蒋新仪的一个叔叔"土改"前已在镇上的药材店当了十多年的职工,一个伯母在苏州当了多年女佣,也都回到乡下要求分田,为此,后来十分后悔。周庄附近的吴江县铜锣镇,1951年"土改"时为分得土地,有60户老家在乡下的小店铺关了门,约150人下乡务农。③ 周晓虹将这种现象解释为农民对土地的传统依赖性固然不错,然而此种"恋土情结"何以能够化作现实的利益分配,就必须看到村籍制度的运作。这种村籍制度并没有严格的管理程序和成文法规,主要靠农民的社群关系和共同体意识来维持,像开弦弓村的那位老贫农,虽然离开土地十几年,但他的家庭和家族仍然在村子里,他依旧保留着开弦弓村落社区成员的特定社会身份。江宁县东山镇小里村的贫雇农张全等人虽然在村子里居住了五年多,然而由于未能获得村民资格(即村籍),即使在土改工作团的行政权力干预下,也不能顺利地分到田。

村籍制度只不过是在土地改革中因土地的重新分配而表现得特别明显,而在这种土地权的大规模行政分配前,村籍制度就已经深深地影响着土地的分配,即如前文所说,村籍制度有着深远的经济后果。在浓厚的村落共同体意识(通常所说的"在咱这二亩八分地儿里",包含两层意思,即"我所居住的特定地理区域"及"我所属的族群——人多势众",前者为村界,后者为

---

① 中共无锡市郊区区委:《无锡市郊土改问题研究》,1950年12月10日,无锡市档案馆藏档,卷宗号C6-长期-4。

② 沈关宝:《解放前的江村经济与土地改革》。

③ 周晓虹:《传统与变迁——江浙农民的社会心理及其近代以来的嬗变》,生活·读书·新知三联书店1998年版,第161—162页。

村籍)下,外乡人要想进入一个村落社区,哪怕是临时的留住都有一定困难。川沙县有民谣云:"东一村,西一村,走过一村又一村。村村有黄狗,黄狗会咬人。黄狗最可恶,常常欺我陌生人。"①这首民谣所表达的对黄狗的憎恶之情,实际上是外乡人到人生地不熟的村子受欺负时的反抗情绪,俗语"狗仗人势"应当也可以在此种场境中加以解读吧! 清乾隆五十年(1785)八月间,江北海州人王琢携妻骆氏至桃源县(现泗阳县)觅主佣工,中秋节晚上,走到赵凯庄上,向赵凯借宿门外草堆边。骆氏乘夫睡熟,至赵凯地内窃取南瓜带回,王琢斥责她不该偷窃,骆氏不服并詈骂,王琢气愤间顺手拿起防狗木棍朝骆氏后脑、右后肋打去,骆氏当场毙命。② 刑科题本档案对于该案的记录虽然没有赵凯参与的情节,但可以想见,在这种寄人草堆下(尚未达到寄人篱下的程度)的生活场境中,外乡人王琢"身在他乡为异客"的飘零感是很容易流露出来的,面对赵凯的乡土资源优势,他自然会产生一种畏惧感。其妻偷取南瓜,肯定也是饥饿难耐,不得已而为之。

　　民国时期,江南地区人口迁入已不如太平天国运动后的几十年间那样规模之大,迁入的人口也主要不是前来垦荒,而是做佃户和佣工。据南京国民政府主计处统计局1933年对江南32县人口密度的统计,其中密度最大的为吴兴县,平均每平方公里为636.82人,密度最小的长兴县也为每平方公里143.90人。③ 在人口密度较大、人地关系相对紧张的情况下,江南的稻作农业尽管能够养活这块土地上的人口,但是外乡人想要取得地权十分困难,乔启明所调查的昆山、南通两县,客民为佃,"所耕田地,多为本乡佃户所不愿种之下等田地,聊借客帮贫民,艰苦耐劳,从事开垦,以图后利,良好田地,概不愿给其耕种"④。上海特别市社会局对上海市郊140户农家的调查显示,

---

① 《川沙县志》,上海国光书局1937年版,转引自《中国地方志民俗资料汇编》华东卷,第26页。
② "王琢殴伤伊妻骆氏身死案",载郑秦、赵雄主编《清代"服制"命案——乾隆刑科题本档案选编》,中国政法大学出版社1990年版,第346页。
③ 南京国民政府主计处统计局编:《中华民国统计提要》,1935年,转引自[日]福武直《中国农村社会结构》,第23页。
④ 乔启明:《江苏昆山南通安徽宿县农佃制度之比较及改良农佃问题之建议》,载冯和法编《中国农村经济资料》,第105页。

其中 22 家客户全部为佃农，没有一家拥有土地所有权。[1] 调查者将这种现象解释为本地佃农离村，由外地人填补空缺，这是仅知其表象，而未透视其本质。客户的名称即表明这些佃户还未真正进入村落社区生活圈，在上海市郊如此高的人口密度条件下，想取得地权谈何容易，况且这种佃耕权根本不是田面权。常熟县有一种"种客田"者，系异地移民，以江北人为多，向地主或佃农承租田亩，秋收后归去，翌年再来，行踪不定，是极不稳定的。[2] 相对于客籍佃户，江南一带的农业佣工连佃权也没有，只有靠出卖劳动力维生。据陈午生 1931 年对金坛、溧阳两县佣农籍贯的调查，本地佣农仅占 22.8%，而来自他省及他县者，竟达 77.1%。[3] 种客田的江北人虽有流动，但仍然是一种"候鸟式"的有规律迁移，而为人佣工者，特别是短工，则流动性更强，又呈无序状态。像前述海州人王琢，只能是手拄打狗棍，一路乞讨，漫无目的地寻求佣工的机会，在人地两疏的异乡，想寻找一块"立足之地"是何等困难啊！

　　客民迁居江南的个人生活史和家庭史，更生动形象地再现了外乡人取得地权的困难。江宁县农民刘天有 1950 年在镇江参加"土改"学习时，曾回忆了过去三十几年的家史，他这样说道："我家原在安徽定远县。我爹老弟兄五个，种的全是地主的地。从我三岁那年，逢上大荒年，地里颗粒不收，欠了地主三石租子……第八个年头，总计已欠了二百多石租……民国二十一年，老家实在没法混了，我只有背着一捆破棉絮要饭来江南，找我叔叔（他当时在帮工）求生活。经叔叔介绍，替地主易炳森（伪乡长，绰号虎头猫子）放牛。我二十年来的帮工日子就从这里开始……腊月里，爹妈也背着一捆烂棉絮由老家沿途讨饭到江南来了……我在地主家放牛，当时才十三岁就要下田车水做笨重生活，混到一升米给我妈合上野菜要吃十几天。母子俩人慢慢苦，好容易才养了一头四五十斤重的小猪。但是不久因吃了一家姓刘的田里的菜，被他们看见一锄头打死，还威胁说：'江北佬，打死你的猪看你

① 上海特别市社会局：《上海市百四十户农家调查》，载冯和法编《中国农村经济资料》，第 245 页。
② 俞觐如：《常熟农村现状调查》，载冯和法编《中国农村经济资料续编》，上海黎明书局 1935 年版，第 30 页。
③ 陈午生：《金坛溧阳佣农之调查》，载冯和法编《中国农村经济资料》，第 505 页。

敢怎么样？'人地生疏，有怨没处伸，我们只好忍住气算了。感到这样下去不是办法，于是向地主陈益寿（伪东山镇镇长）租了二亩五分荒地，自己没农具，便白天帮人，晚上带着做……眼看着田肥了，种的东西快要收上来，这时地主陈益寿眼却红了，找我说：'老刘，我的田不错呀，你今年收成好，我要加租。'我哀求他缓一年加，他把眼睛一鼓说：'不加不行，否则要拔田。'……解放前，我妈在山上砍柴，拾到一件小孩子衣服，陈益寿就说我们是偷的，抓住要往伪政府送，并要我们全家走，后来花了不少钱，说了多少好话，才算作罢。"①地主陈益寿之所以敢随意加租并以收回佃权相威胁，主要在于刘天有是外来人，那户姓刘的人家所说的话正代表了本地人欺负外来户的心态，客户连一头猪的财产权利都不能维护，就更不用说奢望土地所有权了。

溧阳县贫农曹玉德原籍河南，他的祖父因为在家乡没有地，讨饭到了溧阳，一开始靠开山荒度日，后来因借了地主薛交龙的高利贷，交不起押板，地权为薛交龙占有。到他父亲这一代，曾经在社褚、丁家桥、沙飞里等村子间不断迁徙，在沙飞里，佃种了地主连德进（绰号"连五扣"）的八十亩地，因受人欺负，又要搬家，去找连德进退"押板"（租种土地的押金）。连德进一面说拿不出，一面叫他一个本家引了些人装作土匪抢了他们三次，抢走两头牛、两头猪，谷子、鸡、鹅、衣服等也被悉数抢光。曹玉德本人后辗转来到戴埠区一个村子，佃种了地主陈学书五亩荒地，同时一年要替他做半年长工，才借到三间房子住。② 连德进正是凭借他的家族势力，靠着暴力手段剥夺了外来户曹玉德一家的佃耕权和家庭财产；曹玉德以租佃、雇佣结合的方式，才借到房子住，连自己的宅基地都没有，在身份上仍然是客籍。

村庄成员身份和社群关系网络深深地根植于村民的日常意识中，并构成村籍制度的基本要件。不独江南，其他区域也存在这一现象。清乾隆年间，山东省莱阳县周家庄宋姓聚族而居。有监生刘彬原在石桥泊居住，乾隆十八年（1753）五月因与他兄弟刘懋分居，才搬到周家庄，庄外有与该村宋国

---

① 史成仁、中奇记录：《劳动模范刘天有控诉地主阶级罪恶》，见苏南人民行政公署土地改革委员会编《土地改革前的苏南农村》，无锡，1951 年。

② 梅汝恺：《曹玉德三代开荒到头来还是立脚无地》，见《土地改革前的苏南农村》。

干家相连的六亩四分地,在犁耕时与宋国干发生地界纠纷。其间,宋国干的堂兄弟宋文高说:"刘彬才搬到咱庄上就要占人的地,再住些时,咱们的地都好被他占了,如今你们先去合他讲理,他若退还便罢,若不还,咱们大家打他一顿,看他怎样。"[1]刘彬虽有监生身份,由于刚迁居周家庄,在宋文高等村民心目中仍属于村外之人。他自恃监生身份,意欲多占地,却被聚族而居的宋氏兄弟们殴伤致死。刘彬已迁居该庄,应视作有长久居住的意向,故这一地界纠纷的案例应在村籍制度的意义上来解释。

村籍应视作一种非成文法形态的习惯法,表现了村民浓烈的内向封闭心理。在近代中国农村,这种地方性制度在具体运作中又仅表现在村民个体的行为方式中,并未整合为村落整体的一致行动,也未形成村规民约的制度形态。这与折晓叶、王颖、王晓毅研究的当代中国农村部分超级村庄的"村规民约"的村籍管理制度不同。这些"超级村庄"的一个共同特点,就是村办企业发达,村庄集体经济的利益分配功能强大。广东省东莞市的雁田管理区,村籍制度表现为极严格的户籍制度,即雁田人是一个周边非常清晰的群体,群体之外的人除非通过婚姻途径,否则是很难进入这个群体的,成为群体成员的首要标准就是户口,即拥有雁田村的户口。改革开放过程中,雁田村集体在自己的土地上盖起厂房并出租给来此投资办厂的企业,收取租金,然后按照股份平均分配,1994 年每个村民可以分到 4 000 元。[2] 村庄行政权力作为集体福利的分配者为使"肥水不流外人田",当然要制定严格的户籍管理制度。而拥有村庄户口,也就意味着在村中占有土地。在广东省南海市(今佛山市南海区)桂城镇叠北管理区有 3 000 多户人家,其中居民户占 50%(居民户是指那些改革前吃商品粮的非农业户,虽然他们居住在管理区内几十年了,但他们没有土地,比如做小买卖的,城里下放的职工、干部等)。这些乡村中的"城市人"虽然在该社区居住了几十年甚至几代人,但因为他们始终未曾拥有过土地,因而也从来没有真正获得过乡村集体社区成

---

[1] 中国人民大学清史研究所、档案系中国政治制度史教研室合编:《康雍乾时期城乡人民反抗斗争资料》,中华书局 1979 年版,第 16—18 页。

[2] 王晓毅、张军、姚梅:《中国村庄的经济增长与社会转型——广东省东莞市雁田村调查》,山西经济出版社 1996 年版,第 176—189 页。

员的身份,管理区以土地为中心的股份制和集体再分配也没有居民户的份。王颖据此分析道:"乡村集体社区成员的身份是因土地而来,并非仅仅因居住地的地缘关系而来,也就是说,地缘关系是构成社区边界的一个重要因素,但不是决定性因素,起决定性作用的是土地所有关系。"①也许这样的结论对于以股份制分配为主的当代村庄集体经济关系是适用的。当代中国村庄的土地所有权凝固化了,即使像上述"超级村庄",土地被国家征用或建厂房,但资金收益仍在社区集体行政权力的控制下进行再分配,或用于进行扩大再生产的价值增殖过程。村外之人通过婚姻等途径进入村庄,即拥有了村庄户口,就必然要分配土地或土地所衍生的租息。而在近代中国农村,地权在家庭间(包括不同村庄的家庭间)不断流动,一个人只有在村中占有土地,才能真正地被村落社群关系网络所吸纳。当然这不是一个简单的单向因果关系,至少取得村籍与占有土地应是一个互为因果的关系,其中的内在逻辑没有当代中国农村成文法形态的村籍制度那样简单。如果这样不同时段的村籍现象能够比较的话,那也必须将其放到动态的社会历史场境中去考察。

第三节　"成为村子里的人"

村籍的取得是一个漫长而又艰难的过程,费孝通甚至认为居住时期对于客户取得村籍并不是一个重要条件,要想成为"村子里的人",首先要生根在土里,即在村子里有土地,并且要从婚姻关系进入当地的亲属圈子。② 费孝通推断,占有土地是进入村落血缘关系网络的首要条件,其实并不准确。在村籍制度的逻辑中,客民在村庄中占有土地仅是取得村籍的标志之一,前述山东莱阳县刘彬虽在周家庄居住并拥有土地,但仍未真正为村落家族血缘、地缘关系网络所吸纳。通过婚姻关系进入村庄,首先成为某一家族的成员,然后才能被承认为"村子里的人",当然这在男女性别上是不同的。妇女

---

① 王颖:《新集体主义:乡村社会的再组织》,经济管理出版社 1996 年版,第 168 页。
② 费孝通:《乡土中国·生育制度》,北京大学出版社 1998 年版,第 72 页。

嫁入某村,在家族文化氛围中被视为家族成员,嫁入之日就自然取得村籍;通过入赘进入村庄的男子取得村籍,恐怕与婚姻关系的成立并不能完全画等号。

据言心哲 1934 年对江宁县土山镇土山村、骆村、竹山村、小里村等村庄的调查,在所调查的 286 户农家中,由他处移来者仅 12 家,"此十二家之移来原因,因妻之娘家在此者一家,因子在此佣工而移来者一家,因就学而移来者一家,因灾荒而移来者一家,因便于谋生而移来者三家,因乡村生活费用低而移来者一家"①。12 家他处移来者,只有所谓"妻之娘家在此而移来者一家"(即男子入赘)显示了相应的婚姻关系,也仍被视为外来户,其他数家就更不用说了。20 世纪 30 年代,吴江县开弦弓村有 10 家外来户,都从事商业和手工业,在村中没有土地。费孝通观察说:"外来人的孩子,虽生于本村,仍像其父母一样,被视作外来人。由此看来,并非完全根据居住期的长短来确定这种区别的。"②与其说这些外来户没有土地入不了村籍,倒不如说他们未能通过婚姻关系成为"村子里的人",进而导致不能在村庄里拥有土地的经济后果。

通过婚姻关系或准血缘关系(如收养)是取得村籍的主要途径。青浦县朱家角镇七公堂村人诸道文,原出生于环城乡老石桥村,1941 年 18 岁时通过入赘与七公堂村诸巧英结婚(同姓不同宗)。当时七公堂村诸姓只有两户,另一户为诸道文岳父的弟弟家。1946 年他岳母、妻子相继去世,1951 年他又与龙甸村人结婚。诸道文入赘的七公堂村诸姓虽然在该村有土地(拥有田面权),但毕竟势单力薄,一旦婚姻关系消亡,诸道文想在该村立足就十分困难了。马世仁原姓沈,原籍青浦县朱家角镇泖河泾村,1946 年 20 岁时入赘杜家角马氏,也改姓马。③ 嘉定县娄塘镇姚家宅村姚载明 1925 年出生于太仓县陆渡乡金家宅村,原姓金,4 岁时为姚姓养子,9 岁时养父去世,1947 年 23 岁时结婚,"土改"前有自田 2 亩。姚家宅姚姓始迁祖最初单门独户,

① 言心哲:《农村家庭调查》,商务印书馆 1935 年版,第 15 页。
② 费孝通:《江村经济》,第 17 页。
③ [日]滨岛敦俊等编:《长江、珠江三角洲农村实地调查报告书》,第 89 页。

经过 5 代至"土改"时繁衍成 17 户,1991 年调查时有 33 户。① 养子的准血缘关系看来要比入赘的婚姻关系更为稳固,凭借这种准血缘关系更容易在村里"扎下根"。在浙江省湖州双林镇徐家漾村,"土改"前,外村人入居本村只有通过入赘这种特殊的婚姻关系。② 像前述吴江县开弦弓村的徐应弟一家,原籍丹阳,在该村开理发店,"土改"前一直为寄居户,亦从反面说明婚姻关系和收养对于村籍制度的重要意义。华北农村同样存在这种情况,在山东省平原县前杠子李庄,东李、西李和杨姓被认为是自明代就迁来居住的老住户,村民们清楚地指出村中王姓和芦姓是新来的外来户,王姓原是杨家的长工,迁入后娶了杨姓姑娘才在该村居住下来。芦姓是李家的长工,也是娶了本村姑娘后才居住下来。③ 在山西省太谷县的贯家堡村,那些到本村投靠亲戚赁屋居住的人家,仍然被村里人视为寄居者。④

即使是入赘为婿、收为养子,有时也很难在村落家族文化网络中"扎下根"。民国初创,江苏省武进地方审判厅接受了一宗家产继承的民事纠纷案。案件的起因是这样的:清光绪年间,常州怀南乡蔡家村人龚氏因父早亡,又无兄弟,其母盛氏在其 14 岁时为其招赘潘盘富上门,生一子龚福初。光绪十三年(1887)八月,潘盘富病故,母盛氏又亡,次年其姑母又为龚氏赘入江北海门人张福庚为夫。不幸福初又夭折,姑母龚氏说"张福庚系江北人,不知其为人如何,恐田产被伊变卖",就将田单收回代为保存,田则仍由张福庚耕种,姑母去世后,其儿媳周叶氏欲意侵吞龚氏家产。⑤ 尽管张福庚已入赘为婿,但在龚氏家族成员的眼里,他仍然是外人,不值得信赖,故连田产权也被剥夺了。可见,通过入赘为婿这种婚姻关系进入某个村落,须先要融入家族伦理关系网络之中,然后才能真正消除地域差异所造成的文化障碍。

---

① [日]滨岛敦俊等编:《长江、珠江三角洲农村实地调查报告书》,第 217 页。

② 同上书,第 290 页。

③ [日]佐佐木卫编:《近代中国农村社会民众运动的综合研究》(资料集),转引自乔志强主编《近代华北农村社会变迁》,人民出版社 1998 年版,第 704—705 页。

④ 武寿铭:《太谷县贯家堡调查报告》,转引自乔志强主编《近代华北农村社会变迁》,第 705 页。

⑤ 武进地方审判厅民庭判词"判决张龚氏等诉周叶氏盗卖田产案",载《江苏司法汇报》第 5 期。

　　有些宗族甚至将对赘婿的文化歧视和产权限制写进族谱，形成严格的家法族规。民国初年吴县某潘氏宗族曾在族谱中这样写道："以血统言，男女本无差别，况在今日竞言平等，故拟生女者（指本人无子者而言），准其招赘，惟所有权专属于女，女死无所出，由族中择一人为之后，若婿于此续娶他姓，即当令其归宗，谱牒列其后，而于下注以'归宗'字样，此后一切关系断绝。"①声言男女平等徒具形式，宗族基于维持土地权的封闭性共同体意识而对赘婿采取了一种拒斥的态度，当婚姻关系不复存在时，赘婿只能离开他"上门"的村落家族，自然原本不稳定的村民资格也就随之被取消了。有的宗族甚至作出了禁止招婿上门这样不近情理的规定。无锡小圆里周氏宗族即有这样的族规："凡族人有子当娶，有女当嫁，不可以以女招婿，或收养螟蛉，以保祖祖相传之血统，违者即是异姓乱宗、欺宗、灭宗，当全族合力逐之。"②由是观之，上述张福庚入赘为婿遭族人排挤的案例在村落家族文化背景下也就很容易解释了。

　　按说收养这种准血缘关系应当比入赘为婿的婚姻关系更为稳定，更能为村落家族成员所认同，实则收养涉及异姓继承家产问题，也仍为家族所拒斥，有些宗族甚至禁止择立外姓人为继子。明代中叶，丹徒苦竹村王氏的一个子弟入赘常州长沟朱氏，其子孙以朱为姓。因此，按照当时的说法，长沟朱氏已被异姓"偷梁换柱"。不过，在这些朱姓人士中，也有部分子弟恢复了王姓，因而直到清代康熙年间，该族的宗谱仍用"王朱合谱"之名。虽有"异姓乱宗"的事实，但所乱为他姓宗族，对于已繁衍成为一定规模的本宗族来说，依然要严格禁止收养异姓，该族宗谱如此规定："年长无子，挨择亲分之次子承嗣。如合例无人，听其立爱，不许用异姓螟蛉、生男、婿混乱宗支。违者众共摒逐。"③有的宗族虽承认收养他姓的事实，但也以家法族规的实际运作来强化对收养异姓为子之人的训诫作用。清代湖州府杨氏宗谱规定："子孙如有损坏祠墓荫木盗卖公产、忤逆游荡及流为不类，玷辱家风，或无子嗣，

① 潘廷燮等修：《歙县迁苏潘氏家谱》"治家规约"，上海竞新印刷所1913年铅印本。
② 周钟毓等修：《周氏小圆里家谱》"谱例"，1937年刻本。
③ 《长沟朱氏宗谱》卷三"族范"，1907年刻本，转引自费成康主编《中国的家法族规》附录，上海社会科学院出版社1998年版，第282页。

故以异姓为螟蛉者，族众当至祠堂，令跪神主前，尊长数其罪，挞责以惩之，如不致悔，罪小者摈祭于祠墓，大者削名于谱系，家法凛然，庶不肖所警惕。"①将收继行为与盗卖族产、忤逆不孝等同，反映了该宗族对这种法律关系采取了最严厉的道德评价和权力训诫。

在一些富裕家庭，养子继承家产会受到族众的诸多干预，一般族众认为好处不应由养子独得，他们也应"利益分沾"，甚至于为图谋吞产而将养子排挤出村落家族。国学大师钱穆十余岁时，家居无锡县荡口镇，"一夕，晚饭方毕，忽全身白衫裤白帽者母子两人，叩门入。其子当较余稍长。母子皆跪先父前不起。先父嘱速起，乃大哭连拜，叩头不已。起身泣诉，乃知亦钱姓，住长洲县某村，距荡口数十里外。其家为村中首富，母新寡，子乃螟蛉。村中同族嫉其富，欲逐此螟蛉，强嗣一子，亦村中富家，年已长，成婚有子，势不能奉嗣母同居，而家产当尽归其掌管。寡孤无以为抗。人告以无锡县有汝同宗某，其人秉正仗义，排难解纷，名闻遐迩，何不试往请援……此下事余不知，惟闻螟蛉获留，寡妇亦保其家业，惟分一部分给其嗣子，又在族中兴一善举"②。此宗家产纠纷中，收养关系为宗族所排斥，养子甚或有被逐出村落社区的危险，出让一部分家产给嗣子和捐产兴义举，未尝不可以看作母子俩为获得宗族的承认而作出的妥协。黄宗智认为，在长江三角洲，商品化程度高，国家政权势力渗透少，村社组织力量薄弱，而同族集团却高度稳定。③　如果从组织形态上说，这也许是事实，但如就此将宗族与村落作二元化的处理，亦不甚确当。从宗族成员对赘婿、养子的拒斥心态来观察外来户取得村籍的困境，似不难看出，通过婚姻关系和准血缘关系取得村籍首先要争取宗族成员的认同，这确实是一个相当艰苦的过程，同时亦说明宗族成员封闭内聚的文化心态，在稳定的聚落形态场境中又使村民的村落共同体意识得以强化。在此，村籍这一地方性制度体现了村落社会、宗族组织在一定程度上的一体化，是地缘关系与血缘关系的有机统一。

---

① 杨柄垫等修：《杨氏家乘·杨氏宗祠义产事略》，湖州宝俭堂 1885 年刻本。
② 钱穆：《八十忆双亲·师友杂忆》，生活·读书·新知三联书店 1998 年版，第 17—18 页。
③ ［美］黄宗智：《长江三角洲的小农家庭与乡村发展》，中华书局 2000 年版，第 315 页。

第四章 农家生计

第一节 "家"的意义

一、学者研究视野中的"家"

家是村落社会的基本单元,地权分配也是在家的组织空间中得以进行。法国年鉴学派的第三代史学家勒华拉杜里在他的历史人类学名著《蒙塔尤》一书中就认为,要理解村落社会的社会分化,必须从研究村落社区的基本细胞——农民家庭开始。[①] 然而,中国乡村社会中的"家",并不是简单地套用家庭社会学的现成概念就可以解释的。当代西方研究家庭问题的权威、美国人口经济学家贝克尔(G. S. Becker)从经济人理性假定出发,运用数理模型对家庭生育行为进行经济学分析。[②] 社会学者李银河认为贝克尔的理论对西方社会的描述是正确的,但基本上不能适用于中国农村社会,从学科上说,文化人类学的解释要比人口经济学的定量分析更为准确。[③] 中国社会科学院人口研究所的王跃生运用人口社会学理论,将传统中国家庭分为复合家庭、直系家庭和核心家庭,比较注重各类家庭的样本统计资料,而对其得以存续的文化、制度场境则关注不够。[④] 我对王跃生的具体结论不便评价,只是说如果单纯在概念和数据上追求定量化、精确化,那么至少学者的分析

[①] [法] 埃马纽埃尔·勒华拉杜里:《蒙塔尤:1294—1324 年奥克西坦尼的一个山村》,商务印书馆 1997 年版,第 41 页。

[②] 参阅[美] 加里·斯坦利·贝克尔《家庭论》,商务印书馆 1998 年版。

[③] 参见李银河《生育与村落文化》前言。

[④] 参见王跃生《18 世纪中国家庭结构分析——立足于 1782—1791 年的考察》,载李中清、郭松义、定宜庄编《婚姻家庭与人口行为》,北京大学出版社 2000 年版,第 126—143 页。

离中国农民家庭生活的实际状态相差甚远。乔启明应当算是民国时期较为出色的农村社会学家,但他在一项农民人口的调查研究中,却是这样来界定家与家庭的——"'家庭'系包括与家长常年同居共食的家属及雇工而言,'家'系单指同居的家属,凡在外家属和佣工不算在内的。"①从行文看,如此之界分主要是为统计的方便,而据此得出的人口数据究竟有多大的实证意义,则值得推敲。

在中国文化传统的历史场境中理解"家"的发生机制,固然可以在本土化的意义上纠正机械套用西方社会科学概念的学术偏差,但是从事不同学科研究的学者由于分析视野存在差异,对于"家"的理解也各不相同。瞿同祖从法律社会学的视角来理解家,认为"家指同居的营共同生活的亲属团体而言,范围较小,通常只包括二个或三个世代的人口,一般人家,尤其是耕作的人家,因农地亩数的限制,大概一个家庭只包括祖父母,及其已婚的儿子和未婚的孙儿女,祖父母逝世则同辈兄弟分居,家庭只包括父母及其子女,在子女未婚嫁以前很少超过五六口以上的"②。他只是从组织形态上说明了家的基本特征和人口规模,其中不甚明确地指出了家与家庭的区别,但尚未从法律权属关系的实际运作说明家与家庭相互转化的历史文化内涵。在《中国法律与中国社会》一书的相关部分,瞿同祖主要从法律条文与亲属关系两个层面揭示传统中国社会的家族主义伦理,而对家作为一个经济单位的经济事实及与其关联的财产权利则顾及不多,这不能不说与他的法律社会二元化界定有关。即是说,将法律与社会视为两个相对独立的领域,求解两者相关性的问题意识自然就不可能全方位地解释家的发生机制。陶毅、明欣的《中国婚姻家庭制度史》一书仅从律文上解释"家"的概念,两位作者在讨论"家""户"的区别时从《唐律疏义》中如此引申道:"一般说来,家指共同生活的亲属团体,是个亲属法概念;而户指一个户籍单位,是行政概念。"③此种解释与瞿同祖的研究相比是一个倒退,我们不能由此看出传统中

① 乔启明:《中国农民生活程度之研究》,载冯和法编《中国农村经济资料》,第37页。
② 瞿同祖:《中国法律与中国社会》,载《瞿同祖法学论著集》,第3页。
③ 陶毅、明欣:《中国婚姻家庭制度史》,东方出版社1994年版,第135页。

国社会中家的本质。

　　与经济学、社会学、法学对"家"的界定相比,文化人类学的社区观察可能更接近历史真实。林耀华在关于福建义序宗族的研究中认为:"家为经济的单位,指共灶合炊的父系亲属。以男子的辈数与年龄最长者为家长。"[1]此处所说的家即我们通常所理解的家庭。家作为经济的单位,其标志为同居、共财、合炊。林耀华在《金翼》一书中记述了黄东林家的一次分家过程,正式分家前,先由东林叔父玉衡写就一份分家的契约,实际就是分家书,开头先叙说分家就如同水的同源异流及树木的分枝一样是很自然的事。在契约的第二部分,玉衡记述了祖先公地和其他财产的分配、价值和位置,然后由东林和大哥(东林侄子)抽签均分。居住区和住室在黄家搬进这所房屋时已划定了,分家后需要增设一间厨房以适应分灶而食。仪式的最后一部分是将两个盛着象征富庶的米饭的木制锅供奉在祖先的牌位前,"东林和大哥作为两个分支平等世系的家长,在祖先牌位前跪下,然后各捧一锅回到各自的厨房,就这样各自的炉灶立起来了,终于分家了"[2]。分家产、居室、炉灶是这次分家仪式的三个基本环节,祖先牌位前的那次祭祀仪式作为分家的象征符号更充分显示了分家后两个支系在经济上的相对独立性。陈礼颂所描述的广东省潮州斗门乡分家礼俗,除祭祀仪式一项为拜神而非拜祖外,分产、分居、分灶则与上同。[3] 而美国人类学家孔迈隆(Cohen Myron)通过对台湾南部客家农村家族的研究,发现只有家计的分裂才是分家的标志。[4] 也就是说,同财是"家"得以成立的充分条件,而共居则甚至未必是"家"的必要条件,这或许有其地域意义,似乎不具有普遍性。林耀华、陈礼颂将同居、合炊作为家的标志,主要也是从经济视角加以考察的。从分家的角度看,新分出来的家是否在财产权利上具有相当的独立性呢? 或者说同居、共财、合炊是

① 林耀华:《义序的宗族研究》,第73页。
② 林耀华:《金翼——中国家族制度的社会学研究》,第109—110页。
③ 参见陈礼颂《一九四九前潮州宗族村落社区的研究》,上海古籍出版社1995年版,第54—56页。
④ Cohen Myron L., *House United, House Divided: The Chinese Family in Taiwan*, New York: Columbia University, 1976.

否就是"家"的绝对条件?

说孔迈隆人类学的实证研究结论不具普遍性,也就从反面否定了同居、共财、合炊作为家的标志的绝对性。罗红光在关于当代陕北米脂县杨家沟村的社会人类学研究中就较为深刻地揭示了灶、家、户的关系,他写道:"从一般意义上来讲,由于同吃一锅饭,所以往往'家'与'灶'也被混为一谈。杨家沟村的'分灶'既反映在兄弟之间,也反映在代际之间,它无疑伴随着如食粮、窑洞等部分家产使用权的移动,它类似于'分户'。但是,另一方面,村子里的宅基地、墓地是以户为单位进行划分的,所以'分灶'也意味着获得新的宅基地,它同样具有法律意义。在这个意义上,'分灶'对村集体来说是分户,而对家庭成员来说,它又是家庭财产的再划分,而这种划分也包含了体制内土地制度的成分。所以,在生产资料相对不足的状况下,'分灶'不是严格意义上的家庭义务以及家庭经济中劳动关系的'分家'。也就是说,'灶'、'家'、'户'之间的关系是:分灶意味着分户但并不意味着分家。""灶""家""户"又是可以相互转化的,在该村的半盲唢呐吹手常彦章家,家庭中的父子关系相对于家族范围是灶,对村集体来说是户,对女儿、女婿来说又是家族。[1] 这一实证研究说明,即使是分居另炊了的家庭之间,在财产边界上也不是十分明确的,"家"的组织形态和农民"家"观念的实际运作要比学者所作的类型学划分更为复杂。

传统中国农村的"家"的组织边界和财产边界均相当模糊,这给学者从学理上对"家"下一个较为准确的定义带来了相当大的困难,不过我们仍然可以由此认识"家"的性质。费孝通通过在吴江县开弦弓村的人类学调查,发现"中国人所说的家,基本上也是一个家庭,但它包括的子女有时甚至是成年或已婚的子女。有时,它还包括一些远房的父系亲属。之所以称它是一个扩大了的家庭,是因为儿子在结婚之后并不和他们的父母分居,因而把家庭扩大了"[2],亦即农村中作为基本社会群体的"家"是一个扩大的家庭。"家"作为一个扩大的家庭,由于人口繁衍,必然要别居析产,但又有很大的

---

① 罗红光:《不等价交换——围绕财富的劳动与消费》,第79页。
② 费孝通:《江村经济》,第21—22页。

弹性,亦即由家到族的过渡是历史的常态,费孝通在《乡土中国》一书中又由此进一步将"家"作为一个事业单位:"如果事业小,夫妇两人的合作已够应付,这个家也可以小得等于家庭;如果事业大,超过了夫妇两人所能担负时,兄弟叔伯全可以集合在一个家里。"①"家"的组织形态具有伸缩性和模糊性,并且在结构上遵循"差序格局"的原则。麻国庆也正是有鉴于此,而将模糊性归结为汉族家的重要特征,认为在具体操作上无法下一个较为明确的定义。② 那么,我们能否由家的模糊性而否认同财、共居、分灶作为家的一般条件呢? 如果说孔迈隆的实证研究有经济学单一解释之嫌,那么林耀华、陈礼颂对分家礼俗的文化人类学观察,应当是真实地反映了分家既是一个经济过程,又是一种文化仪式。故此,对传统中国乡村家的研究也必须同时顾及其经济、文化的各个侧面,这样,研究视野才能更开阔,认识问题才能更全面。

二、农民心目中的"家"

学者对"家"的界定和分类只是为研究的方便计,而农民心目中的"家"则未必如此。李银河用村落文化中的"家庭本位"观念来解释农民心目中的"家"。她说:"家庭不仅是村落文化的诸项竞争中的'参赛单位',而且是传统中国人的全部生活目的,是中国最主要的社会制度,是中国文化最重要的价值……既不为社会国家,又不为个人,在一个传统的中国人心目中唯一值得一'为'的就只有家了。"③学者对"家"的解释不是空穴来风,总有其现实的根据,尤其是文化人类学者的参与式社区观察,更是直接描述了农民"家"的观念。在"家"本位观念中,即使是分灶各居了的家庭仍然是"藕断丝连",在财产权利上有着"剪不断,理还乱"的联系。前述罗红光所揭示的陕北米脂县杨家沟村常彦章家中家庭、灶、户在现实生活中的相互转化就是一个非常典型的例证。在农地规模狭小的小农经济条件下,兄弟分家后仍然存在着经济上的互助合作的必要性。南通县头总庙村徐炳仁的三个儿子于1937

---

① 费孝通:《乡土中国·生育制度》,第40页。
② 参见麻国庆《家与中国社会结构》,文物出版社1999年版,第18页。
③ 李银河:《生育与村落文化》,第135—136页。

年分家,家里的 18 亩地一分为三,每个儿子得 6 亩,然而家里原有的各类大小农具共 111 件,则由长子徐家林保管,三家共用;同村张其盛与长子张桥富、次子张桥候分家后仍共用原有的 41 件农具。① 曹幸穗从经济理性角度对此进行解释,认为:"由于一再分家而使农场变得很小,每户新添一套农具就很不经济,数家合用是顺理成章的事。"② 当然这种解释也不能说是错误的,但还应当进一步看到,分家后共用的农具未尝不可以看作分家前的共有家产,血缘关系和家的伦理观念是兄弟分产后仍然进行经济互助的深层动因。1940 年"满铁"调查时,在松江县华阳镇的西里行滨、许步山桥、薛家埭、何家埭等 4 个村落,高良生、张竹林、高全唐、高全生、吴虎根、吴进发、张春雨、薛如生、何保生等 9 户人家,大部分与其胞兄弟、堂兄弟或亲戚伙养耕牛,③ 颇类似于华北农村的"帮工搭套"习俗。对此,除需作经济学的分析外,我们是否从中看到农民正是基于"家"的关系伦理而展开互助合作的。我在鲁西南农村的生活经验也提醒自己在家族主义的文化氛围中来认识"家"。我所在的村庄(成武县满白寺村)的村民们在街头(通常是"老爷们儿"交流信息的场所)聊天时,常骄傲地将早已分家另过的侄子称作"俺家的",甚至"五服"内的家族成员都可以纳入"家"的范围。

兄弟分家析产后家计相对独立,但由于家产权利边界的模糊性,小家庭对"家"的依赖性仍然严重地存在着。曾在鲁西地区传教的美国传教士明恩溥根据实地观察,如此写道:"中国人的理想是家庭成员模模糊糊地共同拥有家产。不过,中国人自己也意识到这样的生活空间并不是个理想世界。因此,家里的家产迟早是要分的……我们听说,有一个特别爱吵闹的儿子在分家后的第二天就来到父亲的屋子里,假装寻找自己丢下的什么东西,将所有的坛坛罐罐都摸索了一遍。其实他是想确定一下,有没有什么豆子或小米被遗漏了。"④ 这位儿子之所以如此,是因为他感到虽经分家,自己仍然是这个"家"的成员,此种场境中的"家"并不仅仅指其父母以家计为基础的家

---

① "满铁"上海事务所调查室:《江苏省南通县农村实态调查报告书》,上海,1940 年,附表 8。
② 曹幸穗:《旧中国苏南农家经济研究》,中央编译出版社 1996 年版,第 107 页。
③ "满铁"上海事务所调查室:《江苏省松江县农村实态调查报告书》,上海,1940 年,第 132 页。
④ [美]明恩溥:《中国乡村生活》,时事出版社 1998 年版,第 322—323 页。

庭,而主要蕴含了血缘关系网络中的家族伦理观念。潘光旦分析传统中国家庭的内部纷争时说:"大抵即在家庭范围以内,可以容忍的只限于见解信仰一类比较抽象的东西,它们原是生活的一些幌子或点缀品,一到实际的权利,便往往各不相让,所以兄弟争产,打起官司来,要比什么官司都凶狠,甚至于祖传的紫荆树还要劈分为三,三兄弟各得一份。"①

在仅有一子的情况下,家的分与合有一个统一过程。费孝通分析了吴江县开弦弓村仅有一子条件下的分家情形:"在此种情况下,分家仅意味着是一种经济独立的要求。儿子分得多少,无关重要,因为这只是一种暂时的分配,最终全部财产仍将传交给儿子。父母年老不能工作时,他们又将再合并到儿子的家中去。"②关于无锡县香平乡的一份"土改"档案材料比较生动形象地反映了农民"家"的观念。1950年9月19日下午,该乡在苏南农村工作团的主持下召开"划阶级"大会,会上要划张耀祖、张叔良、朱耀南、张怀纲等四人为地主,第四个轮到张怀纲,"群众没提意见,即叫他过来,问他是啥个阶级,他回答得很狡猾,他说:'如果放我分了家,那我便不是地主,而是照土改法第五条待遇;如果不放我分家,我便照土改法第三条。'群众问他你家分家没有,他说:'我早已分了家,有分关书为证。'群众说'你那个分关书是私做的',他说:'好,就算假分家。'……马上九村阿花起来问他:'我问你,你那块租田,你来收过租米,你娘来收过租米,你家怀伦来收过租米,究竟是哪一家的。'又一个群众问他:'问你家里有几副灶?'他说:'三副灶,但都在外头,家里只是一副。'引得群众哄堂大笑"③。解读这段对话倒不在于考究张怀纲是否假分家,而是必须看到在张怀纲本人和参加大会的群众看来,即使是经过分家,张怀纲家的家庭成员对家产均有支配权,分灶也并不是家计分开的标志,"家"的模糊性在农民的乡土意识中得到了真实的反映。

从"差序格局"的伦理原则往外推,堂兄弟、从堂兄弟要比胞兄弟血缘关

① 潘光旦:《中国之家庭与社会》,载《潘光旦选集》第1卷,光明日报出版社1999年版,第202页。
② 费孝通:《江村经济》,第48页。
③ 苏南农村工作团:《无锡县香平、新中、墙门、薛典、胶南五乡减租土改工作总结》,1950年9月,锡山市档案馆藏档,卷宗号B-1-10。

系疏远,但在土地交易行为中制作契约文书时,仅书"推并"或"归并"字样,此种"推并契"的民间惯行反映了乡民基于祖先崇拜的家族观念,家族成员之间的土地在买卖之后仍还在祖遗产业的地盘内。民国初年的民事习惯调查员莫宗友对江苏省各县的此类习俗是这样解释的:"查民间普通买卖不动产契约,其首尾均写杜绝及永不回赎各字样。若家族间之买卖不动产,此等字句大都引避,只写推并字样。其原因以一族之亲,田地移转,终属一姓,务避去买卖等字,以示亲善。"[1]且随后又附上一份清宣统年间丹阳县乡民稽明胜与堂兄稽明珠的推并契。从事土地交易的家族成员在含情脉脉的家族主义伦理背后,对于"家"及家产的"祖业"性质有着固执的认识。

至此,我们可以看出农民关于"家"的观念世界中,既有现实的经济考虑,又有家族伦理的亲缘关系准则。我前面归结的人类学视野中的"家"也包含这两层意义,正说明文化人类学的社区观察是最接近农民的乡土观念的。相比之下,1929年民法将"家"定义为"以永久共同生活为目的而同居之亲属团体"[2],似乎显得较为肤浅。美国的中国学家沃特纳认为:"中国的家族既是生命的构成,同样也是一种伦理道德的构造……法律的人工设计不足以建立亲缘关系纽带,但伦理道德的意愿则足以胜任。"[3]沃特纳的研究主要着眼于家族伦理关系,而对伦理关系背后的经济选择关注不多。从上面的描述和分析,我们已经很清楚地看到,农民们"家"的观念总离不开家产的分配;学者所说的家的模糊性,实际上是家产权利边界的模糊性。不管从哪个角度来解释"家",都必须考虑到家产因素及农民的家产观念。正是在这一意义上,日本中国法制史专家寺田浩明十分有见地地指出:"通过相互合作和相互对抗来各自谋求生存和繁荣的一个个小家庭,其基础在于家产,而家产最主要的形态就是农地的所有。"[4]必须从家计、家产、家业的动态流动

---

[1] 南京国民政府司法行政部编:《民事习惯调查报告录》,第179—180页。
[2] 参见1930年5月23日《民法·亲属编》,载陶百川编《最新六法全书》,台北:三民书局1981年版,第146页。
[3] [美]沃特纳:《烟火接续——明清的收继与亲族关系》,第133页。
[4] [日]寺田浩明:《权利与冤抑》,载王亚新、梁治平编《明清时期的民事审判与民间契约》,第197页。

中全方位地把握"家"的深层变动,果如是,则对于以"家"为基本单元的土地权分配问题的深层认识自然是水到渠成之事。

第二节　从"农家经济"到"农家生计"
——再论农村经济史研究方法的创新

要对农民的日常生活有一个正确的认识,首先就要真正地贴近农民,展示他们的日常生计,用农民自己的语言来说,就是"看一看人家一家一户的日子咋过的"。目前中国农村社会经济史研究领域普遍流行的概念是"农家经济",还不等于农家生计本身。因为所谓"农家经济",实际是带有方法论意义的学理概念,准确地说应为"农家经济学"或"农家经济的经济学分析",离真正的农民日常经济生活尚有一定的距离。这一概念的解释策略存在两个问题,一是单一化的成本效益分析,二是价值预设的成分太浓,或者说以现代化理论的价值标准评价农家经济的发展,这在第一章述及黄宗智的"过密化论"时已有所评论。这里进一步看一下曹幸穗对1949年前苏南农家经济的研究,[①]其中有一段对农民兼业化的评价特别具有典型意义。他从规模经济的现代经济学角度如此分析农民兼业化:"苏南农户的普遍兼业化,是小农生产与商品经济结合这个特定的生产方式的产物。从积极方面说,农户兼业化有利于利用农业剩余劳动力,增加农家收入和社会财富。"但是,农户兼业化也会给农业生产带来消极影响,概括起来说,它阻碍了社会分工的发展和形成适度规模经营,造成小农户经营的土地资源的浪费,阻碍了先进农业技术的推广,延缓了农业改良的过程。[②]可以说,曹幸穗的分析与珀金斯的"停滞论"、黄宗智的"过密化论"在本质上是一致的。已如前文所论,研究农家经济主要不在于如何评价,而是要探讨农民们在特定的社会历史时空中为什么会做出这样的选择,也就是说解释要比

---

① 曹幸穗在时段限定上用了"旧中国"的字眼,我也不能同意,因为这会使自己在开始研究行程前就已经戴上了"有色眼镜",浓烈的价值预设有可能妨碍研究者对历史真实的认识。

② 曹幸穗:《旧中国苏南农家经济研究》,第233—234页。

评价更重要。①

　　从学术渊源上看,"农家经济"的现有研究思路应追溯到卜凯的《中国农家经济》一书。在该书中,卜凯提出了农家经济研究的方法主要是通过制作表格进行调查,而"约有半数的表格系由本大学(指金陵大学——引者注)的高年级生所调查。其成绩经审核后,予以相当的学分。其余之半数,则系由新聘之调查员所调查"②。费孝通在关于云南禄村土地制度的研究中对此种方法已提出质疑,认为农村社会研究中不宜采取这种方法:"一个和所要调查的现实没有直接接触的人,他不能发现这社区中所该用数量来表现的什么项目。他不能凭空或根据其他社区的情形来制定调查的表格",而"一个社会学者去实地观察一社区的活动,他的任务在于寻求人类社会生活中的基本原则。他不但是一种社会活动的记录者,而且是一个解释者"。③ 社会人类学的社区观察视角要比农业经济学的学理分析更为深刻,也能更为全面、客观地再现农民日常生活的真实状态。调查表格或研究中所用的成本效益分析即使再精确,如果对农民日常生活的乡土感觉甚为浅薄,那么此种定量化的研究也有可能远离农民的生活实际,甚至其结论有走向谬误的危险。或者可以说,基本假设是错误的,具体操作越精确,结论错误的可能性也就越大。

　　相对于"农家经济"概念,"农家生计"或称"家计"能够真切地反映农民从现实需要出发而做出的经济、伦理选择的合理性。要真正认识农民,首先就要理解农民,设身处地地考察农民生活于其中的社会历史场境。当然,学者必须在农民社会关系网络的动态系统中解释农家生计,正如日本学者滨

---

① 与此相关的是学界对小农经济的认识总也跳不出"评价情结",已如第一章所论,小农经济是经营形态层面上的概念,如从生产力水平角度给小农经济定性,当然是可行的;但涉及对小农经济的评价,就有一个价值尺度问题,不可避免地会陷入一个价值预设的方法论误区,不管是对其持肯定的或否定的评价均如此。关于正反两方面的意见,可以参阅叶茂、兰欧、柯文武的综述文章:《传统农业与现代化——传统农业与小农经济研究述评(上)》《封建地主制下的小农经济——传统农业与小农经济研究述评(下)》,《中国经济史研究》1993 年第3 期。

② 〔美〕卜凯:《中国农家经济》,商务印书馆 1936 年版,第 2 页。

③ 费孝通:《禄村农田》,载《费孝通文集》第 2 卷,第 314—315 页。

下武志所说:"能够分析社会纽带的线索,必须按照中国社会历史的顺序,研究集团与个人二者均包含在内的家族或地区社会的构成与结合、以家政家计等的家族为主的社会经济活动,以及各行业的商业活动或经营哲学。"① 既然在关系网络中解释"农家生计",那就应当看到农民某种经济选择的文化伦理意义。从一般的方法论言之,如马克思所说的,"在其现实性上,人是一切社会关系的总和",人与人之间的经济交换关系必然有着伦理的、文化的内涵。在希克斯所说的"习俗-指令型经济"中,经济的选择常受着经济之外的习俗文化制约。这在中国意义上,就是梁漱溟所讲的"经济、伦理相互为用"。林耀华在《金翼》中所描述的四哥志司,在抗战后看到由于战事、无休止抓丁派夫和摊派加剧了农民的贫困化,致使土地买卖、高利贷和抵押越演越烈,就考虑若一场战火把他的店铺毁于一旦,不如转而用店铺赚的钱在乡间大量购进田地。此后数年间,他在黄村谷地购得一百亩地和多片山林,而店铺生意和在土地上的田租收益又促使他再去放债。志司渐渐发迹了,但他利用苛刻的租佃与私人借贷方式沉溺于扩大土地之际,宗族乡村人际关系原则却被他忽视了,对此志留(即林耀华)也认为志司乘人之危以田作抵押是不道德的。② 志司一切以经济功利为目的,"掉进钱眼里了",乡人对他的道德评价降低,甚至亲兄弟在道德上也不认同,这就必然减少了他在乡土关系网络中所能利用的人文社会资源。在吴江县开弦弓村,有一种借贷互助会,"会员的人数从 8 至 14 人不等。在村庄里,保持密切关系的亲属圈子有时较小。因此,会员可能扩展至亲戚的亲戚或朋友……被这个社区公认为有钱的人,为了表示慷慨或免受公众舆论的指责,他们将响应有正当理由的求援。例如,周村长加入了十多个互助会,他的声誉也因此有很大提高";并且"这种互助会的核心总是亲属关系群体。一个亲戚关系比较广的人,在经济困难时,得到帮助的机会也比较多"。③ 周村长的事例与志司正好相反,但不管怎样,即使是在经济交换行为中,文化伦理的力量也不可小视。亲属

---

① ［日］滨下武志:《近代中国的国际契机——朝贡贸易体系与近代亚洲经济圈》,第 343 页。
② 参见庄孔韶《银翅——中国的地方社会与文化变迁》,第 35—39 页。
③ 费孝通:《江村经济》,第 189—190 页。

血缘、婚姻关系与家庭生计的内在联系也说明,对于农民的日常经济生活仅作单一的经济学解释是远远不够的。

孔迈隆 20 世纪 60 年代对台湾南部客家"烟寮"(台南屏东县美浓镇的一个集落,以烟草生产为其主要特征,故作者以"烟寮"加以命名)的调查,发现该集落的农民大部分维持着大家庭生活。他认为之所以如此,是因为在烟草的耕作中,按照季节集中地投入劳动力是很有必要的,最经济、最能确保家庭劳动力的方法就是维持大家庭。即使是分居另灶,只要在烟草耕作中共同使用家庭劳动力,就仍然是一个家。所以他把家计的分裂看作分家的标志。[1] 也许孔迈隆对于家计的解释过于强调经济因素,故有经济学单一解释之嫌。农家生计是农民家庭成员劳动协作的动态过程,家庭成员之间的角色关系就至关重要。张闻天 20 世纪 40 年代在陕北米脂县杨家沟村调查地主家庭经济时,发现地主破产的原因有三,即经商、吸大烟和经营不佳。由经商导致变卖土地的地主不少,如马国干的儿子马际选经营运输业(赶骆驼),结果赔本变卖土地,导致家产大减。也有因经营不善而自杀或被逼成神经病的。地主马维新就认为米脂人不适合做普通买卖,只有放账置地才比较适宜,做买卖用人不当往往是失败的原因。[2] 罗红光在最近的后续研究中发现,当地人所讲的"生意"并非只是买卖,而是特指无论规模大小,生产和销售浑然一体的一种劳动过程。马家地主既继承了山西祖先的生意传统,又拥有绥德创业时的生意经,是该地出名的"口不让人、钱不让人"的大户人家,故此"经验的直接传授方式既体现在操持'家业'的日常生活的过程之中,同时也反映在他们言传身教的'家风'之中"[3]。父子两代人的角色互动是家庭生计得以延续的人力资源条件之一,这是纵向的动态视角。从人口繁衍的角度看,"树大分枝",一个大家庭迟早要分家,分家是家庭再生产的基本方式,它通过重新分配原有家庭产权而使家庭再生产得以实现,也使家业得以纵向传递。

---

[1] Cohen Myron L., *House United, House Divided: the Chinese Family in Taiwan.*
[2] 张闻天:《米脂县杨家沟调查》,人民出版社 1980 年版,第 30 页。
[3] 罗红光:《不等价交换——围绕财富的劳动与消费》,第 20—21 页。

此外,在一个相对稳定的时段内,家庭成员角色地位、社会身份等对于家庭劳动的分工也是必须考虑的因素,比如关于妇女的社会身份、家庭角色、财产观念的研究,对理解农家生计是必不可少的环节。时下流行的所谓"女权主义"妇女史观对于正确地理解妇女在家庭生计中的作用恐无积极意义。杜芳琴从学科本位意识和女权主义观念出发,批判以往历史学研究中女性意识的"缺席",认为:"只有具备了女性主体意识和历史学的性别敏感视角,才能认识到史学中的女性缺失和历史上对女性认识的偏颇,自觉担当填补、重新评价女性的历史的任务,为建构一部完整的男女共创、共处、共享的历史做出贡献;充分认识到研究妇女史不止是为学术,也是为妇女、为社会,也为男人,用自己的学术成果(书和教学)影响学界、学生,影响女性和男性,以期改变历史沿袭下来的不利于两性平等的性别观念和性别态度及行为方式。"[1]如果作为一名从事实际工作的女权主义者,有这种理念应是值得提倡的,但学者毕竟与"妇联"工作人员不同,主义之争不能代替对现实(或历史事实)的学术分析。我甚至怀疑,带有强烈价值取向的女性主义妇女史观是否必然导向性别关系的历史真相? 从妇女切入历史,或从历史场境中认识妇女,应强调女性社会角色在历史时空坐标中的位置,以纠一般史学"性别歧视"之偏,似为正道。我那村上的农民常说:"这一家日子过得咋样,娘儿们有一多半的份儿。"农民朴素的话语直观、形象而又真实地反映了妇女在农家生计中的作用。

第三节　家计——家的再生产

一、"两种再生产"视角中的人地关系

近代江南乡村土地占有权的总体趋势是逐渐分散化,小农家庭劳动成为农业经营的主要形态。樊树志认为江南地区地权的分散化进程实际上从

---

[1] 杜芳琴:《妇女史研究:女性意识的"缺席"与"在场"》,载氏著《中国社会性别的历史文化寻踪》,天津社会科学院出版社 1998 年版,第46—47 页。

明末清初即已开始,清中叶商品经济的冲击更加速了这一进程。① 清代前期苏州府三家地主漫长的地产积累过程,就典型地说明地主占有一定量的土地与大量个体小农拥有分散小块土地同时并存。吴江县周庄镇沈氏家族,顺治十六年(1659)由祖遗田产 4.018 亩起家,至道光三年(1823)的 165 年里,共在吴江县购置田亩 596 次,共 4 671.639 亩,平均每次购置 7.8 亩。元和县碧城仙馆在从乾隆十六年(1751)至五十二年(1787)的 37 年间,共置买田产 51 笔,计 529.36 亩,最多一笔为 93.878 亩,最少一笔为 0.715 亩。元和县彭氏家族从乾隆三十七年(1772)到道光十七年(1837),置买田产 24 笔,共 63.719 2 亩,最多一笔为 20.842 亩,最少一笔为 0.252 亩。② 太平天国战争,使江南地区人口锐减,大地产也受到极大冲击。战争结束后,清政府召大量客民垦荒,一位当时的外国观察者这样分析道:"一八六五年以后,长江以南的土地为先来者占耕。他们耕种几年以后,便发给他们一张地契,令完纳田赋。在这种情况之下,当然只有靠田地生产而能维持生活的穷苦农民才能占耕土地,而且只是小量的土地。"③曹幸穗的研究表明,进入 20 世纪以后,由于人口繁衍所带来的人口压力和商品经济的发展,苏南乡村地权分散化程度进一步加剧。④ 黄宗智也认为,商品和农业密集化带来了近代江南农业生产家庭化的趋势,⑤这也是地权分散化的一个例证。既然学界前辈和同行已经对近代江南乡村地权变动趋势进行了相当出色的研究,我也就没有必要再耗费笔墨了,只是想借此说明,在近代江南乡村地权分散化的历史进程中,众多个体小农的农地经营规模必定十分狭小,地块甚或相当分散,这对于农民生计的意义是不言而喻的。

20 世纪 20 到 40 年代的一些乡村调查,特别是陈翰笙所领导的中央研究院社会科学研究所的无锡调查,总是强调土地占有的集中化与土地使用

---

① 樊树志:《上海农村土地关系述评》,《上海研究论丛》(1993),第 110—111 页。
② 分别见苏州博物馆藏《世楷置产簿》《碧城仙馆置产簿》《彭氏"世禄挹记"置产簿》,载洪焕椿编《明清苏州农村经济资料》,江苏古籍出版社 1988 年版,第 90—172 页。
③ 李文治编:《中国近代农业史资料》第 1 辑,第 173 页。
④ 曹幸穗:《旧中国苏南农家经济研究》,第 41—47 页。
⑤ 〔美〕黄宗智:《长江三角洲的小农家庭与乡村发展》,第 56—57 页。

的分散化同时并存,以此说明当时土地制度的不合理。土地占有集中与分散的标准不一或研究方法不同,所得结论也不一样。但无论如何,对于农地经营规模的细小化,时人一般是认可的。1933 年春,中国农村经济研究会在中央研究院社会科学研究所无锡十一村调查的基础上,又进一步对孙巷、庄前、大鸿桥、北靡、庙庵、谈家六村的农业经营进行了调查。韦健雄事后对其中三个村的材料进行了分析,发现"全部使用土地有 80% 左右属于中农贫农,他们每户平均使用土地不到 10 亩;另一方面,地主富农使用土地只占20%。而且他们每户平均使用土地也还不到 20 亩"①。所谓的地主富农家庭土地经营面积也十分狭小,已经说明土地占有的集中化是不存在的。如果再将佃农的田面权认定为所有权性质,那么小农家庭农场土地占有权与使用权也并非是完全分离的。"满铁"上海事务所调查室 1941 年对无锡县开源乡荣巷镇小丁巷、郑巷、杨木桥 3 村 75 户农家的调查也表明,经营土地5 亩以上的只有 4 家,其余的 71 家全在 5 亩以下,其中经营 1 亩以下的甚至达 13 家。② "满铁"对松江县华阳镇西里行浜、许步山桥、薛家埭及何家埭 4个村落的调查,发现 4 村共 63 户农家,有耕地 548.59 亩,平均每户有耕地 8亩多,4.9 亩以下的 19 户,78 人,户平均人口 4.1 人;5—9.9 亩的 18 户,72 人,户平均人口 4 人;10—14.9 亩的 13 户,66 人,户平均人口 5.1 人;15—19.9 亩的 8 户,38 人,户平均人口 4.8 人;20 亩以上的只有 3 户,23 人,户均人口 7.7人。③ 在浙江省平湖县,一般农家"均为小农,每家平均之耕地面积,尚不逮十三亩,而每家平均人口则在四人以上,以如此小面积之农地,维养多数之人口,盖以农家缺少资本,则不能依劳力的集约经营"④。江南其他各地有关农地经营规模狭小的资料很多,恕不一一列举。如此说来,农地规模狭小又多小家庭,乃是近代江南农村人地关系比率的真实写照。

---

① 韦健雄:《无锡三个农村底农业经营调查》,载薛暮桥、冯和法编《〈中国农村〉论文选》,人民出版社 1982 年版,第 487 页。
② "满铁"上海事务所调查室:《江苏省无锡县农村实态调查报告书》,上海,1941 年,第 90—91 页。
③ "满铁"上海事务所调查室:《江苏省松江县农村实态调查报告书》,第 38 页。
④ 南京国民政府中央政治学校地政学院、平湖县政府:《平湖之土地经济》,1937 年,第 82—83 页。

　　至于小农家庭农地规模如此狭小的原因,恐不能从某个单一的因素来考虑。前文已经说过,分家析产是家庭再生产的基本形式,从两种再生产的角度看,它实际上是物质资料再生产与人口再生产相互作用的动态反映。费孝通从分家析产来解释农田的分散性,认为:"每家土地面积窄小,限制了抚育孩子的数量。另一方面,土地相对较多的农户生养较多的孩子,从而在几代人之后,他们占有土地的面积就将缩小。在这些条件之下,人口与土地之间的比例得到了调整。"①卜凯也认为,由于人口密度大,中国大家庭制度逐渐崩溃而趋向小家庭的转化,在耕地总面积保持不变的条件下,农场大小与家庭大小正能相互调整。②钱穆回忆其年幼时家族各房支的兴衰,记曰:"七房中人丁衰旺不一,初则每房各得良田一万亩以上。继则丁旺者愈分愈少,丁衰者得长保其富,并日增日多。故数传后,七房贫富日以悬殊。大房丁最旺,余之六世祖以下,至余之伯父辈乃得五世同堂……故五世同堂各家分得住屋甚少,田亩亦贫。自余幼时,一家有田百二百亩者称富有,余只数十亩。而余先伯父及先父,皆已不名一尺之地,沦为赤贫。老七房中有三房,其中两房,至余年幼皆单传,一房仅两兄弟各拥田数千亩至万亩。其他三房,则亦贫如五世同堂。"③人口繁衍的自然规律所造成的家族内部土地占有的不均和贫富分化,正是通过分家这一家庭再生产的基本形式而使人口再生产和物质资料的再生产有机地统一起来。

　　在物价水平一定的条件下,一定面积的土地所能养活的人口应是个常数,故农家土地经营规模的狭小也限制了家庭人口的繁衍。在清代,苏州郊区唯亭山乡农村生活费用较低,"六七个制钱就可以泡一壶茶,三十个制钱就可以上一次苏州去,人工又贱,租税也轻,牲畜、农具又很便宜,虽然大都种的租田,但是有了七八亩薄田也就可以维持一家的生活了"④。据中华职业教育社 1928 年 6 月在昆山县徐公桥所作的调查,"如用普通庄稼地供给五

① 费孝通:《江村经济》,第 138 页。
② [美]卜凯:《中国农家经济》,第 450—451 页。
③ 钱穆:《八十忆双亲·师友杂忆》,第 8 页。
④ 施中一:《旧农村的新气象》,苏州中华基督教青年会 1933 年刊行本,第 12 页。

口之家,约须二十亩左右"①。吴县唯亭山乡与昆山徐公桥乡的亩制可能有差异,此外也不能排除民国初年物价水平提高因素造成一定面积土地所能养活的人口不同。费孝通对吴江县开弦弓村家庭人口与土地比率的人类学观察也许更接近事实。开弦弓村农地面积为 2 788.5 亩,有 274 户农家,每户平均约有 10.06 亩土地。"正常年景,每亩地能生产 6 蒲式耳稻米。一男、一女和一个儿童一年需消费 33 蒲式耳稻米。换句话说,为了得到足够的食物,每个家庭约需有 5.5 亩地。目前,即使全部土地都用于粮食生产,一家也只有大约 60 蒲式耳的稻米。每户以四口人计算,拥有土地的面积在满足一般家庭所需的粮食之后仅能勉强支付大约相当于粮食所值价的其他生活必须品的供应。因此,我们可以看到,这个每家平均有四口人的村子,现有的土地已受到相当重的人口压力。这是限制儿童数量的强烈因素。"②一村之内的土地面积不会增加,通过人为性抑制、溺婴(尤其是溺女婴)、出卖儿女等生育及非生育行为控制家庭人口,未尝不可以看作农民应付紧张的人地关系压力的举措。

李友梅于 20 世纪 80 年代中期对开弦弓村的口述史调查反映了经济压力和地方习俗对农民家庭生育行为的影响,一位农民这样说:"通常,穷人家是用溺婴来减少和避免贫穷的压力,所以溺婴在村坊上也是不遭指责的事。我邻居家的媳妇第二胎又生了个女小人,她婆婆当时就把这小丫头放在马桶里,后来这小丫头被倒入的水淹死的。做娘的心里是舍不得的,但她晓得,孩子留下来反正也没条件供她吃饱穿暖,养不活还不如死了的好。这样想也就想通了。这里的人家只要有了儿子,一般只留一个丫头,留两个丫头的人家是有别的打算的,多数是想用其中的一个去调换一个童养媳进来,因此许多童养媳还吃过婆婆的奶。穷人家顶多也只留两个小男人,一方面缺少田地和房子,儿子留多了又负担不起,另一方面乡下人要考虑劳力和传宗接代,还因为旧社会时孩子病亡率高,留一个儿子怕保不住。那些只有女孩

---

① 杨懋青:《昆山县徐公桥区乡村社会状况调查报告书》,载中华职业教育社编《昆山县徐公桥乡村改进事业实验报告》,1928 年 7 月,第 23 页。

② 费孝通:《江村经济》,第 25 页。

子的人家,有的不愿招女婿,宁愿去领养一个男孩,这是从经济和感情考虑,也是解决劳力问题的办法。"①

　　狭小的农地规模使家庭劳动力相对过剩,农民不得不寻找农业外的就业机会,以补家用之不足。上海特别市社会局1920年的农户调查显示了郊区农家相当高的兼业比率:"盖因居近都市,生活较高,往往受经济之压迫,陷于困穷,而上海尤甚。此次调查,无他项兼业者,百四十家中仅有十三,犹不及其十分之一。"②林惠海20世纪40年代初在吴县枫桥镇孙家乡所进行的调查表明,该地农户兼业也达到一定比例,在所调查的154户农家中,家长兼业的有57户,占37%。③ 该调查仅统计家长兼业情况,而未及其他家庭成员的兼业情况,如全面考虑,则兼业比率还会更高。如果说上述两处地近都市,那么江南其他县区的农家兼业比率也比较高。在常熟县昆承区治安乡,由于田少人多,每人平均1.6亩耕地,所以一般农民都有副业生产,据"土改"时苏州专区农协会工作团的调查,全乡共225户,其中做成衣的144户,木匠82户,剃头匠5户,小贩231户,帮佣223户,道士30户,厨子22户,铁匠15户,捕鱼者11户,其他26户,副业收入约占总收入的25%,单纯从事农业生产的仅23户。④ 诸如此类的调查统计资料可以说不胜枚举,足以说明江南农民兼业的普遍性,而要更深入地揭示农家生计的内部运作,还可进一步从农民的家庭生活史来解释。

二、农家生计的生活史解释

　　苏南人民行政公署土地改革委员会主任欧阳惠林曾于1949年10月邀请了无锡县梅村区4个乡8位农民座谈,调查农家租佃、债务情况,8位农民在座谈会上生动、具体地谈了自己的家庭生计。赵根大,大墙门十字乡,45岁,一家大小6人,妻子43岁,有劳动力,3个儿子(分别为16岁、14岁)*1个

---

① 李友梅:《江村家庭经济的组织与社会环境》,载潘乃谷、马戎编《社区研究与社会发展》,第500—501页。
② 上海市社会局:《上海市百四十户农家调查》,载冯和法编《中国农村经济资料》,第242页。
③ [日]林惠海:《中支江南农村社会制度研究》上卷,第64页。
④ 苏州专区农协会工作团:《常熟县昆承区治安乡土地改革工作总结》,1951年3月16日,苏州市档案馆藏档,卷宗号101－长期13。
＊ 引者注:原文如此。

女儿(10岁);家中有自田7分(包括荒、坟在内),租田2.2亩(其中桑田8分),借种田1亩;养1头猪、1只鸡;当年养秋蚕半张种,12斤茧,曾买桑130斤,蚕种折4升米;据赵自己说:他并不欠债,因为人家不肯借给他,嫌他穷。每年的收入不够吃,靠卖零工,每年要帮人家做五六个月的工。范寿根,住大墙门一保十一甲一户,36岁,家中共5人,母亲65岁,妻32岁,儿子7岁,女儿9岁;家里种租田3亩,自田9分(包括坟、荒、屋基),去年增加借田1亩(哥哥的田),另有房屋1间1架,羊1头;本人共欠债15石稻;平时不够吃,帮帮零工,过去原在浒墅关做席子,抗战开始后,因为父亲死了,才回乡种田,附带上街卖菜卖柴来维持生活。薛永寿,周泾乡第二保朱孔圩人,一家共6口人,母亲60岁,由兄弟4人轮养,每人每年养3个月;妻39岁,小孩子4个,大的14岁,最小的1岁;家中有租田0.5亩,借田1亩半,其中半亩桑田;租田每年要缴租糙米4斗,借田缴白米1石;当年收秋茧12斤,换白米2斗多,仍然不够吃;解放前帮人家开机船,每年一季4个月,可得5石米工资,又帮人家开碾米机,2个月可以得2石米。单泉根,周泾乡第十七保四甲三户前单巷人,家中老小11人,婶母50多岁,由他供养,有老父母;妻39岁,6个小孩,最大的14岁,最小的5岁;破屋3间;自田有5.2亩,租田2分半,租额每亩大米8斗,借田2.5亩,租额每亩大米1石,桑田有8分,当年养了1张秋蚕;家中劳动力很少,只有妻子可以帮助耕种,自己一年忙到头,田总算可以勉强种下去;1947年因为腿生病,不能做生活,先后借了3石米与8石稻看病,利率50%,病好了,日子却越过越难了;每年还租米、利米,剩下来的,就不够吃;妻子从1948年冬天起,就到上海替人家做奶妈,月薪8斗米,补贴家用。吴新耕,住薛典乡六保八甲二户,42岁,有3子4女,其中2个女儿已出嫁;自田2.5亩,租7亩。每亩田收成白米2石,另外小麦每亩可收70斤,减去租额每亩5斗糙米、肥料(河泥)每亩折米3升,戽水费每亩2斗2升白米;余下总是不够吃,每月食米要1石5斗,一年就要18石,再加苛捐杂税,日子更难过。杨文彬,住薛典乡一保七甲三户,45岁,妻子49岁,有3女2男(大的17岁);有自田1.3亩,租田4.5亩、借田3亩。每亩收大米1石8斗,缴租糙米5斗;收入不够吃,要靠做短工;女人下田帮着种田;欠债40余石稻;因为种种原因,1947年死了母亲,借40石稻,冬里标会还去一半;1948年嫁女,又用去 20 余石,仍是借的;同年把自田 1.3 亩、租田 1.2 亩卖出田面,得稻 23 石,还欠 40 石。陆金荣,梅村镇第三保三甲三村人,40 岁,母亲已死,父亲住大墙门乡硕望桥黄家祠堂;妻蔡氏,有 3 女(分别为 9 岁、5 岁、2 岁);自田 1 亩,租田 2.75 亩,另外尚有 1 亩是万家祠堂的,不要交租,但每年要给祠堂 350 斤桑叶,当年养秋蚕 1 张带 3 个圈;他自己兼做裁缝,每天可做 3 升米到 4 升米,每年约做 70 个工。谢桂泉,梅村镇第五保十一甲十一户高田村人,39 岁,妻顾氏,女蕙芬 12 岁;家有自田 1.7 亩,其中桑田 0.7 亩,借田 4.3 亩,当年养蚕半张种;过去曾是制麻将牌的手艺工人,每年秋收后到城里去做工,第二年 2 月才回来,种田实际上只有 4 个月,调查时欠债 2 石 5 斗白粳米。① 这 8 户农家的耕地面积都不超过 10 亩,单靠土地甚至口粮都不够吃,除吴新耕外,其他 7 户均不同程度地存在兼业现象。

另据 1950 年无锡市土改调查委员会的一份档案材料,无锡县西漳区塘头乡第五村金梅春,44 岁,家有 10 人,有田 17.6 亩,自种 9.1 亩,不雇工,租出 8.5 亩,每年收租 1 石,农闲时兼做手工业,以土丝织成丝线出售,主要生活来源靠种田,"土改"中被评为半地主式的富农。与金梅春同村的马来兵,32 岁,全家 6 口人(妻、2 子、2 女),有自田 6 亩,灰肥田 4.8 亩,除 1.5 亩出租、每亩多收租米 1.1 石外,余均自耕,妻亦参加劳动;农闲以土丝做成丝出售,每年并雇女工 1 名帮助丝业劳动,时间约四五个月,此项副业每年收入 4.5 石米,但生活来源主要是靠种田;"土改"时被评为手工业资本家成分,本人有异议。西漳区塘头乡范巷村人范福全,家中共有 6 人(包括妻、妾、子、女),自有稻田 7.5 亩,桑田 1.1 亩,租入 3.5 亩,转租与人耕种,自田全部自耕,农闲时间本人出外做小工,另有小船 1 只出租,每月租金 3 石米,每年田中收入共 4 230 斤米,小工收入 2 250 斤米,船租收入 5 400 斤米;"土改"时被评为工商业者,范福全本人在划成分大会上也当场承认。② 除金梅春家土地超过 15 亩外,马来兵、范福全家的土地均低于 10 亩,家庭手工业在整个家庭经济中

① 欧阳惠林:《无锡梅村区四个乡租田债务情况调查》,载华东军政委员会土地改革委员会编《江苏省农村调查》,第 211—213 页。
② 无锡市土改调研委员会:《土改材料》,无锡市档案馆藏档,卷宗号 C6-长期-4。

占有相当比重。

曹幸穗的研究表明,在1949年以前的苏南农村,人口压力的主要承担者是10亩以下的农户,其中尤以5亩以下的超小型农场为最甚,劳动力使用最节省的是16—20亩这一规模的农户。[1] 据无锡县农村工作团第五大队1950年对该县张村区寺头乡四个村一个保的调查,包括种菜、捕鱼、养蚕等农村副业及农业以外的其他生产收入,在农民全年收入中占很大比重。从事副业生产的中农,其农业生产以外的其他生产收入可维持约4个月的生活,贫农可维持5个月,因此有些农民反而对农业生产不感兴趣,他们这样说:"种田是阿末条路,只要有点办法,总勿会在家。"[2] 开弦弓村的两位农民回忆1949年以前农业外就业对于贫苦农民家庭生计的重要性,其中一位说:"贩运是本地不少人家维持生计的一种办法,记得没有战争时,开弦弓村在农闲季节有八十几条船出去做生意,主要买卖青菜萝卜、毛竹、海蜇和自捉鱼虾。穷人没本钱做不起毛竹生意,大多只能在冬天做青菜萝卜生意。做贩运生意的人有时会遭到抢劫,弄不好还会挨打,因为那时到处有强盗,还有地头蛇和赌输场的人。他们知道你做了生意身上有钱就硬向你借钱,实际上就是叫你把钱拿出来给他们。"另一位农民还述及了他的家史,说:"我九岁(1913年)死了父亲。当时家里有三亩破田,在圩头中间,一直积水,不能种麦,一年只种一熟稻。我兄弟两个,哥哥在父亲去世的当年结婚的,婚后不到一年就生了大病,他是因家里无钱不能上医院而死的。随之,他女人改嫁,母亲到震泽镇给人家做佣人,我出去做小长工,一家人各奔东西。我十八岁才回自家种田,母亲也不再做佣人了,母子俩靠种三亩破水田,可一年的收入只有三担米,连吃饭都不够。为了生活,我在秋后农闲时与人家合伙租一条船到浙江沿海做水产买卖,比如买进新鲜海蜇,在当地用盐腌起来,再摇回村里或苏州等地卖掉,就靠这样赚来的钱补贴家里的零用账。可以说,不做点生意就活不下去,村上几乎不见人家造房子,我家当时住的老房

[1] 曹幸穗:《旧中国苏南农家经济研究》,第112页。
[2] 无锡县农村工作团第五大队:《无锡县张村区农村经济情况调查》,载华东军政委员会土地改革委员会编《江苏省农村调查》,第96页。

子还是在我祖父这一辈盖的,估计有一百多年了。正因为这样,一到秋里,村上的男人,特别是需要钱讨媳妇的人差不多都走空了。我家穷,积钱难,我平时省吃俭用,不敢多花一点钱,婚事推迟到二十五岁才办好。"①所谓"贫农",耕田大概总在 10 亩以下,此类农户的家庭劳动力相对于狭小的土地来说有很大剩余,他们将相当部分劳动力投入农业外的劳动中,精耕细作的集约化生产特点在这类农户中已不再存在了。

　　所谓的地主、富农占有土地较多,按照"土改"时无锡县政府划分阶级成分的标准,够 30 亩地就应划为地主。这部分农户的农业生产收入除消费外尚有剩余,基本无衣食之忧,遂将农业剩余投向工商业。② 据原中国科学院经济研究所对无锡农村的调查,毛村在 1936 年以后有 9 户地主富农开设粉坊,一般雇用工人 10 多人;东吴塘、龚巷 2 村计有地主富农 10 户开设酒坊,雇工亦有 10 多人。张塘巷村地主吴念生,一面收租,一面投资开设酱园、米行,贩运棉花、棉布,很快成为拥有千亩土地的大地主;毛村富农吴汉金从 1931 年开设粉坊起到 1936 年 5 月时,除扩大粉坊经营外,又买进土地 40 亩,建屋 4 间,买牛 1 头。毛村吴桑根,1929 年仅有 1.2 亩田,以后在城经商,陆续寄钱回家,放高利贷、买田、造屋,1948 年已拥有土地 36.2 亩;东吴塘村工商业户邵柏生,原只有 1 亩田,以贩卖鲜鱼为生,以后在无锡等地发展了百货公司、纱厂、乐群书局等,从 1929 年起陆续在家乡买地 100 多亩,"土改"时被评为地主。③ 从事该项调查的研究人员将这部分农家的经营活动解释为地租、高利贷和商业资本三位一体,这也是以往学术界的普遍看法。此种解释仍然是从固有的"地主制经济"概念出发静态地分析农家经济过程。实际上,从动态的角度看,这部分富裕农户的土地经营规模也有一个从小到大的积累过程,并且商业经营的风险性也有可能使其破产,此时土地的社会保障功能就格外突出。

---

① 李友梅:《江村家庭经济的组织与社会环境》。
② 参见无锡市土改调研委员会:《土改材料》。
③ 中国科学院经济研究所(原中央研究院社会科学研究所):《无锡县(市)农村经济调查报告》,载陈翰笙、薛暮桥、冯和法编《解放前的中国农村》第 3 辑,中国展望出版社 1989 年版,第 307、319、327 页。

无锡县东亭区后畈乡公益村人郭得元,全家 15 口人,其中 11 人在乡下居住。1945 年郭得元与次子郭儒国在无锡市南门外北长街 20 号开设一"新得记"绸布庄,1949 年歇业,"土改"时郭得元摆布摊。长子郭纬国为大龙布店小股东并兼职员,股金占十六分之一,因经营业外投机,亏了本,1949 年布店倒闭,1950 年"土改"时在家从事耕作。次子儒国因绸布店倒闭也返乡从事农业生产。在农闲时,两个儿子均往城里协助得元经营布摊。女儿素琴在安镇储家巷国民小学校任教员,月薪得米 8 斗左右。该户乡间有平房 3 间。土地 32.025 亩,内有 4.77 亩只有田底权,"土改"时被评为地主兼商人。郭得元自己说家中有老母、妻妹等 5 人参加农业劳动,父子 3 人在农忙时轮流参加劳动。县农村工作队的丁良典同志对他说:"县府规定满三十亩田即称地主,不论人口多少。"该村贫农新桂仙向县土改调研委员会反映,郭得元家在解放前雇用忙工 1 个,约 60 个工,由插稻起至养秋蚕止,临时工约 100 个工,在农忙时,郭得元与其子轮流回家劳动,但劳动时间不长,不如人家劳动力强,大都支配工作、算算工资。

无锡县观惠乡河头村人姚荣福,乡下有稻田 8.5 亩,桑田 2 亩,屋基 0.6 亩,坟地 0.3 亩,秧田 0.2 亩;全家 6 口人,包括夫妻俩、祖父、2 子、1 女。"土改"时只有祖父一人在乡下,其余均住在市区。姚荣福的祖父原来经营煤炭业务,他本人也于 1926 年在无锡城内三里桥与别人合伙开设煤炭店,1928 年拆伙,独自在城内通志桥开煤炭店,当时资本为 100 元。这样开了几年,日军占领无锡时,店内一切均被抢光,一家人只得到乡下种田。1942 年姚荣福又迁至城内王道人弄开煤炭店,营业日益扩大,生计日余,就将土地让其妹夫代为耕种,全家迁至市区。1948 年,姚荣福赴芜湖一带采购土煤。不久,因国民党军队封锁长江,煤船不能往来,并且一部分煤船半途失踪,以致倾家荡产。姚荣福急得生了中风病,在家不能走路,欠人家 100 余吨土煤,在 1949 年 9 月歇业。1949 年 3 月,将农村全部土地收回自耕,"土改"时被评为工商业家。

无锡县梅村区周泾乡十五保郁鸿德,全家 17 口人,包括郁鸿德夫妻、3 个儿子、3 个儿媳、1 个女儿、3 个孙子、5 个孙女,有土地 24 亩,其中佃入田 1.83 亩,借入田 0.61 亩,祖遗 10.135 5 亩,自购田 11.424 5 亩,完全自耕。自购田的过程是这样的,1917 年 8 月购田 0.447 亩,1918 年 8 月购 1.554 亩,1921 年 4 月购 1.559 亩,1922 年 3 月购 0.536 5 亩,1928 年 4 月购 1.06 亩,1931 年 9 月购 0.65 亩,1936 年 3 月购 0.7 亩,1939 年 4 月购 2.159 亩,1940 年 6 月购 0.274 亩,1942 年 9 月购 0.764 亩,1944 年 7 月购 0.525 亩,1949 年 4 月购 1.25 亩。1939 年长子郁瑞卿一房 7 口迁至市区南门外清名桥下塘,与人合伙开设永生煤炭店,至 1942 年拆股独资经营,当时资本计 10 石米,1949 年后经营清淡。次子郁瑞臣,主要参加农业劳动,于农闲时做丝棉生意,调换煤炭。三子郁瑞云,也参加农业劳动,1950 年 9 月 18 日经介绍至友记鼎昌丝厂担任助理工作。郁鸿德本人中年时拥有船 1 只,于农闲时运用少量资本贩卖米粮,在全面抗战前停止贩卖,终年从事农业主要劳动。

华庄区太平乡第六村陆子芬,1950 年时 40 岁,全家共 8 口人,他本人于 1937 年与别人合股在无锡城南门清名桥上塘开设正昌布店,占四分之一股,1950 年 5 月间因经营亏损、资金不足无法周转,遂歇业。该户乡下有田 11.7 亩,其中押进田 1 亩,全部自耕,"土改"中被评为商人成分。

南泉区任港乡鲍淇康,全家 10 口人,本人原系布厂职员,1949 年后失业回家从事农业生产。其兄鲍富康原开设小型脚踏机布厂,1950 年因亏损解散。该户共有田 12.28 亩,自耕 9 亩,出租 3.2 亩,兄弟未分家,自耕田由其妻及婶母负责全部劳动,"土改"时被评为工商业者成分。[1]

郭得元等数户人家大都从事工商业经营,农业劳动曾一度在其家庭生计中退居次要地位,但是工商业经营的市场风险和战争的破坏,又使他们摆脱不了与土地的联系,工商业一旦亏损、倒闭,他们还有土地可以过活。此外,家庭中的部分人口仍在农村居住,他们的"根"在乡下,这当然并不仅仅是所谓的"恋土情结",土地的社会保障功能恐怕更为重要。这使我们不禁又想起开弦弓村一位农民的话:"地就在那里摆着,你可以天天见到它,强盗不能把它抢走,窃贼不能把它偷走,人死了地还在。"[2]

---

[1] 无锡市土改调研委员会:《土改材料》。
[2] 费孝通:《江村经济》,第 129 页。

三、农家生计和妇女的家庭角色

研究农家生计还必须对妇女的劳动及家庭角色予以足够的重视。李伯重主要以相当数量的地方志资料证明，"在清代江南农村，无论是在生产劳动中，还是在与社会生产有关的其他劳动中，农家妇女都确实起到了'半边天'的作用"①。我对此基本同意，也不打算再做重复劳动，我只是要进一步追问：农家妇女在家庭生计中的心态变化和社会评价又当如何呢？单靠地方志资料根本无法回答这一问题，而民俗学和人类学家所留给我们的资料乃至方法则足以胜任。在近代江南农村，妇女是家庭纺织业和蚕丝业的主要劳动力，部分歌谣反映了农家妇女的这种劳动角色。清代道光年间松江府上海县塘湾乡有一首民谣曰："织布女，首如飞蓬面如土，轧轧千声梭若飞，手快心悲泪如雨，农忙佐夫力田际，农暇机中织作苦。"②江阴有民谣云："新起房屋出角梁，当中有个织布娘，一天从早做到晚，还要延长到五更！"③织布之苦反映了农家妇女所承担的家庭劳动甚或超过男子。清代文人王有光记录了一句青浦、嘉定一带的谚语，曰"纺车头上出黄金"，并解释道："纺车，古时用以缫丝辟纑，后世更有棉花成纱，皆由车出。其器甚微，而其利甚薄，一家内助，以济食力，此犹未足称出黄金也。此而绩之，为布为缯等物，足以衣被天下，妇习蚕织，不害女红，不扰公事，不致舍业以嬉，浸为风俗，不啻黄金遍地。"④这一解释主要是经济因素之外的社会伦理评价，但也足以说明农家妇女纺花织布对于家庭生计的重要性。当然，经济变迁的因素仍在起着基础性作用。20世纪前半期江南地区的工业化进程在很大程度上排斥了家庭棉织业在家庭生计中的传统地位，例如，在宝山县，"织布本是中小农的主要副业，收入颇大，所以织布的土地，大家都把它叫做'聚宝盆'。若家有一架土机，每日织'套段'，可成二匹，织'长稀'，至少可成一匹，大套六日

---

① 李伯重：《"男耕女织"与"妇女半边天"角色的形成——明清江南农家妇女劳动问题探讨之二》，《中国经济史研究》1997年第3期。

② 何文源等：《塘湾乡九十一图里志》下编"物俗"，清道光十四年（1834），转引自戴鞍钢、黄苇主编《中国地方志经济资料汇编》，汉语大辞典出版社1999年版，第1170页。

③ 顾颉刚等辑：《吴歌·吴歌小史》，江苏古籍出版社1999年版，第455页。

④ 王有光：《吴下谚联》，中华书局1982年版，第77页。

可成一匹,每日约可赚钱二角。所以,农家平日常有机杼之声,如同常有小儿哭声一般,视为兴旺之家。娶来儿媳,能从清早到午夜,手不停梭,便深得翁、婆、丈夫之欢心,和邻里之称道。但在今日,土布的销场,全被洋布侵夺去了。'聚宝盆'已一无用处,贴了工夫还亏本。家家都把布机、纺车停止起来,藏到灰尘堆里去了。因之多数女人,都抛下梭子,去做'男人家'的事,即作长工,当'脚色',而男人们的劳力反转渐感多余无用起来"①。由市场体系变动所致家庭织布的衰败,直接改变了农家妇女的生存空间,而就业机会总是一定的,这就引起劳动力资源配置的社会性别冲突。

相对于家庭织布业,蚕桑业在近代江南农村更为普遍。在吴江县开弦弓村,蚕丝业在家庭经济中占有很重要的地位,养蚕技术成为考察儿媳妇的一项主要内容,已演化为一种地方习俗。蚕养得好与坏,关系到新媳妇的身份地位,也影响到其娘家声誉。无锡有歌谣如此唱道:"四月里来暖洋洋,大小农户养蚕忙,嫂嫂家里来伏叶,小姑田里去采桑;公公街上买小菜,婆婆下厨烧饭香;乖乖小孙你莫要与妈妈嚷,养蚕发财替你做新衣裳。"②歌谣反映了家庭成员之间的劳动分工,可以看出儿媳妇在养蚕劳动中是主要的劳动力。又有谚曰:"好女不着嫁时衣。"言女子出嫁至夫家,勤劳操持家务,自能"衣锦荣华"。③ 民国初年机器缫丝业的发展,在一定程度上对农家蚕桑业形成一定的冲击,但也增加了农家妇女的家庭外就业机会,同时自然提高了妇女在家庭中的地位。开弦弓村一位在村中丝厂工作的女工因为下雨时丈夫忘记给她送伞,竟会公开责骂她的丈夫。费孝通据此分析道:"这是很有意思的,因为这件小事指出了夫妻之间关系的变化。根据传统观念,丈夫是不侍候妻子的,至少在大庭广众之下,他不能这样做。"④无锡有一首歌谣如此反映妇女的打工生涯:"湖丝阿姐上工厂,梳头打扮绝漂亮,右手张只小阳

---

① 陈凡:《宝山农村的副业》,《东方杂志》32 卷 18 号,1935 年 9 月,转引自章有义编《中国近代农业史资料》第 3 辑,第 648 页。
② 顾颉刚等辑:《吴歌·吴歌小史》,第 501 页。
③ 王有光:《吴下谚联》,第 40 页。
④ 费孝通:《江村经济》,第 165 页。

伞,左手提起小饭篮,赚了铜钱养阿三。"①此种场境中的妇女地位的提高并不能从根本上改变妇女的社会身份。开弦弓村另有一位妇女,在结婚一年后去无锡的一家工厂做工,并和厂里的一个工人恋爱,厂方发现后开除了他们。这位妇女不得不回到村中,她的公婆一开始拒绝再要她,但后来又收留了她,准备将她另嫁他人,以便可以收到一笔钱作为补偿。最后,考虑到她在本村丝厂里能工作的本领,公婆取消了原来的打算,待她一如既往。② 公婆收留这位儿媳妇并非出于人道主义考虑,而是将她作为挣钱的工具,但从另一方面说,该妇女在丝厂工作的技能又成为她重新获得家庭成员资格的条件。在当时的社会历史场境中,农家妇女要想获得自己独立的经济自主权和社会身份,仍然是相当困难的事情。至于未出嫁的女儿,在家庭中的经济贡献与其地位也是不相一致的。清代昆山一首诗反映了农家女的养蚕劳动,吟曰:"东家女儿发垂髾,阿母唤来采桑叶。枝头叶稀翠黛颦,心忧蚕饥畏母嗔。归来饲蚕蚕不饥,三眠百日蚕吐丝。又恐丝薄织作迟,唧唧复唧唧,当窗织成匹。织成云锦五色光,可怜俱为他人忙!"③从财产分配的经济预期来看,女孩子养蚕为家庭创造的经济收益并不能为她提供获得家产继承权的资格,所以是"可怜俱为他人忙"。

黄宗智通过在松江华阳桥薛家埭等村进行的口述史调查,发现参加家庭劳动的农家妇女在阶层上是有区别的。薛家埭的妇女,属于有钱人家,不需要干任何农活,她们从未下过农田,即使是很轻的拔秧,家里也雇人帮忙。南埭村的何会花和郭竹英,从妇女干较多农活的村庄嫁到南埭,结婚后继续在田里干各种农活,甚至干插秧这一认为需要有最高技能、通常认为是男人专有特权的农活。随着商品化农业的出现和手工业的发展,产生了妇女和儿童参加生产的要求,带来了农业与家庭手工业相结合的生产家庭化的趋势。近代江南农业的商品化是以小家庭越来越多地采用机会成本极低的家

---

① 顾颉刚等辑:《吴歌·吴歌小史》,第485页。
② 费孝通:《江村经济》,第166页。
③ 张潜之辑:《国朝昆山诗存》卷三十《饲蚕歌》,道光刊本,转引自洪焕椿编《明清苏州农村经济资料》,第635页。

庭辅助劳动力为基础的。① 对于黄宗智的口述史调查,我不仅不表示怀疑,反倒认为是可信的,只是妇女劳动力的较多使用是否就是农业密集化的表现形式,还值得进一步讨论。前文已通过个人生活史资料展示了贫困农家兼业化的普遍性,使用妇女、儿童劳动力恰恰是农业生产中劳动投入减少的标志。对于经营工商业的富裕农户来说,土地耕作甚或已成了他们的副业,妇女、儿童劳动力投入农业生产中,可以缓冲工商业经营的风险。在这两类农户中,农业生产的"过密化"恐怕是不存在的。特别是在地近城市的郊区农村,商品化程度较高,农户农业外的就业机会多,农业生产中的劳动力投入相对减少,如"土改"前上海近郊的杨思区沈家宅村,男子从工从商者为多,妇女成为生产上的主要劳动力,在被调查的 37 个农业劳动力中,妇女 32人,男的只有 5 人。② 看来,商品化导致"过密化"的观点是不成立的,如果由商品化来观察农家生计的变迁和妇女家庭地位、社会身份的变化,则是比较可行的解释策略。

当然,社会经济事实的解释不是简单的事象描述,我们必须透过现象来分析其本质。近代江南农民家庭再生产的基本性质仍然可以在事实评判的层面上加以认识,而前文所说的从现代化价值体系出发的评价则有失偏颇。日本学者西嶋定生对明清时期松江府棉纺织业的研究,在学术方法论上就很有借鉴意义,他认为:"假如以农村棉纺工业为媒介,从类型上掌握的话,那么它就是以商品生产为目的,从十一、十二世纪开始产生,到十六、十七世纪时完成其发展的农村工业体制的新形式。产生它的母胎是土地制度的强大压力,这个土地制度的结构不是作为所谓佃户制度在地主阶层以下形成,而是表现为高额租税等,与中央集权的君主专制国家不可分割地联系在一起的。并且,在这种土地制度下的农村手工业,以控制它的商业资本为背景,作为个体小农的家庭辅助手段发展成了农村副业。况且这种农村手工业因为不会从土地制度下解放出来,所以始终是个体小农的简单再生产,

---

① [美] 黄宗智:《长江三角洲的小农家庭与乡村发展》,第 54、56、91 页。
② 中共上海市郊工作委员会:《上海市郊区土地改革总结》,1952 年 11 月 25 日,上海市档案馆藏档,载《档案与史学》2000 年第 3 期。

不会向前发展了。"①农民家庭的简单再生产性质,是由特定的人地关系压力、土地制度弹性、市场交换关系等基本要素组成的社会历史场境所决定的。尽管近代江南地区的商品化程度相对于其他地区较高,但农地规模较小的贫困农户仍然是为维持生计而不是为市场而生产,土地规模、资金条件决定了他们不可能进行扩大再生产。"土改"时无锡县坊前乡中农徐阿锡、雇农徐老三对当村干部不感兴趣,还异口同声地对"土改"工作队说:"分田不分田没关系,多贷点肥料是真的。"②并不是他们土地太多,而是资金短缺,在原有狭小的土地上的资本投入已经严重不足,简单再生产的维持就很成问题。拥有土地较多的农户,虽然从事工商业、高利贷经营,但土地的社会保障功能又使他们的"恋土情结"得以强化,工商业的扩大再生产也没有太大的社会空间,经济资源条件之外的分家析产、战争事件的影响也是制约这部分农户进行扩大再生产的基本要素。农家生计是流动的,土地规模自然也是变动不居的,土地户间交易遂频繁发生,由此产生了贫富分化的社会分层效应。家庭成员的角色、身份也部分地取决于他们在家庭生计中的劳动贡献,物质资料与人口的再生产有机地统一在农家生计的动态结构中。在土地交易、家庭生计中,农民的家业、家产观念自然形成,乃至人们对家业、家产的竞争也是在"家"的制度空间中得以展开的。

① [日]西嶋定生:《中国经济史研究》,农业出版社1984年版,第329页。
② 苏南农村工作委员会:《无锡县坊前乡土改典型试验初步总结》,锡山市档案馆藏档,卷宗号B1-2-18。

第五章 分家析产

第一节 家产、家业的日常生活意义

农民财产权的日常生活形态有两种具体的表现形式,即财产代际传递意义上的家业继承和诸子均产制条件下的家产分割。有学者从财产法角度区分古代法中所有权的客体,以为"称物、财或财物者为动产,称产、业或产业者为不动产。与之相应,动产之所有权人称物主或财主;不动产之所有权人称业主,或依所有物之本体分别称田主、地主、房主等"[1]。其实这种法理上的区分与农民日常生活中的财产观念并不相符。罗红光对陕北米脂县杨家沟的社会人类学研究揭示了马氏家庭谱系,马氏始迁祖马嘉乐有5个儿子,他们在同一个"光裕堂"的名下继承家业,兄弟之间又开始分堂号(即分家)。财产分割后,家庭内部各自建立生计账目,其中包括祖上传下来的"未赎回账目条款",家计独立,家业继承、家产分割、家计分裂都统一在分家的发生机制中。[2] 我们经常在日常生活中听到这样的话——"偌大个家业就败在××手中了,他真是个败家子。"此种语境中的"家业"显然是指财产权的父传子继,当然这与近代民法意义上的继承有着本质的不同,容后详述。费孝通把分家解释为父母将财产传递给下一代的重要步骤之一,而林耀华则更多地将分家看成家产在兄弟之间的平均分配,只不过是父母在多从父命,父亡则常立遗嘱或指定近亲长者为分家之主持者。[3] 农民的家业、家产观念各

---

① 陶毅、明欣:《中国婚姻家庭制度史》,第536页。
② 参见罗红光《不等价交换——围绕财富的劳动与消费》,第15页。
③ 分别参见费孝通《江村经济》,第47页;林耀华《义序的宗族研究》,第78页。

有其侧重,前者主要在父子的纵向传递上,后者主要在兄弟横向分割上,但均有机统一于分家析产的整体过程中。

在农民日常的社会经济生活中,家业、家产的区分又有一定的现实意义。从家庭财产的来源看,由祖上传下来和通过买卖而来当是两条主要途径。卜凯对民国初年中国 7 省 17 县 2 866 个农场的研究表明,"场主在开始从事耕种时,田场面积中百分之九十,其土地所有权之获取,系由于承继祖先之遗产。嗣后田场面积之增加,向别人租进者有五分之二,购进者有五分之二,当进者有七分之一"①。南京国民政府中央政治学校地政学院学员 20 世纪 30 年代在江苏省宜兴县和浙江省平湖县的调查也验证了卜凯的说法。在宜兴县的宋庄乡所调查的 190 户农家中,占有土地 5—50 亩的农家有 179 户,由祖遗所得均超过 90%;占有土地 50—100 亩的农家有 7 户,由祖遗所得占 72.5%,购入占据 27.5%;100—200 亩土地的农家有 3 户,由祖遗所得占 46.8%,购入占 53.2%;超过 200 亩的只有 1 户,祖遗所得占据 22.7%,而购入则占 77.3%。在平湖县桩前、衙前、虹墅、司福 4 个乡,耕地总面积为 59 926.34 亩,其中由祖遗所得者为 53 768.52 亩,占 89.7%,购入者仅为 6 337.82 亩,占 10.3%。②对于占地规模较小的农户来说,能维持简单再生产已属不易,积累资金添购土地更是困难,唯其如此,他们才将土地作为维持生计的命根子,普遍地有惜售土地的心理,而占地较多的农户虽有农业剩余,也不能轻易地购入土地。

上述数据也说明从家业传承的角度来理解大多数农户的地权发生机制应是可行的。这与"千年田八百主"的土地买卖过程并不矛盾,"祖遗"之谓当不是无限期的,原有土地稳定地保持在三五代也可以看作"生业"延续,正像寺田浩明所说:"在旧中国,围绕以土地经营为代表的种种生业,确实相对稳定地存在并展开着买卖和所有的社会空间,且这种空间构成了以小家为单位的'私人所有权'秩序的基础。"③祖遗所得和购入土地可以相互转化,

---

① [美] 卜凯:《中国农家经济》,第 46 页。

② 分别参见徐洪奎《宜兴县乡村信用之概况及其与地权异动之关系》"民国二十年代中国大陆土地问题资料",总第 46502—46504 页;朱霄龙《平湖田制改革研究》,同上,总第 38198 页。

③ [日] 寺田浩明:《权利与冤抑》,载王亚新、梁治平编《明清时期的民事审判与民间契约》,第 211 页。

其中的"家业"观念则是共同的。在浙江省平湖县,"凡弃产杜绝之户,子孙穷极无聊,欲向得主加价而无理由,有将祖宗牌位用红布包好携往得主家,谓之'牌位回门',得主遇此恶作剧,不得不酌予金钱,挥之使去"①。这与"找贴"的习俗有相近之处,只不过"牌位回门"更生动、形象地再现了乡民的"祖业"观念。梁治平认为这一习俗体现了人与土地之间某种模糊而有力的超经济联系,类似的习俗和制度尚有土地交易中上手业主的优先权、"业不出户"的原则、卖地不卖粮、家属同财、借祖宗牌位索要"出屋礼"、上手业主的"上业礼"等,他还认为要令人信服地证明此种超经济联系的存在尚有困难。② 其实,从乡民在土地交易中所普遍存在的"祖业"观念就可以很清楚地对此加以证明。前文曾引用开弦弓村一位村民的话,意思是土地就放在那里,盗贼不能偷走,人死了,地还在,土地是传给子孙的最好的产业。土地权对于小农家庭的生计维持、家业传承的意义有机地统一在此类"祖业"观念中,亦即在土地交易中普遍存在"活业""找贴"的习俗,祖父卖田,子孙索找。从某一个小农家庭看,在某一特定的时段内,土地占有规模相对稳定,故由"祖遗"所得占大多数。从较长的时段观察,土地权不可避免地在家户间流转,而土地交易中的"活业"习俗不也正反映了乡民的"祖业"观念吗?可见,由"祖遗"所得和购买所得是不能截然分开的,从民间习惯上看,两者往往又是纠缠在一起的。故此可以说,土地交易行为中的"祖业"观念所反映的家户间的财产边界也并不是十分清楚的。

当然,"祖业"观念从另一方面看,鲜明地体现了乡民对土地权的执着追求。土地在家的代际传递过程中,小农家庭在组织形态上也不断地向家族的方向转化。因此,进一步从动态视角观察,"祖业"观念又通过宗族对坟山所有权的固守和"同宗不绝产"一类习俗而充分显现。在江苏省丹徒县,坟山的买卖有"卖地不过粮"之习俗。"买卖田地,向由卖主缮立推单,买主过户承粮。惟卖买坟山,虽立杜绝契据,而并不过户承粮,且载明契纸,柴薪以抵,条粮仍由卖主完纳。相沿已久,并无争执情事,该卖主谓之'坟主',亦可

---

① 《民事习惯调查报告录》,第 290 页。
② 参见梁治平《清代习惯法:社会与国家》,第 125 页。

称'坟亲家',极言其亲密也。"①此种习俗,一方面即使是在绝卖的情况下,卖主对坟山仍以"坟主"的名义完粮,而买主以一定量的坟山所出柴薪交与"坟主",土地权似又未从根本上断绝;另一方面,此类习俗能够顽强地存在而交易双方始终相安无事,乃在于"坟山"这类特殊地权形式最直接地反映了乡民的"祖业"观念及慎终追远的祖先崇拜。清代乾隆五十九年(1794)三月十三日,吴县某王氏宗族的一位士绅王仁蕙回东山祭扫祖墓,"循往例,于诸墓皆亲身周勘一遭,是日至子本公墓,见一人方挥锄起土,蕙责以何故动人古墓,其人自认姓顾名永轩,此方单由鸣风堂祥生夫人即仁凤之妻押于我处,计钱廿千文。蕙告以此墓已历五百余年,子孙甚多,岂一妇人所能擅卖,令其将方单送至蕙处,三日后来取款。蕙随询祥生嫂,确有抵押一事,乃与鸣和堂诸叔兄弟等商议,决将此方单赎回,嗣后三祝堂、鸣和堂各捐钱十千文,以交顾姓,其方单则由鸣和堂祝云兄仁械谨藏,因兄在家训蒙,常住在山也"②。此"坟山"历五百余年,由原来的家产转化为族产,宗族共同体是坟山所有权的主体,但宗族成员对坟山所有权的执着追求,正强烈地表达了他们的"祖业"观念和祖先崇拜情结。

坟山的买卖无疑是在不同宗族间进行的,宗族是作为一个共同体而存在的。前文所说普遍地设立"活业",似乎是指不同宗族间的土地交易场合,实际上同宗族内部的土地交易更显示了地权转移过程中当事人财产边界的模糊性。嘉定县即有"同宗不绝产"之习俗。③ 从民间习惯法的理念上讲,这一习俗意指同宗族内部的土地交易没有绝产的时限,原卖主及其子孙随时可回赎。但从技术上看,随着时光的流逝,宗族人口不断繁衍,宗族成员的血亲组织也逐渐分化,正所谓"五百年前是一家","同宗不绝产"的习俗也会因"同宗"变为"不同宗"而失去其存在的永续性。所以观察这一类习俗,也必须在一定的历史时段内联系其所处的社会历史场境。

---

① 《民事习惯调查报告录》,第 209 页。
② 王仁蕙:《赎回方单记》,见《莫厘王氏家谱》"坟茔"(上),"吴县洞庭东山各坟",1937 年铅印本。
③ 参见《嘉定县续志》,1920 年铅印本,转引自《中国地方志民俗资料汇编》华东卷,第 61 页。

　　清乾隆二十九年(1764)十二月的一天,江苏省溧阳县人陈曾七"将田三亩六分,央中陈嗣茂等,欲卖与族叔陈大全为业。知其收有稻谷在家,愿以稻谷作价,倒提年月,写立正、增、找绝文契五纸,央陈嗣茂等说合。陈大全允买,遂每担作价一两二钱,称给陈曾七稻谷四十六担六十七斤,共作银五十六两,以抵田价。缘陈曾七需用孔急,将稻分卖,每担仅粜银一两一钱五分。至三十年正月,陈曾七向陈大全索找亏价,陈大全不肯找给,陈曾七价值以赔累钱粮,捏情具禀公祠。至闰二月十五日,陈大全赴祠禀诉,该祠族长将陈曾七按照祠规责儆,并令陈大全再给银四两,陈大全未允而散。讵陈曾七于十八日晚,携带菜刀藏于袜内,前赴陈大全家,希图假装寻死,恐吓索找。路经陈象贤家门首,适遇陈象贤用言劝阻,陈曾七疑其袒护近亲,即向陈象贤理论,互相殴打",陈象贤之子陈开宗赶来助阵,陈曾七情急之中拔刀相戳,遂发生了人命案。[1] 从这一案例所见同宗族内部土地买卖,与嘉定县"同宗不绝产"习俗还不能说完全一致。陈曾七在与陈大全的土地买卖中,契约文书是正、增、找绝一次写清,嗣后陈曾七借亏累找价,与宗族成文法并不相符,然而族长在调解过程中还是令陈大全贴给其所谓的"亏价",说明同族土地买卖"卖而不绝"的习俗仍在事实上发挥作用。这与前文所述同族土地买卖书立"推并契"的习俗,在民间习惯法的内在逻辑上是一致的,即"祖业"观念通过同族户间土地交易而折射为宗族成员"在祖荫的庇护下"对于其他家户土地的某种"共有"观念。

　　《大清律例》的"典买田宅"条,其中关于家族内部土地买卖者有如此规定:"告争家财田产,但系五年之上并未及五年,验有亲族写立分书,已定出卖文书是实者,断令照旧管业,不许重分、再赎,告词立案不行。"[2]此种成文法规范正表明,乡村家族基于分家析产而产生的家产纠纷是频繁发生的。关于家产纠纷的运作机制,下文还要探讨,这里只是说明,在家族、宗族内部地权转移(包括交易和析产)过程中,由于宗族血缘伦理关系与经济交换关系纠缠在一起,正像梁漱溟所说的"经济与伦理相互为用",当事人财产边界的模糊性远较不同宗族间的土地交易为甚。

---

[1]《清代土地占有关系及佃农抗租斗争》,第463页。
[2] 田涛、郑秦点校:《大清律例》,法律出版社1999年版,第199页。

　　土地交易和家业传承中的"祖业"观念,尽管反映了乡村土地权利边界的模糊性和弹性,但在某一特定的时段内,家产(主要是土地)又稳定地滞留在一个个的家户中,并在习惯法的制度框架中得到乡民的认同。"土改"时,地主家产被没收,同村的农民还表示同情。在常熟县吴塔乡第四村,村干部、群众都说顾文威是"苦地主、好地主"。没收了他家一头牛,群众对他说:"算了吧!譬如死了的,这是政府的命令,无办法!"没收了他家房屋,群众安慰他娘说:"就算是被烧掉的吧!"①无锡县查桥乡农民对地主被没收土地也深表同情,有的说:"地主蛮苦,解放前收不到租,分了田要没有吃了。"②可以看出,处于不同家族的小家之间的财产边界是相对清晰的。而在同一家庭或家族内部,家产的权利主体则不易确定。诸子均产制之所以能够成立的习惯法规则,就在于家产对于诸子来说都有一份。潘光旦所说"祖传的紫荆树还要一劈为三",这不是在排他性的产权规则下勘分权利边界,而是"不患寡而患不均"的绝对平均主义观念的体现。在山东农村,人们的观念是"土地不是家长一人的财产,而是全家人共有的财产,因此家长想变卖一部分财产时,不能独自一人就作出决定"③。

　　国家法与习惯法总是存在一定距离的,在家产性质问题上,传统中国社会的成文法典是重视和倡导父家长的家产支配权和民事行为主体资格的。《大清律例》关于"别籍异财"有如此规定:"祖父母、父母在者,子孙不许分财异居。其父母许分者,听。"关于"卑幼私擅用财",则如此规定:"凡同居卑幼,不由尊长,私擅用本家财物者,十两,笞二十,每十两加一等,罪止杖一百。若同居尊长,应分家财不均平者,罪亦如之。"④对父母许令分家析产者,《大清律例》并不禁止,应视作对民间习惯法的让步。

　　如果根据成文法的立法原则就推论出家长的家产支配权,而不顾及习

---

① 中国共产党苏州地方委员会:《苏州专区土地改革的初步总结》,1951年3月15日,载苏南人民行政公署土地改革委员会编《苏南土地改革文献》,1953年,第433页。

② 中共无锡县委:《查桥乡土改工作检查报告》,1950年8月,锡山市档案馆藏档,卷宗号B1-1-9。

③ [日]直江广治:《中国民俗文化》,上海古籍出版社1991年版,第113页,转引自麻国庆《家与中国社会结构》,第37页。

④ 《大清律例》,第186—187页。

惯法,则其认识是肤浅的,也可能是错误的。瞿同祖依据历代法律关于卑幼不得私擅用财、不得以家中财物私自典卖及父母在不得别居异财的规定,认为:"父祖对于财产的所有权及支配权在父祖死时才消灭,子孙在他未死以前,即使已成年,已结婚,或已生有子女,同时已经有职业,已经获得公民的或政治上的权利,他依然不能保有私人的财产或是别立一新的户籍","法律对于父权在这方面的支持以及对家族团体经济基础的维持,其力量是不可忽视的。再进一步看,则我们可以发现不但家财是属于父或家长的,便是他的子孙也被认为财产"①。父家长在,子孙没有处分家产的权利,也没有独立的民事行为资格,这在习惯法中也是成立的。然而不能由此片面夸大父家长对家产的支配权,如果联系民间习惯法,就可以清楚地看到父家长的此种权利是受到很大限制的。麻国庆在河北省北王村从事人类学调查时,问村民:"你们家分没有?"上了年纪的村民会爽快地告诉说:"哎,现在哪有不分家的,我们的地也都给儿子了,他们给我们一些吃喝就行了!"②在当代中国农村,尽管由于土地已经不再作为家产,但基于土地经营而产生的家庭财产毕竟是家庭得以延续的基本条件,丧失了劳动能力的父母已失去了对家产的支配权,仅通过"轮吃"(即在几个儿子家轮流吃饭)而延续着"养儿防老"的地方文化传统。

　　当然,这与传统中国社会的历史场境有很大不同,不可机械地加以贯通,但是在一个家庭内部,父家长和子孙基于家产分配而产生的权利义务关系既非均平的,又非绝对地向家长一方倾斜,在这一点上,古今有相通之处。清代青浦县文人王有光记述该地有俗谚云"无债不成父子",并解释说:"父负子,人谓其子讨债鬼;子负父,人谓其子还债货。此谚语者也,亦以谚解之。"③从此谚语看,父子间如果确曾存在债权、债务关系的话,那么,这种法律关系在习惯法的层面上也是含糊不清的,并不能理出一个明确的权利义务关系。这还仅指一个健全的家庭而言,而在所谓"户绝"情况下,家族成员霸产阻继、欺寡图产的事例屡见不鲜,由此而产生的家产纠纷甚或远远超过

①　瞿同祖:《中国法律与中国社会》,载《瞿同祖法学论著集》,第17页。
②　麻国庆:《家与中国社会结构》,第48页。
③　王有光:《吴下谚联》,第67页。

不同宗族间的土地纠纷。

在家族伦理的文化场境中,"烟火"传递的亲属关系机制和家产继承规则纠缠在一起,以现代民法的观点根本无法厘清。1930 年南京国民政府民法对所有权作了以下规定:"所有人,于法令限制之范围内,得自由使用、收益、处分其所有物,并排除他人之干涉。"①黄宗智曾说这部民法原稿是一个比较纯粹的资本主义经济的蓝图,基本是德国 1900 年民法典的抄袭本,其后因应社会经济的实际,在第二、第三稿中作了修改。② 从该部民法对所有权的规定可以看出,其立法精神与《大清律例》有着根本的不同。1930 年民法对于家产、家业的日常生活意义未加考虑,对于法制的本土资源吸纳得远远不够。而《大清律例》与民间习惯法有一定程度上的契合,其立法原则从根本上反映了传统中国"家国同构"的社会结构。

正如对传统中国社会法律关系的运作机制不能单纯从历代成文法(主要是刑律)加以解释一样,对于民国时期围绕家产分配而产生的民事纠纷,也必须通过相关的民事诉讼案例进行法律社会学的分析,方可真正从家产、家业的日常生活意义来理解家产纠纷中当事人的财产边界。在此基础上,再来认识国家法与民间习惯法的矛盾及民事司法的性质,当是一条较为合理的道路。同时,从社会结构变迁的视角看,乡村社会分化也未尝不可以从分家析产这一基本的地方性制度加以解释。

第二节　分家析产:制度与话语

一、习俗与制度

家产、家业的传递借分家析产这一基本制度进行,从纵向看,是家产的代际传递,"祖业"观念贯穿始终;从横向看,是家产在兄弟间的分割。故此,分家析产过程中必然存在父子、兄弟间财产关系的冲突与协调。同时,妇女

---

① 陶百川编:《最新六法全书》,第 128 页。
② 参见[美] 黄宗智《中国法律制度的经济史、社会史、文化史研究》,《北大法律评论》第 2 卷第 1 辑,第 369 页。

作为母亲、妻子、儿媳、女儿的家庭角色,尽管从根本上说,她们在父家长制家庭中不具备权利主体资格,但对分家析产的发生机制却有着不容忽视的作用,特别是在家庭结构呈残缺状时(比如丧夫、无子、招婿、收养)更是这样。林耀华在研究福州附近的义序乡村宗族时,描述了分家的习俗:"分家是兄弟相对而言,亦有兄死叔侄分家者,其侄不过代表乃父而已。如果父母在,兄弟分家多从父命平均分配财产,父亲死去,常立遗嘱或指定近亲长者为分家之主持者。"并分析道:"一家家长,兄死弟继,弟死侄继,男性的年长者一系相承。兄弟必须分家,所以兄弟继承乃是暂时性质,而父子相传则为实际制度。"①相对于家产的代际传递来说,兄弟分家只是间断性的,父子相传才是永久的状态,况且兄弟分家也须建立在代际传递的基础上。

费孝通正是基于这一认识而将分家析产看作家产代际传递最重要的步骤之一。在关于开弦弓村的人类学研究中,费孝通描述和分析道:"财产传递过程中的一个重要步骤发生在结婚的时候。男女双方的父母都要以聘礼和嫁妆的名义供给新婚夫妇一套属于个人的礼物,作为家庭财产的核心。""年轻一代对经济独立的要求成为家这一群体的瓦解力量,最终导致分家。分家的过程也就是父母将财产传递给下一代的最重要的步骤之一。通过这一过程,年轻一代获得了对原属其父亲的部分财产的法定权利,对这部分财产开始有了专有权。"②分家析产后,小家在经济上的独立性是有一定限度的,一方面有扶养双亲的义务,这在经济和文化上均可视作"反哺"的功能;另一方面,同一家族内分灶另居的小家庭仍然可以基于家族伦理关系而开展广泛的劳动协作。弗里德曼认为:"一旦各自的家庭都建立起来后,在法定意义上,两个或更多的兄弟之间便不再成为经济上相互协作单位的一部分。一个家户的成员对其他家户的成员也不再具有经济上的当然权利。他们之间的经济互助应该是合理地按与陌生人相同的处理方式来制订契约性条款。"③这一认识与事实相差甚远,无论是从养老的社会保障效应还是家族内部劳动协作的角度看,家计的

---

① 林耀华:《义序的宗族研究》,第78、76页。
② 费孝通:《江村经济》,第46—47页。
③ [英]弗里德曼:《中国东南的宗族组织》,第30页。

独立并不能使新分出的小家确立一个完全独立的财产边界。

代际财产关系通过分家析产过程中"养老地"的习俗而充分体现。清末民初，宝山县的"养老田"习俗大致如此："今农民之家，为子娶妇则分田授之，己则与未娶之子共耕，迨子尽娶妇授田，则留以自耕者谓之'养老田'。"①20世纪30年代末，上海嘉定县澄塘桥丁家村有一户人家，当时有佃耕地9亩，由24岁的户主和60岁的母亲一起共同耕作，户主父亲在世时，原先的耕地全部是自耕地，后其父亲因外出经商失败，把土地典押给他人，不久该田成为仅有田面权的佃耕地。户主15岁时，其父亡故，留下22亩佃耕地，由兄弟四人分割，因长兄过继给叔叔家，就由兄弟三人均分。兄二人各得6.5亩，户主其时年幼，得5亩，母亲得4亩。母亲和户主同住，共得9亩。母亲分得的4亩中，在户主娶妻时分给新娘一份计1.5亩。当母亲死后，母亲的2.5亩还须由兄弟三人均分。② 父母在世时"养老田"由幼子耕种，该户所谓"户主"娶妻时又从母亲养老田中分得1.5亩，这样兄弟三人所持土地面积相等，母亲去世后，养老田又要在兄弟三人间平均分配，可见"养老田"只是反映了父母在世时代际间的经济、文化"反哺"关系，最终会因代际血缘关系的解体而为诸子均产制所取代。江苏省昆山县白渔乡的一份分家书③如此载明：

> 立合同分拨杨培福同妻陆氏，念吾所生三子二女，长子毓秀、次子毓林、三子毓昌。长、次二子均已婚配，惟三子年尚幼小，未曾授室，两女亦属龆龀，均未嫁人。现吾夫妻二人年逾半百，筋力衰弱，不能管顾家业，况自古家分所有，为特邀亲族邻长等在场，将吾祖遗田房及自置农具家伙什物等搭配平均，作三股均分。自经分拨之后，各自炊爨另立门户，万望弟兄和睦、妯娌和谐，克勤克俭，须念先人创业之艰难，毋怠毋当，知后辈守成之不易。倘能光前裕后，荣宗耀祖，则不惟先人含笑于九泉，即吾老夫妇二人亦得享荣于尘世也。欲后有凭，立此合同分拨

---

① 《宝山县再续志》，1931年铅印本，转引自《中国地方志民俗资料汇编》华东卷，第74页。
② "满铁"上海事务所调查室：《上海特别市嘉定区农村实态调查报告书》，上海，1939年，第131—132页。
③ ［日］福武直：《中国农村社会结构》，第92—93页。

据一式三纸,各执一纸存照。

计开   分拨田亩屋产细单开列于后:

一、分拨毓秀名下   自田坐落黄区五图仁字圩七号十丘,又六号十六丘,又十号十八丘,又同号十九丘,又同号二五丘,共计自田拾壹亩四分七厘六毛正;房屋上场后房壹间,下场圆堂间半(靠东),外场西首瓦小屋壹间,本地基西南坑缸基一方,又西头坟圈地壹方。

二、分拨毓林名下   自田坐落黄区二图赖字圩二号二丘,又同号三丘,又黄五图非字圩十八号十六丘,共计自田玖亩另四厘六毫正。

圆室墙门东卧房壹间,本基北面草房尽东壹间,客堂与毓昌公同,老屋东首空屋基一方与毓昌各执一半。

三、分拨毓昌名下   自田坐落黄五图非字圩十四号廿一丘,又十六号五丘,又同号七丘,又同号六七丘,共计自田玖亩捌分陆毫正;

本基北面草房尽西一间,又西转居一间,又后场客堂公同墙门外余地壹方。

四、公同项下   圆堂外面靠东余地一方,以归弟兄三人公共轮流应用,河南余地一方,三人公同,船舫坞公同,坐基北面圈地一方三人公同;老夫妇二人日后千年费用在毓秀、毓林弟兄二人所分田内各提自田贰亩(毓秀在仁字圩内提出贰亩,毓林在非字圩内提出贰亩),该丘田内所取花利归老夫妇二人所有,惟复俊毓昌另炊为始。

中华民国二十一年农历三月   日   立合同分拨据

长   秀

次   子   毓   林

三   昌

杨培福同妻陆氏

支安山   杨培伦   王祯德

亲   族   邻

高焕鸣   杨培皋   王金龙

执笔   高静安   余   玉

这份"合同分拨据"(即分家书,江南又有地方称"分关书")显示,分家后,杨培福夫妇仍与幼子毓昌共炊,此时幼子承担着养老的责任。等将来毓昌分炊另居后,养老田从长、次子所得家产中分出,应算是对幼子先前承担养老责任的一种实际补偿,这样,兄弟间在家产分配中也能获得大致的平衡。在这次分家活动中,杨培福夫妇实际上是将养老田提前分掉了,父母随幼子共同生活的习惯,则与前述嘉定县的那户人家相同。华北农村亦有"养老地"的民间习惯。在山东省历城县冷水沟村,村民李永祥的父亲李凤楼,在光绪三十几年(在 1905—1908 年之间的某一年)与其兄李凤标分家时,各得地 30 余亩。据村民们讲,按经济实力,其家在冷水沟属于一流。在 20 世纪 30 年代,李永祥嫌兄李永章好饮酒赌钱,遂提出分家,此时连 6 亩养老地在内共有 17 亩地,6 亩养老地兄弟分种,母在则归其母所有,这样兄弟二人各得土地 5.5 亩。这 6 亩养老地的所有权暂归其母,母亲去世后还是要由兄弟二人均分。[①] 所谓养老,包括"养生送死"之费。河北省顺义县柳桁村有一份分割"养老地"的分家书,[②]其书如次:

立分种养生地字据

叔侄黄绍先、绍芳、若田奉父命分派,将养生地一段捌亩按三股均分,叔侄三人各分一股,宽宫(弓)在内并未弓,坐落在柳桁村正西头,四至列后,亲烦族中人给黄绍先一股,在两边纳粮(生)科,三面议定,每股地作东市钱柒拾五吊正。其钱以为生父养膳之费。生养死葬,尽其受分一股二亩六分殡葬之用。此系三股均分,并无争论,尚有族中争吵,均有中人一面承管,恐口无凭,立受分股为证。

[此地东西至黄著田　南北至道]

中保人　　王克勤

黄　润

崔　连

---

① "满铁"华北经济调查所第三班:《历城县冷水沟庄质问应答》(二)"家族制度",1941 年油印本,第 153—159 页。

② [日]东洋文库明代史研究室编:《中国土地契约文书集(金一清)》,东京:东洋文库 1975 年版,第 115—116 页。

光绪三十年十月十五日

　　　　　　立合同人　　黄善儒

　　　　　　代笔人　　　许朝元

这份分家单仅是对养老地的分割,在此之前,儿子们已与其父分家,养老地的分割当是在父年迈丧失劳动能力之后进行的,且还涉及叔侄分产。虽从分家单中不能清楚地看到其中的亲属关系,但养老地在未分割前实际成了这一小家族的共有土地。按照美国传教士明恩溥的解释,"中国人的理想是家庭成员模模糊糊地共同拥有家产。不过,中国人自己也意识到这样的生活空间并不是个理想世界。因此,家里的家产迟早是要分开的","按照中国人的理论,父母老了由子女共同或轮流赡养。但大多数情况是,年老的父母有自己一份财产,自己做饭,自己做各种必要的家务"。[1] 代际之间的亲情并不像儒家伦理所宣扬的孝道那样理想化,分家本身就是由于儿子们要求独立处理部分家产与父母控制家产权力的冲突所致,分家后,儿子们与父母的感情有可能逐渐淡化。民国初年,在上海城郊的真如区,"儿子结婚后,往往听信妇言,积蓄私资,心怀携贰,勃谿不息,以致分炊各居,而老夫妇则茕茕一室,凄凉万分"[2]。从代际间的财产传递关系看,在父母辞世前已普遍地存在进行分家的地方习俗,就已说明父权对于家产的控制有一定限度,也可以说,家产并不是家长一人的私有财产。所谓"模模糊糊地共同拥有家产"不应理解为累世同财共居的大家族理想,而是对传统中国人财产观念的一种真实写照。分家不是现代民法意义上的遗产继承,父母在世时对养老地的分割所反映的是年迈的父母更关心自己的老有所养(养生)、老有所终(送死)。他们临终时,家产业已分割,或者虽未分割,但儿子们凭借自己的劳动对家产积累的贡献,已经潜在地拥有家产的一部分,故此父母临终时留给儿辈们的遗言大多不是关于家产分割的所谓"遗嘱",而是教导儿孙们如何克勤克俭、团结互助,不致在自己死后家道中落。

　　在江南各地有一则广泛流传的民间故事《掘金子》,或叫《挖元宝》,就是

---

[1] ［美］明恩溥:《中国乡村生活》,第 322 页。

[2] 陈中孚:《真如区的观感》,载(上海)新真如社编《新真如》复刊号第 12 期,1927 年 4 月 1 日。

一个富有代表性的典型故事。故事里的老头呈现一个稻作农民的生动形象,他懂得只有劳动才能创造财富,离开劳动就不会有一切。他临死想留给他儿子的就是"劳动"两个字。但是不想在田间劳动下功夫、只想贪吃懒做的两个儿子,是不会理解这个道理的,于是,他想了一个巧妙的计谋。老头临终前对两个儿子说:"我给你们留下三亩田,还有一只金元宝和一只银元宝,都埋在田里,是祖上留下来的,勿好去用它。"老头死后,两兄弟第二天一早就去翻田挖元宝,翻了一天没挖着,第二天、第三天,一连翻了几天,都没有元宝的影子。眼看已是播种季节,就播下稻种。因为土地翻得深,这年稻子长得特别好。第二年,两兄弟又把三亩田重新再翻,还是寻不到元宝,到春天只好再播种稻子,秋天又获得好收成。一连三年,两兄弟终于慢慢地明白了:穷人家哪来的金银元宝,是父亲教育我们要勤劳种田,才能发财致富。从此,改正了贪吃懒做的毛病。[①] 民间故事当然不是历史真实,但它作为地方文化传统的一种传播方式,无疑映射出乡民们的劳动和财产观念。

二、分家析产中的财产关系结构

家长不拥有家产的专有权,并不等于家长在家产的处理方面无所作为。在家产的代际传递过程中,财产关系的天平是向家长一方倾斜的。仁井田陞认为:传统中国社会广泛存在着父子共产意识,同时也存在着父家长家产占有意识,有时也存在有的父亲随意处分家产的情况,子居于从属的地位,同时子维护自己利益的社会力量也在不断增长。[②] 在这种集权制的家庭权利关系结构中,儿子们对经济独立的要求不断地产生家庭分裂的力量,但并不能从根本上改变此种权利格局。父母在时,不经过分家析产,子孙不能自由地处分家产,亦即可以说,自主的个人权利在家族共财制中是不存在的。

在浙江省临海县,"民间财产,凡其父母俱存,兄弟并未分析者,其财产

---

① 参见姜彬主编《稻作文化与江南民俗》,上海文艺出版社1996年版,第723—724页。
② 参见[日]仁井田陞《补订中国法制史研究:家族村落法、奴隶农奴法》,东京:东京大学出版会1980年版,第506—507页。

所有权当然属于其父,与他处一律,固不待论。其有父亡母在,其子并已成年(继母、嗣母、庶母均包在内),在习惯上亦视其母完全有财产之所有权。每遇兄弟分产案件,或一造提出其母所立遗嘱或分书,可认为真实者,彼造辄俯首受该项遗嘱或分书之拘束,即传讯该族族长、房长,亦群以其母之处分为当(即遗嘱或分书),是一般人民直承认其母完全有家财之所有权。遇有典卖情事,非直接与其所有权人(即其母)交接,不能得买主之信用,故该项典卖契约上往往载有‘某某氏同子某某情愿典卖’字样。此实例也……是项习惯不独临海一县为然,浙省全省亦复如是,而僻壤穷乡尤为重视,其效力直等于成文法规”①。民商事习惯调查员将这种习惯解释为父亡母仍有完全家产所有权,是不准确的,典卖契约中载有“某某氏同子某某情愿典卖”字样,是家产共有制观念的真实反映。甚至父亲处理家产时,在典(卖)契约中也要与儿子共同署名,如 1857 年浙江省山阴县的一份绝卖文契开头写道:“立杜绝卖荡、埂田文契高可德同男启华、启祥,今将祖遗驹字号荡贰亩、埂田壹亩五分,前经卖与族处为业……”②正是父母亲对家产的这种既占主导地位又呈残缺状的权利状态,为儿辈们谋取对部分家产的支配权提供了可资利用的空间,儿子们可以在家产共有意识的构架内轻易地说:“这份家业也有我的份儿!”

清代乾隆十七年(1752)农历五月的一天,江苏省某县的萧似逵因在四川做生意亏了本,遂返家想将他母亲刘氏的养老田卖掉,换得银钱翻本,刘氏坚决不答应。六月初二日晚上,萧似逵与弟萧政万、母亲刘氏都坐在门口乘凉。此时,似逵又向母亲提出卖田作本之事,刘氏忍不住破口大骂,萧似逵竟一气之下将母亲推倒在地。族邻萧一禧等人听到吵闹声赶忙跑过来劝架,萧政万趋前护住母亲。萧似逵又推搡萧政万,政万抬脚踢去,不料正中其兄要害处,不多时萧似逵便魂归西天了。③ 这桩人命案呈现出母子、兄弟间的财产关系,母亲刘氏养老田的所有权受到儿子萧似逵的严重挑战,政万

---

① 《民事习惯调查报告录》,第 905 页。
② 见张传玺编《中国历代契约汇编考释》,北京大学出版社 1995 年版,第 1401 页。
③ 见郑秦、赵雄主编《清代“服制”命案——刑科题本档案选编》,第 103 页。

对母亲的保护一方面是孝心所致,另一方面也未尝不可以看作对养老田潜在权利的利益追求,通俗些说,母亲去世后,政万依习惯可以分得养老田的一部分。

虽然家产代际传递过程是一个不间断的动态过程,分家析产只是其中的一个重要环节而已,也正因如此,才更应该从动态过程来认识分家析产的发生机制。父子相传是一个经常性的制度,兄弟争产则是分家析产财产关系构架中的主要内容。我们通常都把分家称作"诸子均产制",其实并不是指家产分配中财产数量的绝对平均,仅只是责权关系的大致平衡而已。相当多的地区存在长子、长孙优先权的民间习惯。在浙江省嘉兴县,分家析产中,长子、长孙可酌提遗产。据该县民商事习惯调查员称:"嘉兴全境,除穷乏无产可分者外,凡中资以上之家,皆适用此习惯,无论祖父母是否生存,均有效力。"[①]20 世纪 30 年代末,上海嘉定县澄塘桥的某户人家,当时有自耕地 35 亩,父母健在,1939 年春兄弟三人分家。双亲保留 8 亩田作为"养老地"并单独生活。其余 27 亩田,兄弟三人各分得 9 亩。8 亩养老田中抽出 2 亩,作为长孙的一份,以给予最早出生的孙子作为生活费。该县有在长子娶妻时分家析产的习惯,因此,作为长孙地保留下来的土地,实际由长子取得。[②] 长子或长房多分得土地等家产,自然要多承担相应的责任和义务。在广东省潮州澄海县的斗门乡,也有长子优先权习惯,有分书为证:"……并除△田若干亩归长房,以补永远供奉祖先香火之费……"长房多分的这部分家产,还要作为祭祀祖先的费用;此外,在分房屋时,长房必分得大房间或大屋子,故乡人每以居于长房地位骄示于人,俗有所谓"大房大脚"的称呼。[③] 长房多得土地与所出香火费大体相当,并不能显示长房与其他房分的财产份额有太大差异。费孝通在对云南省禄村农地制度的人类学研究中,发现该村存在所谓长子权或幼子权的习惯,表面上看来是破坏了继替过程中的平等原则,实际上亲子间仍保持着权利义务关系的平衡。"在禄村,一家若有两个儿

① 《民事习惯调查报告录》,第 908 页。
② "满铁"上海事务所调查室:《上海特别市嘉定区农村实态调查报告书》,第 132 页。
③ 陈礼颂:《一九四九前潮州宗族村落社区的研究》,第 56—57 页。

子,长子成家后要求独立时,这家财产将分成四部分:第一部分是留给父母的,称养老田;另外提出来一部分给长子,称长子田;余下来的平均分为两份,分给两个儿子。从表面上看,这种分法似乎是偏待长子。我曾经把这意思说给当地的人听。他们却并不承认,觉得这样才公平。他们的理由是这样:长子田的多少是看长子在家里的贡献多少而定。长子在年龄上自然较大,比幼子工作得早。在没有分家的时期,他所出的力是全家共同享受的。若是他在分家时和他的弟弟得到相同的田地,不是否认了他以往的功劳了么? 而且事实上,幼子还是和他父母一起住的,他供养他的父母,同时也就耕种他们的养老田。在长子已分了家之后,幼子和父母共同经管所挣得的田,长子也就无权过问了。在这时,长子有两份田:长子田和自己名分中的田;幼子也有两份田:父母的养老田和自己名分中的田。两人所有田的数目也不致相差太远。一直要到父母死的时候,养老田出卖了办丧事,幼子所经营的田才比长子少。可是,因为父母常和幼子住在一起,很多动产却会暗地里传递给在身边的幼子。"费孝通据此得出结论:"所谓平等原则并不一定指在同胞间分家时所立分单上所得到的是否相等,而是在很长的过程中,权利义务的平衡上是否公平。"①这种权利义务的实际公道而非形式平等,有时也会直接反映在分家书上。江苏省吴县尹山乡的一份分家单②即如此载明:

> 立允分家产母查氏,现因家口众多、事务纷难,缘余年已老逾,难以统摄家务,而两子俱已成人,故与子媳等协议,拟将家产均分,各立门户,以便管业。按照财产目录平均二股分派,欲各有凭,立此分书,连同财产目录一样两本,各执一本为据。
>
> 再余现今权在小房宿膳,并非有所憎爱,系因小房尚未娶媳之故,故着长房每年贴补小房白米壹石,以后千年之后身故,丧事两房平均分担,合并逾知。
>
> 长子因得目录
>
> 元境中三十一都十六图寺后圩陶业官田五亩八分四厘,又吴业官

---

① 费孝通:《乡土中国·生育制度》,第253—254页。
② [日]福武直:《中国农村社会结构》,第93页。

田一亩;又靠西坐北朝南房屋两间;余地自场之南到董界为止;屋后余地公用。

次子因得目录

元境中三十一都十六图寺后圩普济堂业官田四亩,顾业官田一亩三分;又靠东坐北朝南房屋两间;余地靠东一间;屋后余地公用。

中华民国三十年十二月十六日

立分书 母 查氏

族 长 沈晋善

族 证 沈根福

沈福保

在这份分家书中,长子分得土地多于幼子,母亲查氏与未成婚的幼子生活在一起,虽未有养老地之名目,但长子每年贴补幼子白米一石,也算是对幼子的补偿,两子所得也大致均平。事实上,在多子家庭,父母与儿子们的感情总是有亲疏,正如俗语说的"偏心眼""一碗水端不平",在家产分配中(倒不一定是在分家析产的事件中),父母可能会偏向某个儿子,这就必然引起家庭内的矛盾。费孝通在云南禄村发现有刘姓兄弟三人,"他们父亲在时一共有100工田,长子成家时,父亲就立下了分单,每人30工,留10工养老田。长子拿了30工田,就自立门户了。次子成家时,父亲已经死了。他的母亲偏爱她的小儿子,所以只给次子15工田去自谋生活。小儿子和他母亲一同住,经营了55工田。次子很不满意,可是那位老母亲却霸道得厉害,所以没有法想。他只希望等老母死后可以问他弟弟要回15工田。他那位弟弟抽大烟,心又狠,能不能把15工田要回来,还是问题"①。这是分家时家产分配不公所引起的家庭矛盾。而在分家前,兄弟、父子、婆媳、妯娌、姑嫂等各种亲属关系交织起来的矛盾体中,隐藏着家庭成员对部分家产的占有欲望,矛盾积累到一定程度,就使分家成为可能。还是在禄村,有一户人家,弟兄二人,老父母均健在,大儿子不成才,媳妇又懒做工,弟弟却很勤快。哥哥抽烟所费

① 费孝通:《禄村农田》,载《费孝通文集》第2卷,第366页。

会侵蚀弟弟所应得的那部分家产,于是分了家。老父母和调查者(费孝通、张之毅)提起分家的事,总是摇头说儿子不争气。①

在尽力争取更大的家产份额的利益追求中,家庭成员间的冲突是不可避免的。在林耀华所描述的福建黄村"金翼之家",东林和侄子"大哥"因争夺家产简直成了不共戴天的仇敌,最终导致这个家族文、武两房的分家。在两房分居后不久,"大哥"与其亲兄弟"二哥"又因争家产而数度大打出手,还牵连了他们的妻子也参与到这场"家庭战争"中,甚至在老祖母病危时,两兄弟还产生了严重的冲突,致使老祖母含恨而去。在丧礼上,东林出嫁多年的二姐和"大哥"的大妹都哭闹着要求分得一份家产。② 在家族共财制下,家产的权利主体不明确,模糊的家产共有观念是导致家庭冲突的根本原因,一方面,这种冲突不断地促成家庭分裂的趋向,从而导致分家;另一方面,即使是分家另居后,不同房之间也仍然有着千丝万缕的财产关系,争夺家产的冲突同样会发生。

民国初创,江苏省各地方审判厅受理了相当多前清遗留下来的家产诉讼案,其中宝应地方审判厅一件批示③这样写道:

> 状悉尔弟殿举现在所有之产,系照四分均分而得者,何得云霸占。尔二叔以田与伊承种,是尔二叔之自主权,尔何能干涉,即尔此时立券以尔弟嗣,析产在前,出嗣在后,既得之权利何能勒令执弃,纵带长房之产而去,亦分所宜然,况此时并未立分券,此房之产尤为弟所应得之产,尔贫自贫之也,何怨于弟,弟之富自富之也,何关于兄贫者?

有一件金坛地方审判厅批示"裴时保续诉母舅有病从速主断由"④云:

> 阅诉悉,前审知尔家素无遗产,只有荒地六七亩,尔兄弟既各长成自立,尔母亲之义务已毕,即尔母临终果有遗洋七百元交给尔弟,尔亦不能强争,何得谓之私给?……所请未便照准,并速归故里,自谋生计。

---

① 费孝通:《禄村农田》,载《费孝通文集》第 2 卷,第 366 页。
② 参见林耀华《金翼——中国家族制度的社会学研究》第 12 章,第 106—116 页。
③ 江苏省都督府提法司编:《江苏司法汇报》第 7 期,1912 年 11 月 1 日出版。
④ 同上。

无锡检查厅的一件"批示""赵朱氏诉赵莲塘捏饰析据图吞遗产由"①写道：

> 状悉尔翁逝世，阅年已久，当日果有遗产，何不早求分析，尔夫弟现在有田九百余亩，此项购田资本即系尔翁所遗，不过是尔揣度之词，究竟有何凭证？至谓尔夫弟所持析据，系属捏造，辞出一面，亦难凭倍，惟既据一再请求体提讯，姑准传知尔夫弟及亲族长来厅询问情形，再行核夺可也。

这三件有关家产纠纷的民事诉讼并未最终进入审判程序，没有形成相应的民事诉讼卷宗。但从地方司法长官（审判长、检察长）的"批示"可以看出，这三起家产纠纷均发生在分家析产后，一方当事人分别以兄弟出嗣、父母私传另一子钱财等理由提起诉讼，背后潜存的是家产共有观念，而不是现代民法意义上的个人权利主张。地方司法官也不完全是从法理层面上训令原告撤回不正当请求，而是基于习惯法规则作出合乎情理的准予受理或不予受理的决定。

"土改"前，苏州郊区新荡乡枝塘村葛丛林与邻乡第九村葛长林是兄弟。按该地习俗，家无男孩的家产就要给族里，葛丛林因没有儿子，父亲传下的四分水田被其兄葛长林夺取，兄弟俩好似冤家。后来葛长林的儿子得病夭折了，故兄弟俩为这四分田争吵了好几年。该乡东脚村第十组农民钮根金、钮金根是族里人，祖传一块场地在两户之间，由两户共同使用各一半，钮根金在过去比较有钱且势力亦比较大，在民国十九年（1930）时，该户造屋时把一半场地造掉，只留一条过路。因对方本来同他们不太好的，就把自己一半的场地造了一垛抬墙，不让对方出入自由，特别是逢到婚丧等事，因此纠纷的事就产生了。② 葛长林、葛丛林兄弟的家产纠纷导源于"无男孩时家产交族里"的习惯法，宗桃继承与财产继承的原则交织在一起，在家族主义伦理的笼罩下，个人的财产权利是不存在的。钮根金与钮金根虽不是亲兄弟，但

---

① 《江苏司法汇报》第 1 期，1912 年 5 月 1 日出版。
② 《新荡乡发证工作总结》，苏州市档案馆藏档，卷宗号 E16－长期 5。

血缘关系极近,比如是堂兄弟关系,公有场地虽然由两户各使用一半,但所有权归属及边界不是十分明确。在资源相对匮乏、家族主义伦理观念浓厚的乡土社会,乡民不可能"老死不相往来",也不可能勘分出明确的权利边界,"你的是你的,我的是我的",这只是一种理想的权利关系,所谓"亲兄弟明算账"的俗谚并不是说兄弟间真的是财产权利关系明确,而是"我的是我的,你的也是我的",每一房支(小家)总想最大限度地占有相应的家产份额。

三、分家析产与社会分化

讨论分家析产这一乡土社会的基本制度,当然不能将视野局限在家的狭小空间范围内,更应联系社会结构变迁和社会再生产过程加以认识和解释。前文已指出,人口繁衍的自然规律和分家析产这一家庭再生产的基本形式结合起来,造成了家族内部土地占有的不均和贫富分化的社会分层效应,人口和土地的关系在分家析产这一"两种再生产"过程中得到调整。钱穆回忆幼年时家族中由人丁衰旺不一而产生的贫富分化,富者土地数千至万亩,贫者则不名一尺之地。费孝通联系到诸子均产的原则来讨论分家析产与社会分化的关系,认为:"多一个兄弟,少一份财产,是一个简单的算学命题。我在乡间常听见有人向孩子们开玩笑:'你妈又要生个弟弟给你分家产了。'听来自是一种玩笑,可是谁能否认这不是决定一个人生活程度的重大事件? 在云南自有50工田的人家,若是只有一个孩子,这孩子长大了可以有个小康之家,若有了四个孩子,这些孩子全得降为佃户。我在禄村就看见毗邻而居的王家兄弟。长房人口多,到第三代,十几岁的孩子已经下田了。而二房因为家主死得早,只留下一个独生子,到第三代,那孩子却在中学里读书。同是一个曾祖,孩子们的前途可以相差得这样远! 我当时曾想:父亲早死竟会成为孩子的幸福,这世界也太残酷了。"①当然,分家析产与社会分化的关系远不止这么简单。林耀华描述的福建黄村"金翼之家",黄东林的祖父置下的田产一分为二,东林、东明兄弟二人和他们的母亲分得一份贫瘠的土地。这个家族在祖父去世后家道中落了,东

---

① 费孝通:《生育制度》,见《乡土中国·生育制度》,第 256 页。

林兄弟沦为佃户。然而东林不甘心这种贫穷而又乏味的生活,与姐夫张芬洲在湖口镇上开设了一家主营大米贸易的店铺,逐渐发家。东林叔父玉衡那一支,却从来没有摆脱饥饿与贫穷,经常得依赖东林的接济,玉衡的次子东杜还在东林的店铺里当厨子。玉衡老人临终时,躺在病榻上奄奄一息地提出最后的要求:让东林照顾他仅存的次子东杜。[1] 农业外的商业经营是东林这一支家计兴旺的主要原因,从林耀华的田野资料中看不出东林、玉衡两个家支在日常生活消费方面的差异。就一般而论,劳动、消费是有机地统一在家庭再生产过程中的,兴家如此,败家亦如此。前述云南禄村一家两兄弟的分家主要是由哥哥抽大烟的不良消费行为导致的。其父母本来有24工田,分给2个儿子,每人9工,自己留着6工田作养老的费用。老父母在费孝通、张之毅调查时已是70岁的人了,不能劳动,养老田就由小儿子种,也住在小儿子家里。小儿子又租了16工田,这样他共经营土地31工,日子还过得去。那大儿子只在9工田上做活,又懒又抽烟,不时向他父母要些钱,又在外举债度日,照他堂兄弟的说法,他的田产是保不住了。[2] 由分家析产形成的社会分化不会一直延续下去,占有土地少的家庭,可能会通过溺婴(尤其是女婴)、出卖儿女等方式以减轻人口的压力。吴县的一份"立卖男文契"[3]上书:

立 卖 男 文 契

　　朱阿梅为因家穷,可请中人姚根福、吕和尚正三面言明,情愿卖到杨姓为子,传宗积代,以积(继)香烟,积掌门户,自卖之后,洋三十元正一并交清,自卖以后与朱姓毫无干涉,无懊悔异言,恐后无凭,立卖男文契为照。

　　计开

　　元六图小男卖与黄五图杨姓为根,改叫明月、杨传得,年七岁,拾月

---

① 参见林耀华《金翼》第 1 章"东林的青少年时代"、第 2 章"摆脱贫困"、第 12 章"分裂"的相关部分。
② 费孝通:《禄村农田》,载《费孝通文集》第 2 卷,第 366 页。
③ 〔日〕福武直:《中国农村社会结构》,第 110 页。

初二酉时生。

立卖男文契　朱阿梅

中　　人　姚根福

吕和尚

代　　笔　金凤其

民国十七年正月二十八日

　　出卖儿子是迫于贫穷的压力,甚至像溺婴这样在今天是犯罪的不人道行为,在当时乡民的眼中都是可以理解的。开弦弓村的一位村民回忆说:"穷人家习惯是用溺婴来减少和避免贫穷的压力,所以溺婴在村坊上也是不受指责的事。"另一位被送给人家作童养媳的老年妇女回忆说:"我原有个姐姐,娘那时封建呀,伊说女的要两个来做啥,男的倒还一个也没有。所以就把我送给周姓人家,可送掉我以后,姐姐死了。"①家庭人口的非自然死亡和出卖儿女可以在一定程度上缓和贫穷的压力,而占有土地较多的富裕人家有能力养活更多的子女,数代之后,人均占有的土地也会趋于减少。从社会再生产的角度看,分家这一基本制度通过人口与物质资料再生产的协调,使社会分化保持一个大体的平衡,从而也造成基于家产制的小块农地经营规模和以小农经济为主体的社会基本构造。马若孟对华北农村分家制度的研究也表明,分家不但可能强烈地刺激单个家庭进行的土地积累,还有可能缓慢地破坏富裕农户的土地积累,大土地所有者消失了,而且分家后新的家庭农场的土地面积更少。②杨懋春在研究其家乡——山东省胶县台头村时,从分家析产和家庭再生产角度勾勒了农家土地占有变动循环周期的轨迹,并分析了与此相关的村落社会结构,他这样写道:"一个农家的上升大多是由购买土地所致,被迫出卖土地又会使其下降。有趣的是,在我们村没有一户人家能在三代或四代之间保持相同的耕地面积。通常情况下,一个农家在有能力购买土地之前,一直辛勤耕耘、勤俭持家。其第二代家庭成员继续保

<hr>

① 李友梅:《江村家庭经济的组织与社会环境》,载潘乃谷、马戎编《社区研究与社会发展》,第500—501页。

② 〔美〕马若孟:《中国农民经济——河北和山东的农业发展,1890—1949》,第181—187页。

持同样的生活方式,以便能拥有更多的土地,并发家致富。第三代成员大多趋于享乐,入不敷出,不仅没有买进新的土地反而开始出卖土地。在第四代上,更多的土地被出卖,直到这个家庭陷于穷困……直到这时,最初的大家庭即不复存在了,分成若干贫穷的小家庭……这就足以解释为什么在我们村长久以来没有复杂的阶级以及附近地区没有大地主。"[1]在吴江县开弦弓村,分家析产造成频繁的土地划分,农田被分为许多窄长的地带,宽度为几米,不仅规模狭小,而且地块分散,每家占有相隔甚远的几条带状田地,从一块地到另一块地,甚至要乘 20 分钟的船。[2] 工作距离的增大严重影响了劳动效率,狭小的地块又限制了畜力的使用。

小农经济的长期延续和土地占有趋于分散化的总体格局当然还有其他很多原因,但分家这一基本制度应是一个主要的原因。在江南地区,农民应付狭小规模农地经营方式的经济选择之一是普遍地兼业,这又促进了商品化和市场化,但商品化并没有使小农经济的基本构造发生根本性改变,这在"农家生计"一章中已有较详细的阐述。再进一步说,分家制度在社会经济变迁过程中始终保持着极大的韧性和顽强的生命力,即使是所谓现代化的冲击也不曾改变其传统的属性。我们当然不应对此加以某种简单的评价,问题的关键更在于如何解释。从解释策略上看,分家析产应视作中国传统社会结构的发生因子;同时,更重要的,它是农民家产共有观念内在逻辑的制度表现。

---

[1] Martin C. Yang, *A Chinese Village Taitou*, *Shantung Province*, New York: Colunbia University Press, 1945, p.132.

[2] 费孝通:《江村经济》,第 136—137 页。

第六章　宗祧继承与家产纠纷

以上所讨论的基本上局限在健全的家庭类型中,而残缺型的家庭由于亲属关系的变动又涉及更复杂的宗祧继承问题,与财产传递交织在一起,这就是出嗣、收养、招婿问题。此外,在分家析产与宗祧继承中,妇女的财产权也是一个不容忽视的因素,特单独提出来加以讨论。

第一节　"烟火接续":民间习惯的文化解释

家业的代际传递必须通过血缘的延续才能进行,血缘正常延续情况下的家业传递当然就是分家析产。分家析产的基本原则是诸子均产制,这与父系家族制度是相互匹配的,一般而言,女子没有权利分得家产的一部分,有无男性后代是家产能否正常传递的主要条件。没有男性后代,这在乡土社会被称为"绝户",即使有女户也如此。故能否生育后代,尤其是男性后代,就成为农民日常生活中的头等大事。并且在家族宗法制慎终追远的祖先崇拜情结中,祖先的祭祀也是乡土礼俗的重要组成部分,没有继嗣就意味着祖先祭祀无法维持下去,家产也将落入他人之手。陈忠实的小说《白鹿原》描述了白嘉轩的家族史,白嘉轩最初一连娶了五房妻子,但五房妻子却先后早逝,弄得他心灰意懒,他的母亲却如此呵斥道:"女人不过是糊窗子的纸,破了烂了揭掉了再糊一层新的。死了五个我准备给你再娶五个。家产花光了值得,比没儿没女断了香火给旁人占去了心甘。"

宗祧的继续对于家业传递和祖先祭祀均有着重要的意义。古义的"宗祧"是指宗庙,祧,远祖之庙也。普通老百姓对宗祧的理解,则是延续和发展祖宗传递下来的枝蔓,即接续"烟火"。① 在乡土礼俗和民间意识中,宗祧观念普遍存在。在江宁附近农村,已婚妇女有中秋节"摸秋"的习俗,"妇女艰于子嗣者,每于中秋夜潜赴菜园,摘一瓜回,以为宜男之兆,谓之'摸秋'。又,铁厂桥有大铁矛,二叉陷于土,一叉在上,相传为三宝下西洋故物,不知何时移此,妇女无子者亦多往抚摩为宜男兆。故谚称中秋节为'女儿节'"②。苏州府地方又有民间歌谣这样唱道:"牵郎郎,拽弟弟,踏碎瓦儿不着地。"③歌谣表达了乡民盼生男孩的急切心情。费孝通认为:"在农村中,结成婚姻的主要目的,是为了保证传宗接代。选聘媳妇的主要目的是为了延续后代,保证生育男儿是向算命先生明白提出的要求。如果当媳妇的没有能力来完成她的职责,夫家就有很充足的理由将她遗弃而无需任何赔偿。妇女在生育了孩子之后,她的社会地位才得到完全的确认。同样,姻亲关系只有在她生育孩子以后才开始有效。"④在开弦弓村,挑选儿媳妇的标准有两个,一是身体健康,能生育后代;二是养蚕缫丝的技术,即要求儿媳妇能延续家世及对家庭生计有所贡献。如果媳妇能生一个孩子,尤其是一个男孩,她的家庭地位可以得到提高,并且夫妻关系才开始变得亲密起来。真正使丈夫的家接受一个妇女的,是孩子;对孩子,特别是男孩子的关怀构成家的向心力量。⑤ 乡民的这种宗祧意识以家世的父系传承为基础,其核心观念是重男轻女。苏州附近有一首民谣云:"男子十六挑爷担,女子十六穿娘衣。"编辑者对此的解释是:"挑爷担,负上重任也;穿娘衣,预备出嫁也。"⑥浙江省宁海县又有民谚曰:"女生向外(贵从人也)。"⑦正像俗谚所说的,"嫁出去的闺女,泼出去的水",宗祧意识当然严重地影响了妇女的财产权利,此点容后详论。

这里首先要回答的问题是,在父系传递的原则下,家业的传承与宗祧继

① 参阅[美]沃特纳《烟火接续——明清的收继与亲族关系》,第12页。
② 《中国地方志民俗资料汇编》华东卷,第351—352页。
③ 同上书,第371页。
④ 费孝通:《江村经济》,第23页。
⑤ 同上书,第31、34页。
⑥ 顾颉刚等辑:《吴歌·吴歌小史》,第330页。
⑦ 《中国地方志民俗资料汇编》华东卷,第801页。

承是怎样结合的？特别是在无子嗣的情况下，家业与宗祧的继承是如何运作的？人口史的研究成果表明，在传统社会落后的卫生条件下，人的平均寿命很短，无父母的孤儿和无子女的成人很多。① 无子女的原因，主要不是没有生育能力，而是在人口的高死亡率情况下孩子的夭折。在家业、家系的父系传承过程中，乏子承嗣意味着家产落入他人之手，"烟火"也会断绝，出嗣、收养和招赘就成为三种主要的变通办法。

第二节 出　　嗣

一、"出嗣"关系：国家法、宗族法和习惯法

　　关于出嗣者，宗族法和国家法均有相应的规定。如果男子至死没有儿子，但又有财产，他就应该认领一个继之。立继分"应继"和"爱继"两种。锡山某邹氏宗族对于立继的程序这样规定："凡子孙无嗣者，以亲兄弟次子承继。若亲兄弟无可继者，于堂兄弟之子继之。由亲及疏，以次而继。不许变乱宗法。如无可嗣者，生前立本宗昭穆之子，必须咨禀宗长、房长后，听取继。"② 这是严格地按照"差序格局"的宗族伦理来确定立继的原则，此为"应继"。"爱继"就是立继者抛开应继程序来挑选自己特别钟爱的子侄为继子。应继和爱继在有些宗族中是同时并行的，又有相当一部分宗族则不许爱继，或对爱继作出一定的限制。应继和爱继有时是会发生冲突的，特别是在有财产的无子户要行立继时，更有可能产生宗族成员之间的纠纷。正是有鉴于此，有的宗族就规定不论有无财产均应受继，或不宜颠倒应继、爱继原则的次序。如无锡经城湾何氏宗族规定："凡应嗣之子不得因继殳家业浅薄而不屑嗣，在继殳亦不可因嗣子疏远而不肯嗣。"③ 此种规定当不是空穴来风，现实中由种种原因而致的立嗣纠纷当是大量存在的。在江苏省高淳县，"人

① 参阅侯杨方《中国人口的传统死亡模式——以明清江南地区两个家族为个案的历史人口学研究》，载李中清等编《婚姻家庭与人口行为》，北京大学出版社2000年版，第220—232页。
② 《锡山邹氏家乘》卷首《旧谱凡例》，清光绪二十一年(1895)本，转引自费成康主编《中国的家法族规》，第243—244页。
③ 何春泉等修：《(无锡经城湾)何氏宗谱》卷一"凡例十二则"，1925年承绿堂刊本。

民向无外姓之子为嗣。间有以内侄、外甥为爱继,亦不过改姓。倘因受继而因以亲疏争执者,必先讨论于族长,族长若不能排解,又须亲族会议定之,如实系争缠猛烈,始得请求官署审判"①。

清代的国家法与宗族法在立嗣问题上的规定倒是基本一致的,即清代国家法顺应了民间立嗣的宗族法。《大清律例》关于立嗣的规定是这样的:"无子者,许令同宗昭穆相当之侄承继,先尽同父周亲,次及大功、小功、缌麻。如俱无,方许择立远房及同姓为嗣。若立嗣之后,却生子,其家产与原立子均分。""无子立嗣,除依律外,若继子不得于所后之亲,听其告官别立,其或择立贤能及所亲爱者。若于昭穆伦序不失,不许宗族指以次序告争,并官司受理。若义男、女婿为所后之亲喜悦者,听其相为依倚,不许继子并本生父母用计逼逐,仍酌分给财产。若无子之人家贫,听其卖产自赡。"②《大清律例》自然也是将"应继"的原则放在第一位,但在宗族伦理秩序的框架下仍允许"爱继"的存在;对于贫困而又乏嗣的人家,"听其卖产自赡",实际上是看到了民间争继多与争财有关的事实,这与前述无锡何氏宗族关于不应"因继爻家业浅薄而不屑嗣"的规定是一致的。

无论是宗族法还是国家法,关于立嗣的规定都不能严格地约束民间继嗣行为的习惯,宗族法仍属成文法范畴,离法律关系的实际发生尚有一段距离,故此在宗族法、国家法之外,另有一套与地方习俗相结合的习惯法。河南开封习惯,凡亲丧,出殡之日,灵柩出门,其子倒掷瓦器于石,俗称"摔牢盆",凡行此者必为其子,故继嗣未定之人死后,有继承资格者往往争摔牢盆以为取得继承权之根据;山东东阿县习惯,亲亡故,长子于行柩时摔一瓦盆,其底钻孔,父一母三,谓之"摔漏盆";临朐县习惯,无子者未及立嗣而死,出殡之日谁将柩前烧纸之盆顶出(俗称"劳盆"),亲友即认为其人有承继权。③在一般情况下,"摔盆""顶盆"之子侄即使最终未经宗族指立为嗣,亦能分得若干"户绝"财产。因此,争继者竞相"顶盆""摔盆"之事时有发生。表面看

① 《民事习惯调查报告录》,第 856 页。
② 田涛、郑秦点校:《大清律例》,第 179 页。
③ 分别见《民事习惯调查报告录》,第 809、816、820 页。

来,所争者为宗祧继承关系,实为"户绝"财产。也正因为应继与爱继在习惯法的运行过程中常发生冲突,对继子资格便会产生争议,是以由立嗣而起的民事纠纷大量涌现。

由立嗣而引起的纠纷时有发生,常常涉讼不清,法官难以判断,断亦不服,只有族亲会议才能解决这种纠纷,往往一言而决,争端立息。故此,在地方习俗中,凡立嗣之事,必经族中长老、族亲及街坊邻里公同认可,始发生效力。笔者未发现江南地区的立嗣文书,权以华北地区的两份过继书为例加以说明。河北省昌黎县侯家营村侯罗氏所立"过子单"①如次:

> 立过子单人侯门罗氏因身乏嗣,奉严命特邀请亲友族中等情,愿将错就错侯瑞墀之长子侯金生过给罗氏承嗣,本身此后生养死葬均归侯金生负担。关于家产器皿等项,列在分单,亦均归侯金生承受,他人不得干涉,此系双方情愿,各无反悔,恐后无凭,立此为照。
>
> 　　　　　　罗进爵　　侯允中　　侯全五　　侯心如　　侯长赞
>
> 　　　　侯长立(代笔)　　　　侯瑞文　　侯永振
>
> 　　　　　　　　民国二十七年旧历十二月十九日立

该份"过子单"对受继与承继双方来说,侯罗氏能够"老有所养",侯金生可以继承其家产,这虽然没有现代民法意义上的权利义务关系,但也确是传统农业社会中基于习惯法规则的一种权属关系。此种法律关系的成立要有侯罗氏娘家人(罗进爵)及侯氏族人的认可始得有效。山东省历城县冷水沟是一个杂姓村,该村村民杜凤海所立的一份"主继合同"②更将街坊也作为见证人,其书如次:

> 立主继合同人杜凤海因堂兄凤山及凤和年逾半百,老母在堂,均无子嗣,常以为虑。按支寻查,别无可继,惟胞兄凤仪之子学名元太,现年十二岁,昭穆相当,可以为嗣,但凤仪仅元太一子,两堂兄弟凤山、凤和

---

① 《北支惯行调查资料》第110辑,"河北省昌黎县侯家营——家族",转引自〔日〕福武直《中国农村社会结构》,第308页。

② 《北支惯行调查资料》第13号,"山东省历城县冷水沟庄——家族",同上书,第309页。

实为胞兄弟二人,事属棘手。于是敬邀族街亲友共同磋商,遂从权理议,定以堂侄一人为堂兄弟凤山、凤和二人之嗣,各方均力分如意,大众亦无不赞成,庶后春秋祭扫,有香烟于以永传,对于家族均为乐观,对先人可告无愧,诚善举也。嗣后元太抚养、教训、衣食、婚姻等事均归兄凤山及弟凤和管理一切,他人不得干涉,而兄弟凤山、凤和所受先人宅基、田产、器(皿)、家具,亦均归元太一人承受,他人不得争执。此系大家情愿,各无反悔,恐后无凭,立骑缝合同二张,各执一纸为证。

族人　　杜凤有　杜凤菜　杜凤仪

街谊　　李登鳌　任福田　任福祯

　　　　任长茂　王慎三　程祥绂(代字)

亲友　　谢星寿　张冬祥　王德功

中华民国二十六年二月二十日　吉立

二、"嗣产"纠纷

由于立嗣关系涉及"户绝"财产的承继,在习惯法的现实运作中,应继与爱继的界限又常不甚分明,即使有族亲一干人等的见证,因此而起的纠纷也会频繁发生。在过继关系的发生机制中,无论是应继还是爱继,尤须族长、族亲甚至族亲会议的认可,故因争继而引起的纠纷,多由双方对继子名分的不同理解所致。民国初创,江苏省六合县地方审判厅受理了一件立嗣争产案,原告朱守诰与被告朱守廷为该县王子庙堡下甲某朱氏家族的同曾祖兄弟。曾祖一辈老弟兄五房,其亲属关系如下图所示:

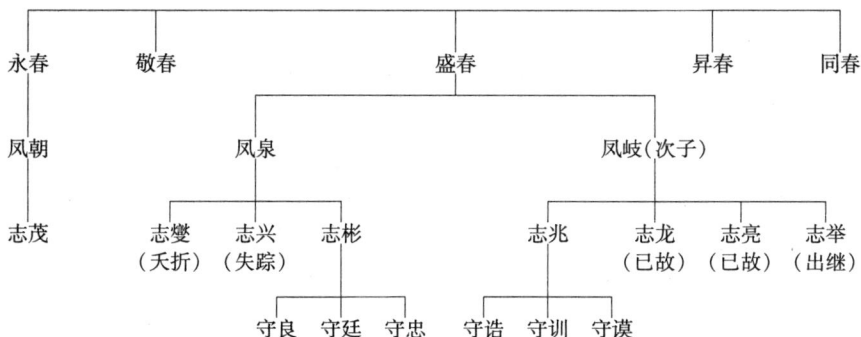

在这件争继诉讼案中,守诰、守廷两人对于志茂来说亲疏关系相当,均想过继给志茂为嗣。原告朱守诰诉称:"守廷兄弟三人,正顶立父辈三房,守廷应继失踪之志兴为嗣,不应出继志茂。"而被告朱守廷则辩称:"守诰兄弟三人正顶立父辈三房,且守诰已出继外房志举为后,尤不应出继志茂。"原被告双方所诉理由表面看来均属正当,然而,这一纠纷更为复杂的是族人也参与其中。民国元年(1912)四月初七日,守廷、守诰的堂伯志茂病危,由族长等议立继书,被远房族人朱守庚阻挡,并主张朱守廷应过继于志茂。族长朱广发及族人朱志寿、朱守正以守诰父辈只有两人,下辈丁多,主张守诰应出继志茂。近族朱志东、公亲许兆芳等十五人亦以守廷父辈三人,长次夭亡,主张守廷理应出继志茂。双方争执不下,各到六合地方审判厅呈诉。从上面的亲属关系结构图看,朱守诰父辈因志龙、志亮已故,志举已出继外房,凤岐这一支仅志兆一房;朱守廷父辈因志燮夭折、志兴失踪,志标出继外房,凤泉这一支也仅存志彬一房。争讼的关键在于守廷是否确已出继志茂为后。六合地方审判厅的判决结果为:被告朱守廷仍继长房志茂为嗣子,得完全之嗣产。判决书从地方习俗的角度申明判决理由如次:

> 此案朱守廷、朱守诰对于长房朱志茂亲疏相等,其应继与否,应先以本房是否能有余丁出继及朱志茂生前死后有无足供此案承认之资料为前提。现经本厅审实,朱守廷父辈三人,长志燮既自幼夭殇,次志兴又年少失踪,以法律论,均未成年,以习惯论,均未成房,皆无被相续人之资格。守廷兄弟三人,除顶立本生一支外,尚有余丁二人,此应认守廷承继志茂之理由一。朱志茂于前清光绪三十年十月间因妻故无子,不再续娶,经亲族公议,选立老三房志彬次子登山(即守廷乳名)为嗣。因朱文举出阻,朱志茂于前县曹任内递禀,请求饬禁,足证朱志茂生前爱继守廷为子之意思表示,此应认守廷继承志茂之理由二。查核光绪二十年十二月间,亲族遵批公立承继文书,同族签押者有二十余人,公亲签押者有六人,不独志茂亲自签押。而族长朱广发及朱守诰之祖朱凤岐、朱守正之父朱志贵及朱志寿均签字,当时并无异议,现在何得翻控,且文书纸色陈旧,当非虚担,此应认守廷承继志茂之理由三。本年

朱志茂病故,朱守廷遵制成服。乡间习惯,最重追荐系志。查系上载有承嗣男朱守廷、堂侄朱守诰字样,而送殓礼簿,同族均送有锭箔,朱守诰亦出有香纸,焉有应继之子随众仅送香纸之理?可见当时并未发生争继问题,确系事后受人唆使,此应认守廷承继志茂之理由四。结讼之后,为朱守诰递公呈者,仅有族长朱广发等三人,而族长并未亲来投状,保无有捏冒情事;为朱守廷递公呈者,有近族朱志东等、公亲许兆芳等多至十五人,庭讯时均到场候讯,可见是非自有公论,公道自在人心,独帮助原告被嫌疑之朱守英避匿未到,此应认守廷承继志茂之理由五。①

朱守廷出继朱志茂的法律行为已实际发生,从丧礼上的服制关系看,朱守廷出继朱志茂业经族亲、乡邻的认可;况朱守诰的父亲及族长朱广发均在立继文书上签过字,在习惯法的意义上也应视作对守廷出继志茂的承认。朱守诰及其支持者之所以事后又提出异议,显系为争夺志茂的"户绝"财产,该民事判词的主文所作判决的关键也正在于此。关于立嗣资格的认定,无论争讼当事人双方,还是地方司法官,都是从习惯法的角度来寻求民事法源。有趣的是,该案中族长朱广发作为原告一方的成员之一,未能寻求大多数族人的支持,最终败诉,并不像以往的研究所揭示的,族长在宗族权力结构中拥有较大的权威性。由此可以说,宗族伦理关系的发生是以对家产等物质利益的追求为基础的。

朱守廷、朱守诰的争继纠纷案中,立嗣关系还是比较清楚的,发生争论的主要原因之一就是朱守诰、朱守廷与朱志茂的亲疏关系相等,朱守诰在家产共有观念的前提下自然认为志茂所遗产业也应有他的一份。而在有些继嗣争产案中,立嗣关系不甚清晰,一方甚或对于立嗣文书等契约文书的法律效力不予承认,并指斥对方有伪造文书之嫌。1946 年 5 月 21 日,江苏省无锡地方法院受理了毛荣锡与毛阿根立嗣纠纷的调解案。② 毛荣锡先申请地

---

① 六合地方审判厅民事判词"判决朱守诰诉朱守廷挖继强葬一案",载《江苏司法汇报》第 7 期。
②《毛荣锡诉毛阿根田房调解案》,无锡市档案馆藏档,卷宗号 ML3 - 3 - 4935。关于该馆所藏民事诉讼档案的案卷名称,需要说明一点,就是档案管理人员在清理这部分档案时,主要根据首页内容即确定题目,以致案卷名称与其实际内容多有不合之处,故笔者在利用相关档案时,将案卷名称作了相应的调整,下引同类档案亦同。

方法院调解是项纠纷,他在民事调解申请书上这样诉称:

> 为对造人窃占房屋田亩声请调解返还事,窃声请人之先嗣父毛鹤鸣生前由声请人为嗣子,并负责赡养,旋于民国三十四年废历十二月三十日病故,所遗坐落五河镇庄里毛巷靠东平屋一间,又三田蔡宅肥田一亩一分,早经先嗣父生前赠于声请人管业,由声请人耕种还租历数年,有业主完票及先嗣父遗嘱可证(临讯呈验)。讵对造人觊觎财产,乘声请人料理先父丧事完毕回城居住后,竟将声请人所立在房屋一间前后之界石擅自取去,窃占房屋,并将肥田一亩一分同时窃占,实属不法,为此声请调解……

毛阿根在接到法院的调解传票后,又具状辩称:

> 查毛荣锡声请之理由颠倒黑白抹杀事实,具状人有辩正之必要,以明真相。兹将经过事实历陈于下,以供讯问。(一)具状人立嗣与先叔父毛阿泉(即鹤鸣公)为嗣子,远在民国十年,亲族邻闾皆知。(二)具状人因事变在外,由先叔父将所有无锡至横林航班四个月、肥田壹亩壹分租与毛荣锡,所得租金先叔父借维生活。讵知毛荣锡系借口负担先叔父之膳养,航班、肥田迄今未还,此点可传七十四岁之继婶母林氏到庭讯问。(三)声请人毛荣锡至民国三十年凭借敌伪势力(即敌宪兵队密探队队长戈梅生)强迫先叔父预立遗嘱一纸,勒迫签字,不得已即任其所为。乃时遗嘱上列入亲族之名,因彼行为恶劣,故一概未曾签字。(四)具状人胜利之后返舍,由嗣叔父之命,将书立之遗嘱登报声明无效。讵料毛荣锡见报之后,私自刊刻亲族图章,擅自刻在所为遗嘱上,此点可传彼遗嘱上署名之亲族讯问。(五)先叔父因病在床,于去年十二月三十日寿终,具状人在视、在侧,尽礼安葬,一切丧费由具状人一人负担。乃知毛荣锡亦有料理丧事等语,此点可传邻近保甲长讯问……

双方各执一词,针锋相对,互不相让,致使法庭调解无效,于是该项纠纷于当年的九月便进入诉讼程序。无锡地方法院民事判决并未支持当事人某一方的全部诉讼请求,判词的"理由"部分如此阐明:

> 查五河镇庄里毛巷靠东平屋一间及蔡宅肥田一亩一分系毛鹤鸣之

遗产,为当事人间所不争之事实,而毛鹤鸣之嗣子为阿根而非荣锡,复经族中毛泉、毛冯氏到庭证明属实,且毛阿根之产权拨付据书立在后,依民法第一千二百二十一条之规定,毛荣锡所持有之毛鹤鸣拨付据于法已属无效,其空言请求交还田屋,即难认为有理。至毛阿根请求返还排泾岸土名贰塘田一亩贰分半及无锡至横林、戚墅堰航船每年轮值四个月之权利,不外以产权拨付笔据为唯一根据,但查上开两项权利早经毛鹤鸣让与原告行使,被告亦已予以追认,唯因原告请求返还田产,遂提起反诉以为抵制,为被告反诉状中所自认。按照权利因抛弃而消灭之原则,反诉亦难认为有理……

该案相关的卷宗没有提供毛荣锡、毛阿根家族的服制关系,故不能十分清楚地明确此二人与毛鹤鸣的亲属关系亲疏如何。无锡地方法院的民事判决虽然也援引1930年民法为民事法源,但对当事人嗣子资格的认定,仍然以族亲证言为准,并且权利取得的认定也以其实际发生为据。我们还不能仅从表面上认为该判决保护了当事人相应的权利,问题的关键在于,当事人争讼的焦点仍然在于嗣子资格的确立。在习惯法的层面上,立嗣关系的成立要得族人认可,毛荣锡依敌伪势力伪造"遗嘱",未能得到族人的支持。从国家法的角度说,此案发生在1930年民法颁行之后,民事判决从法律渊源上当然要引用成文法以为据,但也并未排斥习惯法作为民事法源的现实可能性。

在毛荣锡、毛阿根过继争产案中,所谓毛荣锡伪造"遗嘱"情节,虽经毛鹤鸣签字,但在强力压迫下并不是毛鹤鸣的真实意思表示,事后声明无效,当是变更立嗣关系。当然,也不能全凭毛阿根的一面之词即作如此推断,但有一点是明确的,那就是争继的真正目的在于争产。而在家族共财意识支配下,所谓"爱继"原则下的立嗣关系又会呈现极大的随意性,族人为谋取"户绝"财产而借"爱继"的名目随意地变更立嗣关系。1929年8月,江苏省吴县地方法院所受理该县金墅乡华阳庙陆巷港村倪星山与倪王氏、倪水金立嗣争产一案,①即是应继与爱继原则产生冲突,法院判决以爱继服从应继,

---

① 《江苏吴县地方法院民事判决·十八年地字第一四八号》,载上海法学编译社编《民刑事裁判大全》,上海会文堂新记书局1937年版。

确认原告倪星山为倪小山之嗣子。该民事判决引用原告倪星山诉讼陈述称：

> 原告之曾祖永隆生有五子，原告系次房学天之孙，有兄弟三人，被告倪王氏系四房于天第三子阿三之妻，阿三只有一子即被告倪水金。前因五房念吾之子小山故后无子，并未立嗣，所有小山遗产由阿三自行取去，归其代管。兹经亲属会议全体一致议决，将原告出继小山为嗣子，并立有议据呈奉钧院批准备案，所有小山遗产自认由原告承受，乃该被告倪王氏竟违抗众议，拒不交出，声称欲以其独子水金与小山为子，显非合法，请求确认原告为倪小山之嗣子云云，提出议据一纸为证。

又引被告答辩称：

> 被告倪王氏之夫兰泉即阿三曩因五房夫弟小山病逝乏嗣，曾经亲族会议，将长子士福承继小山遵制成服，事在前清光绪三十三年，为原告所自认（见十八年初字第一八五号），嗣产涉讼，判决所有小山遗产及丧葬费用皆由被告家负担料理执业，迄今二十三载之久。嗣士福夭殇，复经亲族会议将次子水金承继，亦为两造所不争之事实，见前案记录。小山遗产有经其自行出抵在外，由被告出资赎回，耕种执业历时有年，所有粮串为凭。前因原告侵占宅基、阻种田亩，经被告分别起诉，先后判决，原告均无败诉。今复勾串不良分子妄称亲族会议，伪造继书，朦请备案，意图觊觎被告应得之遗产，殊无理由，请予驳斥云云，提出牌位一具、意旨单一纸为证。

倪水金承嗣倪小山已为既成事实，但在名分上乃是对夭折的兄长倪士福嗣子资格的继任。兄既夭亡，水金成了独子，其过继资格也就成了问题。吴县地方法院的民事判词也正是针对这一当事人双方争讼的焦点而如此陈述判决理由：

> 本院按无子者又无依法为其择继之人，即由亲族会议依照法定次序为其立继，业经九年九月十六日统字四〇八号解释在案，本件被告主张于民国四年出继倪小山为嗣子，虽据被告所举证人倪阿狗等证明，实

有其事,又据被告提出本意旨单为证。惟查该被告系独子,独子不得出继,为现行律明定,且系倪小山之堂侄,又与兼祧之条件不合,此项立继于法显属不合。本院讯据两造族长倪增寿等,均系当时并未与闻,被告对于已经亲族会议一节,亦无何等证明,则当时被告倪水金之父有将被告倪水金出继小山之意思,并未经过亲族会议明甚,此项不合法立嗣自无仍予维持之理。至于原告既非独子,于倪小山分属堂侄,昭穆相当,业经亲族会议通过出继为倪小山嗣子,其立嗣自系合法成立。至被告曾为倪小山料理丧葬支出费用,仍得另向原告诉求返还,自不待言。基上论结,本件原告之诉为有理由,兹依民事诉讼条例第九十七条判决如主文。

该判词关于立嗣成立与否的标准,主要是看出继人是否独子。倪士福作为长子出继小山,按长子不得出继的民间习惯,也不属"应继"之列,其所以出继小山,应视作"爱继"原则在发挥作用。这一立嗣行为发生在清光绪三十三年(1907),并且小山生前典押给他人的田产业经兰泉(士福、水金父)赎回,可见兰泉家已实际拥有了倪小山所遗家产的所有权。小山去世时,丧葬费用也由水金家承担,此点为地方法院及原告倪星山所认可。原告倪星山提起诉讼的理由是士福既已夭亡,水金已成独子,而星山有兄弟三人,故应变更立嗣关系。从地方法院的判决看,"爱继"原则服从了"应继"原则,但即使是对昭穆相当的"应继"条件,地方法院的解释也是不甚清楚的,星山和水金同样都是小山的堂侄,与小山的亲疏关系相同,何以由此而得出截然不同的判断? 亦可看出,"应继"原则中"择立昭穆相当之人"是相当模糊的,特别是在与"爱继"原则相交织之时,更显其混乱,这当然为族人占夺"户绝"财产提供了民间习惯法的现实空间。由此案,我们也不能说原被告的财产权利主张究竟哪个更为合理,因为这毕竟不是个体本位条件下的西方式产权诉求,故此也不能说地方法院的判决就是保护了当事人的权利。

民间习惯法还有"兼祧"的做法,即以一子而兼祧两房,这在两房仅有一男性后代的场合当然不会有太大的问题,但在多房有数位子侄辈的情况下,问题就变得复杂起来。以一子而"兼祧"两房甚至多房的企图,目的在谋取更多的"户绝"家产,因此而起的纠纷便不可避免。1912年,江苏省宜兴地方审判厅受理了吴贯之诉吴三益争嗣阻葬一案,[1]民厅判词陈述了下列事实:

> 原告吴贯之诉其祖声雷名下分产四房,二房阿二早逝无子,已由三房阿三子三益兼嗣,三益只生一子,随父兼祧。长房孝原子望九于乙巳年病故无嗣,因三房已经兼祧二房,断无再祧之理,其长房寡嫂吴承氏即望九之妻邀亲,议将贯之长子耀生承嗣。近因偿还旧债、安葬望九灵枢起见,变卖房产,不料吴三益挈眷占居,意欲争嗣等情……由吴三益辩称,其子厚坤因遗命应嗣长房,且吴承氏于己酉年为其子聘定陆氏女为媳,足为承嗣之证等情。

从行文看,吴贯之应属四房,吴三益兼祧二、三两房,长房望九无嗣,吴三益之子厚坤作为独子如再出继,实为兼祧三房。且看该地方审判厅是如何判决的,其判词主文显示判决结果为:

> 吴贯之之子耀生出嗣长房望九,望九名下田地房产均归耀生承继,吴三益所占房屋即日搬出退让,其诉讼费用六元二角五分,归败诉者吴三益担负。

审判官结合法庭调查所得人证、物证,申明理由如下:

> 查吴三益所称其子厚坤因遗命兼祧长房,并无确实之证,至聘媳一层,讯诸吴承氏供称,其时只助聘礼二十余元,并非由其主张,是专为亲族之谊,助其费用亦情理中事……况阅其分关,三益兼嗣二房有田六亩二分,为二房祭祀费用,归三益执业,是已确凿可凭。三益只生一子,贯之现有三子,则三益断不能以一子兼祧三房,贯之子耀生出嗣长房,继续宗祧,是在法定程序之列……

吴耀生过继吴望九业经望九妻及亲族会议认可,吴贯之作为其子吴耀生的监护人,已经对长房所遗财产行使了支配权,变卖房产以应付丧礼所费。吴

---

① 宜兴地方审判厅民庭判词"判决吴贯之状诉吴三益争嗣阻丧一案",载《江苏司法汇报》第3期,1912年7月1日出版。

三益争产乃在其后,况三益仅有一子,且已兼祧二房。地方审判厅完全从民间习惯法的立场作出判决,维持吴耀生对于吴望九的继嗣关系及家产继承权。兼祧的习惯法原理固然在于以一子而承继两房"烟火"以为永续,但家产的继承仍然是蕴含其中的深层动因。

由过继行为所产生的血亲拟制关系的背后隐藏着对家产继承的物质利益追求,故在"户绝"无产可继而又确须绵延宗桃时,便有"带产过继"的习俗,如河南省固始县习惯:"乏嗣之人家,贫无立锥之地者,近房兄弟之子,携其本生父家应分之产应继者,俗谓'带产过继'。"①所谓"带产过继",是在过继前后又经过分家析产,过继和析产纠缠在一起,从而使因过继而发生的财产关系更为复杂。1928 年,武进县德泽乡四十四都邹家村某邹氏家族的邹凤亨与邹学荣过继争产案②即属此类型。邹凤亨与邹学荣的亲属关系如下图所示:

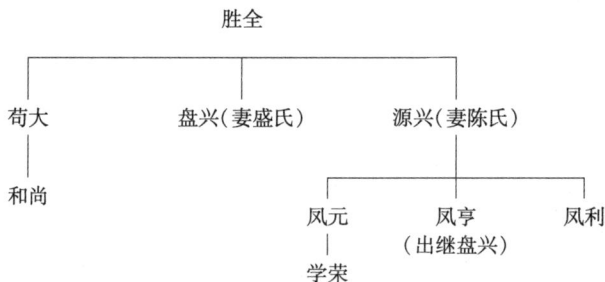

邹凤亨于清光绪十一年(1885)四月出继胞伯盘兴(谱名桂曾),由嗣母盛氏立据批拨嗣产,因凤亨年幼(时年 7 岁),契券田单由父源兴与母陈氏代为保管。父源兴去世后,母陈氏遂将本房所有田产于光绪三十四年(1908)书立分单三纸,凤元、凤亨、凤利兄弟三人三股均分。母陈氏病故后,所有凤亨继承盘兴之嗣产田单遂入长兄凤元之手。凤元病故后,其子学荣主张该项田产由乃父所遗。凤亨与学荣由此而产生纠纷,诉至武进县政府,判邹凤

---

① 《民事习惯调查报告录》,第 812 页。
② 《江苏吴县地方法院民事判决·十八年上字第七十七号》,载上海法学编译社编《民刑事裁判大全》,第 206 页。

亨败诉,凤亨不服,遂上诉至吴县地方法院。因此,该案称邹凤亨为上诉人,邹学荣为被上诉人,吴县地方法院二审判决引述上诉人凤亨声明:

> 查隐字第一三一零号土名刘中枢田三亩二分有零,与隐字号第一三一一号土名八分头六分零之地毗连,被上诉人分单载刘中枢田三亩,上诉人批据载刘中枢田一亩。今此地统归被上诉人所有,自应令其交还。又第一四二八号土名白家田,坐落西沟上,上诉人分关上原有一亩六分,又买得邹金洪一亩,应有二亩六分。现上诉人该处仅有地二亩一分,被上诉人在分关上白家田仅有一亩,其长孙田虽亦载白家田,但在小村西,与此无涉,今被上诉人西沟上之白家田竟有二亩零,非多占而何又第一一七六号土名菱沟上田四分连坑一口亦为批拨据所明载?被上诉人所谓系调换取得,试问调换有何证据?又第一二零七号土名菜花田二亩四分,被上诉人分受一亩二分,上诉人批拨据一亩二分,今被上诉人独占二亩有零,亦应归还。原审不察,谓系争田亩,系由上诉人本生母作主分给被上诉人之父凤元,作为判决之基础,不按证据逐一审究,仅凭臆测,殊难甘服云云,提出卖契一纸,援用鱼鳞册、归户册为证。

又引被上诉人邹学荣答辩云:

> 光绪三十四年间,被上诉人祖母陈氏(源兴之妻)作主将被上诉人祖父源兴之遗产及上诉人出嗣盘兴名下受分田亩合并三股均分,系争地,载明分关为证。又上诉人曾因嗣产与邹金洪涉讼,未讼之先,上诉人与被上诉人之父约明由被上诉人代垫讼费,若得胜诉,兄弟三人公派公分。宣统三年判还后,兄弟三人至区书郑调梅处,凭单拨粮,请予调验,武进县政府得泽乡四十四都三图归户册可证明云云。

吴县地方法院最后作出如此判决:

> 原判决关于菜花田菱沟上田坑一口及讼费部分废弃,被上诉人应将菜花田一亩二分菱沟上田四分连坑一口交还上诉人管业,其余上诉驳斥,第一、第二两审诉讼费用由两造平均负担。

诉讼当事人双方所主张之法律事实虽有出入，但凤亨出继盘兴所得嗣产由其父母代为保管则为不争之事实。不管该项田产事后是否并入三房原有田产公同均分，其权利主体因出继与析产相纠合，从而变得模糊不清，这也是双方发生纠纷的根本原因。

从中也可以看出，凤亨过继盘兴时年仅 7 岁，嗣产批拨据由嗣母盛氏（即盘兴妻）所立，由此推知盘兴此时已故，凤亨仍归其亲生父母抚养，故最初的出继行为所引发的财产转移，实际上发生在盘兴与源兴兄弟间。此后凤亨与学荣的家产纠纷又涉及分家析产问题，双方对盘兴所遗“户绝”财产究竟属于家产还是家族共有财产有着不同的理解，这是该案的争讼焦点。

又有江阴县第八区篁村乡永利桥第七保张荣林与张徐氏于 1942 年发生田产纠纷，①也涉及过继和分家析产的复杂法权关系。张荣林首先向无锡地方法院提出调解申请，言称：

> 声请人兄弟四人，长来大、次即声请人荣林、三全林、四和林。民国十年间分析后，长、次两房分居各炊，三、四两房同居共餐。民国十六年间，三房全林死亡，其妻再醮时，四房和林尚未生子，而声请人已生有四子，经同族公议，按照谱例，由声请人第二子耀德承嗣所遗房屋四间，随屋基场以及粮田五亩，应耀德继承居住耕种。但三、四两房一向同居共餐，三房之产在四房共管之下，四房措不拨出，延至民国二十二年间始交出房屋一间、田二亩。屡经交涉，复经上年又交出田二亩。现在尚措房屋一间、田一亩，及随田联单并上年交出田二亩之联单始终不肯交出。而四房和林亦已死亡，人事变迁，收益放弃，不能再不结束，为此具状声请调解。

张徐氏则以弱女子的口吻向法院“求救”，其“声请书”如此写道：

> 为声请求救事，窃氏先翁姑张盘金、许氏所生四子，长名来大、次荣林、三泉林（张荣林“声请书”中写作“全林”——引者注）、四和林（即氏

① 《张徐氏与张荣林田产纠纷案》，无锡市档案馆藏档，卷宗号 ML3－3－4246，该案卷印有“无锡地方法院兼理江阴司法公鉴”字样。

先夫）。缘泉林于二十六岁病亡,乏嗣,医药、殡殓丧葬各费,完全由氏负担认用。在民国二十二年间,荣林觊觎泉林遗产,屡次与氏吵闹,争执不休,邀请族众公亲及公正人士理论。按照同族谱例,三房无子,四房承继,应派氏子宜大(现年十一岁)继承泉林为嗣,并继承其遗产,以续烟祀。当经亲族等再三向氏劝说,将泉林所遗房屋两间、田五亩各半均分,立有合同议据,各执一纸为凭,各无反悔异言。直至民国三十年份,荣林倚其子投入乡间队伍,有势力可靠,突以泉林遗产借口,始而欺氏孤孀,故言诲辱,继而率带便衣队士前来,声势汹汹,强逼氏将泉林遗产让归伊有,陷氏呼诉无门。旋经族众公正人士见氏孤苦,被伊欺凌可怜,向氏力劝,谓因时局关系,使氏吃亏求安,从中调解,将分受泉林之田拨一亩八分与荣林自种自收,限期五年为满,年满之日,其田仍归还与氏同子收回执业,永无反悔,荣林当凭公正人等,自愿出立笔据一纸,与氏收执为凭……荣林种种恶劣行为,有乡长朱文元、保长陈玉良、甲长张叙法、族长张富金、公亲陈洪芝等可资证明。氏不得已具状声请,将合同据照片、协议据抄录一并附呈。

张氏家族四房中,三、四两房合居共炊,三房"户绝"、四房择子承嗣已为宗谱所载。经四房支分家析产后,大房、二房各自分居另炊,但在家族共财观念的驱使下,二房荣林仍然能够通过诸种手段谋取三房"户绝"财产。三房全林病故时四房无子,其时当然不能成立过继关系,但由于三、四房同居共炊,全林生病及其丧葬所费均由四房支出,四房实已拥有全林所遗田产的所有权。荣林以全林病故时四房无子为理由提出自己对三房家产的权利主张,于习惯法尚有一定相合之处,然而提出调解时将四房和林已亡作为四房不能承受三房"绝产"的理由,显然于习惯法似乎也没有根据。其间是非曲直自不应以现代民法原理进行案例分析式的解说,只是由此看到,在过继与析产相交织的场合,家产更显其边界的模糊性,由争继而起的家产纠纷更容易发生。

争继的血亲拟制当然自有一套相应的运作机理,而在"户绝"无财的情况下,过继承续"烟祀"已经变得无足轻重,争继的最终目的乃在于争财。梁治平在讨论传统中国社会析产与继承的关系时,认为古代的继承由于家族共产制的特殊性质而与现代民法中的继承制度不同,家产的取得不宜视为遗产的继承,这一认识应属正确,但他据此推断说:"从根本上,继承制度乃是宗法的而非财产的。"①将身份继承与家产传递作相对化的处理固然可以比较宗祧继承与现代继承制度之不同,但对于客观地解释宗祧继承的内在逻辑恐无益处。充分体现"经济与伦理相互为用"特征的过继习俗,使身份继承和家产继承纠缠在一起,根本无法将其二元化,其中最重要的原理恐怕还是缺乏明确财产边界的家族共财制和人们相应的财产观念。

第三节　"螟 蛉 子"

"户绝"之人不从近族侄辈而从异姓男孩中选择继子,民间称作"螟蛉子"。② 养子的年龄对于收养至关重要。"若是养子的年龄相当大,他的生活习惯已经养成,养父或养母是否能满意养子的行为就很成问题。何况,亲子的关系并不只是法律上的承袭,而且需要感情上的联系,因为亲子之间生活上的合作,若缺乏了感情,又会难于融洽。"③一般而言,养子的年龄越小,越能消弭亲子间的感情缝隙。江南地区有所谓"血抱"的地方习俗,"间有先期觅一在外之孕妇,而自饰为有妊者。俟孕妇之将临盆也,亦坐蓐,收生妪亦侍于侧。孕妇子方坠地,亟携以归。由收生妪奉之,以交饰妊者抚之,而别雇乳妇饲之焉。俗曰血抱"④。河南省开封"买血娃"习俗与此相类似,即"无子之人偶生子女,未弥月而殇,则令人密抱一贫家甫生之孩,乔充己子,俗谓'买血娃'"⑤。"血抱"或"买血娃"的地方习俗,一方面可以使亲子间在情感上更加融洽,另一方面也是为了掩人耳目,使族亲和乡邻认同此种亲子关系的真实性。

---

① 梁治平:《清代习惯法:社会与国家》,第75页。
② 古代将养子称为螟蛉子,《诗经·小雅·小宛》有云:"螟蛉有子,蜾蠃负之。"螟蛉是一种绿色小虫,蜾蠃是一种寄生蜂。蜾蠃常捕捉螟蛉存放在窝里,产卵在它们身体里,卵孵化后就拿螟蛉作食物。古人误认为蜾蠃不产子,喂养螟蛉为子,因此用"螟蛉"比喻义子。
③ 费孝通:《生育制度》,见《乡土中国·生育制度》,第260页。
④ 徐珂编:《清稗类钞》卷十六第六条。
⑤ 《民事习惯调查报告录》,第810页。

　　收养异姓之子为后,也就意味着近族侄辈中的某个人不能承继"户绝"
财产。从前文已看出,近族过继之人的不确定性极大,家族中有好多人都会
图谋该项财产而尽量阻挠收继行为的发生。费孝通根据他在吴江县开弦弓
村的人类学观察,认为:"领养一个外人意味着在最近的亲属方面失去了对
财产的潜在的继承权。因此,潜在的继承人的父母往往想尽一切办法制止
这一行为。通常的结果是妥协。或者最近的亲属答应赡养领养父母,或者
年老的父母领养一个外人,但是允诺把一份财产传给潜在的继承人。"①也正
因为如此,宗族法对于收养行为作了种种限制,有的宗族甚至干脆不准收养
异姓之子为后。常州某朱氏宗族即规定:"年长无子,挨择亲分之次子承嗣。
如合例无人,听其立爱,不许用异姓螟蛉、甥、婿混乱宗支。违者众共摒
逐。"②有些宗族虽对此作出某种程度的让步,但仍歧视收继行为,如宜兴县
某卢氏宗族规定:"议族内倘有乏嗣之家,螟蛉异姓为嗣,公议出资捐入祠
中,以继子论。"③有的宗族甚至不准养子入谱,即使准许入谱,亦要捐款登
谱。武进县地方宗族修谱,此两种情形均有存在:"查武邑人民,凡无子者,
因房分之疏远,子侄之愚蠢,乃螟蛉他姓子为嗣,亦有招婿为子者。厥后纂
修宗谱,虽有容认之例外谱规,然与强行法究有不合,乃为适合人情计,不得
于谱中修入。若辈虽为异姓之子,而相安已久,子孙已取得本姓,于是通融
方法,酌令津贴若干,为谱局经费,准予登入新谱,惟于系统线下标明'义子'
'继子'字样。"④

　　宗族成员往往以"异姓乱宗"为理由而阻止收继行为的发生,当然不全
在维系血缘的绵续,更在对"户绝"财产的占有。民国初年,奉贤县地方因领
养而起的纠纷常有发生,当时的"民商事习惯"调查员以无可奈何的口吻写
道:"奉邑诉讼之繁由此故。"⑤嘉兴县在太平天国战争后,"土著流亡殆尽,

----

① 费孝通:《江村经济》,第50页。
② 《长沟朱氏宗谱》卷二"族范·祠规",清光绪三十三年(1907)本,转引自费成康主编《中国的
家法族规》,第282页。
③ 《宜兴卢氏宗谱》卷一"宗祠诫约",清光绪十八年(1892)本,转引自费成康主编《中国的家法
族规》,第331页。
④ 《民事习惯调查报告录》,第859页。
⑤ 同上书,第857页。

本枝断绝,因时权宜,或取异姓为后,称为螟蛉子;客民到嘉兴开垦,只身来此,积有资财,身死无嗣,或取异姓之人承受"①。人口的大规模迁移造成亲属关系的残缺,在乡村民众的日常生活中已成普遍现象,收养异姓之子自然有其现实的动因。在客民集中的地方,原有的宗族聚落形态被打乱,而本土化或本地化进程尚未充分展开,宗族伦理关系相对弱化。收养的增多也可以看作宗族伦理弱化的表现形式,但此种场境中的收养是否因此而被赋予了现代意义,则未便作出肯定的回答。有意思的是,在嘉兴县,养子的身份认证由族亲、宗祠转向了村庙,民国初年的调查如此记载:"嘉邑土客杂处,土著人丁甚少,故往往继承异姓之人为子,而于谱牒宗祠等稽考系统之要件多付阙如,凡遇身份系争之案,每苦族房寥落,取证无资,惟借社庙中所书阴册以为依据。盖无论村落大小,就近必有寺庙,庙内凡该处一带男女死亡,必有簿据记载之,以备其子孙追荐,遗传已久,故即贫民未经延请僧道礼忏者,该庙亦率为载及。遇有继承等讼案,当事人即举以为证,审判官亦有时量予采用也。"②尽管收养关系通过村庙僧道的记载加以认证,但这仍然是在习惯法的既有空间中发生的,传统农业社会的基本构造未发生质的改变,此种权利关系的运作原理就仍保持传统的特征。

与过继行为相比,收养因系非血缘的血亲拟制,养子更会受到族人的排挤,我在第三章讨论村籍时对此已有所涉及。美国学者沃特纳通过对明清时期收继行为的研究,认为:"非血缘的收养都涉及财产权转移的问题。这种转移似乎比起男系收养(指过继——引者注),以及在妻方、母方或姐妹之子中收养出现的财产转移,更为频繁地发生争执。"③在收养关系成立后,族人还可以通过立嗣行为加以干扰,以希图获取对方部分家产。1912年华亭地方审判厅受理董桢祥与董颂生争产案,④即属嗣子与养子之间的家产纠纷。该地方审判厅民事判词如此陈述事实:

---

① 《民事习惯调查报告录》,第 907 页。
② 同上书,第 909 页。
③ 〔美〕沃特纳:《烟火接续——明清的收继与亲族关系》,第 102 页。
④ 华亭地方审判厅民庭判词"判决董桢祥诉董颂生拉租一案",载《江苏司法汇报》第 2 期,1912 年 6 月 1 日出版。

　　原告董桢祥之嗣祖董鸿祺在日，就其母程氏旧有田七十四亩添置五十亩，合成一百二十四亩，为程氏起建节孝祠坊，作为岁修、祭祀及本支各祖墓岁修祭扫之用。此祭田之租，向归鸿祺之子作霖及金钊两房轮管，金钊无子，以远族中董作舟之子桢祥为子，作霖亦无子，由其妻张氏血抱张姓之子新观即董颂生为养子。张氏故后，桢祥又以自己应兼祧为作霖之后，于是又取得作霖家之家督相续之资格。实则颂生为作霖所血抱之养子，除张氏及作霖以外，任何人无取消之权，而桢祥之为作霖兼祧子，系中国旧社会之习惯，颂生亦无不承认之理由。然二人因争产问题涉讼十有余年，始则由前清娄知县以该祭祀田为董张氏押去，断令董桢祥将该祭田赎回，而以该祭田归桢祥管理，嗣后前清松江府知府戚又以董颂生曾代还桢祥嗣父董蔚春债务一千元之故，断令两相抵消，而于祭田则仍令桢祥、颂生轮流经管，已结案矣。光复后，桢祥又以该祭田由彼赎回之故，具禀华亭民政长处，请将该项祭田断归桢祥一人经管，并请追缴董颂生拉收本年之租籽。华亭民政长则以董颂生系张氏抱养，非董姓所出，不得为嗣裔，而以此项祭田断归董桢祥一人管理……颂生于去年保释后，又将桢祥之田一亩三分六厘四毫盗卖于朱家角周姓，更将桢祥所有地基市房四处兜售，求请追还云云。而据颂生之供述，则辛亥年，祠田之租籽应由颂生收取，盖遵前松江府之判断，并非拉租，且亦并未将桢祥名下之田售去云云。

　　该厅最后判决董桢祥经管该项祭田，董颂生交出所收租籽之一半，而免缴之一半租籽则作为董颂生与祭田断绝关系之最后之补偿金，董张氏丧葬费用仍归董颂生负担。之所以作如此判决，该地方审判厅是这样陈述理由的：

　　　　按文明国之法律，凡养子之养家后，即取得嫡出子之身份，董颂生既为董作霖夫妇所抱养，作霖夫妇于临死时无废弃此养子之遗言，则其为作霖夫妇嫡出子之身份，无论如何终不丧失。桢祥虽照中国旧例应得兼祧，然万不能取消兼祧父母心爱之养子也。故桢祥及颂生皆可为作霖之相续人无疑。然则此项祭田何以不使颂生经管乎？曰：以颂生之浪费太甚也。查颂生得其养父母之遗产有田六百亩之巨，今仅卖存五十亩，则其浪费可知，若再任其管理，难保无再被其擅卖擅押之事。至必令桢祥每年将收数用数开具清账报告亲族，曷故？曰：此项祭田为董氏之公产而非桢祥一人之私产……以颂生虽非全无管理此祭田之资格，然既由民政长断归桢祥收管，则颂生即无再收此项租籽之权，自法理上言，应当勒令尽数缴出，然颂生从此以后对于该项祭田永不得顾问，亦未免向隔太甚，故免缴一半即为颂生与此祭田断绝关系之补偿金也。然则张氏之安葬何以又必令颂生负担乎，曰张氏为颂生之抱养母，颂生之得董氏之巨产，全出于张氏之所予，木本水源，颂生不能不稍尽为人后者之义务也。以上各节本厅参照东西各文明国之法律，斟酌中国旧时之习惯而有如主文之判决。

该案系争产业为祭田，带有公产性质，但从家产传递的角度看，至少应看作兼祧子董桢祥与养子董颂生的共有财产。董桢祥作为远族，可以兼祧四房（本生父母及作霖、金钊、蔚春三房），其目的乃在于最大限度地谋取家产；而董颂生之为养子，承继养父母家产的权利则是残缺的。该民事判词尽管承认董颂生的养子资格，但在判决中却仅加其为董张氏养老送终之义务，而未顾及其应得之权利。下文还将从民事司法的性质角度来解释该民事判词，此处仅以此说明养子的财产权利之不受保障，自有宗族伦理观念和家族共财制度的现实动因。

有时，某户人家无儿但有女，则为绵续"烟火"仍然收养异姓之子为后；或无儿女户在收继养子后又有了亲生儿，此种情形也极易产生家产纠纷。1945 年 6 月 12 日，无锡地方法院受理的张蒋贞先与蒋易垣争产调解案，[①]即属此种类型。张蒋贞先为蒋子闲已出嫁女，子闲生前收养易垣为养子，子闲故后，张蒋贞先与蒋易垣发生了争产纠纷。亲族调解不成，张蒋贞先遂向无锡地方法院提出调解申请，其"声请状"云：

---

① 《张蒋贞先与蒋易垣争产调解案》，无锡市档案馆藏档，卷宗号 ML3 - 3 - 4372。

为声请调解事,窃先父蒋子闲公于民国廿九年八月七日病故,先母荣氏已去世多年,胞兄又未成年即卒,亲生子女仅声请人一人,家属尚有父妾章氏及螟蛉弟易垣两人,所遗薄产,计住宅田产,详细附粘清单,迄今并未分割(花户等均未过除),仅因父妾及螟蛉弟生活艰难,产息暂归其收用。近闻有私行变卖之风说,爰特登报声明共有,乃相对人登报驳覆,抹煞身份,谬称已经继承,殊与事实法条均有不符,不得已,为此先行声请……

双方经过法庭和亲族调解,最后达成"析产合同",家产基本上是平均分配。张蒋贞先作为出嫁女的正当权益得以维护,但这是在与养子争产的场合,如在亲生子女间则是不可能的,这也从反面说明养子的权利受到莫大的限制。1930 年民法规定,作为遗产继承人,养子女与婚生子同,①这当然是现代民法理念的体现。上述养子与亲生女争产案中,与其说争讼双方的权利都得以张扬,倒不如说双方的权利均受到某种程度的限制,同国家法的立法要旨尚有相当大的距离。下文还要进一步讨论妇女的财产权问题,会对此作更详尽的解释。

收养和过继毕竟不同,尽管养子的人选范围较继子为广,但仅从身份认证上看,继子的确认又具有更大的不确定性,故过继争产多与继子名分的争执有关。在养子有权承继家产的情形下,当然不存在养子名分的认定;而有些宗族以"异姓乱宗"为借口,从根本上拒斥收养行为,族人倒是有可能为谋取有养子的"户绝"家产而诬指养子。像河南省开封县"买血娃"的地方习俗,"此类事实,方其行时,秘莫能知。亦有本为亲生之子,远房以争继之故,诬指为抱血娃者,则又其反也"②。在此种场合,养子甚或被剥夺了承继部分家产的权利。清光绪年间至民国初创,江苏省吴县所发生的方德明与方锡麒家产争讼案,③就涉及养子身份是否真实的问题。原告方德明于光绪三十

---

① 参见陶百川编《最新六法全书》,第 147 页。
② 《民事习惯调查报告录》,第 810 页。
③ 江苏高等审判厅民庭判词"方德明上诉方锡麒异姓乱宗含冤不白呈请提讯一案",载《江苏司法汇报》第 2 期。

四年(1908)指控方锡麒为螟蛉子,诉至吴县,败诉。民国初创,方德明又向吴县地方审判厅起诉,无下文,又上诉至江苏高等审判厅,谓"方锡麒为光福镇附近坝上查芳庭之第三子……而况异姓乱宗,尤不容于共和时代"。被告及子方锡麒则辩称:

> 氏入方门后共生一女两男,次子锡麟幼殇,长子锡麒现年二十二岁,完婚后并未娶妾,店中银钱均由婶母方冯氏管理,二十余年母子相安无事,并无人道及螟蛉二字。方德明于前清时代因借贷不遂,异想天开,敢诬亲生为异姓,实系欺氏女流、锡麒懦弱之故。讵知方氏谱系及先夫故时讣闻俱存族中,各长辈俱在,自可证明。

高等审判厅引查氏(查芳庭妻)及子查全荣、方氏族长方承培、族人方德荣之证言,谓方锡麒确系方冯氏亲生;又引族人方德沐、方宗秘之证言,指方锡麒实为螟蛉子。原、被告双方争讼焦点乃在方锡麒是否为养子身份,高等审判厅也完全从习惯法角度申明十六条理由(篇幅冗长,此处从略),作出如下之判决:

> 方德明确系诬告无疑,断令以后不得妄肆污蔑,如再行缠诬不休,并谕令方氏族长严加训诲,以警玩劣,而肃方氏之族规。所有诉讼费用按照民诉律第一百十四条由方德明负担,此判。

该判决所维护的完全是宗族法的"尊严",即该方氏宗族不承认养子承继家产的权利,并有开革条革除的严厉族规。族长方承培在证言中说:"方锡麒是否螟蛉,族中一向未闻此说。总之方氏大族,族规甚严,如果方锡麒的系螟蛉,族中早已出革条革出,何致今日?"可知该宗族严厉拒斥收养行为。无论原、被告双方所主张之"事实"是否属实,其共同的宗族伦理观念就是收养不合宗族法,养子自然就无权承受家产。前述美国学者沃特纳所说的"非亲缘的收养更易引起财产纠纷"的观点自然是正确的,而方德明、方锡麒争讼案所反映的问题则是,财产边界模糊的家产制为亲族甚至远房族人图谋同族人家产提供了制度空间,对养子名分的拒斥给这种争产企图披上了一层宗法伦理的外衣。

第四节　赘　婿

一、宗族法和习惯法

有女无子或子已夭折的人家,常有招婿养老之举,民间称为"赘婿"。太仓地方习俗,"其有爱女或无子嗣,赘婿于家,或即受资为养老,或婿至女家成礼,谓之'借堂'"[①]。前文在论述村籍制度时曾涉及赘婿问题,已知上门女婿很难融入村落家族的关系网络。从宗族伦理、村籍制度当然可以对此进行解释,但更深层的制约因素恐还在家产的分配。宗族成员可以借"异姓乱宗"之名而限制招婿行为,目的仍在争产。江苏省吴县某潘氏宗族有关招婿的宗族法如此规定:"以血统论,男女本无差别,况在今日竞言平等,故拟生女者(指本人无子者而言),准其招赘,惟所有权专属于女,女死无所出,由族中择一人为后,若赘婿于此续娶他姓,即当令其归宗,谱牒列其名,而于下注以'归宗'字样,此后一切关系断绝。"[②]该宗族基本上是剥夺了赘婿的财产权,若生子后,其子也是承继母家"烟火"及家产。此项宗族法规意在使家产不致流向族外之人,而赘婿至死也不会取得宗族成员的身份。正是看到了民间招婿多与家产继承有关,《大清律例》也规定:"招婿须凭媒妁,明立婚书,开写养老或出舍年限。止有一子者,不许出赘。其招婿养老者,仍立同宗应继者一人承奉祭祀,家产均分。如未立继身死,从族长依例议立。"[③]作为异姓的赘婿,不仅无资格继承宗祧,更重要的是,家产继承权也是残缺的,招赘者不论在感情上是否接受,均应立继同族侄辈中"昭穆相当"者一人。

在地方习俗中,赘婿的财产权也不宜一概而论。江苏省昆山县习惯,"富家年老无子而生有二女,确有均招婿在家者,始终不凭亲族指定何婿为子,议立正式嗣书。俟老夫妇亡故后,所遗财产由招婿在家之二女请同长辈

---

① 《太仓州志》,民国八年(1919)刻本,转引自《中国地方志民俗资料汇编》华东卷,第414页。
② 潘廷銮等修:《歙县迁苏潘氏家谱》"治家规约",上海竞新印刷所1913年铅印本。
③ 田涛、郑秦点校:《大清律例》,第205页。

亲友两股均分,并由两婿一同继承妻父之宗祧。此指户绝者而言,惟同族中有亲子者不在此限"①。此项习惯发生在富家"户绝",且同宗中无亲子者之场合,当可以看出家产继承的意义远大于宗祧继承。如同族中有亲生子者,富家招婿当然要经族人认可,且仍须立继同宗侄辈一人,这与前述宗族法、国家法的法律理念在本质上是一致的。可见,赘婿的身份继承与家产继承是不能截然分开的,也正因两者纠缠在一起,才会由此引起纷繁的纠纷。

在江苏句容,"对于身份继承问题最为复杂,无子者类多招赘为子,其婿即于入赘时更易姓名,写立赘书为据,名为赘书,实与继书无异。被继承人如有子侄,则分以财产若干,俾免争执,否则,但须纳资于祠,其婿即可登谱顶门,享有被继承人一切之权利。此种习惯,一因兵灾后人丁稀少,土客杂处而生;一因父母爱怜其女以及其婿,本为长情所致。相沿已久,民间视为固然。在无甚财产之家,尚不致因此涉讼。若财产稍多,或其婿平日有不满人意之处,则狱讼兴矣。近年争继之案类此者十居八九,欲维持则于例不合,欲矫正则牵制颇多……"②所谓"兵灾",当指太平天国战争。战争所造成的人口迁移,使句容县的客民增多,宗族聚落的原有形态在一定程度上被打破,宗族伦理相对弱化,招赘由以发生的历史空间增大,赘婿的财产权相对得到维护,但在财产稍多之家,族人与赘婿发生家产纠纷的可能性也很大,说明赘婿的财产权受宗族伦理制约而其边界呈现相当的模糊状态。

句容尚有"招婿养老之变例",即"招婿通例,原以有女无子为前提。然因子亡而翁姑复为之招婿以养老者,实为句邑之变例。迹其变例之所由来,开始皆由翁姑别无他子,无人扶养,不忍听其媳妇再醮,不得已而为此权宜之举,后人见其便利,踵而行之,遂浸成一种牢不可破之习惯矣。其无人可继者,且即以所招之婿为子,即于赘书内载明'顶门立户、接续宗支'等字样"③。从赘婿的角度看,这当然可以称为招婿的变例,但从寡妇的角色说,此种惯例实则为"坐产招夫"之习俗,如川沙地方习惯,"孀妇有财产者,既不

① 《民事习惯调查报告录》,第854页。
② 同上书,第857页。
③ 同上。

愿守节,又不便再嫁,乃坐产招夫,俗称'垫房'"①。关于寡妇的财产权,下文还要讨论。在"坐产招夫"的场合,赘婿固然可以"顶立门户",有身份继承的权利和义务,但此种婚姻关系之所以成立,是因为寡妇有保住田产的经济考虑,并且此种"经济计算"也是亲族成员不愿田产权流向族外之人的宗族伦理压力所致。故此,"坐产招夫"习俗中赘婿的财产权仍然是相当有限的。费孝通在研究云南省禄村土地制度时,专门讨论了"上门姑爷"的财产权问题,以为:"他们愿意改姓伏雌,时常是很明白的想借此得到一份可以终身依赖的田产。当这个目的不能达到时,就有复姓和否认上门等事了。上门的婚姻方式和农田继袭之发生密切的关系。"在该村,"上门姑爷的儿子中分从父母两姓。所以在禄村的户口册上,常发现父子异姓的事。凡是姓父亲原来姓的儿子,就不能承袭母系的农田;姓母姓的,能不能得到继袭的权利,也要看母家族人有没有良心"。②"上门姑爷"想承继田产受妻族中人的阻挠,由此而生的纠纷并不鲜见。在妻族人看来,赘婿仍为外人,故赘婿想融入宗族血缘关系网络也并非易事。前文在解释村籍制度时,曾述及清末民初海门县人张福庚入赘常州怀南乡龚氏为婿,仍然被妻之戚族视为"江北人",甚或连保管田单的权利也被剥夺。

二、赘婿的"财产权"及相应的家产纠纷

在一般的习俗中,赘婿很难取得对妻族的宗祧继承资格,为宗绪绵延计,仍须立族中侄辈一人为嗣,而身份继承和财产继承又不能截然分开,这样,赘婿与嗣子之间必然产生家产纠纷。民国甫经成立,常熟县地方审判厅就接受了这样的一件家产纠纷案。该地方审判厅民事判词③如此叙述争讼"事实":

> 钱许氏生一子两女先后夭殂,养女寿玉长成,赘袁寿康于家,从习

① 《川沙县志》,上海国光书局 1937 年铅印本,转引自《中国地方志民俗资料汇编》华东卷,第23页。
② 费孝通:《禄村农田》,载《费孝通文集》第2卷,第363—364页。
③ 常熟地方审判厅民庭判词"判决袁寿康同妻钱寿玉呈诉钱关福霸产殴尊一案",载《江苏司法汇报》第2期。

惯以婿作子改姓钱氏，与钱许氏相为依倚者十余年。寿康屡劝另继钱姓同宗一人，钱许氏未允立嗣。上年，钱许氏病故，寿康邀同亲族议立服外族侄钱仲山之子钱关福作为许氏嗣孙，将田房各半分执，钱仲山不愿，即同钱三茂等以袁寿康吞产乱宗控经前县魁令批饬理处。光复后袁寿康、钱寿玉来厅，虽控钱关福凌逼阻葬，叠经谕催，先行安厝，再邀公亲妥理。钱寿玉旋称，往议葬事，被钱关福殴伤，请验。由厅两次饬传钱关福，未到，转邀律师辩护，原告亦请律师到庭互诉，应即着量解决。

地方审判厅最后判决为：

钱许氏田产作三分匀，派一分为钱关福嗣产，一分为钱许氏祭产，仍归钱关福世守承祭，以一分给钱寿玉作为奁田，钱许氏遗物账单袁寿康交出，公同分配，讼费由原被告分缴。

袁寿康既无身份继承资格，又无财产权利，钱寿玉得到三分之一家产也是以奁田的名义给予的。地方审判厅申述判决理由时，在法理和道义上却是偏向原告袁寿康和钱寿玉的：

查苏都督法字第一号通令，省议会议决民法未定有完全草案，应暂依本省习惯及外国法理为准。以婿作子，即承其姓，本吾国习惯所常有，原告先为钱许氏赘婿，有钱克明、钱汝济为媒，立有婚帖可证。其向承钱姓，被选举为该区区董，有本市董事会来文及该区调查选民册可证，足见该原告以婿作子，久为钱许氏所爱悦，为社会所信用，与日本婿养子缘组及人夫之规定相符。迨钱许氏故后，近亲劝令成服，该原告不欲以他姓乱宗，仍立疏族为嗣孙，更见其深明大义，无独据遗产之心。钱关福父子误信教唆，谓其藏匿现洋及金珠首饰等物，先后呈控，不过借为攻击资料，并无确证。此次辩论，忽称有徐福昌、何寿寿等意见，此叠次诉词向未主张之事实，显系串诱作证，希图摇惑……钱许氏遗产已归钱关福管业，仅存遗田九十七亩零，本厅准情，酌理析作三分。

在地方审判厅司法长官看来，以奁田名义给钱寿玉、袁寿康部分家产，已算维护了其应得的权利,所谓以"本省习惯"之理由尚可成立,而如以日本婚养子制度相比附,则应该完全维护袁寿康、钱寿玉的全部财产权。据李卓对日本婚养子制度的研究,"日本人家庭的养子中,最多的当属婚养子……虽然招婿是与女儿的婚姻联系在一起的,但招婿的主要目的实际并不只是为了女儿的婚姻,而是为了让其继承家业……女婿与养子可以合二而一,外姓人通过婚姻关系而改变姓氏成了家业继承人,这种在中国人的观念中很难接受的事实,在日本却是习以为常的现象。这固然与日本的历史传统(如日本古代曾盛行招婿婚)有一定关系,但更主要的原因在于日本人把家业放在主要的位置,所以可以对血缘系谱关系进行人为的调整,以适合家族经济共同体的运作和维持"①。在血缘与家业双重的男系承继原则下,中国的赘婿很难取得妻族正式成员的身份和财产权,这自然无法同日本的婚养子相比。常熟地方审判厅如此判决,主要还是依民间习惯法为民事法源,而在双方当事人财产边界本已模糊不清的情形下,当然也不能为之勘分清楚。这样的判决,倒更像族亲会议所作的民间调解,其本质不在张扬当事人所应得之权利,而在于以息事宁人的态度平息讼争。

招"上门姑爷"一般是为养老之目的,故赘婿应在成年;而仍在同族侄辈中另行立继一人,以继承宗祧为名目,嗣子的年龄也就无关紧要了。有时,年幼的嗣子仍随亲生父母生活,赘婿在婚姻关系成立后则在妻家生活,妻之父母在感情上与赘婿较为亲近,更愿将家产传递给赘婿,赘婿于情理上也以为有继承家业的权利,但嗣子的亲生父母以宗族伦理为借口,又会强烈地主张其子应得的权利,纷争由此而起。1912 年江苏省山阳县地方审判厅受理葛保魏与葛保田争产案,②即较为典型地反映了赘婿和嗣子争产场合的财产关系。山阳地方审判厅民事判词如此陈述讼争"事实":

> 葛保魏年三十九岁,籍隶山阳,以种田为业,原姓魏。于前清光绪

---

① 李卓:《生命的传承与家业的传承——中日家的比较》,载《中国社会历史评论》第 1 卷,天津古籍出版社 1999 年版,第 430 页。
② 山阳地方审判厅民庭判词"判决葛保魏呈诉葛保田捏据强吞叩赏请断一案",载《江苏司法汇报》第 2 期。

十八年入赘葛门,为葛仇氏养老之婿,年已十九岁,更姓葛,改名保魏。先于葛仇氏之夫长发于十七年病故,后曾立胞弟长富长子保田为嗣,保田年方十二岁。所有长发承分祖遗田二十亩、坟田三亩及保田所携本房基地田二亩,公提与长孙之田三亩,均归葛仇氏掌管。保田入嗣之次年,葛仇氏招赘保魏为婿,当由葛氏亲族公断,所有长发遗下祖产二十亩零,保魏与保田均分,将来葛仇氏身后殡殓之费,亦归保魏、保田二人共同负担,载明赘据,确凿可证。嗣后葛仇氏所掌管之田产,皆由保魏一人经理,竟不使保田与闻。迨葛仇氏于旧历去年十月病故,所用一切丧费共计八十千文,虽由保魏一人支出,保田未与计算,而保魏所经理二十余年之田产,亦应按赘据与保田分割,以清权限。乃保魏延不清理,反敢据为己有,捏造赘据,浮开丧费,于三月九号来厅呈诉。

该判词所述之"事实"也未必完全属实,无非据争讼双方之"诉称"加以判断而已。对于研究者来说,探究其中的真正事实似乎已变得无关紧要了,问题的关键则在于如何透过赘婿与嗣子各自的财产主张而解释此种讼争的发生机制。在前述袁寿康和钱关福争产案中,钱许氏生前以近族无侄辈而不行立继,袁寿康在钱许氏故后仍邀亲族议立远房族人钱关福为嗣子,当然不是自愿的,而是迫于宗族成员的压力。在后一案中,葛保魏经营二十余年之田产,在嗣子葛保田未尽养老之责的情况下,最后仍得与之平分田产。这两件民事诉讼案都涉及有田之家,前案中远房族人钱仲山为达争产目的,甚至造出所谓"嗣孙"的名目,况是在钱许氏故后。可见,宗祧的继承只是宗法伦理的外衣,背后潜藏的是争夺家产的利益需求。反过来,也并不能说宗祧继承的意义就此变得无足轻重,赘婿的财产权之所以难以维持,不正在于宗族成员以异姓乱宗为名而拒斥其融入宗族关系网络的诉求吗?

争产的利益追求与宗族伦理观念相互交织,彼此很难以现代民法理念加以厘清。不能因争产的真实企图而说传统中国社会的人们已经有了权利意识,而是人们在家族共财制场境中总想方设法获得别人的那份家产,其逻辑是"我的是我的,你的也是我的",不是"你的是你的,我的是我的"。财产边界的模糊性又借宗族伦理观念而充分凸显,从中可见传统中国社会的本质特征正像梁漱溟所归结的,乃为"伦理本位",从分家析产到立嗣、收养、招赘,无不鲜明地反映了这一结构性特征。

第五节　妇女的"财产权"

在讨论分家析产和宗祧继承问题时,我已多少顾及妇女的家庭角色和社会身份。一个基本的事实是,在男系继承原则的父权制家族制度中,尽管妇女始终处于从属的地位,但家庭的再生产,无论是物质资料的再生产,还是人口的再生产,都离不开妇女的活动。然而,在家庭结构健全的场合,兄弟分产根本无需考虑妇女的财产权。析产既是兄弟间横向的家产分割,又是纵向的家业传承和宗祧继承。此时宗祧继承只不过是家业传承的"副产品",分家析产过程中家业传承的同时宗祧得以延续。只有在无男性后代,即所谓"户绝"条件下,宗祧继承才作为一个有争议的问题摆在族人的面前,立嗣、收养、招赘是应对此种变故的三种主要方法。在相关的运作机制中,妇女的家庭角色、社会身份并不是无足轻重的,特别是在讨论宗祧继承时,如果绕过妇女的社会身份和财产权问题,那将是不完善的。白凯(Kathryn,Bernhardt)曾对宋至民国时期妇女的财产权做过专门的研究,认为过去完全从男子的角度研究分家析产制度是不全面的,如果以妇女为主题,并从宗祧继承制度来考虑,就会看到自宋至民国时期妇女的财产权还是发生了很大的变化。她对清代的两种现象特别作了研究,认为清代每十个妇女中约有三人会经历过以下两种情况之一:一是一个没有弟兄的女儿,二是一个没有儿子的母亲。前者的比例在 6%—12%,后者的比例在 19%。对于这两种情况下的妇女而言,起关键性作用的是宗祧继承。[①] 我基本同意白凯的说法,故将妇女的财产权问题放在"宗祧继承与家产纠纷"这一章加以讨论。白凯主要是以对诉讼案件和律例的分析为切入点,较为注重比较习惯法与国家法之间的差异,基本属于法制史的研究。我则在考察妇女的财产权时更联

---

① Kathryn, Bernhardt, *Women and Property in China*, *960-1949*, Stanford University Press, 1996, pp.2-3.

系到妇女的社会身份和家庭角色,其中汲取了当下妇女史研究的学术资源,比如关于"社会性别"的界说。

一、妇女的家庭角色和社会身份

从家庭再生产过程看,妇女代际传递的家庭角色不容忽视,其劳动对农家生计的维持确有至关重要的作用,李伯重称之为妇女的"半边天角色"。在昆山县徐公桥乡,"女子全系天足,故无不下田工作。且除农事作业外,兼及家事,而家庭工业亦几乎完全由女子担任。如纺纱、织布、制衣等尽属家庭工业,而全系女子任之"①。尽管妇女的劳动对农家生活是举足轻重的,然而妇女在家中的权利与此却是不相称的。江南地区流行的大量歌谣都反映了妇女在家庭中的角色和地位,而妇女的家庭角色大致不外媳妇和女儿两种,婆婆也是由多年的媳妇"熬成"的。昆山县有歌谣反映做媳妇之难:"东方日出白淡淡,新做媳妇实在难,早晨起来烧早饭,夜里点灯缝被单;眼泪汪汪哭进房,鼻涕眼泪如面汤。金漆踏板象牙床,回转身来望我郎:'廿年媳妇廿年婆,再加廿年做太婆。'问询姊,寄信娘:'嫁女勿嫁东田郎,要嫁城里吹风凉。'"②费孝通对吴江县开弦弓村翔实的人类学观察也表明,媳妇在丈夫家的家庭地位相对低下,婆媳发生冲突的可能性很大。③ 中国第一历史档案馆所藏清代刑科题本档案中有很多因家庭纠纷而酿成的人命案,其中由婆媳、夫妇冲突而引起的人命案又占"服制"命案的相当部分。嘉庆六年(1801)正月十七日午后,江苏省长洲县民浦发淋之母浦章氏令媳副姐洗衣,副姐贪懒不听,章氏训斥,副姐出言顶撞,浦发淋喝骂,并掌殴副姐右腮颊,副姐回骂。浦发淋气愤之下用木槌将其打倒在地,不多时,副姐便因伤殒命。④

尤其是在未生孩子前,媳妇的家庭地位是不稳固的,丈夫可以借口妻子

---

① 职业改进农村生活董事会:《昆山县徐公桥乡区社会状况调查报告书》,1926 年 7 月印行,第 11 页。

② 顾颉刚等辑:《吴歌·吴歌小史》,第 475 页。

③ 参见费孝通《江村经济》,第 33—36 页。

④ 《浦发淋殴伤伊妻副姐身死案》,载《清代"服制"命案》,第 465 页。

没有生育能力而将其"休掉",妻子则没有资格提出离婚,在发生冲突时往往负气跑回娘家。前文也已经说过,媳妇只有在生了孩子后,算是为夫家延续了"香火",其地位才得以巩固,夫妻关系渐趋亲密,婆媳也因对小孩的共同兴趣,发生摩擦的机会相应减少。所以民间婚姻习俗中,常在成婚时于洞房中置枣和花生,寓"早生子"之意,前述江宁地方妇女于中秋夜"摸秋"的习俗本质上与此相同。

未出嫁的女儿从亲情上当然与父母的关系密切,但在家里人看来,她们迟早要成为别人家的人,所以更无家产继承的预期。吴江县开弦弓村的一位老年妇女回忆起年轻时的情形,这样对调查者李友梅说:"我原有个姐姐,娘那时封建呀,伊说女的要两个来做啥,男的倒还一个也没有。所以,就把我送给周姓人家,可送掉我以后,姐姐死了。娘去领了一男孩叫祥宝,祥宝在家里只当儿子用的。"①近代江浙地区普遍存在的溺女婴习俗,正是对女儿家庭地位的切实反映。在松江府,清宣统《蒸里志略》载:"贫家生女多则厌之,率行溺毙,以致娶妻子聘媳甚难。"②常州在太平天国战后,"元气未复,室家多艰,于是莠民浇俗,各乡间往往有抢媚溺女之事"。高淳县则"稍有水旱偏灾,民间溺女之风日炽"③。在20世纪30年代的开弦弓村,"杀害女婴就更为经常。父系传代及从夫居婚姻影响了妇女的社会地位。在父母的眼中,女孩的价值是较低的,因为她不能承继'香火',同时,她一旦长成,就要离开父母"④。女孩不能绵续"香火",即使是对家庭生计作出重大贡献,也无法与她的兄弟们一起平分家产。清代昆山一首诗反映了农家女的这种家庭地位——"东家女儿发垂髻,阿母唤来采桑叶。枝头叶稀翠黛颦,心忧蚕饥畏母嗔。归来饲蚕蚕不饥,三眠百日蚕吐丝。又恐丝薄织作迟,唧唧复唧唧,当窗织成匹。织成云锦五色光,可怜俱为他人忙!"⑤女孩未嫁之时的劳

---

① 李友梅:《江村家庭经济的组织与社会环境》,载潘乃谷、马戎编《社区研究与社会发展》,第501页。

② 转引自《中国地方志民俗资料汇编》华东卷,第50页。

③ 转引自李文治编《中国近代农业史资料》第1辑,第928页。

④ 费孝通:《江村经济》,第25页。

⑤ 张潜之辑:《国朝昆山诗存》卷三十《饲蚕歌》,转引自洪焕椿编《明清苏州农村经济资料》,第635页。

动在出嫁时只能换来父母的陪嫁,虽可以作为新家庭的物质基础,但远不及她所创造的价值。即使如此,在她的娘家哥嫂们看来,她仍然对家业继承权有一定的威胁。常州有一首民谣唱曰:"月亮光光,女儿来望:娘道心头肉,爷道百花香,哥哥道赔钱货,嫂嫂道吵家王;我又不吃哥哥饭,我又不穿嫂嫂嫁时衣;开衣箱,着娘衣;开米柜,吃爷的。"①浙江省黄岩县有俗谚云:"娘饭香,夫饭长,兄弟饭,莫思量。"②女儿虽无家业继承权,但出嫁时父母的陪嫁却可以作为建立新家庭的基础,这在其娘家兄弟看来无疑也是对于家产份额的分配,故被视为"赔钱货"。而姑嫂之间既无任何的血缘亲情可言,小姑们在娘家嫂嫂的眼中,简直就是"多余的人",姑嫂之间处不好关系是经常的事。

　　妇女在农家生计中的重要贡献与其家庭地位的低下似乎是矛盾的。其实,如果从家产分配的角度解释,则是很容易理解的。正因为土地等家产是依照男系原则传递的,妇女在一般的场合没有继承权,故家庭劳动义务则多于男子,正如费孝通所描述的云南禄村的情形:"结婚之后,维持新家庭经济基础的农田,新妇一点都带不过来",这样"没有田的女子在经济权利方面,不能和丈夫相比,一方面是生育孩子,一方面是担任烹饪针线等家里的杂务。此外,还要下田,晒谷子,喂猪等较轻的农作"。③ 妇女的家庭角色和社会身份有机地统一在父权制家庭结构之中。弗里德曼通过对福建、广东宗族组织的人类学研究,认为:"在结构上,作为一个整体,从家庭到宗族的所有单位是男性的,然而妇女连接着他们。但在这方面,家庭和更高的亲属单位之间有重要的区别。在家庭中,妇女的活动与功能显得与男人一样重要。一旦我们超出家庭单位来看,妇女的正规角色消失了,而且她们的非正规角色似乎相对不重要。只有当她去世的时候,作为一个妇女,以祖先灵牌的形式获准进入祠堂。在宗族的支配下,只有她丈夫或儿子说话的权利,而她没有。因此,当我们讨论家户和家庭的时候,我们不能不考虑妇女的重要性。

---

① 顾颉刚等辑:《吴歌·吴歌小史》,第 478 页。
② 《黄岩县志》,清光绪三年(1877)刻本,转引自《中国地方志民俗资料汇编》华东卷,第 853 页。
③ 费孝通:《禄村农田》,载《费孝通文集》第 2 卷,第 360 页。

当我们转而注意更广泛的亲属单位的时候,我们应该很便利地想到,这些群体主要由男性组成。"①弗氏的解释当然有一定道理,在家户与宗族的不同层次上,妇女的活动空间是不一样的,而问题的深层意义并不仅仅在于指出这种不同,而是应该在发生学的意义上解释其内在的逻辑。与其将妇女的社会身份放在家户与宗族的组织层面上观察,倒不如在流动的社群关系网络中解释其行为、观念来得更为切实。这在下一章中会看得更清晰一些,因为家户与宗族的组织界限原本就是模糊不清的。

二、"扛孀逼醮"和寡妇守节

讨论妇女的财产权必须联系社会历史场境作具体的分析,不宜一概而论。在家庭结构健全的情况下,诸子均产制是普遍的制度,妇女无权取得一定的家产份额,她只能以自己的言行去影响自己的丈夫,对于家产分配并无多少发言权。而在家庭人口结构呈残缺状时,宗祧继承的问题就很突出,特别是在寡妇无子和出嫁女无兄弟的场合,妇女的财产权就与分家析产的制度运作有很大的不同。当然,这不是说此两种场境中妇女的财产权会得以张扬,实际上,家族成员常以宗祧继承的名义否决寡妇和出嫁女的权利主张。

在近代江南地区广泛地存在着所谓"扛孀""逼醮"的地方习俗,所反映的正是寡妇的权利状况。在清代宝山县的罗店镇,"有所谓'白蚂蚁'者,贫妇丧夫,诱其改志,从中渔利;甚至孀妇不从,夜半率众破门而入,赤身卷去,逼勒成亲,致关人命,谓之'逼醮',又曰'扛孀'"②。月浦地方,"棍徒窥有少艾孀妇,则贿诱其远族私立婚书,纠结党伙,昏夜破门而入,挟妇登舆,不问其从与否,谓之'扛孀'"③。在民国初年的吴县唯亭山乡,有地痞无赖抢卖"青包头""白包头"的风气。在该地,"'青包头'、'白包头'('青包头'指已出嫁之妇,'白包头'指孀居之妇,盖本乡妇女均好以布覆头顶,此土棍用以鉴别之术语也)都可将来贩卖,出出'花样',诈些钱用用,倒比赌博

---

① 〔英〕弗里德曼:《中国东南的宗族组织》,第39—40页。
② 《罗店镇志》,清光绪十五年(1889)铅印本,转引自《中国地方志民俗资料汇编》华东卷,第75页。
③ 《月浦志》,《上海史料丛编》1962年铅印本,同上书,第79页。

还好过"①。在"扛媾""逼醮"的习俗中,寡妇的人身自由都被剥夺了,这其中不乏族人觊觎寡妇"户绝"家产的企图。郭松义曾对光绪《顺天府志·列女传》所列清代媾妇73人进行了考察,称"其中涉及逼嫁、劝嫁内容者27人,占总数的37%",并据此认为:"逼嫁、劝嫁虽不全出于觊觎资财,但可见到,希望寡妇再嫁,也是一股不可忽视的势力。"②

"扛媾"习俗的广泛存在,并不能完全使寡妇再嫁,事实上仍有相当多的寡妇选择了"守节",翻阅地方志《列女传》,可以看到大量的此类事例。杜芳琴从夫权制的文化习俗来理解寡妇守节,极有见地,她认为:"一种以经济继承为主文化习俗相伴的家庭继嗣制要求每个夫权制小家庭必须有男性继承人,对死夫的节妇而言,有子最好,若无子须从夫族中最近血缘的子辈中'立后',养育长大娶妇,才算完成了守节使命。于是已有身孕而丧夫的,要生下来孩子,若是有子就守节抚育,生下女孩,就有可能殉夫。已有子而寡,活着就是盼儿子长大;如果无子或夭亡,就是请求舅姑、族长为自己立后,甚至未嫁而上门守节的妇女也要立后。"③澳大利亚学者珍尼弗·豪姆格林(Jennifer Holmgren)对寡妇守节则作了如此之解释:"守节和殉烈不是理学价值的表现,而是继承习俗转变及经济发展的结果,帝国后期寡妇不能随便动用夫家的遗产,只可以为子孙监管财产;由于少了这份财富,寡妇回娘家不再受欢迎,再婚的价值也打了折扣。另一方面,寡妇的公婆很可能因贪财逼迫寡妇再嫁,所以对抗逼婚的方式就是自杀,最符合经济的选择就是守节。"④对于寡妇守节不能仅从文化习俗和经济考虑作单一化的解释,实际上,在传统社会中,文化习俗和经济动机很难作二元化的界分。具体到寡妇守节而言,其财产权之残缺既是一个经济事实,又是一种法权关系,还是夫权制宗族伦理的一种表现形式。

---

① 施中一:《旧农村的新气象》,第11页。
② 郭松义:《伦理与生活——清代的婚姻关系》,第452页。
③ 杜芳琴:《中国社会性别的历史文化寻踪》,第105页。
④ Jennifer Holmgren, "The Econmic Foundation of Virtue: Widow-Remarriage in Early and Modern China", 1985; "Observations on Marriage and Inheritance Particular Reference to the Levirate", 1986.

三、寡妇的"财产权"

宗族成员对于寡妇处理家产的限制相当严格,这在宗族法和习惯法两个层面均有所反映。吴县某潘氏族谱如此规定:"夫死无资乏嗣意欲嫁人,宜援范氏庄规,由族中善为资遣,苟有所出,归近支教养成人。设故夫遗有财产,当公议立嗣授之,或充作合族及地方公益之用。临时以多数取决并得酌提资财之一部分及衣饰器具与再醮之妇,本夫若有亲笔遗嘱,则照遗嘱办理。无财产无子女而自愿守节者,应赡之终身,敬礼有加,无俾失所。"①寡妇立嗣是在有财产的场合,而无产守节者仅由宗族赡养以终其老,可见宗祧继承的原则是为家族共财观念所支配的。在有的宗族,寡妇守节者甚至被迫将家产捐入祠堂,如某钱氏宗族中一位寡妇将田地捐给宗祠,并立有"助单"②——

> 立助单增谦妻邵氏
> 立助单钱邵氏今因年几五旬,丈夫已故,故未曾举子,欲绵先人之绪,特邀亲族将平田三亩有零自愿加入公祠东分,以奉春秋之祭,永垂不朽,立此助单为照。
>
> 道光二十六年四月
> 立助单　邵氏
> 见助　外祖　齐元
> 族长　在文
> 伯　廷叙
> 代笔　侄孙　顺清
> 助单一纸　席珍　收执

寡妇即使在某些场合有一定的田产处置权,也仍受到宗族成员的重重限制,如江苏省江北各县,"凡孀妇绝卖田亩,除出卖人于契内署名签押外,另须相当之亲族,以见卖人地位同在契内列名画押。缘孀妇单独卖田,族人

---

① 潘廷燮等修:《歙县迁苏潘氏家谱》"治家规约"。
② 《(学圩)钱氏宗谱》,锦树堂 1942 年刊本。

横加干涉,易生纠葛,买主不肯轻易买受,于买卖上颇有窒碍。倘有相当之亲族出名见卖,一切纷争可以解除,庶可保交易上之安全"。民国初年的民商事习惯调查员莫宗友曾照录鞠文彩诉鞠周氏案中鞠周氏绝卖文契一纸,上列"见卖叔鞠文秀""见卖叔鞠文莲"字样。① 所谓"同卖",言下之意即谓寡妇没有独立的田产权。清雍正十二年(1734)江苏省镇洋县(即太仓)殷顾氏所立"叔嫂找绝田文契"②,所体现的寡妇田产权之残缺与江北地方同,兹录于次:

> 立找绝田文契殷门顾氏同叔殷足,为因钱粮急迫,曾有契卖东一都短字圩田七亩八分,卖到潘处为业,已经得价。因原价不敷,复央原中金胜贤三面议定,找绝银七两整,契下一并收足。自找之后,再无不尽不绝。欲后有凭,立此找绝田契为照。

雍正十二年五月　日

找绝田文契殷门顾氏

同叔　殷足

原中　金胜贤

寡妇有田产者守节,要立嗣将田产传给族中侄辈一人,不立后要捐入宗祠充作族田,如要再嫁,当然就不能将田产带走。既不想放弃对田产的处分权(不是所有权)而又欲再嫁者,便有所谓"坐产招夫"之变通办法,如前述川沙县"垫房"习俗。在"坐产招夫"的场合,一般是寡妇有子或公婆健在,为养子和养老的考虑而招赘。在苏南的句容县,"妇人因夫亡子幼,招夫养子,其子所有受遗财产,虽由后夫代为管理,而其主权仍在于妇,处分一切财产皆以该妇之名义行之。一若该妇对于前夫并未断绝关系者,故其与人涉讼时,往往不从后夫之姓,而仍以前夫之姓为冠首,此种习惯句邑行之已久,在乡民对于该妇视同女户主,然不以再醮之妇看待"③。句容县的此种"坐产招夫"场合中,寡妇虽对家产有较大的处分权,但年幼的儿子在继承预期上是

---

① 《民事习惯调查报告录》,第 183—184 页。
② 见张传玺主编《中国历代契约汇编考释》,第 1225 页。
③ 《民事习惯调查报告录》,第 857—858 页。

家产所有权的主体,寡妇只是代为处分而已。

妇女,尤其是寡妇,一直处于无权的地位。在"土改"时,她们也要求处分财产,如太仓县璜泾区的寡妇老太和未出嫁的青年妇女向"土改"工作团提出处理产权,鹿河乡长桥村有一个从不开会的老太太,听了村干部的传达,就感动地说:"过去我一直勿开会……下次我一定要多开会。"①这说明寡妇的财产观念并不是十分明确,只不过是土地改革这一政治事件为其获得土地权利提供了契机。无锡县查桥乡在"土改"过程中,"妇女认识较模糊,对妇女在土改中同样分得土地的认识不明确,如群众发动得较好的王湾组,三十多个妇女对土改认识比较明确的只有二个。一般说:'我家里事情也蛮忙,烧饭带孩子,分田由小孩爹去。''大会上讲话难为情,说错了人家要笑话。'"②王湾组还是发动得较好的村庄,妇女的财产观念即如此模糊,一般村庄也就可想而知了。这是就妇女财产观念的一般状况而言,因有丈夫作为户主,她们参与分田的要求不高。寡妇在"土改"中要求独立处分财产,不能单纯视为她们的权利意识觉醒了,更应看到,在村落社区中以家户为单位的土地再分配中,寡妇不得不作为户主出面参与分田。从妇女的家庭角色和社会身份来说,无锡县查桥乡王湾组大部分妇女在"土改"中所流露出来的观念,正好验证了弗里德曼的前述说法。

如果寡妇像一般的家庭妇女一样完全没有家产处分权,即寡妇并不主张对丈夫所遗田产的处分权,而是心甘情愿地交由亲族处理,那么也就不太容易发生家产的纠纷了。实际的状况则大致是这样一幅图景,寡妇主张相对独立地处分家产,族中近支有多人图谋取得这份家产,因此而起的家产纠纷就不可避免了,族中不能调解的,便会诉至地方司法长官处(在清代为县衙,在民国为地方审判厅或地方法院)。清末青浦县寡妇周李氏因族人周伯全图谋吞产,诉至青浦地方审判厅,地方审判厅作出了于周李氏不利的判决,周李氏不服该判,遂上诉至江苏高等审判厅,高等审判

① 中共璜泾区委员会:《太仓璜泾区土地改革全过程情况的总结报告》,1951年3月6日,苏州市档案馆藏档,卷宗号101-长期14。
② 中共无锡县委:《查桥乡土改工作检查报告》,1950年8月,锡山市档案馆藏档,卷宗号B1-1-9。

厅民庭判词①如此陈述该案"事实"：

> 青浦县遗孀周李氏诉称，其夫衍卿及嗣子诒生相继亡故，遗产交媳徐氏管理，嗣后徐氏多病，继孙国干年幼，于前清光绪三十四年雇族侄孙伯全来家司账，薪资按年照给。不料徐氏于前清宣统三年八月病故。伯全觊觎财产，乘丧乱时将田单借券、首饰各物等卷逃一空，旋即察觉，央氏弟李宗源代为探问，伯全承认不讳，并将嗣子诒生主位亦被窃去……讵徐翼生意在分肥，教唆伯全有徐氏遗命立为爱继，并串通周瑞珍、周翼文等伪造草据，称徐氏于临终时遗命伯全为爱立，所有财产应归国干、伯全二人均分等语。

寡妇无后常与立嗣联系在一起，孙伯全最初仅是为徐氏管账，俟徐氏故后，伯全想侵占其所遗家产，便有受命立继之说，宗族伦理背景下的宗祧继承行为给其谋取"户绝"家产披上了一层合法的外衣。而周李氏作为徐氏婆婆，之所以提起诉讼，乃是代继孙国干主张产权，不能视为她自己有独立的权利主张。

寡妇在有子的场合只是行使家产的监管权，在无子的场合则涉及宗祧继承与家产传递如何统一的问题，而宗祧继承资格的不确定性又使族中众多成员均想借立嗣来谋求"户绝"家产。1912年，江苏常熟地方审判厅长官在关于寡妇罗钱氏呈诉罗传传等图产扛媳的批示②中，即用严厉的道德辞令对此种现象首先进行了谴责：

> 诉悉，吾国社会教育尚未普及，民间颇乏国家世界观念，不免有自私财产之心。而无子之家，辄有同族疏属借立嗣之名为吞产之实，恃众豪夺，忍心害理，俾被相续人生者苦痛，死者怨恫。名为子孙，已同警寇，甚或招引凶邪，甘受愚弄，遂至稍有关系，无不利其争执，群思染指，一骨投地，群犬吠吠，诪张为幻，不可胜诘也。

---

① 江苏高等审判厅民庭判词"周李氏委托律师陆家鼐诉周伯全司账卷逃不服青浦审判厅判决上诉一案"，载《江苏司法汇报》第2期。
② 江苏常熟地方审判厅批示"媳妇罗钱氏呈诉罗传传等觊产吞没扛媳挖继纠党骚扰由"，载《江苏司法汇报》第3期。

其义愤填膺之情溢于言表。该件并未进入庭审程序的争讼"事实"是这样的。罗钱氏"茹辛饮冰,坚贞自矢,罗传传以远族无服夫兄,既将伊子硬行挜嗣,意图尽占遗产,幸有公亲力争,留田五亩四分为该氏养膳。罗传传仍复百计欺凌,于使茕困孤嫠不能久安于室,甚至纠同蒋兆等闯入图抢,又幸该氏乘隙潜逃,始免于辱"。该批示中充斥了地方司法官和原告罗钱氏浓烈的道德判断,故所述"事实"也未必全然可信。然而,至少可以由此说明,罗钱氏的财产权得不到来自宗族的保护,罗传传以远房族人的身份强行将其子过继罗钱氏,并有逼寡再嫁(即俗谓"扛婿")的行为,甚至要剥夺寡妇的人身自由,其最终目的均在争产图财。

　　谋产与逼嫁联系在一起,其中的逻辑是,寡妇再嫁,不能将家产带走,留下的田产必在族人中以宗祧继承的名义分配,此种场合的"承嗣"完全失去了慎终追远的宗法人伦精义,而纯粹成为某些族人图谋"户绝"家产的宗法外衣。1912 年,江苏丹阳地方审判厅受理了本县北乡大泊岗李家村寡妇李尹氏控李金庚谋产逼嫁一案,[①]该审判厅民庭判词陈述了这样的争讼"事实":

> 李尹氏族之夫李金荣于宣统二年八月病故,遗有三岁一子,尹氏守节抚孤不断。至宣统三年六月,此子亦亡,即有族人李金庚觊觎其家产,欲以其次子派继。尹氏以宣统二年因田房纠葛,二次涉讼于前清陈县案内,虽经继结,已成嫌隙,不允金庚之子立嗣,欲择族人春狗之次子立继。金庚怀恨,于本年旧历二月初,乘尹氏到其母舅家中时,即将尹氏家内之契据匣一个、皮箱一只、木箱一只、木椅两张搬去,借口于尹氏业已再醮等语。后尹氏得知,即邀族人理处,金庚亦未将契据什物等交还,遂赴检察厅讯办,检察厅讯问情节,系因承继起争,不忍即科以刑事之罪,遂将全案送至本厅作为民事办理……

寡妇无子应行立继,立继有应继和爱继之分,从该案中可以看出,李金庚之

---

① 江苏丹阳地方审判厅民庭判词"判决李尹氏控李金庚谋产逼嫁一案",载《江苏司法汇报》第4 期,1912 年 8 月 1 日出版。

子于两者均不合。李金庚谋产逼嫁,并肆意抢夺寡妇家产,概因他欲以其子承继李尹氏的图谋未得实现,亦知宗祧继承实具有很大的弹性。寡妇李尹氏在争讼中并不是争取自己独立的财产权,而是维持李春狗之子的继子资格,以便将家产传给他。如果说在类似的争讼中,寡妇还有所谓权利的话,那么她所拥有的只是对"户绝"家产的临时监管权。

四、"奁田"纠纷①

一般而言,妇女出嫁以后,便成为夫族中的成员,更没有资格向娘家提出家产继承权了。与寡妇无子不同,出嫁女如无娘家兄弟,仍有部分家产继承的权利,当然,此项权利与现代民法意义上的个人权利尚不可同日而语,因为家产仍然是依照男系继承的原则传递的。在昆山县,"查富家子女各二人,子娶而女未成年,未嫁时提议分产,惟有酌提二女之奁产或嫁费,余归二子均分,无四子均分之习惯"②。这就是所谓的"奁田"。与其将其看作田产权,倒不如看成是富裕之家的陪嫁。在青浦县盘龙镇,"女家行嫁用橱箱,多少不等,间以杂物,并有以田产为奁润者"③。前文已说过,嫁妆可以作为建立新家庭的物质基础,但对于"奁田"来说,其所有权归属并不是十分明确的。松江县关于"奁田"的习惯,"须出嫁之女生有外孙,方将田单交与过户"④。就是说,出嫁女最终获得田产权须以生育男性继承人为条件,从娘家来说,是要保证"奁田"所有权主体与之有一定的血缘关系,否则,娘家要收回这份田产。

清至民国时期,江南地区围绕"奁田"的民事纠纷时有发生。从发生学上看,"奁田"所有权边界在女儿出嫁时就不甚明确,出嫁女与娘家人的是项纠纷由以产生。1912 年 4 月,江苏省常熟地方审判厅受理的一件

---

① 关于出嫁女的财产权问题,还有其他几种情形,如娘家有亲生兄弟、娘家无亲生兄弟而已收养子或嗣子。出嫁女与养子的家产纠纷在前述张蒋贞先和蒋易垣争产案中已有详细分析,至于其他情形,因限于资料,不便妄加评论,故此节标题仅拟为"'奁田'纠纷",是为志。

② 《民事习惯调查报告录》,第 855 页。

③ 《盘龙镇志》,《上海史料丛编》1963 年铅印本,转引自《中国地方志民俗资料汇编》华东卷,第 49 页。

④ 《民事习惯调查报告录》,第 197 页。

"奁田"纠纷案,①即较为典型地反映了这一法律权属关系。该地方审判厅民事判词陈述该案"事实"如下:

> 原告浦金氏为被告易浦氏即浦银妹之继母。银妹父浦浩贤前室王氏生两女,先故,无子。前清光绪三十年,浩贤嫁长女银妹于易五保,赠奁田五十亩,有奁帖为证。三十一年银妹丧夫,仅遗一女,浩贤因其食指无多,减奁田十六亩九分,以三十三亩一分写立过粮凭字,由浩贤亲自签押,过易浦氏奁银记户名,有三次粘呈粮串可证。浦浩贤后娶金氏,生有子女。上年冬间,浩贤病故,浦金氏、浦仁芝等屡令银妹将奁田改回浦姓户名,银妹不允,并呈民政署备案,请禁擅自过粮,以防盗卖,经民政署批示,无论何人,不得觊觎在案。浦金氏、浦仁芝亦诉其私过奁户,毁议欺母,请移送核办,旋以浩贤遗嘱令银妹过户正名等语来厅呈控。本厅初令邀同亲族理处,该民固请传究,并据西徐市公民缪缟等十人、浩贤舅母陈钱氏、公亲王银保、浦企棠等七人先后代易浦氏申诉,指称原告捏写遗嘱、饰词攘夺……陈钱氏为浩贤亲舅母,时常往来,未闻浩贤有收回伊女奁田之说;王银保为浩贤亲内侄,日侍浩贤病榻,直至临终,从未见写遗嘱;陈佛根系浩贤亲表弟,浦企棠系浩贤亲侄,浦柏棠系浩贤从侄,遗嘱上列名签押,而本人均不知情,声明实被捏名,万不承认。

地方审判厅最后作出了有利于出嫁女易浦氏的判决,其判词"主文"为:

> 易浦氏于奁田三十三亩一分内提田七亩给与浦金氏,为贴补伊父丧费,余田二十六亩一分,由浦金氏、浦仁芝交还易浦氏执业,讼费着原被告分缴。

在浦银妹之父浩贤在世时,即因银妹丈夫去世、家口减少、"食指无多"而收回部分奁田,说明浦银妹对于该项奁田的所有权是不完整的。当浦浩贤去世后,其续室浦金氏实际上已经全部收回了余下的三十三亩一分奁田,

---

① 常熟地方审判厅民庭判词"判决浦金氏呈诉易浦氏违背遗嘱欺母揹粮一案",载《江苏司法汇报》第8期,1912年12月1日出版。

这从判词"主文""余田二十六亩一分由浦金氏、浦仁芝交还易浦氏执业"一句可以确知。地方审判厅判决易浦氏"提田七亩给与浦金氏,为贴补伊父丧费",此仅为一名目而已,实际上是对浦金氏主张田产权的一种安慰。或者也不妨说,出嫁女对奁田的所有权在习惯法的层面上就是不稳固的,地方审判厅的判决在一定程度上也迁就了民间习惯法。有诸多亲属作证,站在易浦氏一方,也可以作这样的解释,即在亲情上,因为浦银妹有浦浩贤的"血脉",而续室浦金氏因浩贤去世成为寡妇,终为外人。自然,从该案的事实层面看,浦金氏所呈浦浩贤"遗嘱"显系伪造,因为浦金氏未能提出证明遗嘱真实的证据,而浦企棠等族人否认在遗嘱上签押,则是一有力的反证。浦金氏之所以呈交这样的遗嘱,其背后的话语显然是浩贤生前可以随时收回赠与银妹的奁田,而银妹应服从父亲的遗愿。证人们也只是作证证明该遗嘱为"捏造",而并不为之申诉对奁田的应有权利。

围绕奁田的权属关系是随婚姻关系而发生的,一旦婚姻关系产生变故,则奁田权属关系也会相应变动。1912 年,在江苏省江阴城内纱厂做工的范倪氏向江阴地方审判厅呈诉与范品元之子范载书离婚。该审判厅判词①陈述"事实"(实际是原、被告的诉讼主张及证人证言)云:

> 范倪氏供称,年二十二岁,嫁与范载书为妻,夫妇尚称和好,后因殴打情事,氏即出外至纱厂佣工,迄已三载,去年八月,氏姑去世,回家成服。现在恐被虐待,情愿离婚。有氏母从前托姚祖高等交与阿公范品元使字号田二亩一分有余,以备调换婚书,至今未见交割。刻下仍愿将此田换取婚书,氏实不愿再至范姓,求恩断离。范品元供称,媳妇出外佣工已经三载,所有由姚祖高等交与民家由单,实是媳妇奁田,并未有调换婚帖情事。现在民媳诉请离婚一节,万难应允,民子亦未有虐待媳妇情事,叩求断令完聚,所有由单愿遵谕于两月内缴案给领。范载书供称,倪氏出门已经三载,去年民母去世,妻子回家一次,即行外出,向来无虐待等情,求恩断令完聚,以后不敢再生口角。倪胡氏供称,氏女范

---

① 江阴地方审判厅民庭判词"判决范倪氏呈诉离婚一案",载《江苏司法汇报》第 6 期,1912 年 10 月 1 日出版。

氏屡被范载书无端殴打,不得已将田二亩余贴与女婿范载书与氏女儿离婚之费,由单早已由姚祖高等交与范品元收执。现在既不许离婚,叩求着令范品元将由单交出给氏领回,得以靠田度日。姚祖高、吴文礼同供,所有倪氏二亩一分田由单,是倪胡氏从前托民等转交范品元收执。后闻范姓屡次吵闹,倪胡氏来托民等劝说离婚,民等即劝倪胡氏到女婿处依靠女婿度活,从未劝过伊等离婚。至于范倪氏丈夫素有癫病,所以与妻子时常口角,伊父范品元素来忠厚,并无虐待倪氏情事。

江阴地方审判厅对此案作了一个在今天看来十分奇特的判决,判令"范倪氏以不具离婚条件,应准本夫范载书领归完聚,范倪氏所有二亩一分九厘零由单一纸,限范品元、范载书两月交案,便饬范倪氏具领,诉讼费用分担",并如此陈述其判决理由:

> 吾国社会习惯,离婚非善良名词,更不应率尔呈请,自坏名节,况自愿以奁田二亩易身体自由,其中尤显有情弊,本厅意存忠厚,不事深究……惟该田二亩有零,据范倪氏所呈契据,已于前清光绪三十二年由倪姓拨归范倪氏收执,是有此田所有权者,为范倪氏,固非范品元、范载书所应享受其利益,亦非倪胡氏所得借口索还。民国成立,个人私权理应保护。盖本厅对于此案,一方面维持风化,一方面保护私权。

范倪氏提出离婚诉讼时年27岁,出嫁时年22岁,据此推断其和范载书结婚时间当在1906年或1907年,范倪氏所呈契据载明二亩一分田过拨时在光绪三十二年(1906),可知此项田产确属奁田。范倪氏为诉请与范载书离婚而宁愿放弃该田的所有权,而其母倪胡氏诉称如不准其女与女婿离婚,当将该田索还,可知奁田的权利归属在当事人的眼中是极不稳定的。地方审判厅的判决一方面以"维持风化"为名判定当事人维持实已破裂的婚姻关系,一方面又从"保护私权"出发维持范倪氏对奁田的所有权,从而将中国传统伦理和西方产权理念调和起来。从实际的权属关系看,范倪氏出外佣工已经三年,该项奁田由单在范氏父子手中,各项权利实由他们行使。即使是在一般的场合,奁田也不像动产,出嫁女作为夫家成员不可能像拥有"私房钱"一样,独立地享有奁田的所有权。在同时存在着娘家收回奁田产权的可能性的情形下,出嫁女对奁田的权利(主要是处置权和使用权)便成为夫家家产的一部分。

宗祧继承与家产继承相互交织在一起,其中蕴含了宗族伦理、小农家庭再生产、家族共财观念等诸多社会历史要素,但其中最关键的要素在于家产权利边界的不确定性或曰模糊性。陈其南认为:"因为功能因素及其作用,在功能化的房或家族组织中特别显著,有时甚至掩盖了宗祧或系谱概念的因素。也就是说,诸如财产关系、共同居处、祖先祭祀或其他历史性的因素,才是决定房或家族成为功能团体的主要因素。"①我基本同意这一说法。传统中国社会"伦理本位"的基本构造,可以从家产纠纷的方法论个体主义视角得到更充分的解释。并不是所有的家产纠纷都会产生争讼闹上公堂,实际上,大多数家产纠纷都在宗族、社区调解过程中平息了,即使是告上公堂的争讼,县官老爷或地方司法官还会着令当事人回去由亲族加以调解。家产诉讼中当事人的权利主张虽极清楚,但当事人之间的权利边界并不是十分清晰的,这也决定了中国传统司法的性质并不在于从本质上保护当事人的权利,而更像民间的调解,这涉及黄宗智和滋贺秀三、寺田浩明的学术争论。所有这些都牵涉到更为复杂的理论问题,我打算在最后的"余论"中再进一步展开讨论,恕不在此详论了。

---

① 陈其南:《家族与社会》,第 188 页。

第七章　族产与家族伦理

　　维持着独立生计的一个个家户是地权分配的基本单位,而分家析产作为家产传递的主要形式,又使家户不断地趋于向家族的转化。在分家析产过程中,家的组织边界和家产的权利边界同样都是模糊不清的。在"户绝"乏嗣的场合,宗祧继承与家业传承又纠缠在一起,其中蕴含了家庭成员的同族共财观念。那么,族产作为家族或宗族共有财产的一种稳定形式,是否与家产在组织边界和法权关系上有着清晰的界分呢? 根据以往的研究,我似乎有这样一种印象,即族产作为乡族共有经济的形式与私有土地经济有着明显的区别。已如第一章所论,关于乡族经济的研究是以地主经济制为解释框架的,这在傅衣凌、郑振满、李文治、张研等学者的学术成果中已有充分的反映。至于对家族、宗族的研究,总也跳不出"组织化""结构化"情结,我已经指出,从"固化的结构"到"流动的关系"来解释家族、宗族的历史流变,是宗族史学术范式转向的一大趋势。尽管李文治、张研已有关于族田的专著问世,日本学者清水盛光对族产制度变迁研究的专书也应视为此领域的权威性著作,①按说我不必再作重复性研究,但学界前辈的相关研究未能注意到家族伦理的实际变动,也是如我辈的后来者欲意进行学术创新的一大原因。家族伦理不仅包含了家族成员的道德情感和伦理秩序,而且"差序格局"的亲属关系结构也构成了农民日常生活关系的基本内容。从这一角度看,家产与族产之间并不存在一个明确的组织边界和权利边界。

---

① 分别参见李文治、江太新《中国宗法宗族制和族田义庄》;张研《清代族田与基层社会结构》;[日]清水盛光《中国族产制度考》,宋念慈译,台北:"中华文化出版事业委员会"1956年版。

第一节　家族社群关系结构

人们常把族产的权利主体视为宗族,以为在组织形态上,宗族组织包容了家族、家庭。从组织类型学上看,这固然不错,但是在社群关系的现实运作中,家族与宗族常常没有明确的界限。从社群关系结构看,家族更蕴含了"差序格局"的亲属关系秩序和伦理观念。费孝通讨论到家族问题时就此解释道:"我并不是说中国乡土社会中没有'团体',一切社群都属于社会圈子性质,譬如钱会,即赊会,显然是属团体格局的。我在这个分析中只想从主要的格局说,在中国乡土社会中,差序格局和社会圈子的组织是比较的重要";而"家并没有严格的团体界限,这社群里的分子可以依需要,沿亲属差序向外扩大"。① 正因为家的团体界限或组织边界相对模糊,从社群关系结构的视角研究家族现象,就能更深刻地揭示问题的本质。

就作为家族主要单位的"房"来说,其组织边界就呈现了极大的弹性。陈其南曾认为"房"的观念是厘清汉人家族制度的关键,诚然是不错的,但更应进一步看到"房"在民间意识层面上也不是一成不变的。庄孔韶在对金翼黄村的后续研究中就认为:"儿辈男性(一子或多子)对其父而言为房(一房或几房),这是房的最小范畴。房作为一个亲属团体的范畴,因亲属制度与族群认同原则的规定,在不同情势与条件下可以收缩或延伸,所以就谱系概念而言,无论任何世代的某男子和他的全部男性后裔及其妻的父系继嗣群体均可称房。"②家族成员房派理念的孕育是在家族的不断分化与整合过程中发生的。房作为宗族分化的标志,与宗族的整合实际是同一过程的不同侧面,在这一过程中,不同的房派间依赖于血缘和强烈的父系观念,又有着结合的倾向。当然,此种结合仍遵循着"差序格局"的伦理关系准则。

"差序格局"的家族社群关系结构,一方面表现为"房"派观念,另一方面也表现了家族组织的相对化。王铭铭结合"公""私"范畴的相对性来讨论这

---

① 费孝通:《乡土中国》,见《乡土中国·生育制度》,第37、39页。
② 庄孔韶:《银翅》,第268页。

种家族现象,认为:"全家族作为独立的整体与异族或村外人对照,被称为'自家人',即'私'或'自己'的一个部分;对于聚落房支和个别家户而言,则转化为'公'的单位。聚落房支于家族而言,称为'私房',是'私'的单位,而对于亚房和家户却被称为'公'的单位。亚房对于家族、异族、聚落房支而言,都成为'私'一级的单位,但对于家户和个人,成为'公家',也与它们一同称为'家人'。家和个人的分别极小,家即'自己','自己'即'家'。"①在家族成员"公""私"理念上的相对化,实际上是"差序格局"的家族社会关系结构的表现形式,而组织也不过是稳定化的社群关系而已。

在从房到族的演化过程中,"亲房"成为家族组织中相对重要的单位。林济通过对长江中游地区宗族制度的研究,认为:"亲房即共高祖的男性血缘家庭群,是家庭男性血缘关系的第一个延伸圈。小农社会的亲房关系之所以能够成为稳固的男性血缘关系,不单单是五服制度规定了相互之间的权利和义务,更重要的是这种关系与小农社会的日常生产及生活互助密切相关,小农社会的协作与救助多发生在亲房关系以内:如农忙季节的换工、帮工,生活上的互助有无与困难救济,人情上的吉凶庆吊往来,甚至家庭之间的抚孤养老,基本上以亲房为范围。"②亲房作为一种男性血缘群体,是农民日常生活中最经常、最稳固的组织形态,这在南方和北方都是一样的。

从社群关系结构入手研究家族制度,更能在历史时空序列的普遍性上揭示其本质。过去人们往往从功能性组织的单一视角着眼,认为中国南方与北方宗族组织形态有较大的区别,南方宗族组织发达,而北方的宗族组织则相对弱化。其实,从"差序格局"原则下的家族社群关系结构看,南方的宗族制度也更多地表现为一种关系秩序和伦理准则。在当下中国,有一种所谓"宗族重建"的社会现象,在宗族传统向为发达的南方地区尤为突出。钱杭对江西泰和县宗族形态的研究,表明所谓"宗族重建"并不是作为功能性组织的宗族之复兴。"在泰和县人的心目中,宗族算不上一种功能组织,因为它没有具体的功能性目标。在他们看来,宗族的存在主要是为了表明他

① 王铭铭:《村落视野中的文化与权力——闽台三村五论》,第32页。
② 林济:《长江中游宗族社会及其变迁》,第102页。

们有一条文化上的'根',这条'根'就构成了他们现实存在的价值源泉。宗族与他们实际生活的联系,不是通过外在的功能,而是通过由辈分符号体现的人际关系的规则来实现的。在目前的社会条件下,这些规则已经不再体现为强制性的人身控制(这一点恰恰是旧宗族关系的症结所在),而只包含着出自内心的道德性承诺。"①故所谓"宗族重建"实际是家族伦理的重新孕育和萌发,其中蕴含了社群关系秩序、伦理准则、道德情感的多重维度。即使是在功能性组织一向发达的民国时期的广东省,"差序格局"的家族社群关系结构也有鲜明的体现。陈礼颂据其 20 世纪 30 年代对广东潮州农村宗族社区的观察,分析道:"同族各房派间的勾心斗角,其剧烈的程度,一样不下于族与族的斗争。房派与房派间的诉讼和械斗,跟族与族间所发生的一样平常。所差异的,乃在于后者的社会是较宽广的同宗族,而前者却是狭窄的同房派。此外比房派更小的范围,该算是家了,家与家的冲突,比其他社会冲突,更来得显而易见。家庭中任何成员受到别家欺负时,全家的成员就会对那个欺负人的家庭结为世仇。可是一旦房派与房派间发生了冲突,家与家之间自然会由于休戚相关的关系,便自自然然会弃前嫌而归于团结。同样道理,假使族与族间发生争执,房派与房派之间也会化私仇而对外。"②由此可见,"差序格局"既是一种由亲及疏的亲属关系秩序,又是以血缘关系准则为核心的行为规范和伦理观念,"公""私"观念的相对化本来就是农民家族伦理的固有逻辑。

　　近代江南的功能性宗族组织和族田义庄并不像人们所误解的那样发达。如果仅从"组织化"视角研究近代江南的族产问题,恐不能全面地再现历史时空的普遍性。地方志中的大量资料表明,江南地区的宗族组织近代以来呈现了某种程度的弱化,这突出地表现在祭祀礼俗上。在近代的宝山县,"今凡有宗祠之族,众子分居,则各自祭其先世于家庭;族长既主祭于宗祠,亦必另致岁时之祭,盖荐寝与祭庙并行而不废也"③。在民国时期的南京

---

① 钱杭、谢维扬:《传统与转型:江西泰和农村宗族形态——一项社会人类学的研究》,上海社会科学院出版社 1995 年版,第 28—29 页。
② 陈礼颂:《一九四九前潮州宗族村落社区的研究》,第 3 页。
③《宝山县续志》,1921 年铅印本,转引自《中国地方志民俗资料汇编》华东卷,第 71 页。

市郊区农村,"家祭,为常之俗,大族有宗祠,春秋二仲或冬至,合祀通族之先,其高曾祖弥,又各祀于家"①。吴县"宗祠之立,在士大夫家固多,而寒门单族鲜有及之者,以故祭礼愈形简略,奉神主者惟有家堂而已"②。距吴县不远的昆山县周庄镇,祭礼与吴县大致相同,"宗祠为近地所鲜,故祭礼愈略。奉神主者,惟有所谓家常而已"③。在清代的常熟和昭文县,"家祭均用襃味,焚楮钱,合于宋儒之说,不为非礼。至大族宗祠合祭,则或陈少牢于俎,而兼用时式器皿,其隆杀视各祠所定之规,非有等威之辨也"④。在清代浙江省桐庐县,"建宗祠者不过数家,余则就祭于堂而已"⑤。桐乡县则是"祭祀有家庙者无多,逢节令即陈设于家庭,望空遥拜"⑥。该县的乌镇、青镇(合称乌青镇,两镇之间有市河斜贯,河东称青镇,河西为乌镇,今通称乌镇。据陈桥驿主编《中华人民共和国地名词典·浙江省》,商务印书馆1988年版,第160页),"两镇有家庙者无多,其岁时奉先率皆陈于庭中,望空而拜,烈蒿凄怆,礼固未有之缺也"⑦。类似的资料还有许多,恕不一一列举,由上即可看出宗族组织在近代甚至前近代的江南地区并非特别发达,也不是普遍存在。具有官僚背景的世家大族才设立大规模族田,并建祠堂,普通百姓之家均设祭于家,故"家祭为常俗",这也是我不赞同从功能性的宗族组织视角研究近代江南族产的理由之一。

从社群关系结构看,祭礼实际上反映了家族伦理的"差序格局"准则,宗族成员对于始迁祖的感情已经相当弱化,而在五服范围内的亲房关系却相对密切,家族成员对共高祖这样一种亲密的血缘关系有着切身的体验,即使在有祠堂的宗族,除祭祀始迁祖于宗祠外,又在家堂祭祀高祖以内的先辈。这不单是祭祀仪式发生的不同空间,更是家族伦理的切实体现。我国台湾地区人类学

① 《首都志》,南京正中书局1935年铅印本,转引自《中国地方志民俗资料汇编》华东卷,第357页。

② 《吴县志》,苏州文新公司1933年铅印本,同上书,第376页。

③ 《周庄镇志》,清光绪八年(1882)元和陶氏仪一堂刻本,同上书,第390页。

④ 《常昭合志稿》,清光绪三十年(1904)活字本,同上书,第428页。

⑤ 《桐庐县志》,清乾隆二十一年(1756)刻本,同上书,第635页。

⑥ 《桐乡县志》,清嘉庆四年(1799)刻本,同上书,第670页。

⑦ 《乌青镇志》,1936年刻本,同上书,第712页。

家李亦园特别研究了台湾地区民间宗教仪式中祭品的逻辑,写道:"供祖宗的祭品,大半都与家常菜肴无大差别,供的鱼肉大都切成可以食用的小块,而且都煮熟了,不但煮熟,有时还加以调味,这都明白表示祖宗与其他神灵有异,属于'自家人'的范畴,所以完全以家常之礼待之,在敬意中带有亲昵之情。至于对待'小鬼',态度就属于随便的了,自然谈不上'全'与'生',甚至也不讲究成盘整碗,大都是一点白米饭加上若干菜肴就算了事,最多加上一两杯酒就很好了。"如此,"在鬼魂的范畴里分辨祖先与小鬼两类,也正是传统社会里所谓'差序格局'亲族关系的明白表现,传统社会里对待'自己人'与'陌生人'的态度,正可以在对待自己的祖宗与别人的小鬼看得很清楚"。① 我无意在此深入研究近代江南地区祖先祭祀仪式中祭品的内在逻辑和象征意义,只是借此说明"差序格局"的家族社群关系结构在祭祀礼俗方面的表现。也就是说,家族社群关系结构不是抽象的,而是内在地生发于家族成员的行为方式、伦理观念、文化仪式等诸多层面;反过来,家族成员的行为方式、伦理观念、文化仪式也必须在家族社群关系的框架中才能得到合理的解释;否则,单从功能性的宗族组织视角去解释,显然不能涵盖历史时空的普遍性。

第二节 族产的权属关系

族产作为家族或宗族的共有财产,主要有义庄田、祠堂田等两种形式。在江南地区,祠堂占有土地比义庄要少,其收入主要用于祭祀及族人聚宴。而义庄则主要系官绅阶层所建,故规模较大,其收入除用于祭祀外,还用于在族内办"义学"及救济族内贫民等"善举"。② 据潘光旦、全慰天在"土改"时的调查,苏南地区吴县、常熟两县义庄较多,吴县有64家,常熟有88家,其他各县除无锡、武进外,义庄却不多见,在潘光旦家乡宝山县,甚至一家也没有。③ 在近代工商业发展的情况下,义庄的来源也有变化,如吴县东山区义

---

① 李亦园:《人类的视野》,上海文艺出版社1996年版,第291页。
② 苏南人民行政公署土地改革委员会编:《苏南土地改革文献》,无锡,1953年,第573页。
③ 潘光旦、全慰天:《从"义田"看苏南农村的封建势力》,见苏南人民行政公署土地改革委员会编《我所见到的苏南土地改革运动》,无锡,1951年,第49—51页。

庄的创办人已不尽是官僚地主了,"由于工商业逐步发展,部分地主转化为商人或资本家后,有将土地拿出,单独或集资成立义庄的,如东山区的周、金、叶、翁等义庄;有个别义庄为大商人霸占后另行分设的,如席恒义庄;也有家祠合并为义庄的,如翁义庄"①。

因义庄来源的特殊性和分布的不均衡,故不能片面地夸大其影响。不过从家族伦理的视角观察,会发现其权属关系和一般的祠产在本质上是一致的。即使是在所谓的"士大夫之家",创办者也不是将全部家产捐出,而是在分家析产后将剩余的家产捐给族里设立义庄,如清道光年间常熟县邹沛霖执掌家业时,"公性勤俭,数十年间,扩先人遗业,共积良田七千余亩,四子各授田千亩,余承先志,悉归义、祭、书公田,设庄建祠"②。正因为义庄由分家析产后剩余田产转化而来,后世族人会认为其义庄家产的性质并无根本改变,故族人对义庄田产常有盗卖侵吞之事。还是这个邹氏义庄,道光年间刚刚创置,而在短短的二三十年后就发生了盗卖、贪污庄产的事。同治十年(1871)八月,邹沛霖之子邹文瀚撰《经理义庄公产述祖德以训子孙篇》,其中有言:"祖宗深谋远虑,创此无穷事业,而忍以自私自利之见,恣意侵吞? ……虽孽非瀚作,而瀚之获罪于祖宗匪浅鲜也。"③如未发生侵吞义庄公产的事实,这一训诫当不是空穴来风、无的放矢。

在义庄的管理上,家族伦理的"差序格局"准则是一项基本的制度,义庄的主要管理人必须是义庄创办人的嫡系子孙,主要受益人也是本支子孙,这在"义庄规条"中多有反映。清道光二十一年(1841)吴县庄氏《济阳义庄规条》明确规定:"总理庄务,以建庄公嫡派子孙,择身家殷实能干者为庄正,管理庄务……庄正一人,势难照料,公举嫡支明达者为副,公同协办。"④清光绪年间,常熟县丁氏义庄《义田规条》如此载明:"设司事一正一副,正用庄裔嫡

---

① 中共苏州地方委员会:《太湖东山义庄田情况调查》,载华东军政委员会土地改革委员会编《江苏省农村调查》,第253页。
② 苏州碑刻博物馆藏碑刻资料《华西邹君记》,载王国平、唐力行主编《明清以来苏州社会史碑刻集》,第218页。
③ 同上书,第226—227页。
④ 同上书,第262页。

长。如实不胜任,方公议于庄裔中酌举经理。副由庄裔延请,不拘同宗、异姓。""族支贫乏应恤者,自裕美公以下准照规给领,自士萱公以下照规酌减给领。庄裔五世内有贫乏者,照规加倍给恤。五世以下服尽子孙,照规给恤,与族人等,不得格外多取。"①吴县某"传德义庄"甚至对宗族成员因亲疏关系不同,加以的权利、义务也有很大差别,其"规条"这样约明:"啸溪公嫡派子孙无力入学者,由庄补助学费……近支族人如有婚嫁丧葬等事,确系无力举办者,得由庄正副查明实在情形,酌给费用……阖族凡有生子,或婚娶,或身故情事,须随时到庄报告登注,以备修谱之用。"②无论是关于义庄主要管理人的任选,还是族人因血缘关系亲疏不等而享受不同的待遇,其本质都是一致的,那就是义庄因主要由某个豪门大户捐田建立,其创立者大都仍视义庄为家产,不让族中旁系成员染指义庄的管理。这样,义庄名义上是族产,事实上却处于某一家庭或某一房的控制之下,在所谓"近支"族人看来,这是他们祖上传下的家业,故义庄仍未从本质上脱出家产的性质。

正因为义庄田在权属关系上"公""私"的模糊性,管理人盗卖、贪污庄产虽然在宗族法上是不允许的,但此种行为仍有其家族伦理和家产共有观念的现实运作基础。民国年间,无锡县堰桥区胡氏义庄的管理人胡有山、胡有祥,"他两人一个吃白面,一个酒糊涂,家里没有什么家业,在管理时大吃大喝,义庄收的租,大部被他们吃掉……管理人大都是这样,甚至有为争夺管理权而涉讼的"③。义庄田权属关系不明确,也使族人,尤其是近支族人侵蚀庄产有了理由。无锡荡口镇的华老义庄初创于清乾隆初年,"本房后裔如系贫户,而非鳏、寡、孤、独者,亦可向义庄借兑,往往是有借不还,特别是二流子、'白面鬼'等经常去强借。故在经济上,氏族内部经常发生矛盾,族中少数子弟,曾一度要求分拆义庄而未果……把持义庄的人均是有钱有势的封

---

① 丁凤池等修:《常熟丁氏家谱》"义田规条",清光绪二十九年(1903)刻本,转引自费成康主编《中国的家法族规》,第289—291页。

② 《传德义庄规条》,民国八年(1919),载王国平、唐力行编《明清以来苏州社会史碑刻资料集》,第273—274页。

③ 中共无锡县委:《无锡县张村区特殊土地调查》,载华东军政委员会土地改革委员会编《江苏省农村调查》,第249页。

建代表人物,账目亦不公开,常贪污中饱,分配赡养费时亦极不公平,有面子就有办法,懦弱者则可欺。如本族华宗祐母亲说:'义庄像一只米窝,旁边小虫将米蛀空了;或像个饭碗,碗边大家吃,碗中主管人吃!'选举主管人,亦是明里选,暗里通,事先勾结拉拢好,选举是官样文章。因有利可图,经管者无有不发财的"①。管理的混乱和族人对庄产的侵占有时使义庄很难维持,像无锡荡口镇的殷义庄,"原有田三二〇亩,该庄贫穷户多,义庄租米不够分配,在大多数要分的情况下于一九三五年间,将土地房屋分配掉了"②。此种情形下,原本由家产变为族产的义庄重又成为家产,只不过是经过了重新分配。

在管理过程中,有时义庄田又掺杂进家产的成分。"土改"时,吴县的贫农孔阿寿这样叙说该县申义庄(创办人据说是明代内阁首辅申时行之父申贵生)的经营情形:"这大族内在分家之后有多余的田是并入义庄的,还有本族的年老人因为顾虑自己的子孙不肖,故而把自己的遗产田托付义庄代管,子孙不可以自由典卖,但在固定的时期内,可以去领取津贴。又有缺乏依靠的鳏寡孤独的田产也可以寄存在义庄内代为经理,一年结束后结算。这种义庄渐渐地为族内少数大地主掌握,把自己部分的田也归在义庄内托存收租(这可以节省费用及手续),现在的义庄不但大族户可收租,外族户也可以加入托付收租。"③由此可见,义庄收益分配中的不均衡是显而易见的,这一方面表现在血缘关系的"差序格局"准则上,近支族人比远房族人受益多;另一方面,管理者(倒不一定全是有钱有势者,像无锡县堰桥区胡氏义庄的管理人胡有山、胡有祥就是贫户)贪污盗卖借以肥私。但是,在家族圈子内,族中成员又都认为庄产有自己的份儿,完全可以得而私之,华宗祐母亲的话即很形象地说明了这一点,故义庄由族产转化为家产形式,也是十分自然的事。

相对于义庄田产来说,祠堂田的来源、规模、经营方式又有不同。在苏

① 中共无锡县委:《无锡县荡口镇义庄田情况调查》,载华东军政委员会土地改革委员会编《江苏省农村调查》,第262页。
② 同上书,第259页。
③ 中共苏州地方委员会:《苏州分区东山区义庄田调查研究》,苏州市档案馆藏档,卷宗号101-永久4。

南,大部分小祠堂祭祖田"多系上代遗留下来之绝嗣田,或分家时留下的一部分养老田死后未分,留作祭祀用的"①。20世纪50年代初在高淳县薛城乡有大小祠堂137个,其土地来源有三:"第一,是祖上分家时所保留的部分公田,作为每年祭祀费用的;第二,是由公田所收租谷购买者,如恺二公祠,原来只有土地五六亩,后来逐渐增至十五亩;第三,是由同宗后裔所捐献或为绝嗣后将土地献给祠堂者,如第五村的远三公祠,其土地即为同宗后裔数十年前所捐献的,又如第一村的恺一公祠,其土地一三三点二亩中,即有七三点二亩是因族人绝嗣后献给祠堂的。"②前文在讨论分家析产时对养老田习俗已有所涉及,已知养老田是家产分割的产物,即使是在父母死后,养老田充作祭田,不另行分割,但采取轮流值年的经营方式,其族产与家产的界限仍是不明确的。"户绝"家产捐入祠堂变成族产,族中成员,特别是近支族人会认为他们也有权利享受其收益。

从权属关系看,祠产在家产和族产的界限上比义庄田更为模糊,其作为家族公产的存续实有更大的困难,族人盗卖、侵占的现象更加严重。上海某曹氏宗族祠产在经营过程中,其权属关系经历了较大的变动。民国初年,该族所修族谱记录了祠产的变迁及族人"艺心公"对祠产经营的贡献,③记曰:

> 吾族自孟春公于明成化间迁沪,五世沪城公始拟择地建祠。清康熙四十五年,六世梧冈公赞成先志规划,备载张氏、唐氏铭记,又与弟巢南公、春浦公、侄大椿公捐田供祭,族人协力,共得百二十二亩三分一厘三毫,合宗祠购置七十二亩六分六厘,计田百九十四亩九分七厘三毫,归巢南公经理。乾隆五十年,巢南公孙八世南枝公不胜族人求全之责,改归从足福民经理,以其精明强干,冀济前美,讵至五十八年身殁,非特田不可问,即祠宇亦变迁,仅余颓垣旧壤八分三厘七毫。唐记所谓有地数亩、有亭有地、有室有围者,均不知何往矣。嗣经道光三年,十世二香公之重新,咸丰三年海林公之修葺,祠屋苟完,而祠产无著。同治十年

① 《苏南族有土地调查》,载华东军政委员会土地改革委员会编《江苏省农村调查》,第235页。
② 《高淳县城乡祠堂、神会土地情况调查》,同上书,第239页。
③ 《上海曹氏族谱》"艺心公保存祠产记",1925年刻本。

十一世子兰公为族长……十二世保生公输巨款修祠,虽以余资赎祠东陆雨田户名地三亩三分二厘一毫,五年赎平屋五间。资不足,贷族弟又香钱二百五十千文,即以六亩七分二厘一毫全单作抵,十一年又赎张永春户名地二亩六分七厘九毫,其抵出之单,则力未能赎,暂从缓图。而不知又香早转抵于周积贞,先后称贷,至钱七八百千,子母无着。二十一年,又香序为族长,以全地及平屋出路悉售贾姓为业,用偿私负,祠有门而无路,弗顾也。议既成,族人犹未之知。和哉叔父与同居,悉格于长幼分,乘冬至祠祭日揭其事于祠门。而覆始发子兰公之子艺心公不忍父赎祠产沦没他姓,聚族筹保存策。群情犹豫,有以宗祠不名一钱,虑难为无米之炊者,有以又香分居族长,恐徒贴犯上讥者。独十三世和哉、少怀、景元、菊人诸叔父,十四世训资弟等谓族长不当私抵公产,尤不当私售公产,是宜以全力争……遂于十二月以族长串同抵主捐赎公产图卖等情控县。

文中所记"艺心公"对于其父捐置的祠产,虽不认作自家私产,但对保留祠产仍有着强烈的愿望。曹又香作为族长私自售卖、抵押祠产,部分族人以其为族长而不敢犯上,至少是认同了他的权力。此前该族祠田由最初的120亩迷失殆尽,可知族产要保持产权的不流动是多么困难。以曹艺心为首的族人终于将族长曹又香告上县衙,族长的权威最终受到宗族成员的挑战。吴县东山某严氏宗族祠产自清乾隆二年(1737)始创,"如谷祥者,恃族长回护,在乾隆时擅毁祠宇,经官惩创,亦可为殷鉴矣。乃族长昭宇又侵蚀七百余串,当道拟以盗卖祭田五十亩以上,例发边远充军,怜其老朽,从宽究治"[①]。对于族长盗卖祠产,甚或以刑律论处,一方面表现了族人保护族产的努力,另一方面也说明祠产经管人侵蚀祠产的严重性。

祠产经营和分配中的非平等性,确实是大量存在的,如弗里德曼所说:"非平等地获得公共财产的利益,是汉人的大规模宗族组织的永久特点。"他接着又说:"控制宗族财产,是这些于宗族权力中心的人们从总体上对社区

[①] 严家炽等修:《(江苏洞庭东山安仁里)六修严氏族谱》卷十二《杂录·祠庄便览序》,1931年铅印本。

产生影响的一种手段。"①然而非平等性的收益分配并不能涵盖祠产权属关系的全部内容。实际上,相对于义庄田,普通的族人在祠产的权属关系网络中能占有更多的资源。常州韦庄某张氏宗族祠田的经营存在的主要问题即是族众对族产的觊觎,族人张映山记述了该族祠产的变故②:

> 宗祠经管,代有记略。自道光十六年德容兄交卸,族叔竹亭接管,正值年荒,各项垫用。十八年冬,侄寿川种祠田二亩,愿将上脚四石五斗互换,央谢惠松、谢兆荣说合,竹亭与族长紫朝、旧管德容通议应允。族棍富叙、虎如串通一党,大门宗祠,糊赖经管变卖祭田,将族长紫朝革去,经管将联单掉正棍等押,令经管设席,赔了十余千文。二十年,竹亭叔逝世,朝奎兄将帐辞出,乾元经管一年,小有余蓄,即交瑞华弟手。数年之中,因未经面算,二十六年,虎公与余叔合同族分,公举丕光兄、守文兄、德胜侄三人经管,将向来赔粮田尽行理楚,置田数亩,族恶又将讯事,三人见机告退,南寿与庆华经管五六年,连前共存五百余千。咸丰三年,举莲宝侄经管,存钱仍归三人收放,至四年四月算账,族分皆言翻造修谱,均不可缓……

记述者由于和祠产经管人的血缘关系亲疏不一,记述中肯定含有感情因素,也许对所谓的"族棍"寻事有所夸大,而对经管人贪污祠产的情节又故意略去不提,但不管怎样,经管人的管理权受到族人相当程度的制约,此点则是可信的。

张研认为,族产管理权是所有权的具体体现,而族田为族中部分权势人物所经管,可知族田所有权并非为全族所拥有。③ 如果以此说明族田分配中的不均衡性,那是正确的;如由此认为此种不均衡性排斥了一般族众对族田经营的参与,则是片面的。因为祠产的财产边界较义庄田更为模糊,族人虽不像对家产一样说"这份家业也有我的份儿",但也可以种种借口侵蚀祠产,

① [英]弗里德曼:《中国东南的宗族组织》,第95页。
② 张坤照主修:《(常州)韦庄张氏宗谱》卷首下《宗祠经营记略》,清宣统三年(1911)承德堂刻本,据《中华族谱集成》,巴蜀书社1995年影印本。
③ 参见张研《清代族田与基层社会结构》,第106—107页。

化公产为私产。嘉定县某黄氏宗族为管理祠产事务,特成立了以始迁祖"雪竹公"命名的"雪社",民国初年所修族谱记述了"雪社"于民国十年成立后的"一年大事",上载:"十年三月十七日,开成立会于伯文宅,到者二十二人,先由伯文报告世系及保存公产理由,继由亮人宣读社章,……是日成立接管永恩堂产公同议据,通过各房均签押。五月,伯文、调卿、亮人、季辰、秉钧为收租事下乡布告租户,由调卿印成联票收据,即在酬志堂备午膳二桌,邀集地保,宣布一切,并声明嗣后收租有收证为凭,倘有私人冒收,本社概不承认。十一月十三日,开冬季会议……先提议二房仲甫私收永恩堂田租问题,由社长发来,派秉钧下乡调查真相,再去函责问。"①所谓黄仲甫"私收田租",肯定也是打着宗族的名义,在宗族法上当然是不合法的。他虽未视族产为私产,但也正是由于"公产可得而私之"的财产观念而做出了上述行为。

有鉴于经管人对族产(包括庄产和祠产)的盗卖侵蚀以及一般族人对族产的觊觎,有些宗族作出了相应的惩戒性规定。上海浦东周浦镇某赵氏宗族于民国十一年(1922)修的族谱,其中"祠规"部分有如此之规定:"照管祠屋应招外姓,凡系族人,均不准住祠照管,致起锯占之端。祠中空屋除招管祠人居住外,其余之屋均不准族人停放棺枢寄存什物,倘有不遵,棺枢押出,罚钱二千文充公,如系什物,充公变卖……所有空余之地,族人不得耕种,均归管祠人种植菜蔬,至切近坟旁及祠前场基,仍不得兴种以及堆积粪秽。"②常州某朱氏宗族甚至不近情理地这样规定:"祠中一切器皿、佳贮,管年人照簿收掌,不许族人借用,以致损坏。如擅借一物,本人罚银壹两,管年者罚银五钱,看祠加责三十板。"③上海某曾氏义庄更针对上述两种情形作了相应规定:"本庄永不准在外赊欠货物、借贷银钱,并不得典卖抵押族人田屋。族人不得佃种庄田,借住庄屋,庄中一切器皿杂物及船只田车等类,悉数详记簿册,不准借出。如有不肖子孙盗卖祭田义田塾田及有力之家霸占并吞等事,

---

① 黄士焕等修:《黄氏雪竹公支谱》"一年大事略",民国十二年(1923)江夏雪社排印本。

② 赵锡宝、赵楚雄编辑:《忠诚赵氏支谱》"祠规",民国十一年(1922)铅印本。

③ 《长沟朱氏宗谱》"祠规",清光绪三十三年(1907)刻本,转引自费成康主编《中国的家法族规》"附录",第283页。

合族鸣官究治,不得容稳。"①与其说宗族法的这些规定是对族人日常行为的严厉控制,倒不如说是针对族人对族产的侵蚀而不得不采取的措施。

家族成员的"公""私"相对化财产观念,使族产没有一个明确的权利主体,其权属关系也极其混乱,经管人盗卖贪污、族人肆意侵蚀的现象同时存在。在族产经营过程中,经管人与族众之间实际上是有一个相互制约的权力关系的,尽管围绕着族产经营而形成的是一个相对不均衡的权力结构。费孝通对云南禄村族田经营的人类学观察,对此是一个很好的说明,他写道:"管事的若是清白些,还能说话。不清白的,佃户和管事大家相让些,让不开口的公家吃些亏。我们旧房东是松园公的管事。一天早上,有几个族公的佃户来交租,一个是房东的长辈。他们背了一袋谷子,一直向楼上谷仓里走。房东就拦住他们:'拈一拈(量一量)再进去。'这可难为了那位长辈了。一个年纪轻的接口说:'还用拈吗?'房东的脸有些不很好看:'这又不是我自己的。公家的东西,我赔不了账。'佃户们都有些生气,坐了下来。结果拈了,才放进仓里去。后来我们的房东就和我们说:'就是这些不容易办。租给族外人,爽快得多。'不拈入仓是普通的办法,族里管事不硬一些,没有法子阻挡的。"②管事和族人的这种相互制约的权力关系是以族产模糊不清的权属关系为基础的,家族成员对于族产的公有性质有着切身的体验,少交租甚至不交租自有其现实的理由。前文说过,族产在某种意义上成为某一房或某一支的家产,这是相对于支派或整个宗族而言的,而在一定的血缘群体范围内,族产又会成为公产,族产的"公""私"相对化是深深地根植于家族伦理中的财产观念。在社群关系网络中理解和解释族产的权属关系,似应是一条正确的路径。

第三节　族　产　纠　纷

由于族产的权属关系不甚明确,因此而起的纠纷也就时有发生,甚至在

---

① 《(上海)曾氏瑞芝义庄全案》"经理规条",清光绪二十六年(1900)刻本。
② 费孝通:《禄村农田》,载《费孝通文集》第 2 卷,第 308 页。

有些场合,族产和家产的性质在家族成员看来并没有明显的区别。林耀华描述的福建"金翼之家"在文、武两房分家时,首先发生的冲突是关于祭祀东林父母的一块土地的争执。武房的代表东林希望这块土地作为公共祭祀用地,并解释说,这块地靠近住所,本属公有,两房人可以种植日常食用的蔬菜等,如果分属一房,另一房就不方便。而文房的代表志一(东林的大侄子)则强辩说这块土地是他父亲东明买的,应依长子继承权分给他。最后经过仲裁人林天蓝居中调解,东林给志一1 000元钱作为补偿,这块地才得以以家族祭田的形式保留下来,但直到祖母潘氏去世,这块地上从未举行过任何祭祀,而是由两房轮流耕种。① 这次纠纷准确地说应是家产纠纷,在分家析产前,这块土地属家产性质,在文、武两房分家的过程中,虽然它由家产变为族产,特别是以祭田的名目出现更是如此,但在志一的眼中,这块地又俨然是其一房的私产。

族产的最初来源是家产,家产与族产在近支族人的心目中并无太大的区别,在共祖父甚至共高祖的亲族范围内,祭田的收益分配采取轮值的形式,实际上是遵照了分家析产的平均主义逻辑。如果祭田的收益分配在不同房支间有差异,由此而产生的纠纷也就不可避免。清嘉庆元年(1796),浙江某县一王氏家族曾因祭田纠纷而发生了一件人命案,该族"王沅科系王得政小功服侄,素无嫌隙。王沅科曾祖王章成生子四人,向有祭田四房轮值,每于除夕、元旦,点大庆一对、烧锭六千,系值年之人办理。嘉庆元年,轮应王沅科值年,除夕悬像仅点小庆一对、少锭一千,王得政辱骂,并称不许值年",两人争吵,第二天晚上,王沅科砍死了王得政。② 该案显示了族人在祭田收益与支出上的绝对平均主义观念,其权属关系的理想状态应是族人权利、义务关系的均衡,某一房少支出并未损害另一房值年时的收益,但仍然不合祭田权属关系的绝对平均主义逻辑。

在某一家族经过分家析产后,如留有祭田或养老地,其权属关系虽然相对明确,各房在家族法理念上通过值年而平等地享有祭田的收益。这只是

① 林耀华:《金翼》,第108页。
② 《王沅科砍伤小功堂叔王得政身死案》,载郑秦、赵雄主编《清代"服制"命案》,第416页。

家族法的理想状态,实际的情况却因各房的势力(包括人丁、性情等)差异而表现出不公平的一面,就像前述黄东林与志一两房祭田的分配一样。1946年,无锡县板桥镇小杨桥朱孝初、朱芙初因祭田分配起了争端,先经族中调解不成,又至无锡地方法院调解无效,最后形成民事诉讼案。① 朱孝初以原告身份起诉朱芙初,委托律师李耀春撰写诉状称:

> 缘先祖凤翔公遗有祭田可字号第八六五号平田三亩一分另三毫、原田三亩五分,又知字号第二四九号平田九分五厘,又知字号第二五〇号平田八分五厘、坟区原田二亩,除坟区原田外,共称五亩五分老公田。上开祭田,曾于民国十八年夏历正月间经凭亲族订立公议书据,其最后一款说明"凤翔公遗下老公田可字号知字号原田五亩五分,所有收益,大小房轮流管理,田单两纸,议明归大房芙初保存,不得抵押卖买,仍留原花户以备查考"等字样。当时依约将上项田单全数交存与被告后,即由芙初出立存单笔据一纸,亦经订明"兹凭亲族公议将此存单笔据交与孝初收执,粮单归我负责保管,所有田上租息,我与孝初两人按年轮流经管,永不争执,粮单亦不抵押盗卖"。……被告利己心深,事实上该田租籽自民国十八年立据日起一直至今,全由被告收益挪用侵吞。

朱芙初因保管田单、粮单,又提高了大房的地位,并独自享有祭田收益。饶有兴味的是,祭田中所谓"坟区原田二亩"并不在两房争讼之列,可知两房对于这二亩坟地的公产性质是有共识的。对于系争祭田五亩五分,朱芙初一房实际将其看作自己一房的私产。坟地作为公产的意义对于两房是一致的,家族公共墓地的维持是两房共同利益之所在,这在村落家族文化的场境中是普遍的现象,而五亩五分祭田在两房中却有着不同的意义,这较符合分家的逻辑,因为这毕竟是同胞兄弟争产。

在家族人口逐渐繁衍的条件下,原来亲族的后代之间的血缘关系变得越来越疏远,甚至有的房支迁居别处。如果族人仍共有族产,则其权属关系

---

① 《朱孝初、朱芙初祭田诉讼案》,无锡地方法院 1946 年 7 月 13 日受理,同月 25 日审结,无锡市档案馆藏档,卷宗号 ML3-3-4936。

就较前更为混乱了,远族、近族之间的收益分配甚或是不均衡的,这倒也符合家族伦理"差序格局"的准则,但正因为如此,族人间争夺祭产的纠纷就有发生的可能性。清代末年无锡县某黄氏宗族不同房支间就曾发生了一起祭田纠纷案,涉讼族人将官司打到无锡地方审判厅,某一方不服,又上诉至江苏高等审判厅,高等审判厅判词①陈述了如下的"事实":

> 缘黄羲文系黄氏族长,黄鸿敷为黄公祠近支,向来经理祠堂公产。宣统二年,曾因黄羲文新立祠规,凡远分族丁,每丁收祭费一百四十文,同族不肯照缴,遂将杨杆桥支同族黄阿盘扭解送县,经无锡县伊断令,与祭远族九人缴祭费一千二百六十文在案。迭经同族杨杆桥支、钱龙桥支、青桥支、迎匠浜支各支长控告羲文背议乱章,请求撤销此项新设祭费,未蒙准理。黄顺兴为钱龙桥支支长,遂具呈告发黄羲文、黄鸿敷盗卖祠田。羲文等亦告顺兴滥收祠租,彼此各挟族众互相讦讼,迄未了结。光复后,又诉于无锡司法部,断令黄纪泉将五亩田单缴案,黄顺兴缴出收租米十四石四斗,各具结遵断。不料仅阅数日,黄顺兴又复纠众婪收,并将黄鸿敷殴伤,经司法部提究押办。顺兴子黄宝轩具词控诉,声称祠田系道日、道辰、道星、道时四房陆续合捐,顺兴为道时后裔,理应经管,并非滥收。祠田被羲文、鸿敷盗卖,迭经诉追有案。黄羲文、黄鸿敷则称祠田系道日后裔袭常、知常、裴常三房所置,黄顺兴欲以老四房之名义加入于袭常、知常、裴常小三房之名下,希图蒙混,请饬提顺兴到案,追缴婪收租米一百石零,并查历年成案,参考族谱,自不难水落石出等语。

该判词又从宗族法角度申明"理由":

> 黄氏自十世若金公后传到第十六世,分为道年、道日、道月、道时、道星、道辰六大支,道年一支至二十世而无传,道星一支至第二十三世而无传。黄顺兴诉讼称,田系道月、道星、道辰、道时四房所捐,竟将道

---

① 江苏高等审判厅民庭判词"判决黄顺兴、黄宝轩委托律师祝寿柏上诉不服无锡审判厅判决一案",载《江苏司法汇报》第3期。

日一支抹杀,显有不实,否则何以自嘉庆以来,即由道日后裔三房轮管,百余年来同族均无闲言也。检查宗谱,亦无老四房合捐祠田之证据。至黄義文等所执嘉庆年间无锡县韩所给之执照及无锡斐前县断令孝、弟、忠三房经管之堂谕,无锡许前县所出三房轮流经管之告示,皆不能不认有公证之效力,其主张自较诸顺兴一方面为强。但因黄本裕等曾经具有详文,又以祠中勒碑,系道日后裔二十四人列名,即谓此项田产全系道日名下一房所独捐,亦并无确据。谱载黄本宽捐平田四分六厘,黄惟高捐田二亩二分五厘,为数式微,不足援为捐助祠田之证。惟称惟高经理宗祠公账十有余年,量入为出,公正无私,公产赖以宽裕,则当时公家田祠因惟高历年积累而增多,事诚有之耳。考道年于六房为长,道日为次,至二十世而道年一支无传,则五支中应以道日为最长,而道星、道辰、道时三房于二十一世已分为钱龙桥支、横堑桥本支,则道日名下所传三房人口繁衍,又居五房之长,此则黄公祠祭田由黄本裕等具呈禀请立案,且历代相沿,归道日名下三房轮流经管之所由来也。况祠田为合族公共产业,黄顺兴固不得任意娄收,黄鸿敷等又何得任意盗卖。

该厅据此作出如下之判决:

> 此案着黄鸿敷等将盗卖之祠田三亩零缴出,黄顺兴将拉收之租米十四石四斗亦即缴出归祠堂收受,以后黄姓祠堂公产管理,仍照旧章,但必须由合族慎选公正之人轮流值年,每年将收支账目当众公示,以照核实,不得再有侵蚀之弊。黄義文所定远族祭祠,每丁应缴祭费一百四十文,族谱中向无此项规则,应即撤销。

在该案中,黄義文、黄鸿敷所在的道日后代的小三房欲独占祭田,提出的证据之一就是其房支中曾有黄本裕、黄惟高捐田,但正如"判词"所申明的,这不构成祭田归小三房所有的充分证据。在发生讼争前,祭田长期以来归小三房轮管,远房族人未提异议。黄顺兴等远房族人之所以收租米,其起因在黄義文以族长名义收取祭费,黄顺兴等人自然就认为不合情理,而诉称黄鸿敷盗卖族产,则表明黄顺兴等远房族人仍将祭田看作老四房的公产。该族祭田的经管在各房人丁不一又迁居数处的情境中,权属关系的混乱是十分自然的事情。

前文在述及祠产的来源时,曾说到其中有一部分是由族中"户绝"乏嗣之家捐产入祠,或虽有子孙而虑其不肖而捐产入祠的。所谓"户绝"家产所涉及的权属关系较为复杂,即使捐祠,仍有产生讼争的可能性。在后一种情况中,道德的考虑不能完全压制子孙对家产继承的诉求,更易导致冲突。1912 年,江宁县淳化镇某李氏宗族的一桩祠田纠纷案即属前一种情形。该案虽系民国初创时发生,起因却在清代光绪年间。江苏高等审判厅江宁分厅民庭判词①如此陈述该案"事实":

> 此案,李齐氏之子李天林又名天高,承嗣李正葵。正葵之嗣祖母李郭氏于前清光绪十六年间,因年老多病,正葵复有宿疾,且无能力,李郭氏恐身后无人料理丧祭等事,凭内侄郭光元及嗣孙正葵央同族言明,愿将祖遗瓦房一间,自置田六亩概归李氏宗祠执业,即由族中备办衣衾、丧费,计洋三十元,并身后春秋二季烧化锡箔,永远祭祀,其承分产业,归嗣孙正葵执受。立有遗嘱为凭。及至李郭氏病故,祠中曾出洋三十元,并利洋十八元为李郭氏丧事费用。正葵亦相近病故,李齐氏为派属亲房,因以子天林承嗣正葵,当正葵病故时曾为正葵守孝成服。迨前清光绪三十四年二月间,李宝丰议建宗祠,因款项不足,凭同族将李郭氏捐入祠田六亩典与李天保,价钱七十千文,李天林曾到祠堂书押。李齐氏因听说李郭氏前系将田典与祠堂,并非捐入,则此田应归其子天林承受,李宝丰不应典与天保……据公亲郭光元结称,李郭氏遗嘱系将田捐入祠堂为春秋二季祭祀之用,伊曾到场书押。

该案涉及双重的继嗣关系,李正葵病故,李天林作为嗣子"守孝成服",便有了继承李正葵嗣祖母李郭氏"户绝"家产的资格。但李郭氏捐产在前,且祠堂又支出了李郭氏的丧葬费,系争田产应视为归祠堂所有。遗嘱载明捐祠后,李郭氏所遗家业仍归正葵执受,由此可以推断李郭氏还另有田产。这也

---

① 江宁高等审判厅分厅民庭判词"判决李宝丰等诉李齐氏等违背遗言不服江宁地方审判厅判决一案",载《江苏司法汇报》第 6 期。

为李齐氏代表其子天林提出对该项田产的权利主张提供了可乘之机。应当说,在捐祠前,这份家产就因立嗣关系的复杂性而具有十分模糊的财产边界。

捐产入祠者有亲子在时,其子更有理由认为该产业为家产,从而与宗祠发生争讼。1943 年,无锡县侯太仆祠堂诉侯保连、侯树棠盗卖祠产一案[1]即属此种情形。侯挺生、侯小宋代表祠堂为原告,如此诉称:

> 窃原告等合族公有侯太仆公祠堂房屋基地一所……花户侯师仁,粮根一亩三分二厘一毫,历年完粮纳税,自同治间执业到今,相安无异,详载侯氏宗谱及县府布告、远年报纸。该项粮单,初由被告等负保管责任,前年冬经侯氏人开会,决议推举书塾公正人士保管。嗣经被告交出原单后,原告发觉改为侯师仁树宝户……姑念同族关系,要求津给生活费四千元,并自愿约期交还区条,立有笔记(临讯呈验),到期后被告仍未履约。

被告在答辩中称:

> 查侯太仆祠堂,昔前虽系先祖母侯杨氏与先父光荣捐入公产,亦系强迫使然,推其事,系由被告私产而成就公产。被告系捐祠子孙,岂能无权。现因经济困难,在该自己捐出之单上分划侯师仁树宝户区条五分,系属分化自己之物,并不影响全部公产……事今至涉讼,请求作为捐祠子孙从前有功酬劳,亦可请求随便分拆一部分,亦可请求钧庭念被告生活情形,判决将此一小部分五分区条判与被告,或分为自用,或任凭出卖,免予归还,不胜戴德。

被告的答辩相对于原告的起诉,显得有些软弱无力。被告方侯保连、侯树棠也承认系争产业已经捐入祠堂,但在他们看来,这仍然具有家产的性质,在保管粮单期间,私自处分了一部分产业。后来他们将剩余田产交还祠堂,表明两人又承认其已过世的祖母和父亲捐产入祠的事实,故在答辩状的结尾

---

[1] 《侯太仆祠诉请交还粮单案》,无锡地方法院 1943 年 1 月 14 日受理,1943 年 12 月 7 日审结,无锡市档案馆藏档,卷宗号 ML3 - 3 - 4879。

部分以乞求的语气请地方法院判系争产业归其所有,甚或"随便分拆一部分",这显然并不是明确的个人权利主张。作为原告的祠堂一方酌给钱四千,实际上也是在某种程度上承认该项产业的家产性质,族产"公""私"的相对化确实存在于族人现实的财产观念中。

　　笔者所掌握的有关族产纠纷的民事诉讼档案还有很多,此处不便再一一罗列了。由上述几起族产纠纷案,我们已经清楚地看到,族产的不甚明确的权属关系,是与"差序格局"的家族伦理密切关联的。家族伦理既是一种道德观念,更是一种多元的社群关系网络,族产与家产在族人财产观念上的相对化,也是社群关系结构中"公""私"相对化的具体表现。族产经营所隐含的逻辑与分家析产、宗祧继承在本质上是一致的,即其中人与人的财产边界是模糊不清的,"我的是我的,你的也是我的"。族只是家的扩大,只要社群关系的基本结构不改变,族产的性质就脱不出家族共财制之窠臼。从有关家产和族产纠纷的民事判词中,我们也许可以看出地方司法官基本的法律理念,这或许可引申出对近代中国司法性质的讨论,此点容放在"余论"中详述。

第八章 "一田两主"发生的社会空间

第一节 研究史清理与创新设想

"一田两主"这种特殊的地权形态对于近代江南农民的日常生活具有非同寻常的意义,以至于如果撇开"一田两主"现象来谈近代江南乡村地权结构,就不能揭示该地区地权发生的基本事实,研究的学术意义也会因此大打折扣。然而,学界前辈和同行对此已经做了相当深入的研究,其中有些文本堪称经典。于是,我就在想,如果仅仅满足于解释得大体上清楚,而没有任何创新,那又有什么意义呢?也正因为前人这方面的工作实在太出色了,所以学术创新的难度也大大提高了。这迫使我必须就"一田两主"的研究史做深入细致的学术清理工作,然后才能力图有所创新,毕竟科学史表明:"任何创新都是站在前人的肩膀上。"

以我有限的文献阅读经验,在"一田两主"问题上不能"绕过去"的文献,主要有傅衣凌、杨国桢、戴炎辉、仁井田陞、清水泰次、藤井宏、草野靖、高桥芳郎、寺田浩明、村松祐次、川胜守、滨岛敦俊、林惠海、费孝通、黄宗智、白凯(Kathryn Bernhardt)、梁治平等学者的研究。以上这些学者的研究大致可以分为社会经济史和法制史两个层面,前者较注重"一田两主"现象所反映的社会经济关系,后者则偏重于其中所关涉的法权关系。傅衣凌关于福建永安县等地"赔田约"的研究,是较早关注这一问题的学术成果。1939年夏天,傅衣凌曾在福建省永安县发现了百余张民间契约文书,其中以田地的典当买卖和佃约为主。在这些契约中,"有所谓'赔头挂脚'及'作水'的字样,原来福建农村常有'一田三主'、'一田四主'的习惯,其在永安则称为赔头谷田,简称为赔田及作水田……因为这耕作权成为一种物权,所以当地权转移时,佃农亦须在场参加……同时,即以这耕作权是可以典当或买卖之故,于是在租佃之间,又产生了一种中间层的人物的存在,他们——赔主也俨如地主一样,可以向佃户坐抽租谷——即是小租主"①。傅衣凌将这种赔田视为耕作权,而既然赔田可以典当或买卖,又何尝不具有所有权性质呢?民国时期有些从事乡村调查的学者将田面权误认为"永佃权"或"永小作权"(日本学者如"满铁"调查部松江等六县农村调查中即有如此说法),杨国桢已指出此点失误。更进一步的问题在于,傅衣凌是在"地主制经济"和"资本主义萌芽"论的研究模式中解释"赔主"现象的,认为:"中国农村这小租主——中间层人物的存在,只是中国封建制的扩大的结果,并且此种赔田的由来,也至为复杂,复因中国资本主义萌芽因素发展的缓慢,于是农民在长期的阶级斗争中所取得的一部分耕作权……这般小租主差不多都是脱离生产的经营,坐收田租,不劳而获的,这只有使直接生产者的佃农增加重大的负担,必须付出高额的佃租,造成不合理的租佃关系,而萎缩农村的生产力。"②历史研究行程中当然是价值判断应奠定在事实判断的基础上,但诸如"地主制经济"和"资本主义萌芽"之类的研究模式,实际上也妨碍了人们对"一田两主"历史事实的解释。

杨国桢对"一田两主"的评价基本上延续了傅衣凌的观点,他认为:"明清时期,由于永佃权的产生和'一田两主'关系的形成,严重地侵蚀了地主的土地所有权,导致了旧的地主阶级的衰落,展示了农民小土地所有制发展的前景。然而,地权分化并未最后宣告中国封建土地所有制的瓦解,而是被重新纳入封建剥削的轨道。'一田两主'的出现、二地主阶层的产生,反映了明清时期中国封建地主阶级的再组成。由于二地主通常都居住在农村,'日与佃亲',因此可以直接控制和剥削现耕佃户,成为地主阶级中的一部分新生力量。"③杨国桢的解释存在两个问题:其一是将从永佃权到"一田两主"的转化视为地权分化的历史过程,这在逻辑与历史相统一的层面上是说不通

①　傅衣凌:《福建佃农经济丛考》,《文史丛刊》之二,福建协和大学中国文化研究会,1944 年,第 51 页。

②　傅衣凌:《清代永安农村赔田约的研究》,《明清农村社会经济》,生活·读书·新知三联书店 1961 年版,第 59 页。

③　杨国桢:《明清土地契约文书研究》,第 121—122 页。

的。虽然他厘清了长期以来人们对永佃权和"一田两主"概念的误用，但未能注意到，永佃权是西方民法学上的概念，而"一田两主"则是民间习俗和惯行，两者不是同一层次上的概念，在历史事实的发生过程中，不存在从永佃权到"一田两主"转化的问题。其二，上述基于"地主制经济"模式的对于"一田两主"的价值评判，仍然重复了20世纪五六十年代"论从史出"的旧编史学方法，而不是在历史事实解释的层面上阐述"一田两主"发生、发展的内在逻辑。在研究了近代"一田两主"问题后，杨国桢最后归结道："从鸦片战争到土改前夕，各地地权分化的发展趋势，表现为'一田两主'关系的扩张和普及。然而，近代中国的地权分化运动，同样没有导致中国封建土地所有制的最后崩溃，而是在新的历史条件下，不断被纳入一田两租的轨道。这说明，在地权分化的形式下，中国的农民不可能摆脱封建剥削的枷锁，只有中国共产党领导的土地改革运动，才使他们真正成为土地的主人。"①至少可以说，由对"一田两主"的否定性评价，推演出"土改"历史合理性的结论，这不是真正历史主义的方法。实际上，在特定的历史时空序列中，"一田两主"和"土改"都有其由以发生的内在逻辑，自应在历史人类学的视野中受到"在场"式的检视。

赵冈、草野靖等海外从事中国社会经济史研究的学者，他们的论著也程度不同地涉及"一田两主"问题。他们固然没有受到教条式的"经济决定论"范式的束缚，但由于各自研究框架的限制，也未能对"一田两主"地权结构的历史本质作出合理的解释，有的学者甚至因此未将相关的历史事实搞清楚。赵冈、陈钟毅将"一田两主"等同于永佃权，将永佃权视为使用权，这当然是一个误解，但两位学者在研究过程中看到了所谓"永佃权"的所有权性质，认为："永佃制是将土地的所有权与使用权分割为两个完全独立的权利，可以分别执行与占有……有的地方则认为永佃权是土地所有权的一部分，故享有永佃权者称为二田主，于是形成了一田两主制，也就是田主与永佃权所有人共同享有此块土地之主权。"而在业佃关系上，"有永佃权的佃户，实质上已是半自耕农，该地区的佃农比率虽高，却没有实质上的意义。我们也可以说，永佃制实际上是限制了地主的权力。地主对其所拥有的田产之产权已

_____

① 杨国桢：《明清土地契约文书研究》，第133页。

不完整,他们对佃户的控制能力也就相应地减弱"。① 两位学者在分析逻辑
上阐发了由永佃权到"一田两主"的转化,这与杨国桢的研究有"异曲同工之
妙",然所得结论却截然相反,同一社会现象在他们的分析框架中却有迥然
不同的解释。究其原因,自然与他们各自所秉持的研究范式有关。傅衣凌、
杨国桢的"地主制经济"模式已如前述,赵冈、陈钟毅的研究范式是西方的制
度经济学,而制度经济学对产权的排他性有一种"迷恋情结",用西方式的产
权理念来解释中国本土社会特有的"一田两主"地权结构,至少不能真正揭
示其在特定社会历史时空中的固有意义。

草野靖对自宋代至民国时期的"田面"惯行进行过系列研究,他认为宋
代的"立价交佃""资赔"实际上是"一田两主"的萌芽,"将管业的租田进行
交易时交付资赔之价,资赔之价并非田价……资赔系承佃的酬价,不是租佃
的买卖价格";"可以发现,资赔的对象是佃户工本钱"。② 草野靖实际上将
宋代的这种"田面权"萌芽仍然看作佃权而非所有权。这一结论也影响了他
对元代至清代田面惯行的研究,以至于他认为该时期崇明县的"过投""顶
首"仍是佃户偿付的工本钱。③ 高桥芳郎不同意草野靖的观点,认为宋代官田
的"立价交佃"有"资赔","就是以田地为买卖对象、以田价为基础的交易行为
的名称。它与民田的典卖在手续上和实质上都是一致的。不过是因为名义上
的所有权属于国家,才给它一个这样的名称而已。而且可认为这种官田的承
租者对田地享有事实上或实质上的所有权,应当看作是历史上官田、民田一致
化的开始,不应把它放到佃权产生及一田两主制萌芽的趋势中去理解";"通过
子孙接续承佃、买卖转让给他人这两种形式,宋代的官田成为家业、财产。这
种行为在得到承认的情况下自不必说,在遭到禁止时这种行为也未停止。
其背景在于土地的商品化,以及作为商品化前提的私权的扩展"。④ 将这种

---

① 赵冈、陈钟毅:《中国土地制度史》,台北:联经出版事业公司1982年版,第404、409页。

② 〔日〕草野靖:《中国近代的寄生地主制——田面惯行》,东京:汲古书院1989年版,第129、
139页。

③ 同上书,第453页。

④ 〔日〕高桥芳郎:《宋代官田的"立价交佃"和"一田两主"制》,《日本中青年学者论中国史·
宋元明清卷》,上海古籍出版社1995年版,第60—61页。

"立价交佃"视为官田向民田的家产性质转化,可能是中肯的,但进而视其为"私权"的扩展,则还值得探讨。问题的关键在于,高桥芳郎这里所说的"私权"究竟是在什么意义上来界定的? 学者的概念化逻辑不能代替社会历史事象自身的逻辑。

滨岛敦俊在关于明末江南佃农抗租的研究中,将村落社会结构和宗教、政治的诱因也纳入分析视野,认为:"'抗租'的基层组织,并不是旧来所以为的'圩',而是'村',佃农间的各种社会关系大多即在这一种共同体范围内被结成……抗租自体分化为两种,其一为日常性要求改善经济条件的斗争,另一种则具有日常性蜂起的性格('佃变')。明代末期两者均已存在,到了清末,后者开始激增……笔者推断蜂起型的抗租以废绝地主的土地所有、创出自己权利为目标,绝不可能是由佃农的日常生活中产生,在它背后,必定有某种政治上或宗教上的诱因存在。"[1]在近代江南,农民的日常生活空间基本上可以说是村落,这一判断基本准确,但滨岛关于佃变类型的功能划分则在学理上有不合逻辑之处,比如民间信仰难道不是农民日常生活的组成部分吗?

川胜守通过对清代嘉庆年间金匮县陈氏地主租簿的研究,发现"记述租佃征收实况的租簿,并未按照契约书、佃约上的文句实行,地主与佃农在纳租上相互讨价还价。尽管如此,地主与佃农之间却存在着对立和相互依存的双重关系。换句话说,地主通过佃户的亲族等种种关系及管道,致力于维持租佃关系的安定"[2]。这一结论基本上是中肯的,一方面能通过契约文书和租簿资料的比较,发现关于"一田两主"历史记忆中的不同表达,另一方面从佃户所处的亲族关系网络解释业佃关系秩序,也是一个很好的视角。

黄宗智在关于长江三角洲小农经济的研究中论述土地市场时,涉及了"一田两主"制。在黄的研究中,我们可以看到,田底权几乎可以像股票和债券一样买卖,而田面权的买卖仍受旧的典赎、转让习惯,以及同族、邻居购买优先权的制约。[3] 从民间习惯和"糊口"小农经济的内在逻辑视角来解释

① [日]滨岛敦俊:《明代江南农村社会之研究》,东京:东京大学出版会1982年版,第6—7页。
② [日]川胜守:《明清江南农业经济史研究》,东京:东京大学出版会1992年版,第15页。
③ [美]黄宗智:《长江三角洲的小农家庭与乡村发展》,第110页。

"一田两主"的意义,也是黄宗智在研究清代和民国时期民法时所要做的工作。他试图揭示"田面权"作为民间习惯法与国家法的不同逻辑,以为这说明"小农经济的内在逻辑,它不仅不同于资本主义经济,也不同于清代政府的官方构造"①。民国时期乃至当代一些学者在乡村调查和相关的研究中,之所以将田面权混同于永佃权,一个很重要的原因就是以民国时期民法关于永佃权的法理逻辑来理解田面权惯行。黄宗智试图在民间法与国家法的差异上寻求"一田两主"习俗的内在逻辑,当然是极富创新意义的。因尚未获见黄宗智的最新研究成果,此处也就不便展开评述了。此外,白凯、村松祐次的研究,②虽未直接以"一田两主"为研究对象,但也不能径直越过去,至少对我现在的研究有一些启发意义。

从事法制史研究的学者对"一田两主"问题也给予了充分的重视,不过,由于学科本位的限制,他们的问题意识多在法权关系层面上。日本学者清水泰次、仁井田陞、藤井宏、寺田浩明等均对"一田两主"或"一田三主"做过研究,③这里仅对仁井田陞和寺田浩明的研究略论一二。仁井田陞在与近代所有权相对应的意义上研究明清时代的一田两主习惯,认为"一田两主"乃是一种片面的支配权,田面权和田底权各自独立,其所有人的异同变化,"不会引起其他任何一方权益的任何消长"④。"一田两主"地权结构不同于近

① [美]黄宗智:《中国法律制度的经济史、社会史、文化史研究》,《北大法律评论》第2卷第1辑,第370页。
② Bernhardt, Kathryn, *Taxes, and Peasant Resistance: The Lower Yangzi Region*, 1840-1950, Standford University Press, 1992.[日]村颂祐次:《近代江南的租栈——中国地主制度研究》,东京:东京大学出版会1970年版。
③ [日]清水泰次:《明代福建的农家经济——特别是关于一田三主的惯习》,《史学杂志》第63卷第7号,1954年。[日]仁井田陞:《明清时代的一田两主习惯及其成立》,《中国法制史研究·土地取引法》,东京:东京大学出版会1960年版。[日]藤井宏:《崇明岛的一田两主制——以其起源为中心》,《东方学》第49辑,1975年。[日]寺田浩明:《田面田底惯例的法的特性——以讨论概念为中心》,《东洋文化研究所纪要》第93册,1983年;《〈崇明县志〉中出现的"承价"、"过投"、"顶首"——田面田底惯例形成过程的研究》,《东洋文化研究所纪要》第98册;《关于清代土地法秩序"惯例"的结构》,《东洋史研究》第48卷,第2号,1989年。
④ [日]仁井田陞:《明清时代的一田两主习惯及其成立》,《日本学者研究中国史论著选译》第8卷《法律制度》中华书局1992年版,第410—411页。

代民法意义上的所有权性质,这一点是肯定的,但用"传统—近代"的二分法为"一田两主"定性,至少是不确切的。揭示出田面权和田底权的相对独立性,当然没有问题,然而单从业佃关系视角进行研究,就会过滤掉一些重要的相关要素,比如村籍制度、村界意识和亲族四邻先买权对田面权转让的影响,从而也就不能揭示"一田两主"的深层社会历史意义。

寺田浩明就一田两主问题发表过系列论文,他对崇明岛一田两主制的研究起源于日本学界对荡地的研究兴趣。由于对内陆传统的旧有田土无法解释土地最初投资者对土地权益的关系,于是学者们就开始转向从荡地的初级开发来解释"一田两主"产生的原因。前述草野靖将宋代官田"立价交佃"解释为佃户工本钱,与寺田浩明将"过投""顶首"解释为佃户荡地开发工本的结论是相近的。寺田浩明在此基础上从业佃冲突、民间纠纷、地方司法等视角分析了以"一田两主"为核心的清代土地法秩序,并试图发掘乡土社会中"习""俗""风"的动态结构。① 民间土地法秩序毕竟不是以冲突为其主要的日常形态,"一田两主"地权关系中,田面权和田底权既相互独立,如果单从业佃冲突加以解释,看不到田面权更多地会与村落家族文化有着更密切的关系,则是不全面的。田底权和田面权的社会历史关联也是通过人的活动加以贯彻的,而不单单表现为一种地方社会的"惯例"。

国内的中国法制史学者对"一田两主"的研究也形成了诸多文献,笔者以为较有启发意义的有戴炎辉、梁治平、赵晓力等学者的研究。戴炎辉使用"分割所有权"的概念来解释"一田两主",并认为"小租权"是由永佃权转化而来的,因其可以转卖,故实系产业的转移,带有所有权性质。② 梁治平从习惯法视角讨论"一田两主",他避免沿用"永佃权"和"分割所有权"一类概念,只用"永佃""田底""田面"等概念来描述与之相应的法律关系。他的理由是,这几个概念虽然在构词法上与永佃权相同,同为现代人运用之概念,但是没有罗马法的渊源。③ 注意区别中国本土概念与西方概念,并尽力避免

---

① ［日］寺田浩明:《关于清代土地法秩序"惯例"的结构》,《日本中青年学者论中国史·宋元明清卷》,第651—678页。
② 戴炎辉:《中国法制史》,台北:三民书局1979年版,第301—307页。
③ 梁治平:《清代习惯法:社会与国家》,第81—91页。

以"永佃权"之类的西式概念来解释"一田两主",这一理路是正确的,但田面、田底也不完全是现代学者所运用的概念,民间社会其实早已存在此类话语,当然各地方的表达不尽相同。赵晓力主要以《民商事习惯调查报告录》为基本资料,并参照费孝通和黄宗智的相关研究,特别指出:"田皮权的买卖似仍局限于村级土地市场,受到亲族先买权、上手业主权、活卖、找价、回赎、绝卖、中人等习惯的制约。"①"村级土地市场"的概念尚值得推敲,在华北与江南会有很大的差异,赵晓力自己也承认,还需要有更多的直接的证据来证实或证伪这一论断。

通观以上从事社会经济史和法制史研究的学者们的研究方法,可以看出,他们均试图从自己所构建的学理性概念和框架来解释"一田两主"。有的固然也揭示了事实的部分侧面,有的则甚至从根本上背离了事实。概念化的历史书写方式之弊由此可见一斑。以往关于"一田两主"的研究多不注意费孝通和林惠海的人类学著作对田面权惯行的描述,或有所涉及,也仅是将其视为可征引的资料而已,并未意识到其方法论意义。费孝通从村籍制度视角解释田面权,说:"田面所有权一直保留在村民的手中,即使是住在村里的外来户也难以成为田面权所有者,即土地的耕种者。"②日本社会学者林惠海曾于20世纪30年代末、40年代初率领一个调查班,先后六次对苏州郊区吴县枫桥镇孙家乡的土地制度作过翔实的调查,搜集了大量的土地契约文书,发现田面权可以让渡、抵押、典卖、出租,并且可以作为家产继承,③这涉及农民的家产观念。

第二节 "一田两主"地权结构发生的乡土意义

在近代江南地区"一田两主"的土地制度条件下,土地交易圈已远远超出了所谓的"村级土地市场"。冯紫岗于20世纪30年代中期在浙江省嘉兴

---

① 赵晓力:《中国近代农村土地交易中的契约、习惯与国家法》,《北大法律评论》第1卷第2辑,第480页。
② 费孝通:《江村经济》,第131页。
③ 〔日〕林惠海:《中支江南农村社会制度研究》上卷,第124—135页。

县的调查显示,该县各乡区的大部分土地,其业主均不在本乡,"除六区汉南乡之外,其他各区不在乡地主之土地几均在百分之五十以上,最多如四区泰安乡,竟达百分之七八点四五"①。"土改"时期该县地籍仍然保持旧有的格局,塘汇乡南阳村、花鱼村、鸣羊村和徐王村四个村,外籍业主(主要是城镇工商业者兼地主和他乡地主)土地占总使用面积的40%以上。② 在青浦县朱家角镇山湾村,全村的土地甚至全部属于不在村地主,其中占地较多的三个地主王节三、王文后和何起文均在朱家角居住,何起文还经营米行生意。③

正由于江南地区土地交易圈已远远超出了"村级土地市场",拥有田底权的业主对田地的控制能力反受诸多因素限制,田面权在佃户间的转卖,使业主甚至不清楚自家田地的具体坐落,故地籍极其混乱。民国初年的常熟县也存在这种情况,地政学院学员在该县地政局实习、调查时发现,该县"地籍复杂,业佃隔阂,如业主不知佃户姓名住址,即知之亦不过为开始永佃之祖先姓名者有之;土地由原佃之子孙分种,或田面权移转,佃户更易,而业主租簿仍为原佃姓名者有之……业主仅知该起地在某都某图某字号某圩,而不知其详细坐落与田小名者有之"④。苏州郊区和太仓县"土改"时的调查更生动具体地反映了这种现象。苏州郊区木渎乡的地主兼商人陈陆顺、蔡治德将土地出租给双东乡采香村农民耕种,白洋乡农村业主大多是住在虎丘的小商人。太仓县璜泾区较大地主的土地绝大部分出租于外县外区,如利民乡大地主戴启明两千多亩出租地,本区农民租种的只有二十余亩,而本区租入土地,地主又多集中在太仓、沙溪等地。⑤

近代江南乡村土地交易圈既然超出了村级土地市场,那么乡村居民的村界意识是否因此而淡漠了呢? 一村土地尽属村外业主,然而田面权仍滞

① 冯紫岗:《嘉兴县农村调查》,国立浙江大学、嘉兴县政府印行,1936年,第35页。
② 华东军政委员会土地改革委员会:《浙江省农村调查》,第102页。
③ 〔日〕滨岛敦俊等编:《长江、珠江三角洲农村实地调查报告书》,第67页。
④ 李若虚:《江苏省常熟县实习调查日记》"民国二十年代中国大陆土地问题资料",台北:成文出版社有限公司、(美国)斯坦福中文资料中心1977年版,第52097—52098页。
⑤ 中共苏州市城西区委员会秘书室:《苏州市西郊区各乡初步调查回(汇)报》,苏州市档案馆藏档,卷宗号E15-永久11;中共太仓县璜泾区委员会:《太仓县璜泾区土地改革的总结报告》,苏州市档案馆藏档,卷宗号101-长期14。

留乡村佃户层,田面权又具有所有权的性质,故村庄产权边界仍能保持相对的稳定性。吴江县开弦弓村农民对土地的眷恋对此是一个极好的脚注,当年一位村民这样对费孝通说:"地就在那里摆着。你可以天天看到它。强盗不能把它抢走。窃贼不能把它偷走。人死了地还在","传给儿子最好的东西就是地,地是活的家产,钱是会用光的,可地是用不完的"。土地在经济价值之外所存在的社会意义,就是对农家生活的安全保障效应。在"一田两主"条件下,佃户掌握田面权对其生活的意义是不言而喻的。不在地地主占有该村的大部分土地,但对于欠租的佃户却很难采取退佃的做法。费孝通分析道:"如果由外村人来挤掉本村人的位置,那么这些外村人不会受到本社区的欢迎。只要是有正当的理由交不起租,村民们是不愿意卡同村人的脖子的……田面所有权一直保留在村民的手中,即使是住在村里的外来户也难以成为田面所有者。"① 村籍意识也为田面权滞留在本村落的地理边界内起着基本的固化作用,这也验证了前文的说法,即村落边界融合了人与自然的互动关系并蕴含了村庄共同体中的社群关系。1940 年,嘉定县薛家埭等村 549 亩土地中有 479 亩的田底权为村外的 80 人拥有,而田面权长期以来则显得异常稳定,以致村民们能回忆起来的田面权交易只有 2 件。② 黄宗智以此说明商品化并不等于流动性,③但是如从村界角度来理解恐更深入。

在乡间土地交易的惯例中,极少出现家庭经济状况一下降就绝卖土地的情况,通常一开始土地交易行为更多地带有借贷关系的性质。沈关宝在20 世纪 80 年代后期在吴江县震泽镇调查时,一位被访者对农民的这种土地交易性质有着极好的解释,他说:"这里农民卖田叫做押方单,就是用田单来换钱应付临时急用,意思是有了钱还可以赎回去。一般是家里有急事,像做丧事、结婚、生病等,才将方单押出。"④对于农民来说,无论从土地收入的经济价值或从对土地的情感、观念等非经济价值出发,不到迫不得已是决不肯

① 费孝通:《江村经济》,第 129—131 页。
② "满铁"上海事务所调查室:《江苏省松江县农村实态调查报告书》,1940 年,附表 5、6。
③ 〔美〕黄宗智:《长江三角洲的小农家庭与乡村发展》,第 162 页。
④ 沈关宝:《解放前的江村经济与土地改革》,载潘乃谷、马戎编《社区研究与社会发展》,第326 页。

轻易出卖土地的,而田面、田底分离(当地叫做"大租田")的地权结构一方面可以使农民暂解燃眉之急,另一方面则使农民因仍有田面权而消除无田可耕的恐慌,至于每年的交租,在农民眼里与借债付息没有什么区别。而在借贷关系的发生机制中,由于村落社区是一个熟人社会,人情、面子和带有伦理性质的互惠交换行为,使借贷偿还缺乏契约基础,高利贷的可能性空间受到限制,故在工商业和市镇经济发达的江南地区,城镇与乡村间所发生的这种金融关系也就很容易理解。"土改"时期,工作团分析苏州郊区土地买卖、借贷和租佃的情形,说一些地主"对于附近居民常不发生借贷关系,而将绝大部分田地分散出租给较远的乡村农民使用"①。这些地主如前文所说的住在木渎乡的地主陈陆顺、蔡治德,他们所收买的土地原本就在姑苏乡等其他地区,而出租给原业主耕种。在这种土地交易行为中,土地买卖、借贷关系和租佃经营是直接统一的,"土改"工作团认为这是地主"狡猾"所致,实则为现实的经济理性和社群关系发生作用的必然结果。

在"一田两主"条件下,佃户靠着乡族势力和村民的村界意识而在主佃关系结构中拥有较多的资源优势。清代乾隆年间,武进县监生蒋青田房族有祀田147亩,坐落该县旌孝乡,均为原卖主李亦卿等佃种。蒋青田家仆阳湖县人薛玉林带人下乡收租,因怕佃户纠众抢夺,就约了该乡乡民吕八、李喜三、李五护送,结果双方还是发生了冲突,以致酿成人命案。② 在以往的研究中,人们大多强调城居地主对佃户的剥削关系,而无视地主在收租过程中面对村民的乡族势力所产生的无奈。清代嘉庆年间,苏州府吴县顾禄曾录家震涛《收租完粮行》歌谣,较典型地体现了地主下乡收租的心理状态,谣曰:"扁舟之河浒,小泊斜阳渡。篙停犬忽吠,人来鸟飞去。深入蔓筣中,乃得前村路。为问某某家,指点门前树。老农牵犊归,率众迎田主。纷纷呈岁歉,秋旱庌水苦。幸有初暑雨,新苗得少补。若欲征重租,凭君诉官府。叱汝勿多言,言多也难免。上年只收半,今年难再减。丰歉难概论,高下有分

---

① 《苏州市西郊区各乡初步调查汇报》,苏州市档案馆藏档。
② 中国第一历史档案馆、中国社会科学院历史研究所合编:《清代土地占有关系与佃农抗租斗争》,中华书局1988年版,第694页。

辨。天瘦供应早,莫教官驱遣。东家交未足,西方租又缺。妇女话嘈嘈,邻父从旁说。升合尚艰难,斗斛安所设。吁嗟输官粮,好米作六折。"①城居地主下乡收租时,面对佃户及乡邻的推托,也是无可奈何。民国初年浙江省的一首歌谣,虽然站在乡村民众的立场上谴责了地主强行收租的行径,但也反映出佃户依托乡邻所进行的反抗,谣曰:"收租老相公,清早开船到村中,舟子远远呼阿龙,阿龙出来迎相公……阿龙再三求相公,相公咆哮肆威风,批颊阿龙面通红,儿女狂相叫,妻子认隐痛,老翁扶扶到室中,邻舍老少都来劝,相公愈勿不可通,挥使舟子与仆从,捉将阿龙到官中。"②这里所展示的是,在收租过程中,城居地主不得不面对佃户及其乡邻所表现出的村落共同体意识。

又由于城居业主的田地在某一村的地理边界内,即使发生佃户欠租甚至抗租事件,也很难退佃另寻佃户。在乡村民众的这种村落共同体意识压力下,城居业主加租的余地很小,有时其租率反较乡间租佃为低。在吴县东山聚村,城里业主收租反比乡下业主轻,"城里业主,虽然去年(1934年——引者注)的收租折价,定了每石九元八角,但是总还凶得有个限制。乡下业主,却一丝不让的,还要用了不知加几的斛子,来拣上好的米斛去。种着城里业主的租田,种田人还有田面(即耕种权)可以做主,而乡下业主所有的,往往是连田面田底(即所有权)的花利田,租额也就格外的大,每亩总在一石五六斗之间。城里业主即使欠了他的租米,至多是一个到田租处分所里去押追的罪名,但是他们还可以想法借了债或卖了牛去料理。乡下业主呢,欠了他们的租米,就要立时换一个佃户"③。田面权具有所有权性质,是对城居地主田底权的极大限制,这是佃户能讨价还价的权利基础,而村外之人面对村落成员的村界意识,也不能轻易取得该村地理边界内田地的田面权,这样,城镇业主就很难撤佃而在村外另觅佃户。乡下业主之田地在本村地理

① 顾禄:《清嘉录》卷十"收租完粮",江苏古籍出版社1986年版。
② 中共浙江省委党史资料征集委员会、中共萧山县委党史资料征集委员会编:《衙前农民运动》,中共党史资料出版社1987年版,第71—72页。
③ 张潜九:《吴县东山聚村素描》,载《中国农村描写——农村通讯选集》,上海新知书店1936年版,第83页。

边界内,其"花利田"产权既不残缺,又有自身的乡土资源优势,在与佃户的双向关系中,就拥有充分的谈判权。乾隆年间,浙江遂昌县二十一都坑西庄周沧贵将土名长冈田八亩卖与项奏宏为业,后项又转卖与居住在北洋地方的巫希珑,但仍归周沧贵租种。乾隆三十三年(1768),因周沧贵拖欠租谷不清,巫希珑又租与刚从江西南丰县来此地的饶正明耕种。饶正明到田中时,发现原佃周沧贵正在犁田,就不敢去争种,只好去找田主。巫希珑在田间与周沧贵争执中失手将其打死。① 周沧贵所租种巫希珑之田原系自家产业,虽已找价卖绝,但他不肯轻易放弃。况且新佃饶正明系外来户,周沧贵持强续耕,自有其乡土优势。

在江南地区普遍流行的"一田两主"惯行中,田面权作为一种家产,可以传给子孙,足见其具有所有权性质,与现代民法意义上的永佃权并不相同。林惠海、福武直等调查的吴县枫桥镇孙家乡有两份分家书,所列租田是作为家产分割的。这两份分家书分别记录了居阿根兄弟三人分产、周留福与姐姐金娥分产的情形。兹录后者分书如次:

> 立分书周留福为因父母去世十载之余,上有阿姐金娥,所有廿岁,尚未出帖,今因招婿陆水根官人成来完姻、顶立门户。所传尾房五间,又租田共计廿四亩贰分正,自己年轻无力耕种,因为邀集凭亲族长友,言明两股均分,分授屋房靠东三间,又租田四丘,计拾四亩四分。又分授金娥屋房靠西二间,又租田四丘玖亩八分正。自分之后,各自炊食,克勤克俭,不得懒惰,兴衰皆由天命,欲后有凭,立此分书存熙。

民国二十七年四月十九日
立分书 周留福
上姐 周金娥
凭亲 顾灶寿
(以下十四人押)

① 中国第一历史档案馆、中国社会科学院历史研究所合编:《清代土地占有关系与佃农抗租斗争》,第725—728页。

　　此处租田是带有田面权的大租田,分书载租田为去世的父亲所遗,只在留福、金娥姐弟之间分配,上门姑爷陆水根也无权分得,可知此项租田确实是作为家产传递的。① 又据"土改"时对湖州地区嘉善县的调查,"农民认为永佃权为自己的一种产业,当作代传的法宝,解放后他们更认为是分田的基础"②。乡民将田面权看作自己的命根子,是家计维持的物质基础。在南汇县的顾家荡,佃权是农民的财产,农民为此有过一段辛酸的奋斗史,均将佃权看作自己血汗换来的,不愿轻易放弃。一位中年农人这样回忆说:"记得我小辰光,爷娘赶早出去开河沟,把我们弟兄掼在屋里,在地上爬东爬西,抓泥巴往嘴里塞,成天没人照顾。今天这样,明天也是这样,后天还是这样。等我们长大,爷娘就把我们拖出去学种田。辛苦到现在,总算地种熟了,吃着有了依靠。"③田面权对于家计维持和家业传承的双重意义,自然使农民不愿轻易放弃。"土改"时,因为土地要打乱重分,占人口绝大多数的拥有田面权的农民普遍存在着抵触情绪。在常熟县蜂蚁乡,查皮村中农陈士英对土地动了感情,说:"田面权是我胁膀骨上爬来咯,我勿要田底,只要田面,我种了十七载,我勿是偷来咯。"查龙村中农陈永根则怒气冲冲地说:"如果谁将我的九亩租田分掉,我要向他拼老命。"双水村林关生的妻子如此诉说:"我为这二亩田面吃过三十二天官司,现在拿这块田分掉,又是给一个二流子种,我是不舍得的。"周生生的妻子也说:"我在二亩田上花了二十担租才买来的,现在要分掉,有点舍不得。"而没有田面权的贫农像三合村王道道等人则这样无可奈何地说:"穷生来穷,地主的田是祖上留下来,地主的田在别人手里分不到怎么办?"④这就说明,无论是佃中农还是贫农,均承认田面权的祖业性质,这一方面显示了乡土意识层面的"祖业"观念,同时又反映了地方性制度层面乡民所普遍遵行的习惯法规则。

① ［日］林惠海:《中支江南农村社会制度研究》上卷,第135—136页。
② 华东军政委员会土地改革委员会编:《浙江省农村调查》,第222页。
③ 金大钧:《向集体化迈进》,载王艮仲编《为建设新农村而奋斗》,中国建设出版社1947年版,第100页。
④ 苏州专区农村工作团:《土改实验乡和土改扩点实验乡实验总结报告》,苏州市档案馆藏档,卷宗号101－长期15(1)。

　　村界、村籍、家产实际上是农民自身所有的观念和共同遵行的地方性制度,也只有用人类学的"在场"式观察方法,才能发现农民自己关于"一田两主"的话语与实践的日常生活意义。这种更为本土化的研究,似乎更能从"一田两主"发生的社会空间视角揭示其本质的历史意涵。

第九章 余 论

第一节 破解乡土性之谜

一、乡土关系发生的社区空间

乡土性根植于传统农民的小农生产方式、安土重迁的生活方式,村界意识和村籍制度的发生正说明,在稳定的聚落形态下,农民基于维护地权而形成内向的封闭性心态。费孝通形象而又生动地说:"种地的人却搬不动地,长在土里的庄稼行动不得,侍候庄稼的老农也因之像是半身插进土里,土气是因为不流动而发生的",故"乡土社会的生活是富于地方性的。地方性是指他们活动范围有地域上的限制,在区域间接触少,生活隔离,各自保持着孤立的社会圈子"。[①] 从关系网络的视角观察,村界意识和村籍制度也凸显出在村落社区中生活的人们所结成的凝固化的乡土关系,亦即基于维护地权的乡土关系发生在村落社区空间中。在村落社区内部,乡土关系表现在村民相互间的"守望相助",止息争斗,而面对村庄外部的世界,不仅家族排斥非血缘关系的外人进入,对外来的侵扰,全村或全乡人也都有共同防卫、抵制的义务。[②] 可以说,农民日常生活的基本空间是村落社区,这在大部分中国农村地区是一个事实,施坚雅所研究的四川盆地散居式村落可以作为一个例外。

对于这一基本事实,现在看来似不存在继续争论的必要性,相应的问题在于对发生于村落社区空间中的乡土关系如何定性,则还涉及事实之外的

---

① 费孝通:《乡土中国》,见《乡土中国·生育制度》,第7、9页。
② 参阅周晓虹《传统与变迁——江浙农民的社会心理及其近代以来的嬗变》,第54—55页。

价值判定,斯科特与波普金的著名争论即反映了这一问题。斯科特认为农民小传统的主要活动场所是村落:"第一,村落在某种程度上从外部独立开来,构成了行为的以及地位、影响力、权威的地方性系统。于是,第二,村落作为一种共同享有认知与信息的——即规定了一定政治上解释的范围并与外部明确分离开来。最后,村落具有排斥陌生人的倾向,是道德性义务(即能够发动强有力社会制裁)的单位。"而波普金则指出在村民中常常潜在地抱有通过与外部结合而获得利益与权力的动机,村落也是有实力的头面人物抑制内部对立、猜疑和竞争的系统。① 斯科特更多地是将村庄作为一个整体单位来考察的,而波普金则较多地看到了村庄内部的分化和非均质性,这与日本学者平野义太郎和戒能通孝的争论有相似之处。不管怎样,理解乡土关系的发生机制,都不能离开村落社区这一特定的场境,村界现象所映射的乡民村产观念和村庄共同意识、村籍地方性制度中家族伦理与村落内聚倾向的形成,如果抛开村落社区这一研究单位就得不到合理的解释。

在村落文化的秩序场境中,村内村外在村民的心理深处简直就是两个迥然相异的世界。李银河在 20 世纪 90 年代初去山西沁县南山头村和浙江余姚南阳村调查农民生育行为时,就发现"本村的事和村外的事在村民眼里是不一样的,前者有一等的意义,后者只有二等的意义。故而仿佛有一道壁垒,立在本村落与外面世界的地理边界处;也立在村里人与村外人的心理边际处。壁垒内是个很近的世界,外面的世界很遥远"。李银河又认为,当代中国乡村宗族组织形态和宗族共同利益已严重弱化,而村落共同体的发育却相应强化。② 在近代江南乡村,村界、村籍现象中宗族伦理与村庄居民共同体意识的一体化,尽管其由以发生的历史空间坐标与当代中国农村不同,但村民共享乡土信息的村落文化特征却是一致的。

杜赞奇通过对华北农村村际组织诸如闸会、红枪会、关帝庙的研究,试图否定华北村庄的共同体性质。他从村民资格(即我所使用的村籍制度)的

---

① 参见[日]岸本美绪《伦理经济论与中国社会研究》,载王亚新、梁治平编《明清时期的民事审判与民间契约》,第 332 页。

② 李银河:《生育与村落文化》,第 64、66 页。

视角考察了"满铁"《中国农村惯行调查》中的六个村庄,并征引了旗田巍、黄宗智的研究,认为像山东省冷水沟、恩县后夏寨和河北省栾城县寺北柴村对村外人的入村条件要求较高,即要求在村中拥有土地或坟地,这类村庄主要由自耕农组成,而且有较强的村组织。他认为黄宗智过分强调了村庄自我封闭性的一面,但"如果进一步推论其为自我封闭的共同体便会忽视文化网络中那些村民之间以及村庄与外村人之间千变万化的组织及人际间的关系"①。强调村庄内向封闭性而忽视村际关系网络固然有失偏颇,由村际文化网络而否定村庄共同体性质,似也有"理论先行"之嫌。所谓"共同体",主要是指一定社群所形成的利益连带关系,因江南村庄公产资源丰富,村民的村界意识比华北地区的农民更为浓厚;宗族组织形态又较华北农村发达,进而增强了村籍这一地方性制度的封闭性。因此,江南村庄的共同体性质是可以判定的。从村际关系看,江南乡村因市场体系的发育较完善,又表现了开放性的一面,这是否从另一方面冲淡了村庄的封闭性甚或由此否定了村庄的共同体性质呢? 从江南乡村祭祀圈和市场圈的实际运作进一步观察,似不难找到答案。

二、祭祀圈和市场圈

"祭祀圈"的概念最初由日本学者冈田谦提出,我国台湾地区民族学、历史学研究者在研究台湾社会时又进一步发展了这一理论概念。台湾地区学者一般认为,"祭祀圈"是指特定地域范围内的公众祭祀组织,因而可定义为以神明崇拜为标志的地域性社会组织,这种社会组织通常以聚落或村落为基本单位,逐渐向超村落区域扩展。② 他们的"祭祀圈"概念首先是基于台湾经验而提出的,其实这一概念对大陆地区的乡村宗教活动仍然适用。

在近代江南乡村,以村落为单位和超村落的宗教组织同时并存。有的宗教组织仅限于本村庄,与其他村庄无关。青浦县朱家角镇尤浜村村庙与

---

① 〔美〕杜赞奇:《文化、权力与国家——1900—1942 年的华北农村》,第 198 页。
② 参阅郑振满《神庙祭典与社区空间秩序——莆田江口平原的例证》,载王斯福、王铭铭编《乡土社会的秩序、公正与权威》,中国政法大学出版社 1998 年版,第 171 页。

附近村庄的村庙界限分明,村民在宗教祭祀活动时只是在村庄内抬神像巡游。① 民国年间吴县相城各村皆有土地庙,二月二日为"土地神诞",各村奉其本处土地神出游,名"草头会"。② 在一般情况下,乡村的宗教活动往往从单个村落社区走向超村落的联合,此种村际宗教活动仍然是以村庄为基本单位的。滨岛敦俊所调查的青浦县朱家角澱峰村、金家沙村有村庙,附近数村村民共同参与宗教活动,当然是以村庙所在村为中心;而朱家角七公堂、马家埭、杜家角、张坊四村联合祭祀神明"三老爷"。③ 在浙江省德清县,每逢寒食节,乡人有迎总管神戴侯的习俗:"届清明日,各村肩戴、叶、柳三像,前锣后伞,狂奔街市间,店铺设香烛以示敬。惟东坝社迂回盘旋,异于他处,名曰'旋社'。或谓戴侯溺于水,水有旋涡势,故像其形,然以此每生事端,致名商肆有戒心,亦偷俗也。午后,各社迎神上险塘,至清溪古庙内演戏、牲醴以享之。十七区各庄乃始省视塘身而加土,至今援以为例。戴侯上塘,必何家埭人抬之,谓戴侯于洪杨一役时,其神像由该乡匿于濠内得免,因自据其功,他社不得任其事,成积习矣。"④总管神戴侯信仰在德清县各村均有,东坝社"旋社"异于他乡,表明总管神信仰有着浓厚的乡土性,也说明祭祀圈中村社单位的封闭性;十七区各庄习俗又有特别之处,何家埭人抬神像上塘的"专利权"则说明村际宗教活动中村庄是作为基本单位参与的,并且村与村的关系是非均衡的。

在由若干村庄组成的祭祀圈中,宗教组织事务由各村轮值,各村庄的关系也非均质的。民国初年,吴县善人桥区"穹窿山东南各村,向例每越七年,必举行穹窿老会一次。加入计四十村,约一千余户,分作七十二段,木渎区与本区各占其半。出会时情况之盛,为苏城西南乡任何赛会所不及……会中偶像,相传为总猛将,各地猛将皆属其管辖,故乡民咸尊崇之";"所谓七十二段,尚有主段、散段之分:主段之村落,轮流主持会务;散段之村落,仅可协

---

① ［日］滨岛敦俊等编:《长江、珠江三角洲农村实地调查报告书》,第 10 页。

② 《中国地方志民俗资料汇编》华东卷,第 179 页。

③ ［日］滨岛敦俊等编:《长江、珠江三角洲农村实地调查报告书》,第 61、77、91 页。

④ 《中国地方志民俗资料汇编》华东卷,第 745 页。

助会务。主段为杨家场、唐冈头、堰头村、旺家坞、石臼亩、徐家场、上堰头七村。凡为段头者,大都均系村长,办事能力较强。今旺家坞、石臼亩二村,以渐形衰落,无力主持会务,故名虽七村,实际仅由杨家场等五村主持。本年(1934年——引者注)为当值年,例须照旧举行,故于废历正月十五日由七段头集村民数百人,在供奉偶像之柳家场轮值段头许康伯家内集议,决定于二月十五、十六、十七三日出会,即由小河朗四村村民赴各村鸣锣通知"。① 总猛将信仰范围跨越了吴县善人桥和木渎两区,所谓"主段""散段"村落在出会时的分工,正是以村庄为单位进行的。村长为"段头",村庄政权对宗教活动的参与,也表明村庄是以一个整体参加的。

在参与村际宗教活动中,一个村庄内部也表现了较为严密的组织结构。江宁县淳化镇松岗庙的庙会由附近四十八个村庄参与,在该镇规模最大,庙会会期在每年的阴历三月十一至三月二十日,在这十天当中,凡加入这个庙会的村庄,都要来敬香,庙会在宗教活动的同时又兼具贸易与娱乐的功能。该庙会四十八社的组织均以村庄为单位,宋墅村的神社"是由四十八家出头组织而成,共分六号(即六社),每号有头家一人,共有六人,普通称为大头家。由每号推派年长者二人,共十二人,叫做小头家,来协助大头家处理事务。每年庙会的费用,都由六个大头家推派,其余的社内各家,只出铜元两枚,作为香资。全年约共费洋一百余元,每年大头家约费二十元左右。大头小头,每年轮流处理社务,权利义务,家家平等"②。宋墅村是作为一个独立的村落社区参与松岗庙会的,赴松岗庙会时,各成员显然是以宋墅村村民的身份出现的。滨岛敦俊依据《双林镇志》关于佃农抗租斗争的记载,认为此种"佃变"依托了"总管"神信仰的宗教形式,以"村"或"村社"的结合为基本单元;在这"村"(大体上是自然村)里,存在着对其成员进行制裁的强固的结合关系;在"村"的组合的核心上,存在着对于供祭在庙里的"总管"神的共同信仰,他将其称为"共同体信仰"。③ 他看到村作为基本单位参与宗教活动,

---

① 王洁人、朱孟乐编:《善人桥的真面目》,第35—36页。
② 乔启明:《江宁县淳化镇乡村社会之研究》,第21—22页。
③ [日]滨岛敦俊:《明清江南农村的商业化与民间信仰的变质——围绕"总管信仰"》,载叶显恩编《清代区域社会经济研究》,第312页。

是符合事实的,而关于"共同体信仰"概念的归结却不准确。还不能说若干参与村际宗教活动的村庄已结成"共同体"关系,与其说是"共同体信仰",倒不如将其看作"祭祀圈"更为妥当。在祭祀圈中,村庄是一个基本单位,村庄神社组织形态的严密,是村落内部共同体关系的反映。至此,是否可以说,村际宗教活动并未削弱村庄组织的封闭性,相反却在一定程度上强化了村庄内部的共同体关系。

从庙会的实际运作看,祭祀圈和市场圈呈现了相当程度的重合。近代江南市镇经济的发达,使城乡之间的市场关系甚为密切。对于某一个村落来说,"市场圈"的发生机制和作用空间与施坚雅、黄宗智分别研究的四川盆地和华北平原并不相同。施坚雅所描述的四川盆地高店子市场社区是这样一种景观,一个农民"到 50 岁时,到他的基层市场上已经去过了不止 3 000次。平均至少有 1 000 次,他和社区内每个家庭的男户主拥挤在一条街上的一小块地盘内。他从住在集镇周围的农民手中购买他们贩卖的东西,更重要的是,他在茶馆中与从离他住处很远的村社来的农民同桌交谈。这个农民不是唯一这样做的人,在高店子有一种对所有人开放的茶馆,很少有人来赶集而不在一个或两个茶馆里泡上至少个把小时的"[1]。在四川盆地,基于散居式聚落形态而形成的市场社区似乎具有了"共同体"性质,但是否某一市场社区的居民就此形成了"休戚相关、荣辱与共"的利益共同体关系,仍须作进一步的人类学观察,才能得出令人信服的结论。而在华北农村,也存在"市场圈",杨庆堃关于邹平县乡村集市的研究[2]足资证明,然而"市场圈"的存在并没有改变村落社区的内向封闭性。黄宗智曾经访问过的顺义县沙井村前中农李广志经常上集市"看热闹",自己的农场主要种粮食,没有多少东西需要买卖,上集时从不上茶馆聊天,也从不和人交谈,看到面熟的人,只是"点头哈腰"为礼,甚至从未与相邻仅 30 米的石门村的人交谈过。[3]

江南乡村的"市场圈"则呈现了另外一种景观。由于城乡经济联系密

① ［美］施坚雅:《中国农村的市场和社会结构》,中国社会科学出版社 1998 年版,第 45 页。
② 杨庆堃:《市集现象所表现的农村自给自足问题》,《大公报》1934 年 7 月 19 日。
③ ［美］黄宗智:《华北的小农经济与社会变迁》,第 231 页。

切,市镇成为地方市场的中心,正像费孝通所描述的,水路运输网络限制了村庄初级市场的作用,使农民购销区域的范围比中国北方的集市交易区域大得多。① 以蚕丝业为主的商业性农业与家庭手工业的结合,增强了小农对市镇的经济依赖关系。江南地区农民普遍有上茶馆"吃茶"的习惯,主要是茶馆可以满足农民对市场信息的需求。在蚕丝业发达的吴兴县,"乡间男子晨起后,俟航班开行,即附船上镇。除在船上须耗去几许时间外,到镇后即步入茶馆,集相识者于一隅,高谈阔论,议论风生。本地新闻,茧丝价格以及年成好坏等等,均为主要谈话材料。在茧丝新米上市之时,乡人即以此地为探听市价之所,因而经营茧、丝、米或其他产品之掮客,亦往往出没于其间,从事撮合,赚取佣金"②。茶馆集消赞、娱乐、交易、社交甚至赌博等多种功能,从而成为农民日常生活的一个重要场所。

农民在市镇茶馆中所形成的市场交易关系随交易行为的结束而终结。相对于市镇茶馆,乡村茶馆倒成为农民社会交往的中心场所。20世纪40年代初,吴县枫桥区孙家乡附近有三所茶馆,分别在十一保吴泉港、十二保孙家桥及邻近的支硎乡鲶鱼滨三个村庄。这样的乡村茶馆是农民经常光顾的,而枫桥镇街上的泰和轩、德泉园、来凤台、龙园等四所上等茶馆则是地方士绅和乡村领袖常去的处所。③ 在江宁县淳化镇地方,乡村茶馆是农民社会交往的中心,甚至民间调解也在此进行。④ 前述无锡县夹蠡村戴金弟、陆炳章与吴县唐家桥张阿富等人因村庄水面权纠纷而至茶馆"理处",这正表明乡村茶馆相对于市镇茶馆更具民间调解功能,此即所谓的"吃讲茶"习俗。如果农民一发生民事纠纷,动辄就要去相距数里的市镇茶馆寻求调解,那是不可想象的。在乡村茶馆中进行民间调解活动,表现了当事人之间稳定的法律关系,茶馆成为乡土社会习惯法的作用空间。市镇茶馆则更多地体现了农民交易行为中的经济理性,还未能有机地整合进乡土社会习惯法的运作机制中,没有削弱村落社区中村民的共同体关系。

---

① 费孝通:《江村经济》,第182页。
② 刘大钧:《吴兴农村经济》,上海文瑞印书局1939年版,第133页。
③ [日]林惠海:《中支江南农村社会制度研究》上卷,第49—50页。
④ 乔启明:《江宁县淳化镇乡村社会之研究》,第24页。

庙会活动中宗教功能与交易功能的统一,也说明市场圈和祭祀圈至少在此种场合是重合的,农民的宗教活动是以村落为单位的,市场交易活动则带有更多的个体行为特征,还未能整合为一种利益共同体。作为村庄外部关系,市场圈的发生未能导致如施坚雅所说的"市场社区"的产生。当然,其中所蕴含的城乡关系远比华北地区密切,从农民的个体行为看,不像华北农民所具有的内向封闭性,江南的农民又有着更为浓厚的村落共同体意识。这似乎是一个悖论,但从村界和村籍的视角分析,则可以得到较为合理的解释。

三、江南乡村的聚落共同体特质

前文述及杜赞奇以村际关系否定华北村落共同体性质,有其偏颇之处。按理说,江南地区祭祀圈和市场圈中村际关系的发生表现了村庄相当程度的开放性,据此推断江南乡村的村落共同体特征似乎应有所弱化。福武直认为江南的村落组织在 20 世纪初期呈现了统一性削弱、封闭性丧失之趋势。[1] 黄宗智从国家权力与民间社会的二元化视角分析比较了华北与江南村落的不同特征,认为:"在长江三角洲,商品化程度高,国家政权势力渗透少,村社组织力量薄弱,而同族集团却高度稳定;华北则相反,商品化程度低,国家政权势力渗入村庄,村民流动频繁,同族组织不稳定,而超族的村社组织却力量强大。"[2]江南乡村宗族组织比华北地区发达是一个事实,但村落与宗族又不能完全作相对化的处理,宗族组织与村庄政权有时是直接同构的。20 世纪 20 年代末,陈翰笙领导的中央研究院社会科学研究所研究人员去无锡农村调查时,就发现村庄的封闭性和宗族势力是联系在一起的,且国家权力可以通过宗族势力控制乡村。在所调查的前章村,"姓朱的最多,朱姓的势力可以笼罩全村;朱家的图董,朱家的地保,一句说话可以使全村的农民拒绝我们。我们初到的时候,虽然也曾开会宣传,私人联系,结果还是没有效的,最后我们利用政治力量,请县政府发一张布告,晓谕农民,另行把

---

① 参见[日]福武直《中国农村社会结构》,第235—238 页。
② [美]黄宗智:《长江三角洲的小农家庭与乡村发展》,第315 页。

谕单给图董。这样他们没有反抗的能力了,一家一家让我们去调查,我们因此就得到了顺利的成功"①。宗族组织发达实际上加剧了村落社区结构的封闭性,国家权力对村庄的影响也必须通过与宗族组织一体化的村庄政权,否则外部力量对村落的渗透就会十分困难。商品化程度高并没有由此孕育出开放性的村落社区结构,农民超出村庄的交易活动仍然停留在个体行为阶段,此种交易关系未能整合为一种乡土社会的关系网络。经济、宗教功能合一的庙会活动仍以村庄为基本单位,就表明江南村落社区结构的稳定性。

　　土地交易活动中,田面权滞留乡村佃户层,村外之人很难取得田面权,这正是在人口密度增大的情势下村民对土地资源的控制和维护,从乡土关系看,这也正是村庄关系结构封闭性的表现。"土地村级市场"的说法只是适用于华北农村,土地交易的频繁使地权流向村外所造成的"插花地"现象较为突出,地权外流严重造成村民无产化的村庄之封闭性反倒呈弱化趋向。江南水乡的特定生态条件所形成的村庄水面公产,使村民有了更多的利益连带关系,从而也强化了他们的村庄共同体意识,蕴含于村民内心深处的村产观念使他们在村庄公产遭受村外之人侵害时能够结成稳固的利益共同体。商品化实际上加速了人口迁移的进程,像吴江县开弦弓村有那么多生意人,这种现象在华北地区的大部分农村是不存在的,但也正是在人地关系紧张的压力下,宗族关系高度发育,排外现象十分严重,即使是通过入赘为婿和收养为子这样的姻亲、准血缘关系也很难在较短的时期为村民所认可。村籍这一地方性制度不是抽象的成文法规则,而是作为民间习惯法深深地根植于村民血缘、地缘合一的乡土关系网络中。村界意识、村籍制度的内在逻辑不同,前者由人对物的占有而引申出社群认同意识,后者隐含着村民对土地资源的占有欲望;但是有一点是共同的,那就是村界意识、村籍制度都表现了江南水乡内聚型的村落社区结构,并交织为特定的乡土关系网络。至此,江南水乡的村落共同体特质应能呈现一幅较为清晰的轮廓吧!

　　说到村落共同体问题,还不能不对秦晖所提出的"大共同体本位"概念

① 廖凯声:《社会科学研究所无锡农村调查记略》,《国立中央研究院院务月报》第1卷第8期,1930年6月。

加以讨论。秦晖反对"小共同体本位论"对传统中国乡村社会的解释,认为"这种解释把传统村落视为具有高度价值认同与道德内聚的小共同体,其中的人际关系,包括主佃关系、主雇关系、贫富关系、绅民关系、家(族)长与家(族)属关系都具有温情脉脉的和谐性质。在此种温情纽带之下的小共同体是高度自治的,国家政权的力量只延伸到县一级,县以下的传统乡村只靠习惯法与伦理来协调,国家很少干预",却"无法解释中国历史上最突出的现象,即过去称为'农民战争'的周期性超大规模社会冲突",而"大共同体本位论"则可以对此作更合理的解释。① 我当然同意对于"农民起义"这样的社会突变,可以用"大共同体本位"来解释,此处也很难展开论述传统中国国家权力和民间社会的关系,但是有一点必须申明,那就是在承平时期,中国农民的日常生活中,村落社区仍是他们的基本生存单元。像村界、村籍这样的乡土关系和乡土意识发生在村落社区空间中,是一个不容置疑的事实,这也是本已存在的社会历史事实。从农民自身所有的乡土关系、乡土意识出发对此进行解释,要比学者用自己头脑中的抽象概念去解释更能接近历史真实。因为学者用自己的概念所建构的"历史事实"常常会迁就于理论概念的抽象原则,本已存在的历史事实却与此相去甚远。国家权力、民间社会何者为本位的问题是一个价值判断而不是事实判断。历史学一个基本的方法论是价值判断永远从属于事实判断。当然,事实判断对事实的认定永远都不可能与事实完全一致,这也是我们需要不懈努力的理由。

第二节　伦理型社会的财产边界

一、伦理本位和习俗调控——传统中国乡村社会的基本构造

前文在村落社区的层次上解释传统中国乡村社会的乡土性,虽然涉及村界、村籍、市场交易、民间信仰等地方性关系的内在逻辑,农民的行为、观念也确实要在村落文化的场境中才能得到合理的解释。但是,相对于村落而言,家更是农民日常生活的基本单元,家庭内部及家庭之间(包括同族、异

---

① 秦晖:《"大共同体本位"与传统中国社会》,《中国社会科学文摘》2000 年第 1 期。

姓之间)的社会伦理关系是村民生活关系的主体内容。跳出"组织化"思维定式,从关系网络的实际流变看,家与村不是二元化的组织实体,而是结合为乡民特定的社群关系结构。故此,只有顾及家与村的不同层次并考虑到两者的内在关联性,才能更为透彻地明察传统中国乡村社会的基本构造。

在村落家族文化中,乡民的日常生活诸如农田耕作、赶场交易、祭神拜祖等均蕴含了特定的社群关系结构,且富有鲜明的伦理情调。我将其称作"泛伦理化",即伦理关系的作用空间从单纯以善恶价值标准评价的个体行为走向日常生活的各个方面。从基本的文化原理看,"泛伦理化"仍然可以从梁漱溟提出的"伦理本位"论加以阐释。梁漱溟在民族性的层次上说明中国传统社会伦理本位的基本关系结构:"在中国,从家庭生活的重要而产生了伦理,伦理本来是指家庭骨肉关系说的;可是中国的伦理关系,则不单限于家庭,他是把社会上一切关系都伦理化,把骨肉之情,推而及于社会上一切有关系的人。"[1]梁将此归结为"伦理本位"的社会构造,并认为:"从伦理本位的社会构造,让人向里用力。每一中国人,统为其四面八方由近及远的伦理关系所包围;其日常实际生活,触处都有对人的问题。这问题比什么都迫切,如果人的关系弄不好,则马上不了。——父子、婆媳、兄弟、夫妇等关系弄不好,便没法过日子。乃至如何处祖孙、伯叔、侄子以及族众,如何处母党、妻党、亲戚、尊卑,如何处邻里、乡党、长幼,如何处君臣、师弟、东家伙伴、一切朋友,种种都是问题。"[2]梁的分析不能仅视为文化哲学层面的民族性归结,其分析是以他对实际生活的观察为基础的,故"伦理本位"的文化理念符合村落社会中乡民日常生活的逻辑。比如,在帮工搭套行为、借贷关系发生机制中,家族伦理和亲属取向甚至成为其中的主要关系准则,经济交换关系带有明显的伦理化倾向;村界本来主要关涉人对物的占有关系,但在稳定的聚落形态中,村民所结成的邻里关系或在单姓村直接体现为家族关系,是村庄公产得以维持的伦理基础;村籍制度与宗族成员对招婿、收养行为的拒斥直接统一在一起,宗族伦理强化了村庄的内聚性;分家析产、宗祧继承、族产

---

① 梁漱溟:《中国社会构造问题》,见《梁漱溟全集》第5卷,第855页。
② 梁漱溟:《乡村建设理论》,见《梁漱溟全集》第2卷,第179页。

经营等制度行为、过程的发生,更是离不开乡民的家族伦理观念和宗族关系网络,财产分配和伦理关系纠缠在一起,是典型的"伦理经济"(斯科特语)。

在伦理本位的传统中国乡村社会,由于家为伦理关系发生的基本空间单位,故基于"家"的伦理关系和道德观念成为村落文化的主体内容。其基本取向如孔子所说,是"爱有差等",即家族圈子内的人伦关系是人们道德情感流注的主要领域,家族圈子之外的伦理关系也多表现为对家庭血亲关系的拟制。到目前为止,对于乡土中国社会社群关系结构最权威的概念除梁漱溟的"伦理本位"外,还有费孝通所归结的"差序格局",对此,笔者在行文中已有多次申述。由"差序格局"的人伦关系推衍出的道德规范大都属"私德",而绝少"公德"。费孝通认为:"从己向外推以构成的社会范围是一根根私人联系,每根绳子被一种道德要素维持着。社会范围是从'己'出去的,而推的过程里有着各种路线,最基本的是亲属:亲子和同胞,相配的要素是孝和悌。"[1]在差序格局的道德相对主义规范中,不存在个人的独立道德人格和权利意识,个人作为家(家户或家族)的成员,首要的是对家的义务。义务本位的规范体系当然并不排除乡民们对实际利益(主要是以田房为主体的财产)的追求,兄弟分家析产中为争财而大打出手,亲族人等为争"户绝"财产而闹上公堂,这种利益追求不是个人本位的权利主张,而是家族伦理本位观念的现实体现,因为家族共财理念是"差序格局"的家族伦理的题中应有之义。

在"差序格局"的伦理关系中,义务本位的规范又通过乡民们的个体生活实践化作稳定化的行为方式和共同准则,此为乡土社会中社会调控的主要手段——习俗。过去一般认为传统中国社会为礼俗社会,其视角主要是从儒家典籍文化出发进行解释,但对于乡村民众的日常生活来说,他们所认同的却是长期稳定、有效的民间习俗。乡村民众的生活空间仅仅局限在一个狭小的地区范围内,即使是在超出村庄地理边界的"市场圈"和"祭祀圈"中,他们仍然有着内向封闭的群体性格。故在乡土社会,族亲乡邻的日常行为大多是在熟人关系的圈子中进行的,亲友间的馈赠与回礼、祭祀上的节

---

[1] 费孝通:《乡土中国》,见《乡土中国·生育制度》,第33页。

仪、婚娶与丧葬的各种程序、宴饮、生子、庆典以及生活中各种不同场合应有的举止等,无不是在伦理关系网络中展开的。①

然而,"守望相助""亲邻友善"只是乡土社会生活景观的一个侧面,经过文人的描述,多少带有一些理想化的成分。在乡土社会中,"和谐"较多地是一种理想,"和为贵"乃发端于解决现实纷争的考虑。萧公权认为,在传统中国乡村民众的日常生活中,和谐一直是一种理想而非事实:"中国乡村的居民虽然以性好'和平'而著称,可是一旦基本利益发生危机,或是个人的情绪被激发起来,他们仍然会为任何一种想象得到的事情——从即将收获的农作物被偷窃到干旱时期灌溉的利用;从微不足道的人身侮辱到个别家庭或家族声望的损害,——进行争执与斗争。"②美国传教士明恩溥以他对中国乡村社会的实地观察,非常深刻地揭示出乡土社会冲突与纷争的发生机制,他说:"典型中国人的性情是平和的,随时准备在生活中尽自己的职份,绝不逃避,唯一的要求是给予公平的待遇。但是,正如许多表面平静的湖水经常被突然来自峡谷的狂风刮起怒涛一样,中国人平静的心情也容易被猛烈的激情所扰乱,于是,一个良好社会秩序中的文静成员立刻转变为一个典型的现实恶魔……中国人生活中最令人伤感的一个现象是,自然的温情和友好的关系会在某种情势下突然地、自发地、无情地消解。如果一个宗族的成员与长辈甚或就是自己直系长辈的成见发生冲突,那么,他的祖父、父亲、叔祖、叔叔、堂兄和哥哥经常会声称要打断他的腿,或用生石灰弄瞎他的眼睛,等等,而且这些威胁付诸实施的情形并不罕见。"③和谐与冲突并非两种截然相反的状态,而是内在地统一于传统中国农民的群体性格中。这不是抽象的文化哲学演绎,而是有其现实的社会基础。在村落社会中,落后的农业生产力要求人们在生产过程中必须进行广泛的合作,如户间排水合作,亲族间帮工搭套,以及基于长久互惠原则的礼物交换行为。也正是在这种广泛的合作与互惠关系中,潜藏着乡民之间(更多地表现为家与家之间)在利益分配

---

① 参阅梁治平《清代习惯法:社会与国家》,第164页。
② 萧公权:《调争解纷——帝制时代中国社会的和解》,见汪荣祖编校《中国现代学术经典·萧公权卷》,河北教育出版社1999年版,第858页。
③ [美]明恩溥:《中国的乡村生活》,第327、330页。

基础上的冲突和纷争的可能性。

乡土社会中人们的利益之争还不能以现代民法上的权利概念加以概括,充其量只能称之为"既得利益"。① 有些规范只是约定俗成的规范,不牵涉人际、户际的利益关系,比如婚俗中的某些礼仪;而有些习俗就特别涉及人们的利益分配问题(还不能以现代民法的观点视之为权利义务关系),如丧葬习俗中的"顶盆""抓土"等。梁治平将前者称为普通习惯,将后者称为习惯法:"普通习惯很少表现为利益之间的冲突与调和,单纯之道德问题也不大可能招致'自力救济'一类反应,习惯法则不同,它总涉及一些彼此对应的关系,且常常以利益冲突的形式表现出来,更确切地说,习惯法乃由此种种冲突中产生。"②民国初年的《民商事习惯调查报告录》中的诸多民事习惯,可以说都属于习惯法范畴,"物权篇""债权篇"的内容就不用说了,即使是"亲属篇"中的民事习惯也都与财产分配有关,我在"宗祧继承与家产纠纷"一章中已结合案例对此作了详细论述。日本学者滋贺秀三却将这类习俗称为"非争讼性习惯",认为这"都是关于日常生活中反复出现的行为类型的记录,而非被适用于解决纠纷的规范之记录"③。滋贺以此理由断定民间习惯不是清代民事审判的民事法源。此点容后详论,单就这一归结来说,也是不准确的,相比之下,梁治平的解释更触及问题的本质,即此类习惯是关于人们利益分配关系的规范,称习惯法更为确当。

我进一步将乡土社会的这种习惯法称为地方性制度,当然各项习惯的制度化程度有差别,比如村界与村籍内在逻辑的差异。正因为在利益分配关系中所形成的此类习惯已经成为乡民们在日常生活中所共同认可的规范,故在他们的心目中,习惯法就是一种生活规则,也是一种无形的制度资源。通过对村界现象的研究,我们已经很清楚地看到,无形的村产观念和村界意识,比起有形的聚落地理边界,在乡土社会的秩序结构中有着更为重要

---

① 参阅郭建《中国古代民事法律文化基本特征概述》,见韩延龙主编《法律史论集》第 2 卷,法律出版社 1999 年版,第 57 页。
② 梁治平:《清代习惯法:社会与国家》,第 165 页。
③ [日]滋贺秀三:《清代诉讼制度之民事法源的考察》,见王亚新、梁治平编《明清时期的民事审判与民间契约》,第 87 页。

的意义。作为一种地方性制度的习惯法,需要经过个体行动者——农民的日常生活实践加以贯彻。也正是注意到这一点,我在研究行程中才有意识地将方法论结构主义层面的"关系网络"与方法论个体主义的个人生活史描述尽量有机地结合起来。

　　日本学者寺田浩明从个体行动者的方法论视角否认这种习惯法的制度性特征,认为:"关于规范存立的这种所谓客观的、制度化的框架在旧中国却完全不存在。那里所谓的惯行,不论在官府还是在民间都不具有上述意义上的程序性或制度性空间。个别人主张自己有理而开始从事的个别行动,可能随承认其合乎情理的人们在数量上的增加而逐渐扩大范围,最后成为一种由中心和边缘构成的'风气'或'风习',但也正如'风'这一比喻所象征的那样,存在的始终只是不断在流动推移的状态。"他并进一步说:"旧中国所谓'惯行'(即一般民众日常生活中行为规范的共有状态)具有一种非制度性的、事实性状态的性质,而且这样的性质规定了整个社会秩序的内在结构。"①寺田似乎过分强调了习俗形成过程中的权力支配性结构,比如民变行动中"首唱"的示范作用与"唱和"者的"跟风"效应,这在解释像农民战争这样的突发性事件时是适用的。但在乡村民众的日常生活中,恐怕更多地存在着由习俗调整的对等性关系,这也并不意味着村落社会就是一个平等世界,而是说习俗作为一种生活规则,至少是为大多数乡民所认可的。在村籍这一地方性制度中,村落成员的家族伦理观念也成为其中的有机组成部分,禁止收养"异姓之人"为后或招"异姓之人"为婿甚至成为某些宗族法的训诫性规定,村外之人想成为"村子里的人",也不得不认同村落社会的这些生活规则。分家析产、宗祧继承中的家族伦理观念集中地体现为家族共财观念,其实,这又何尝不可以看作家族成员所共同认可的利益分配原则呢? 这是典型的制度化表现。

　　前文已指出,乡村社会的和谐永远是一种理想,冲突和纷争则是一种现实的关系状态。民间纠纷的产生并不意味着规则失去了约束的效力,而是

---

① [日] 寺田浩明:《明清时期法秩序中"约"的性质》,见王亚新、梁治平编《明清时期的民事审判与民间契约》,第171—172页。

人们对规则的理解不同。从个体行动者的角度看,在规则的制度空间中,乡民为寻求小家的利益而使规则操作朝着向己方有利的方向倾斜,也是很常见的,像某些家族成员为争夺"户绝"财产而在宗祧继承上强立"嗣子"名分,将财产分配与宗法伦理纠缠在一起。纠纷一旦产生,乡民常以族亲、乡邻、村首作为投诉对象,以寻求支持的力量。在非冲突的场合,如婚姻、借贷、租佃及田房交易等活动中,族邻的认可是当事人契约关系得以成立的重要条件。无论是在哪一类型的生活实践中,调处人和"中人"的面子极具影响力。在发生冲突之后,"脸面"的因素常介入进来,通常由族长或乡绅担任调解人。这种调解不是明辨是非,而是一种伦理教化的教育过程,有时甚至"双方各打五十大板",最终使争端平息了事。费孝通描述了乡间调解的过程:"差不多每次都由一位很会说话的乡绅开口。他的公式总是把那被调解的双方都骂一顿。'这简直是丢我们村子里脸的事! 你们还不认了错,回家去。'接着教训了一番。有时竟拍起桌子来发一阵脾气。他依着他认为'应当'的告诉他们。这一阵却极有效,双方时常就'和解'了,有时还得罚他们请一次客。"①族长和乡绅作为调解人的情形肯定大量地存在着,但并不具有普遍性,特别是在宗族组织相对弱化的地区,非正式的调解更具普遍意义。萧公权即认为,帝制中国的乡村居民只有有限度的组织,所以"从量上来说,制度化之和解程序,用途极其有限;而偶然的、非正式的、由个别仲裁者所主持的和解,比正式的程序更能满足广大的需要"。调停人的资格也因时因事而不同,"在一个小村落里被公认为德行卓越的人,以大社区之标准来看,可能只是个普通的好人而已。然而,由于他们受到大多数乡亲的信赖与敬重,他们乃拥有充当和事老的资格"。② 乡民日常生活中大量的纷争就是这样在具有伦理教化性质的民间调解中平息了,真正闹上公堂的毕竟是少数,即使是诉至官府,地方官也首先着令"两造"先行回去由族亲或乡邻"理处",调停人的"面子"对于平息争端显然具有极其重要的作用。

---

① 费孝通:《乡土中国》,见《乡土中国·生育制度》,第 56 页。
② 萧公权:《调争解纷——帝制时代中国社会的和解》,载《中国现代学术经典·萧公权卷》,第 888—889 页。

　　在非纠纷的场合,如土地买卖、租佃、借贷等活动中,中人的"面子"也同样有着不可忽视的作用,在订立各类契约文书时均有族亲、乡党、中人画押的习俗,这对交易双方都有约束力。"满铁"调查时,山东省历城县冷水沟村村长杜凤山虽然只有 2 亩地,并不是村中富户,但他读过书,有文化,故在村民的心目中有很高的威望。他在村民的土地买卖、租佃及邻里纠纷中,都作为重要的中人和调解人。据村民回答"满铁"调查员提问时说,在赎回押出土地、要求借款,甚至在集市上出卖粮食讨价还价时,只要有杜凤山的"面子",条件就会从优。① 黄宗智在松江县华阳桥镇薛家埭所作的口述史调查表明,该村妇女陆大囡因为人品好,热心帮助族亲和乡邻,成为村里公认的一位领导人。1938 年,陆龙顺的父亲去世时,龙顺立即去找堂姐大囡帮忙。凭自己的面子和信用,大囡在镇上赊到棺材和寿衣,后来她又帮龙顺找到一份"小常年"的工作。② "面子"的逻辑也只有在村落社会这样的"熟人"关系网络中才具有现实的意义。表面看来,"面子"来源于乡村权威人士的人格力量,其运作似乎仅仅是一种个体行动者的个人行为。其实,"面子"反映了一种权力秩序,纷争或交易的双方对于调解人或中人"面子"的认可本身就是一种根深蒂固的地方性规则。在民间调解中,调解人的"面子"越大,争端平息的可能性也就越大。我在乡间常听到这样的话:"要不是看在××的面子上,我非得跟他拼命不可!"同样,在土地交易等行为中,中人的"面子"越大,交易成功的可能性也越大,中人的"面子"对于交易双方都具有某种约束力。费正清对"面子"问题有很好的归结,他认为:"'面子'是个社会性的问题。个人的尊严来自行为端正,以及它所获得的社会赞许。'丢面子'来自行为失检,使别人瞧不起自己。"③此种"面子"意识实际上是传统中国人基于社会和家庭生活的长期经验而产生的一套公认的行为准则。在村落社会的历史场境中,"面子"反映了个体行动者的个人行为和关系结构层面的秩序、规则,因而是在乡民的日常生活实践中反复受到检验的地方性制度。

---

① "满铁"华北经济调查所第三班:《历城县冷水沟庄质问应答》"村落制度·家族制度",第 22 页。

② [美]黄宗智:《长江三角洲的小农家庭与乡村发展》,第 154 页。

③ [美]费正清:《美国与中国》,世界知识出版社 2000 年版,第 124—125 页。

　　至此,可以说,"差序格局"的关系结构和伦理观念较多地表现在价值层面,习俗则使这种伦理关系更具流动的特征;反过来说,特殊主义的伦理关系只有通过乡民稳定化的共同行为准则——习俗,才能化为相应的行为方式。乡村调解和交易中的习俗都在"差序格局"的特殊主义逻辑内展开,超出这一限度,习俗的约束力也就不存在了,像中人的"面子"就发生在一个狭小的社区范围内,超出这一地域,"面子"就失效了。也就是说,习俗体现了习惯法的制度空间和村落社会的关系结构,所有这些都统一于乡民们稳定而又相对固定的狭小生活圈子里。这是一个伦理本位的社会,又是一个由习俗调控的社会,姑称之为习俗性社会。过去将传统中国乡村社会称作礼俗社会,其实并不准确,因为习俗更多地是乡民们在日复一日的生活实践基础上所进行的制度创设,而不是国家权力进行伦理教化的结果。

二、财产边界:"公""私"的相对化

　　在传统中国乡村社会,差序格局的伦理关系结构造成了义务本位的规范系统,个人权利是不存在的。差序格局的特殊主义准则的主要表现就是家族伦理,家族共财观念是其中的一个有机组成部分,越是在血缘关系密切的群体中,人们之间的财产边界越是模糊不清。所谓"亲兄弟明算账",实际上是对以上现实的一种理想化诉求,如果一定要在财产分配(如分家析产)中分清楚,那也只能是"不患寡而患不均"的小农绝对平均主义理念,像潘光旦所说的,"兄弟分家连祖遗的紫荆树也要一劈为三",这样的逻辑绝对不是"亲兄弟明算账",而是"祖上留下的家业也有我的一份"之类的家族共财观念。超出家族的圈子,越往外推,人们之间的财产边界越容易分清楚,村界、村籍观念中村落成员对村外之人在土地权分配上的拒斥就是明显的例证。

　　梁漱溟从传统中国社会伦理本位的归结又进一步引申出"伦理本位、职业分立之交相为用"的思想,深刻地揭示出传统中国社会财产边界的实态,他说:"从伦理本位所影响于职业分立者言之,隐然若为其伦理关系亲者、疏者、近者、远者所得而共享之。"[1]可以从两方面说,"差序格局"的社会关系

---

① 梁漱溟:《乡村建设理论》,见《梁漱溟全集》第 2 卷,第 173 页。

结构通过伦理化的财产（在农业社会主要是地权）分配而充分凸显，财产观念则和诸种伦理关系纠缠在一起，根本无法以现代产权理念加以厘清。梅因在研究印度"财产的早期史"时，发现"印度'村落共产体'一方面是一个有组织的宗法社会，另一方面又是共同所有人的一个集合。组成它的人们相互之间的个人关系是和他们的财产所有权不能辨别地混淆在一起的"①。传统中国乡村社会亦复如是，其土地权的最大特质，当在个人对于土地缺乏绝对的处理权，土地所有权不是与个人，而是与家族相连，土地权家族化与以传统家族为核心的文化相互应和。②

在分家析产的内在逻辑中，差序格局的家族伦理与家族共财观念不可分割地纠合在一起，其关键在于家产的主体是模糊的"家"而非个人，即使父家长也不能任意独立地处分家产；相对于家长，子辈们更不具独立的民事行为资格，分家的要求虽然也反映了他们对部分家产的支配欲望，但不能视作一种个人财产权利的主张，而应看作他们在家族共有的那块"蛋糕"上切取更多份额的要求。尽管诸子均产制是基本的制度原则，但兄弟分家时的不均衡状况也时有存在，多数情况下是父母对某个儿子有所偏爱。所以，分家析产是家产的代际传递和兄弟争产的结合，不是兄弟间财产边界的明确划分。

宗祧继承的伦理经济一体化倾向更明显，"过继"的宗祧继承意义往往成为族人争夺"户绝"财产的宗法伦理外衣，收养、招赘受到家族伦理的排斥，养子、赘婿甚至被剥夺财产权之外的居住权，族人打出的无非是"禁异姓乱宗"这样的宗法伦理招牌，而背后潜藏的则是对"户绝"财产的占有欲望。在夫权制的乡村社会，妇女的财产权更无从谈起，寡妇在夫死子幼时对家产仅仅是临时监管而已，要出卖、典押土地，须经族人同意。出嫁女更像是"泼出去的水"，在出嫁前对家庭经济的贡献并不能换来继承家产的资格，即使得到少量"奁田"，也有随时被娘家收回的可能性。总之，家产、家业观念的

---

① ［英］梅因：《古代法》，商务印书馆1959年版，第147页。
② 参阅［美］居密《从各省习惯法和土地契约看清代土地权的特质》，载叶显恩编《清代区域社会经济研究》，第901页。

本来意义就已经排斥了"家"的成员独立地处分家产的要求。在家族伦理的
文化场境中,"公"与"私"是永远难以勘分清楚的。

在家族伦理语境中,"公""私"既是一种有形的组织形式,又是一种无形
的财产观念。也只有从家族成员所处的关系网络、伦理观念和行为方式等
方面入手,才能看清家族社群关系结构中"公""私"组织和观念在制度上的
相对化。对于财产的占有是个人乃至家族得以存续的基本条件,特别是在
家族共财制框架下,家族成员之间的财产边界原本就是模糊不清的,每个人
总想最大限度地占有相应的家产份额,"私"的观念和欲望在"公"的理念与
制度中得以化作现实的行为方式及家产分配后果。可以说,"公""私"的理
念就像家的组织形态富有弹性一样,也是纠缠在一起而不能予以厘清的,其
相对化是家族伦理的固有逻辑。

日本学者沟口雄三曾分析了中国典籍文化和民间习俗中的"公""私"观
念,并比较了中、日两国在这方面的结构性差异,他认为:"'公'即'均'不仅
是儒家知识分子的经世理念,而且与民间更加柔和的社会习俗亦是相通
的……它和'人人皆由公产养,不恃私产,人人既多私产,亦分当此于公产'
(康有为《礼运注》)的'公'一样,这里所说的'私'都自觉地将自己投入到
'公'之中去,由此让自己独特的领域融和到共同性中。也就是说,'联成一
体'的公是把'私'和'私'连接起来,其中包含着'私';若从'私'的角度看,
'私'可以在'联成一体'(公)中守护自己的领地。但由于这个'私人的领
地'总是和别人的'私人领地'相连的,所以就无法拥有脱离'公'(联成一
体)的自己独特的领域(自私)。换句话说,'私'由于参与了'公'而无法从
'公'中分离出来并得以自立。""在日本,'家'(私的领域)是世袭的,并由于
实行长子继承制而世代单传,因此'私'产得以保持;而在中国,'家'只单纯
是血统的连接,经济上由于实行平均继承制而使其连接分散,因此其财产只
有依靠族产、公业等'联成一体的共同'才能够保持,在'家'形态上两国的不
同亦是其基本的差异之一。"①沟口雄三对于中国典籍文化和民间习俗中

---

① [日]沟口雄三:《日本学者视野中的中国学》,中国人民大学出版社 1996 年版,第 40—
43 页。

"公""私"的相对化或相互转化的认识应当说是相当准确和深刻的，而对于中、日"家"的形态比较则有一定偏差。如果说他对日本"家"形态的归结是正确的，那么关于中国"家"只有依靠族产、"公业"才得保持的论断，与事实并不完全相符。前文已经说过，在近代江南地区，族产和宗祠的地域分布不是普遍的，一个个拥有独立生计的"小家"在历史时空序列上才具有相对的普遍性。沟口雄三毕竟是一位思想史专家，其结论缺乏社会经济史研究的实证基础。从其行文中也可以看出，他主要是根据日本学者未成道男对台湾地区宗族"公业"的研究加以推论的。

"公""私"的相对化在财产观念上的表现就是家产与族产的相互转化。日本学者清水盛光对中国族产制度的历史变迁做过专门的研究。他说："族产为宗族所有之公共财产，乃族人之捐助或酌留遗产而造成，与根据族之共同占有的原始社会之氏族共有物不同。是以中国族产之特征，在于成为族产之前先为族人之私产之一点。"他进而从"公""私"的对立统一关系来阐明家产与族产的关系，分析道："公惟有与私关联时方始存在。于是此种关系，已在公之文字构造中出现。即从字义言之，公与私有分，背私者为公……对于族之公，家即为私。有公之处亦必有私。设如有公之处即有私，则与家之公相对立之私，果为何物？其为家族成员之私，自不待言。于是因否定家族成员之私而视作私的家，重新被解作公，自无任何矛盾。公私之关联对立，就一般讲实有此种阶段构造……家产与族产之所以被视同公物，而同时又被说明为共有之物者，必系起自此种关系。即家产与族产之所以被说明为共有物，实缘家产为多数之家族成员、族产为多数之家族彼此所共有之财产。又家产与族产之所以均被称公物者，实缘共家产之家族成员、共族产之多数家族，由于否定各自阶段之私的立场，各成为一、各成为全体之故耳。"①这一解释相当精彩，对于家产、族产在特定条件下的相互转化有着深刻的认识，从家族成员共有的角度解释家产的性质是正确的，而关于族产为不同家族间的共有物的说法也不能说是错误的，但从家族成员财产观念的视角看，家产与族产有时又浑然一体，从组织形态上很难加以明确的勘

---

① ［日］清水盛光：《中国族产制度考》，宋念慈中译本，第202、206—207页。

分。由此可见,组织化视角的解释是必要的,但不是唯一的,从家族伦理中"公""私"的相对化解释传统中国乡村社会中人们之间的财产边界,似更为全面客观。

三、近代中国司法性质探析

讨论近代中国司法的性质本来不属于本项研究的立意所在,但在研究土地权纠纷时涉及大量民事判词,又使我不能对这一问题采取回避的态度。近代中国立法和司法有一个体制内的变革过程,清末民初修订的《民律草案》和南京国民政府 1930 年颁行的民法均极注重对西方现代民法资源的借鉴,而对本土法律资源的吸收却远远不够。民国初年虽有大规模民商事习惯之调查,但这些调查成果未能有效地应用于民法典的修订之中,应用的只是极少数,如永佃权、典权,而江南的大小租、田面底权等习惯则未有反映。①《大清民律草案》和民国民法均一反旧律家族本位的法律理念,规定了自然人的权利能力和行为能力,1930 年民法还废除了宗祧继承,立法者认为那是封建时代的遗物,过于重男轻女,与资产阶级法治精神及现代潮流不能相容,因而不再规定宗祧继承,仅将继承限定于遗产继承的范围内。② 立法的现代化过程不能不严重影响到民事审判的操作,民国时期,特别是 1930 年民法颁行后的地方司法官也在一定程度上接受了现代民法的新理念,但在具体的审判过程中是否就严格地做到了以律判案呢? 我在前面各章所引的相关案例,其时段可以说几乎涵盖了从 1912 年至 1949 年整个民国时期,比如 1930 年以后仍有大量有关宗祧继承的民事诉讼案,地方法院不能不受理,由于当时的民法无相应规定,只有依民间习惯判案。因此,研究司法性质的变动,不能不联系本土法律资源(如习惯法)和民间法秩序。也就是说,将司法性质问题置于一个更为广阔的社会背景下加以讨论,是民事审判和民间法秩序内在关联的一个必然要求。这里有两个分析的视角须特别加以注意,

---

① 参阅苏亦工《明清律典与条例》,中国政法大学出版社 2000 年版,第 46—53 页。
② 1930 年国民党中央政治会议第 236 次会议决议"继承法先决各点审查意见书",转见叶孝信主编《中国民法史》,第 640 页。

其一是将司法性质问题置于宏观社会结构中进行解释,其二是如寺田浩明所说的,将民间社会秩序和司法秩序内在地连接起来。①

从第一个视角看,传统中国司法实具有行政的功能,是国家权力控制民间社会的一种手段,只要整个社会的基本构造不改变,司法的这种性质也就得以延续,这在民国时期也不例外,我们从 1912 年《江苏司法汇报》所辑录的民事判词中还可以看到当时的司法长官对清季"前县"判令的因循。诸子均产制所造成的农地经营规模狭小的小农生产方式,使小农处在一种"麻袋里的马铃薯"状态,非到万不得已,均安分守己地生活于不流动的乡土社会中,国家权力管理社会的首要目标也在于秩序的稳定。尽管农民们在日常生活中存在着纷争,但民间的调解和官府的审判总是以平息讼争为第一要著。萧公权说:"在中国,从封建时代晚期以来,贯穿着整个帝制时代,曾发展出一套确保社会安宁与政治秩序的持续不断的传统——经由政府的行动或者地方社区自身的努力等双管齐下的手段来阻止地方居民之间产生的龃龉并且解决纠纷。这个传统及其发展过程中所经历的修正与改良,大致为清代的统治者与行政人员所维系。"②这虽然是针对清代的情形而言,对民国社会同样适用,主要原因在于整个乡村社会伦理本位与习俗调控的基本构造并未发生根本性的变革。

社会秩序的稳定成为传统司法所要促成的首要目标,使法律成为行政性的。费正清认为帝制时代的中国法主要是刑法,"是为缺乏教养的人用的,它也是行政性的,并规定了典礼的细节。换言之,法典的一部分是由行政裁决积累而成的。它几乎全是公法,其内容涉及办事手续、婚姻、继承以及有关施政的其他重要事项……它是从政府下达到私人的上下关系,而不是为了无所偏袒地解决私人间的纠纷"③。而传统中国的政治、行政又和伦理道德密不可分,政治道德化与道德政治化是中国政治系统运作的基本文

---

① 参见[日]寺田浩明《权利与冤抑——清代听讼和民众的民事法秩序》,载王亚新、梁治平编《明清时期的民事审判与民间契约》,第 196 页。

② 萧公权:《调争解纷——帝制时代中国社会的和解》,见《中国现代学术经典·萧公权卷》,第 876 页。

③ [美]费正清:《美国与中国》,第 111 页。

化原理。在传统中国的伦理型政治形态中,伦理价值具有政治意义,伦理教
化成为政治调控的主要手段,"清官大老爷"判案主要依靠自身的道德人格
力量。这种政治体系对于"官"的道德要求是"清正廉洁""为民作主",而对
民的要求则是顺从,不顺从"父母官"意志的当然是"刁民"。这样的官民权
力关系必须建立在伦理教化的基础上,司法(准确地说,清代甚至民国时期
并不存在现代意义上的民事审判)的具体操作过程中,"县官老爷"以伦理教
化者的身份出现在"堂上",当事人在"堂下"只能乞求"大人要为小民作
主"。滋贺秀三将清代的民事审判称作"教谕式的调解",是完全有道理的,
他认为:"具有'民之父母'性质的地方长官凭自己的威信和见识,一方面调
查并洞察案件的真相,另一方面又以惩罚权限的行使或威吓,或者通过开导
劝说来要求以至命令当事者接受某种解决。"①因此,民事审判的性质在本质
上与民间调解是一致的,即主要目的不在分清是非,而在于教化"两造"平息
争端,以维持伦理本位的社会关系秩序。

　　这样,行政性的审判在运作过程中又以礼治秩序为旨归,故民事审判又
兼有伦理化倾向,即轻视私人财产权利,而重视维护伦理纲常。所以对关于
"田土""户婚"一类细故的纷争,地方官总是倾向于先由亲族、乡邻以伦理化
的手段加以调解。清道光年间,四川某地方官出过一则《劝民息讼告示》,②
以自家切身的经验现身说法,向百姓们宣传息讼的好处:

　　　　钱债、田土、坟山及一切口角细故,原是百姓们常有的,自有一定的
　　道理。若实在被人欺负,只要投告老成公道的亲友族邻替你讲理,所以
　　和息也就罢了,断不可告官讦讼……就算有十分道理也要忍气,牢牢记
　　住本官的话,只要投告亲族和息就吃点亏总比到官较有便宜……本县
　　在江西也是百姓,我家二百年来不敢告诉讦讼,暗中得了多少便宜,也
　　只是忍气的好处,你们不可辜负我教你一片苦心。

　　亲族、乡邻调解不成的纠纷,即使诉至官府,地方司法官也会根据传统

<hr>

① 〔日〕滋贺秀三:《清代诉讼制度之民事法源的考察》,见王亚新、梁治平编《明清时期的民事
　审判与民间契约》,第747页。
② 刘衡:《庸吏庸言》,转引自郑秦《清代司法审判制度研究》,第222页。

伦理准则决定是否受理。如 1913 年江苏丹阳地方审判厅对于一件"争继"的诉请如此批示[1]：

> 查阅谱牒,尔子与生议自第八世至二十五世已远隔十七八世之多,何得觊觎绝产,妄兴讼波,实属荒谬已极。至日亨应否入继,自有近族主持,非尔所得干预。尔贪利忘本至于斯极,不问支派之远近,惟计家产之多寡,充其量凡王姓之家业无不可以入尔之彀中矣。仰即返己自省,勿萌贪念,致干法纪,懔之特斥,谱掷还。

地方审判厅长官完全以差序格局的宗族伦理为出发点,拒斥了王生坤的诉讼请求。类似这种族人争产的讼争,往往是财产关系与伦理关系纠缠在一起,"清官难断家务事",地方官着"两造"回去"凭亲族理处"是很正常的;即使受理讼争,也是先着亲族调解,这种做法甚至在当代中国地方司法中也大量地存在着。1988 年末,福建省玉田县荷洋镇司法办主任欧学君告诉前来进行人类学田野调查的庄孔韶,现在一般的房屋民事纠纷多是祖产纠纷,"这类事有不少,单纯法律裁决很容易做,但一个事件背后牵扯很多人,一个家族乃至同房同宗,十分棘手,所以我们总是在上法庭之前进行调解"[2]。当然,现在的民事判决注意保护当事人的合法权利,但也仍顾及民间习惯,特别是在亲族争产的场合更要注重其中牵涉的伦理关系。

依据伦常礼教的精神来断案的情况直至民国时期仍然普遍存在,在兄弟争产、族人争继这一类争讼的断处中尤其如此,前文已有相关的若干判词,兹不重复了。明代著名清官海瑞说过一段断案的"心得体会",[3]很耐人寻味,他说:

> 窃谓凡讼之可疑者,与其屈其兄,宁屈其弟;与其屈其叔伯,宁屈其侄;与其屈贫民,宁屈富民;与其屈愚直,宁屈刁顽。事在争产业,与其

---

① 丹阳地方审判厅批示"王生坤诉王日亨争继由",载《江苏司法汇报》第 10 期,1913 年 6 月 1 日出版。

② 庄孔韶:《银翅——中国的地方社会与文化变迁》,第 351 页。

③ 《海瑞集》上编《淳安政事》"兴革条例",转引自叶孝信主编《中国民法史》,第 597 页。

屈小民,宁屈乡宦,以救弊也(乡宦计夺小民田产债轴,假契侵界成逼,
无所不为。为富不仁,比比有之。故曰救弊)。事在争言貌,与其屈乡
宦,宁屈小民,以存体也(乡宦小民有贵贱之别,故曰存体。若乡宦擅作
威福,打缚小民,又不可以存体论)。

这完全是以维护纲常名教的礼治秩序为断案宗旨的,在海瑞的心目中,司法
是行政的工具,而老百姓的财产权则无足轻重。① 清代至民国初年的司法状
况较之明代没有根本性的改变,民国初年江苏各县地方审判厅的判词甚至
北洋时期大理院判词,也并未真正采用个人权利本位的法律理念,特别是有
关争继问题的判决,仍主要根据民间习惯法断案。前引华亭地方审判厅"判
决董颂生拉租一案",判词中"本厅参照东西各文明国之法律斟酌中国旧时
之习惯而有如主文之判决"字样,从整份判词看,其基本的理念仍然在维
持宗族伦理秩序,习惯法是其主要的民事法源。习惯法反映了地方社会
"差序格局"伦理关系的运行规则,作为维持礼治秩序的具有行政功能的
地方司法,引习惯法为民事法源,完全符合传统中国伦理型政治形态的文
化逻辑。我同意滋贺秀三以"情理法"概括清代司法性质的观点,而对其
将习惯法排除在清代民事诉讼制度民事法源之外的说法,②则不能同意,理
由已如前述。

　　上文所说第二个视角与第一个视角在逻辑上是内在统一的,传统中国
的司法重在维护"差序格局"的社会秩序,当事人的财产诉求就自然地要退
居次要的地位。从中西法律比较的角度看,西方个人权利本位的法律理念
重在明晰权利边界,法官无须考虑财产权之外的伦理关系,也不需要通过民
事诉讼教化人。传统中国社会的法律是家族本位的,这与乡村社会中模糊
不清的财产边界是相合的,个人不是作为独立的权利主体而存在的,即使是
地方司法官判决诉讼当事人一方得到了他应得的财产,那也只能称为他得

① 参阅[美]黄仁宇《万历十五年》,生活·读书·新知三联书店 1997 年版,第 156—159 页。
② 参见[日]滋贺秀三《中国法文化的考察——以诉讼的形态为素材》《清代诉讼制度之民事
　法源的概括性考察——情、理、法》《清代诉讼制度之民事法源的考察——作为法源的习
　惯》,载王亚新·梁治平编《明清时期的民事审判与民间契约》。

到了其"既得利益"。在"公""私"相对化的场境中,还是慎言"权利"概念较为妥当。梁治平即认为权利概念具有太多文化的和时代的内涵,用它来描述、说明和分析传统中国社会诸关系,不能不特别审慎。①

黄宗智研究清代民事审判的一个基本观点,就是大量的当事人为申辩或保护他们的权利而告到法庭,而清代法律无论其表达如何,在实际的运作中却有保护产权的实质。② 当事人的个人权利是否存在即是个问题,特别是在争继纠纷中,即便是"嗣子"名分再正当,而其要求继承"户绝"财产的诉求也并不是其个人的权利主张。兄弟争产也是如此,在家族共财制条件下,兄弟间的财产边界根本就无法勘分清楚,何来个人的权利主张?请看江苏金坛地方审判厅一件有关兄弟争产案的批示,其中有言:"阅禀已悉,变卖公产须兄弟公同妥议,方为正办。尔弟定桂果然以强暴行为伤尔面部,实属目无法纪,当严行究办,以维风俗。如尔虚言诬陷,摧残骨肉,亦为法所不宥。"③这哪里是在裁定是非,简直像民间调解,对两兄弟"各打五十大板",目的在平息争讼,而不在厘清产权。

当然,在户间土地买卖、分家析产、宗祧继承等不同场合,有着亲疏不等的亲属关系,当事人之间的财产边界也呈现不同的状态。在不同宗族间的土地买卖行为中,当事人的财产边界相对清晰,但活卖、找贴、上手业主等地方习俗所反映的祖业观念,也是人与土地的一种超经济联系,其间交易双方的财产边界也不是现代市场经济的等价交换原则所能说明的。黄宗智关于清代民事审判有保护产权的实质之观点,主要来自他对巴县、宝坻、淡水和新竹的 74 件土地纠纷案件的研究。④ 这 74 件土地纠纷,大多是由土地买卖、典押、租佃引起的,其中 73 件单方当事人胜诉。由统计学意义上的归纳所得出的结论是否具有历史时空的普遍性,很值得怀疑。况且在一定的历史时段内,比如三代(以 60 年计)之内,一个家户的土地占有规模相对稳定,分家析产远较土地买卖、典押更具普遍意义。民间土地法的秩序应包括户

---

① 参见梁治平《清代习惯法:社会与国家》,第 51 页。
② 参见[美]黄宗智《民事审判与民间调解:清代的表达与实践》,第 16、107 页。
③ 金坛地方审判厅批示"庄定士呈诉变产归款同室操戈案由",载《江苏司法汇报》第 2 期。
④ 参见[美]黄宗智《民事审判与民间调解:清代的表达与实践》,第 79—87 页。

间土地买卖和家族范围内的分家析产、宗祧继承,才更为全面。① 无论是在哪一类型的土地法秩序中,财产边界都不是十分清晰的。如果离开民间社会的法秩序来孤立地解释司法过程,则是非历史的。

民国时期,在 1930 年民法颁行以后,民事审判中确实也存在直接引用民法法条的情况,但民间习惯法仍然作为重要的判案依据,在兄弟争产、族人争继案件的判决中更是这样。民间的法秩序本身就已表明,"两造"之间没有明确的权利界分,也就很难说民事审判保护了某一方当事人的权利。前文所引 1946 年 5 月 21 日无锡地方法院所受理毛荣锡、毛阿根争继案,地方法院的民事判决书虽然也援引 1930 年民法为民事法源,但那是关于证物的效力问题,属程序法范畴。该案实体法部分的主要内容涉及当事人嗣子资格的认定,判决书仍以族亲证言为据,并且财产取得的认定也以其实际发生为准。我们还很难说该判决保护了当事人相应的权利,问题的关键在于,当事人争讼的焦点源于嗣子资格的确立。在习惯法的层面上,立嗣关系的成立要得到族人认可,毛荣锡依靠敌伪势力伪造"遗嘱",未能得到族人的支持。该判决显示,以个人权利本位为基本价值理念的 1930 年民法,在具体的司法过程中得到执行的程度是相当有限的。国家法向民间习惯法的妥协就已说明,即使是 1930 年以后的民事审判也并不是完全保护了当事人的产权,且不说产权一类西方式概念应用于中国民间法秩序是不适宜的。

在 1912 年江苏六合地方审判厅受理朱守诰与朱守廷争继案中,地方审判厅的民事判词基本采用习惯法作为民事法源,这当然与民国初创,民事审判仍承清代法制的历史情境有关,该案甚至是前清县衙曾经受理又悬而未

---

① 寺田浩明认为,传统中国社会的土地法秩序,"就其整体上来说,就是围绕着特定农地的经营收益行为前一管业者与后一管业者之间通过支付代价而发生的'活、绝'两种正当性的赋予与继受关系,以及社会上对此结果大体上的尊重和由此而来'管业来历'在社会结构中获得的较固定位置。"(《权利与冤抑——清代听讼和民众的民事法秩序》,见王亚新、梁治平编《明清时期的民事审判与民间契约》,第 200 页。)他较多地关注家户之间的竞争,而对家族范围内的土地所有权结构则未予以足够的重视,而后一方面恰恰构成了中国乡村社会土地法秩序的主要内容。

决的,此时地方审判厅受理的相当一部分民事诉讼案件均如此。于 1911 年 8 月完成的《大清民律草案》第一编第一章即规定:"民事法律所未规定者,依习惯法,无习惯法者依条理。"①成文法典固然可以在不同的时段有很大的不同,但基于民众日常生活实践的民间习惯法则保持着相当的稳定性。卡多佐也正是在这一意义上说:"法律确实是一种历史的衍生物,因为它是习惯性道德的表现。而习惯性道德从一个时代到另一个时代的发展是无声息的,且无人意识到的。"②伦理本位的关系格局、习俗调控的权力体系,构成了中国乡村社会的基本构造,它是家族本位的财产法秩序的基础,进而决定了近代中国司法在当时的历史空间中只能扮演行政性工具这样的角色,其本质在于维护伦理化的政治秩序,而不重私人财产的保护。

写到这里,应当画上最后一个句号了,但我还是想再次重申我的历史人类学方法论立场,那就是以对农民的人文关怀贴近农民的生活场境,力图最大限度地再现农民的日常生活,并通过社会人类学的方法整合经济史、社会史、法制史、文化史等学科的学术资源,从方法论个体主义的视角发现围绕土地权分配而形成的乡村社会结构,从而将历史学的科学性和人文性有机结合起来。通过这项研究,我也越发相信全面地再现历史其实永远是一种理想,甚至是一个不可企及的"彼岸世界",但历史学者也不应由此滑向相对主义的泥淖。惟其是一种理想,我们才有不懈努力的理由。我对学界前辈和同行的学术批评都是在充分尊重并力图有所创新的前提下进行的。如果本项研究多少有点新意的话,那首先就离不开前辈和同行的学术成就。我特别以此不成样子的研究成果(如果可以如此称谓的话)献给那些曾经和正在乡村史这块学术园地上辛勤耕耘的学者们。

---

① 《大清民律草案》,见《江苏司法汇报》第 4 期。
② [美]本杰明·卡多佐:《司法过程的性质》,商务印书馆 2000 年版,第 64 页。

附录

从政治伦理学到历史民族志

——访著名人类学者张佩国教授

徐　晶　谢呆馥／问　张佩国／答

谢呆馥（以下简称谢）：感谢张老师接受我们的采访。今天的访问主要是想听您讲讲个人经历和进入人类学的过程，以及您这些年不断总结的工作心得，也希望您和我们这些初学者分享一下您的学习经验和学术反思。那我们就从您的大学经历开始吧，您当时读什么专业？

张佩国（以下简称张）：我在1984年考入山东聊城师范学院政治系，那时政治系就好像是社会科学系，学的内容比较多，像中国通史、世界通史、政治经济学、哲学、马恩原著、自然辩证法、反杜林论、资本论等。

本科毕业后我被分配到老家的县城中学教书，第二年考上了复旦大学国际政治系政治学专业研究生。那会儿读书多是源于对现实的关怀，对于国家前途命运的思考，也是出于对体制改革的关心。20世纪80年代"文化热"关于国民性的大讨论背景下，我一直在思考体制调整和权力约束的问题，觉得这其中人伦关系和道德素质或许是更重要的因素，因为在以"家国同构"为特色的传统中国之下，国家政治和家族伦理一向结合得较为密切。这个想法也基本确定了我硕士论文的题目方向——政治伦理学。当时所谓交叉学科、边缘学科比较时髦，所以我也同样在思考政治学和伦理学的结合，而且还在《社会科学战线》杂志上发表了一篇文章——《政治结构与道德人格——政治伦理学论纲》。

硕士毕业后我到青岛大学教书，一个偶然的机会考上了南京大学的历史学博士。当时我的研究方向开始转向历史学,比较感兴趣的是人民公社制度——它的整个架构是否有一个制度基础和历史延续性? 这个想法奠定了我后来做乡村研究的最初设想。由于 20 世纪 90 年代末正好掀起一股所谓"现代化"的思潮,所谓"现代化",关键还是"农村现代化",而农村现代化肯定要追溯到 20 世纪早期的国民革命。整个国民革命要解决的核心是"土地"问题,于是到 1996 年博士论文开题时,我就决定以"土地问题"作为我的研究方向,题目是"地权分配·农家经济·村落社区——1900—1945 年的山东农村"。在开题报告中,我明确了将 1912—1937 年山东土地资源分配作为研究范围,但是仅"土地"这一内容还是过泛而没有聚焦,所以经过反复论证后觉得"地权"应是核心——所谓土地问题无非是地权在阶层间的重新分配。我的论文分析框架是经济社会史方法——它不仅把土地作为经济问题,还作为政治问题,更是一个社会问题。传统的土地研究虽然也侧重农业现代化问题,但如果单纯从经济现代化角度解释可能不足以说明问题,所以我觉得"地权"问题肯定需要一个整体性框架,它涉及政治、经济、法律、社会等诸多层面。当时的主要想法是把农家经济和村落社区两个层面结合起来。

徐晶(以下简称徐):那您在之后的科研方向和田野兴趣也是沿着这条思路继续下去的吧?

张:对。那时已经隐约感到,用西方理论去解释中国乡村是有问题的。西方的学者(特别是美国的"中国学"领域)要想取得立足之地必定要"造"个独一无二、不可替代的概念。而在国内的传统研究中,很多概念(如资本主义萌芽、地主制经济等)在某种意义上却是西方式的,并且大家习惯于把这些概念看作是不言自明的。比如"地主制经济"在中国传统研究中就始终保持了高度韧性,是一个万能而富有弹性的概念——不管是自然灾害、战争暴动还是其他因素,学者倾向于认为这些都不能改变中国"地主制经济"的基本制度形态。但实际上"地主制经济"与 1929—1933 年的"社会史性质大论战"中引进的马克思"五种社会形态说"有密切关系,自然有经济决定论范式在里面。反思之后,我认为中国近代乡村史研究中存在的共同症结是"概念化书写"。在历史的书写过程中,我们完全可以(而且需要)用概念来解释历史,但"概念化书写"的问题是它很可能把本来被当作"工具"使用的概念视为"目的"本身,即把使用概念作为一个目的,而实际上概念本是用来解释历史事件的工具。有了这样的认识就豁然开朗了。

然后要怎么突破"概念化书写"呢? 这恐怕是要寻求一个学术研究创新的突破口,我在人类学中找到了工具——去发掘被"概念化书写"的历史背后的事实,去挖掘作为主体存在的乡土农民所固有的地权观念。所以就对人类学一些书籍和成果开始关注了。

谢: 这样说来,您是读博的时候才开始接触人类学的? 您最早接触的人类学著作和研究中有哪些对您影响较大呢?

张: 当时人类学著作我也谈不上系统阅读,但是只要看到人类学的书就会买。对我影响最早的是杜赞奇和黄宗智,他们的研究和人类学很接近。杜赞奇的《文化、权力与国家——1900—1942 年的华北农村》这本书我看了好多遍,没有特别关注"国家政权建设"这个核心问题,而是对书中探讨的水权分配、征税、村界、看青组织等内容比较关注。另外,黄宗智的两本书我比较喜欢,一本是《华北的小农经济与社会变迁》,另一本是《长江三角洲的小农家庭与乡村发展》。黄宗智在北大作过一场报告,指出要把清代的社会史、文化史、法律史综合起来,这也是我一直在思索的跨学科研究法。

我的博士后出站报告某种意义上也是受了黄宗智的影响,所以最后选择江南作为研究对象。虽然也谈到了从家产角度看江南土地的分散化趋势,但是在我的博士后研究中,我还是对人类学的方法更加感兴趣,因为对地权制度的问题意识不仅涉及社会制度史,其核心恐怕还是更应关注怎么挖掘农民自身的"土地观"问题,即历史中的农民本身的地权观念。比如一田两主制中的"田面权"(在无锡叫灰肥田,在福建叫田皮权),另外还有"村界""祖业"等都是农民固有的观念。只有深挖本土农民的观念和惯习才能更好地解释地权问题,因此我看重相对乡土化的东西。

本来博士后出站报告的题目是"再现农民的生活世界——多维视野中的近代江南乡村地权",也是无知者无畏,出书的时候我把名字改成了"近代江南乡村地权的历史人类学研究"。把"历史人类学"放进去对书来说的确是好销,但实际上,当时我的理解还相对浅薄,只是从历史学出发来借用人类学的方法,而不是像人类学家进行历史田野调查。这也引起很多朋友的批评。比如赵世瑜就给我发邮件:"你这个既然叫历史人类学,那就要有一个文献的综述梳理。"他给我提出的问题就是说要把历史人类学的脉络搞清楚,光贴标签不行,这是我需要反思的。当时我对历史人类学尚未达到这样一个理解——所谓历史人类学不是狭隘的,不是历史学或人类学的分支学科,而是两个学科乃至多学科之间开放的对话交流平台。如果将来再版,我会把"历史人类学"这个标签去掉。说实在的,贴标签恰恰说明了解不多、知之甚少。

谢:您在博士和博士后两阶段分别就"地权"问题在山东和江南进行了研究,但我们也了解到您对于"土地改革"研究也投入了相当的精力,是否能够谈谈有关这方面的研究呢?

张:在复旦大学读博士后期间,我曾经写过一份研究计划,是关于20世纪40年代山东土地改革运动的。那时我已经注意到像韩丁的《翻身》等很多描写中国革命的著作认为"土改"是农民翻身求解放的史诗性政治事件,比较同情中国革命。但西方有些研究则渲染"土改"中传统文化恶劣习性得以泛滥,乡村"流氓"无产者得以掌权的那些现象。两者很显然大相径庭,这是为什么呢?那么我就想这里面有个叙事立场的问题,一个方面是革命范式对土地改革的叙事,另一方面是所谓现代化范式对于土地改革的叙述,很显然,这两种看历史的价值系统不一样,所以导致了对同一个历史事件截然相反的判断。我的初衷是通过对"土改"的研究突破这种叙事困境,深入到"土改"本身,要在村落层面上结合农民的日常生活进行研究。

以往涉及土地改革的研究更多是关注国家话语权力在乡村社会的技术实践,这个视角当然有意义,但针对农村日常生活和农民道德逻辑进行挖掘的方面还是有所欠缺。通常农民都会按照社区原有的生存伦理来应对土地改革,比如在白天开的批斗大会上分田到户、减租减息,但晚上佃户又偷偷交还给地主。不过反过来,原来的乡村道德观也可能去配合"土改"这一类政治事件,像《暴风骤雨》中赵光腚这样的农村流氓无产者会在批斗大会上泄私愤,有时甚至会发生人身伤亡。村落的日常生活在发生政治大变动的时候,农民既可能悄悄反抗国家政策,也可能利用附和国家的政治动员实现个人利益,这就需要我们通过农民日常生活的道德话语来认识"土改"实践背后的多重逻辑。我之所以强调"土改"在村落层面的实践以及农民日常生活的道德,不仅是希望以此突破过往研究的叙事困境,同时也是试图结合整个山东和华北地区来看待村落层面发生的土地改革。

徐: 您在这之后还是继续在农村问题和土地问题上进行了一系列的研究和探索,是否能给我们讲讲您接下来的研究历程呢?

张: 在江南的研究中,我曾提出"地方性制度"概念来说明土地交易租佃的一些村落本土习俗。来到上海大学后,通过参加李友梅教授的"城市化"研究课题,我接触了很多上海郊区的财产纠纷,渐渐认识到农村家庭最重要的财产之一就是宅基地使用权。"宅基地"概念是人民公社时期依据生产队(即后来的村民小组)分配而出现的,它规定土地在整个村队范围内属于集体所有,而不是完全的家户私有。但农民的观念中却自认为土地是祖上留下来的,是他作为村民的名分所有。这就体现了"村落成员权"的观念,就是说不属于村里的人就没有办法在该村拿到地皮(类似科大卫讲的"入住权")。基于此,我提出了宅基地的"村队成员权"概念,它既可以针对"村落成员权"作进一步分析,也可以和人民公社时期的"三级所有制"结合起来。然而在研究方法上,我是把宅基地纠纷看作法律事件,涉及民间法、国家法及村规民约三个层面,最后来说明农民在土地纠纷中各种表述与诉求的不同动因,以及他们擅于拿国家法来说自己事的特点,另外也提到了法律实践中的"道德化表述"问题。后来慢慢反思,当时我提出的"法律多元实践"其实是在国家法和民间法之间划了相对清晰的区分和边界,并没有完全超越或突破国家法和民间法的二元对立,法律多元框架的痕迹比较明显。

这之后我在思考,既然"土改"已经研究过了,就想再进一步探讨 20 世纪 50 年代合作化时期农村的状况。看看合作化时期的农村如何延续了"土改"的乡村财产秩序与分配,形成新的集体制度发明。当时涉及所谓"地富反坏"的财产纠纷是属于反革命的"反攻倒算",并非按照民法范畴来调解,而是放在刑法的层面上。我查阅了嘉定县法院很多 50 年代的刑事诉讼案卷,并在《社会》杂志上发表了《反抗与惩罚——20 世纪 50 年代嘉定县乡村的犯罪与财产法秩序》一文。文章基本上使用了詹姆斯·斯科特的"反抗"

和米歇尔·福柯的"惩罚"两大概念。所谓的"反抗"是指农民作为弱者有其
自身的武器,例如受到"反革命罪"指控的农民会选择出逃到亲戚家,也有些
农民以偷工减料、纵火拆台等行为表示不满,还有发牢骚之类的,这都可以
用斯科特《弱者的武器》的逻辑来解释。另外,那是在统购统销的时候,所谓
"群众的眼睛是雪亮的","地富反坏"即使是不经意说些牢骚话,立刻就被反
映到公社干部那里,就按照"反攻倒算"甚至要坐牢,这就需要用福柯的"惩
罚"概念,这个惩罚不仅是指肉体的惩罚,还是绳之以法的问题,而且按照福
柯的话就是已经"弥散到日常生活和人们的意识里了"。当然无论是反抗还
是惩罚,都是和人们的日常伦理结合的。我认为合作化在最初阶段还算顺
利,特别是"互助组"和中国传统的守望相助一脉相承,并没有遭到农民多大
的反抗。到了初级社的时候,反抗还稍微弱一点;但等到高级社的时候,把
农民的耕牛土地都折价入社,实际上接近剥夺了。当时就出现很多地方农
民杀牛,实际上遭受到农民抵触的程度是比较严重的。那为什么合作化能
得以推行呢,这反映了当时的"全能主义"治理姿态。

　　谢:您的研究范围从山东到江南,跨度很大,您有没有想过做些其他方
面的研究呢?

　　张:有啊。就在"合作化"的研究计划进行的同时,我开始对"坟山"产
生了兴趣。江西一些学者在研究"千古一村"(流坑村)时出了本书,谈到宗
族的"祖山"问题。考虑到"祖山"不仅反映了很严密的宗族形态,还与地权
(或称林权)问题有关,同时也涉及林业生产的主要保护神"萧公"老爷,这些
我觉得都挺有意思的。因为江西在唐宋时期就以出风水堪舆师闻名,那里
一直很重视祖山的风水,就连邻近的徽州都特地从江西请风水师,我觉得
"坟山"在人类学解释上有挑战性,可以通过坟山或祖山这些在地范畴把政
治、经济、宇宙观、民间信仰等总体呈现出来。2006年,我在台湾"中研院"近
代史研究所作报告(主要是回顾我这些年的研究)时就提到了"坟山",另外
当年申报一个跨世纪优秀人才的题目时也是报了"坟山"。但是"坟山"这个
问题我后来稍微放了一下,转向了"林权"改革问题的研究。

　　谢:您能否再谈谈转到徽州研究林权问题的情况呢?

　　张:2008年我申请到一个国家社科基金项目,刚好那会儿林权改革在

福建、江西、安徽都陆续推开了,因此我决定进行林权改革的研究。其实选择徽州作为田野点有偶然性。当时安徽绩溪县的两个村,即宅坦和磡头,正好分别修了村志。其中宅坦村的文化村长胡维平几年前曾给我一本村志叫《龙井春秋》;另外,磡头村志的修撰者黄山屯溪一中的许晓骏老师早在2003年就给我寄了一本《磡头村志》。想到宅坦村和磡头村都同属于绩溪县,我就分别给胡村长和许老师打了电话,他们都表示欢迎。就这样很偶然地,我选择了安徽绩溪县作为我的研究地点。其实,偶然中也有必然,我在复旦大学做博士后研究时,最初计划是研究徽州的地权问题,想不到差不多十年后又"回到徽州"。

徐:在徽州的林权研究中,您在方法论和认识论上有什么样的考虑呢?

张:2008年我曾经提出"整体生存伦理"的思考,是在民族志实践和反思的层面上提出的。这个概念的提出,说实在的,还受益于我在宅基地研究里提出的"法律的道德化表述"问题。因为关于宅基地的研究是属于上海市教委的教育基金会曙光项目,当时结项专家审查时,复旦大学的范丽珠教授提建议说:"你讲的法律的道德化问题,能不能进一步在整个社会的农民日常生活中有一种整体的呈现,而不仅仅是道德和法律的二元化。"这个建议对我很有启发,而且我本身也正是想要解决这个问题。所以后来就有了这个"整体生存伦理"的概念,它观照的是民族志实践中报道人的道德表述问题,就是不仅仅要听报道人说些什么,还要看他背后所表达的实践逻辑。

我的研究目的主要是想打通两个方面的隔阂:首先,传统研究中的政治、经济、文化、道德等都基于马克思主义的经济决定论范式。提出"整体生存伦理"的概念就是试图消解传统的社会科学领域的分割。另外,在民族志实践过程中,报道人对一个事件的评价里就可能有一个道德表述在里面,我们应当通过他的道德表述看到其主体性是怎么呈现的。当然这两者不能作完全相对化的处理,因此我们一定要看到当事人如何运用历史解释背后的逻辑和意义。比如说我们碰到的一件水权纠纷中,当地一位老人对国家政策相当熟悉,因此他的解释就有很强的法理逻辑,但仔细分析就会发现其实也有浓厚的道德表述在里面,同时还会适时结合当地的历史传说。这不仅是基于当地生存伦理而阐发的道德表述,同时也反映了当事人对政策和历史的理解与实践。这对我们进行民族志实践的反思是有意义的,报道人对于我们而言不仅仅是信息提供者,同时更是共同"制作"历史的合作者。

谢: 既然您研究的是林权纠纷,为什么不像您有关宅基地的研究那样从法律民族志的做法入手,而是在民族志的认识论层面上提出"整体生存伦理"的概念呢?

张: 林权研究不应该仅仅放在法律研究和法律民族志研究的层面上,如果那样,就太狭隘了。我的初衷是想在经验上挖掘村落整体性事实(即整体的生存伦理)的重要性,而且也是思考能不能给我的几名研究生在民族志实践上提供一些认识论上的指导。《写文化》里面讲到民族志反思和民族志书写问题时不是也强调了吗? 民族志实践者不仅仅是面对一个实践的问题,也是面对一个书写的问题。

谢: 您刚才提到了"制作"历史,能否就这一点谈谈您的具体想法呢?

张: 我在关于"整体生存伦理"的文章里提到过"制作历史",但是还没有刻意地朝这个方向写。后来在《中国社会科学报》上发表的一篇《整体的历史和弥散的道德》中提出"整体的历史"。其实法国的年鉴学派早就提到过"整体的历史"——将历史作为社会整体进行的整体史研究。但是在民族志实践意义上提出"整体的历史",我想还是有更为特殊的意义:我们要把历史看作一个整体,而不是仅仅从法律的角度或者经济的、社会的角度来界分。

从当地人的角度来说,他们创造历史、实践历史,并且在生活过程中解释历史、再生产历史,这些都是本土的历史创造和历史实践的一部分,风水传说就是很好的例子。在我们的调查中听当地村民给我们讲,清代宅坦村和上庄村(就是胡适老家)就曾有过水碓纠纷的故事,背后有不同的风水堪舆解释和表述。具体情况是这样的:清朝的时候,宅坦村缺水没有水碓,于是他们就制造假证据抢占了上庄村的水碓,还为此打了一场官司。宅坦村的人试图以水碓的撞击声破坏上庄村的风水,但上庄村的人却说水口那里有块巨石像石狮子,敲击水碓就好比打鼓舞狮的意思,不仅没有破坏风水,反而对风水有好处,上庄出了胡适等人才,盖源于此。类似这样的解释,当然是公说公有理,婆说婆有理,但它反映了当地历史创造的多元性。每一个当地人都是"土著历史学家",所以他的这种解释也是其历史实践的一部分。

这也是"整体的历史"在民族志实践反思上的意义。顺便说一句,在这篇《整体的历史和弥散的道德》中,我也对"道德"问题进行了重点探索。我想道德是弥散在日常生活的各个方面的,道德既反映在乡村整体的生存伦理中,也反映在每个个体的人格系统里,它是弥散在整体和个体日常生活的方方面面的。按照政治、经济、宗教、伦理等各个领域的界分,则各个领域都弥散着所谓的道德,而我们想要认识的恰恰是一个整体的历史,这是一个挑战。

徐:近来您的文章中对"历史的民族志"颇有讨论,能否就此谈谈呢?

张:确实,我对"历史的民族志"一直存在问题意识,不过想法还很不成熟,也没有一套比较理论化的体系。在我看来,历史活在当下。所谓"历史的民族志",对应英文就是"historical ethnography",它强调田野不仅仅是当下的田野,也不仅仅是利用历史文献那么简单。萧凤霞最近在清华大学的演讲里提出不太满意人类学者使用历史文献的套路,要么是用历史文献来补足田野调查,要么简单交代村落或历史的区域背景就完事了,而关于历史和实际的田野工作究竟是怎么结合的挖掘却断层了。她期待的是把历史和当下有机地融合起来。我觉得一个有效的路径是引入当地人的、他者的历史纬度,看看他者的历史的表述。比如上面提到的为了争夺水资源对风水的表述,不同的人都可以引用民间传说或家谱记载,这体现了当地人作为"历史学家"如何运用口头传承的介质来解释历史。汤芸在她的《以山川为盟:黔中文化接触中的地景、传闻与历史感》一书中就提出,过去的研究更多将民间传说视为民俗学意义上的素材,但她就提倡运用地景(landscape)的"历史传闻"来发掘民间传说中的历史实践,比如说对一座山或一座庙的口头传承,本身便是当地人民的历史解释和历史实践。那些地景不仅是面向过去的,也是面向当下的。将地景放在当地人的历史实践(即他者的历史)里发掘,不仅更具历史感,也更具空间感。

谢:也就是说它是立体化的?

张:对。这个我就称之为"历史的民族志",它应当涵盖"历史民族志"。但反过来看,"历史民族志"不能包括"历史的民族志"。这不是刻意抠字眼,而是在通过区分概念而有不同的方法论指向。在《走进历史田野》一书里,关于爱尔兰汤姆斯镇的研究里有段话说,"历史民族志"是面对过往的一段岁月,就是针对"过去"而不是"现在"。好比传统的历史学家做民族志也要进行田野调查,但他们运用的是考古学方法,挖掘历史文献、文物或遗存的目的是再现"过去"那段岁月。但是人类学(萧凤霞等人是比较有代表性的)就面临更高的要求,他们的"历史的民族志"既需要做"过去"也需要做"当下"——就是同样也要挖掘文献,但是不能像历史学者一样仅把它们看作史料,因为即使是地方志和家谱背后也有编史学的逻辑。家谱的编史学,比如说关于族源、始迁祖的传说,好多是虚构的,还有地方志里关于舆地志、庙坛、列女传、孝行等,其分类都有一套儒家的正统化逻辑在里面。至于流传于当下的档案资料(如口头传承)更是要看到其历史解释的意义。《他者的历史》一书里提到了"making history"和"doing history",我想把"making"翻译成"创造"更恰当一些。以前"making revolution"我们不是都翻译成"干革命"吗? 因为它倾向于实践的层面。而"doing history"倒可以翻译成"制作历史",它有实践的层面,但更侧重于历史书写,也就是说,当地人"制作历史"(doing history)的过程也就是在书写(包括口头)他们的历史。总之"历史的民族志"中有很多认识论的问题,可能是在"历史民族志"的框架里面发现不了的,这点我们需要进一步思索。

谢:您这几年一直都对"坟山"问题保持着很大的兴趣,请您再谈谈最近在"坟山"问题上的研究进展吧。

张:虽然我关注"坟山"研究,但一直没有找到好的切入点,2008 年 7 月一个很偶然的机会,我发现了关于汪公坟山的素材《汪氏登源藏稿》。本来那天是想去一家姓汪的人家看家谱,但那家人说他们父辈临去世前交代,家谱是爷爷、老爷爷、曾祖传下来的,要好好保存,不能轻易让外人看到。所以他另外给我们看了一份《汪氏登源藏稿》,这个材料恰恰有价值,说到汪公的高祖墓在绩溪登源唐金山,正好和我关注的坟山问题相契合。现在关于林权的国家社科项目已经基本完成,不过里面还是会稍稍涉及我所感兴趣的"坟山"问题。比如汪氏宗族的坟山、汪公庙等,实际上都和坟山风水有很密切的关系。所以关于"坟山"的研究,我还是会继续做下去。

谢:张老师,我觉得您在研究方面的很多想法,以及从政治学到历史学再到人类学,都是在不断地摸索,始终带着很强的问题意识,然后一步一步走下来。您对我们如何学好人类学有何建议或宝贵的经验？

张：在一个学科里面经营十年才能说基本上掌握了这个学科的规范。我接受人类学十几年了，但是还很难说已经找到人类学的感觉，大概现在慢慢地还稍微有一点。但是这需要一个长久的过程，因为这些基本的经典著作都要读透。

对于一个学科的把握，当你自己贴标签式地说自己是人类学的研究时，可能并不是；当你并不刻意去强调，而你对话的都是人类学家时，那么应该就算是人类学研究了。这需要一个很漫长的过程。在指导学生这个方面，我一开始觉得是要提倡多学科的研究。但是现在对人类学专业的同学来说，无论是硕士生还是博士生，在有限的三年或六年时间里，人类学的经典就够读的了。只有把这些经典都读透了，才能说是对人类学的研究规范摸到一点点门径，才能在这个基础上力求有所创新。但是话又说回来，仅仅予以人类学阅读也还是不够的，比如说你做一个区域的研究就必然涉及历史，因此有关区域的史学研究要去关注，另外和这个区域史有关的基本的文献应该读，如地方志、家谱、碑刻、民间文书等。所以要强调学科规范，但是不要固守在狭隘的学科本位，这个关系要摆正。我觉得不仅仅是对地方史，还应该对整个中国历史，乃至于对整个世界历史的知识都进行补课，甚至还应该具有考古学的一些知识。

徐：您讲的这些对我们的学习，包括我们做博士论文都非常有用。面对区域地方这么多的史料，怎么用、如何用，您的研究实践对我们有很大的启示。您年轻时那股指点江山的激情，那种读书源于对现实的思考、对国家前途命运的关怀对我们很有启发。那么您从大学对政治体制改革的兴趣，到研究生时对政治伦理的关注，以及后来在博士和博士后期间对农村、地权等问题的研究，是一如既往的，还是有什么更深的关怀？

张：我还是非常关注中国农村的发展问题，研究这些问题不是纯粹为学术而学术，背后当然还是有一个关怀的。就像韦伯的焦虑在于德国如何赶上超过英国和法国这些老牌资本主义国家。我们研究农村的土地问题，无非是希望农民的日子过得好一点。最近我在《中国社会科学报》上发表的《山还是那座山——"林改"研究田野札记》中也讲了，原来的社会学者说起资本上山、林权改革时,都会认为资本是对农民社会进行排斥和边缘化的,还有农民的"短视"特性可能会造成新一轮的乱砍滥伐以及对生态新一轮的破坏等。但其实这些可能都是偏见。如果基于对农民的理解之同情,我们会发现农民对生于斯、长于斯的那片土地是最热爱的,农民对生态的问题是最关注的,这有很多真实案例。而说社会排斥他们倒也不一定,有时候弱者的武器反倒对于外来的投资商是一种所谓的"排斥"。所以国家立法、制定政策的时候,需要多站在农民的角度考虑问题。最后我要补充的是,我所谓的对农民的理解之同情,但愿不要被贴上民粹主义的标签。我们不是农民的代言人,如果人类学的研究能够真正把农民生存的状态相对丰富地展示出来,那么对立法部门也好、政策制定部门也好,可能会有所启发或有所借鉴,这应该也是我们研究的价值所在吧。从这个意义上来说,我们会对改变农民的生存状态多多少少作出自己的一点贡献,这就已经不错了。但愿这种关怀不要被戴着有色眼镜的人们去故意夸大其价值评判的一面。

谢:谢谢张老师的建议,也谢谢您和我们分享您的研究历程和学术思索。通过今天的交流我们更深刻地理解了您的观点,获得了很多启发,也有了努力的方向。今天的访谈对我们来说真是一个向您学习的宝贵机会,谢谢您!

(本文原刊于《西南民族大学学报[人文社会科学版]》2011年第3期)

多维视野中的"一孔之见"

——答朱宗震先生

我在复旦大学的博士后工作报告《近代江南乡村地权的历史人类学研究》(上海人民出版社,2002 年)出版已经快三年了,现在想起来有些后怕,真有如履薄冰之感,这么粗糙的东西也竟敢如此急切地推出来,自我标榜学术良知的我也没有摆脱当下学界急功近利的浮躁。一是两年间匆匆"炮制"出来的这么一个文本,确实还应该以"十年磨一剑"的精神再"打磨"得更精细些,正像一位朋友批评我的,两年完成博士后工作报告有制度上的制约因素,但是否出版可以由自己把握啊!现在想来更不能原谅自己的是,将书名冠之以"历史人类学研究",实际是"无知者无畏",这也是我为学界的一些朋友所诟病的。做这样的自我批评也可能有自我辩护之嫌,但我对已成"过去时"的习作不愿再提及了,重要的是尽快地转向新的问题,当然新问题和自己的研究积累还是有内在关联的,而不是"打一枪换一个地方"的游击式研究。

中国社会科学院近代史研究所朱宗震先生对拙著作了比较尖锐的批评,[①]朱先生很坦率,谦虚地说他接受新方法的能力已经衰减,并且在阅读拙著时颇受我蹩脚文字的"折磨"。前辈学者的这种坦诚使我钦佩,我觉得朱先生对方法论的把握有些地方还是很准确的,也有诸多误读和误解的地方,我们之间对话的话语体系尚有些隔膜,但这也不妨碍交流,毕竟朱先生为我提供了一次"说话"的机会。朱先生批评我的一个核心观点是说,我对方法

---

① 朱宗震:《追求完美过分,理想难敌现实——对〈近代江南乡村地权的历史人类学研究〉的批评》,《近代史研究》2004 年第 5 期。

论有一种完美的追求,但具体的经验研究却相去甚远。我想科学就是对未知领域的探索,也如朱先生所说,"学无止境",就某一项研究而言,研究目标也未必能全部实现。可能我的"野心"太大,但能力有限,写到最后也确实有"江郎才尽"的感觉。但我要说明的总体观点是,任何学者的研究都只能是"一孔之见",因为每个学者都有其特定的视角,或者说是对问题的切入点,这毕竟要受其学识和阅历的限制,大师级学者也不例外,关键在于不能一叶障目,只见树木不见森林,让傲慢和偏见遮蔽了自己的眼睛。往往有一种现象,就是学者对自己的研究对象珍爱有加,将其作一种"泛化"的理解,比如做货币史研究的学者认为货币包容了社会经济生活的一切领域,做法律史研究的学者将纠纷看成了民间日常生活的常态,做民间宗教研究的学者认为民间信仰可以解释社会文化的所有内涵,社会学研究者总开口不离"社会",人类学研究者总不忘解释文化的象征意义,如此等等,不一而足。这也可以理解,但清醒自觉的学者会将这种"偏见"控制在相对合理的界限内。

　　我的"一孔之见"实际也是我观察问题的特定视角,可能有偏颇之处,我是以问题意识为本位,尽量淡化那种画地为牢、作茧自缚式的学科本位观念。我以前学过政治学,研习的是政治思想史和政治伦理学,进入历史学领域之后,最初主要是在经济史的层面上解释地权问题,[①]后来主要是在新社会史的层面解释地权的发生学机制,现正在做关于乡村房产和宅基地纠纷的研究,同行可能会将我即将呈现出来的研究划入法律人类学领域,但我对此已经不太在意了。我的自我感觉是,我正在学科的夹缝中求生存,我试图开放式地吸纳经济学、法学、历史学、社会学、人类学、民俗学等多学科的方法论资源,但我的文本已经很难归为某一学科的规范研究。这也可能有矫枉过正之嫌,强调多学科研究没有错,但对具体某一学科学术规范的把握可能相对浅薄一些,这也是我现在要对相关学科进行"恶补"的原因。这可能是我现在的想法,就做江南乡村地权研究时的思想状态而言,我也确实对分科式的支离破碎的地权史研究不满意,因此想整合经济史、社会史、法律史

[①] 参阅拙著《地权分配·农家经济·村落社区——1900—1945年的山东农村》,齐鲁书社2000年版。

乃至文化史的方法论。但很多学者的相关研究已经在一定程度上突破了单一学科的狭隘界限了,比如黄宗智先生的新法律史研究,将经济史、社会史、文化史、法律史等学科融为一体了。我在作文献综述时经过苦思冥想,发现在近代中国乡村史的研究中,概念化的编史学则是普遍存在的,美国的中国学研究者更突出一些,国内的学者尽管没有美国学者构建宏大概念的雄心壮志,但其背后也有概念化的学术范式。"山重水复疑无路,柳暗花明又一村",人类学文化相对主义的方法论立场,正可以颠覆概念化研究对社会历史的霸权式解释。因为人类学可以使学者变得谦虚一些,以参与式观察处理好主位和客位的关系,真正对当地人建立起一种"理解之同情",而概念化的西方式话语解释体系基本上是一种"同情之理解",霸权式的同情可能使施舍对象产生反感,也会影响对研究对象的理解。但我也反复说明,我并不是从人类学学科本位出发盲目地排斥其他学科,我对人类学还只能说是一知半解,根本谈不上人类学的学科本位,我至多是把我所理解的历史人类学作为一种开放式的方法论,以达到对乡村地权的多维透视。因此,多维视野中的"一孔之见"如有排斥百家、独尊人类学一术的狭隘之处,那绝不是我的初衷,南辕北辙的可能性尽管存在,我想我的文本还是贯彻了我的方法论理念,并通过"一孔之见"发现了一点点有创新价值的东西。科学探索是求真的过程,完美的绝对真理是永远不可能企及的,已知领域越多,未知领域也越多,这正是科学研究的魅力所在,而朱先生也拿"学无止境"来与我共勉。朱先生从方法论和地权研究的问题意识两个大的方面展开其批评,下面我一一答复。

我的研究主题是乡村地权的发生学意义,也就是在特定的社会历史空间中解释地权是如何发生的。朱先生所不能理解的是,我没有界定清楚地权和农民的概念,把地权研究和以农民为主体的地权研究混为一谈了。我想在形式逻辑的层面上为地权和农民下定义很省力,也很便当,但往往使复杂的社会历史问题简单化。试想,如照朱先生的逻辑,一定要说清楚是研究有地权的农民(比如田主),而不是研究无地的农民(比如佃户),那所谓地主对地权的支配将如何解释呢?这是一个很浅显的道理,单纯研究有地的农民,比如所谓地主,那么对雇工和佃户就不研究了吗?地主采取雇工或租佃经营方式,必然要雇佣无地和少地的贫苦农民,或者将土地出租给佃户耕种。经济学家张五常的佃农理论实际上是研究了在分成租佃和定额租佃的合约安排中,地主和佃户的谈判和交易成本问题。① 由此可见,研究有地的农民,无法抛开无地的农民。

更何况"千年田八百主",从大的历史进程看,地权始终处于流动之中;从家庭经济角度看,"三十年河东,三十年河西",家庭生计也在变动之中,世家大族由于种种原因可能沦为赤贫,贫苦农民经过几代的努力也有可能变为殷实之家。对"一田两主"这种特殊的地权结构来说,当然很难以简单的地权概念界定田底权和田面权了,以永佃权的理论逻辑解释田面权已经产生了很多学术的误解,这也是我在拙著中详细讨论过的。对地权主体作简单的类型学划分也会产生诸多问题,地主制经济和小农经济概念,实际是制造了所谓地主和农民的阶级对立,而这只是理论的幻象,是泛意识形态化的产物。我在拙著中也详细清理了地主制经济这一概念的方法论问题:"制造地主阶级与小农经济的对立格局,无非是想彰显地主阶级和农民阶级在土地占有关系上的剥削与被剥削关系。其实,与小农经济对应的概念,不是地主制经济,而是资本主义农场经济,或称'大农'经济,这是土地经营规模层次上的一对概念;与地主制经济相对应的则是自耕农经济,从生产方式看,它们都属小农经济范畴。如果是在这一意义上进行解释,那么我们看到的恐怕更多的是作为家庭层面上地主、佃农和自耕农的相互转化。"②

朱先生说,我对近代江南地权有偏见,回避在近代江南地权问题上的冲突,回避农民自己主动的权利要求,我感觉似乎有些"冤枉"了我。就一田两主而论,尽管存在着租栈武装催租的历史事件,"土改"文献里也记载了贫下中农和万恶的地主阶级的"血泪仇",但如将其放在特定的社会历史场境和地方社会文化氛围中考察,拥有田面权的农民未必始终处在弱者的地位,况且即使他们是弱者,而弱者也有"弱者的武器"。太平天国战后土客围绕土地权展开的争斗,有些是很激烈的流血冲突;租栈和拥有田面权的农民之间

---

① 参阅张五常《佃农理论——应用于亚洲的农业和台湾的土地改革》,商务印书馆 2001 年版。
② 参见拙著《近代江南乡村地权的历史人类学研究》,上海人民出版社 2002 年版,第 8 页;本书第 8 页。

也有很严重的冲突,拙著都有反映,当然我不是从阶级斗争的角度,而是从习俗、文化、利益机制等视角进行分析和解释的。

我在后来关于"土改"的研究中也注意到以往研究中"地主与农民的阶级对立"的叙事困境。① 在革命编史学中,地主与农民的阶级对立是引发革命的根本原因,这种解释与包括"封建主义论""资本主义萌芽论"在内的"经济决定论"学术范式有内在的联系。"封建主义论"者强调封建生产关系下地主与农民之间冲突的中心地位,而帝国主义加剧了阶级矛盾,从而引起了反帝反封建的阶级革命。"资本主义萌芽论"尽管强调帝国主义如何阻碍了中国资本主义萌芽的充分发展,但封建地主阶级对农民的剥削仍占显著的优势,共产党正是被剥削阶级的组织代表,故此说明共产党领导的反帝反封建革命有着深层的社会经济动因和广泛的群众基础。②

在国外农民学研究领域中,尽管没有国内革命编史学中如此强烈的价值判断,但"地主与农民"的二元对立分析模式仍然是一个普遍存在的解释策略。斯科特的"伦理经济论"虽然强调村落中的道德因素和习俗等地方性制度对农民经济行为的影响和制约作用,但仍采用"地主与农民"的二元解释模式。"伦理经济论"包括三条基本道德原则,一是"有来有往"的互利规范,二是"生存的权利",三是"安全第一原则"。在这种伦理经济下,农民与地主的关系是通过"庇护—依附"关系来维系的,地主作为庇护者要受到保证农民生存权利的道德约束,而农民作为依附者则要受"有来有往"这样的道德规范约束。地主不会过分剥削农民,反而会在农民生存有困难时帮助他们,农民也会在平时为地主从事不要报酬的劳动。乡村社区中的血缘、家族、宗教、集市等正式和非正式的关系、制度、组织的操作,都在不同层次上反映了这种"道义经济"原则。③ 在革命叙事的阶级斗争话语中,上述现象可能被解释为地主的"假仁慈"和对贫苦农民的劳役地租剥削。而"伦理经济

---

① 参阅拙文《乡村革命研究中的叙事困境——以"土改"研究文本为中心》,《中国农史》2003年第2期;《山东老区土地改革与农民日常生活》,《二十一世纪》2003年4月号。
② 参阅[美]黄宗智《中国经济史中的悖论现象与当前的规范认识危机》,《史学理论研究》1993年第1期。
③ 参阅[美]斯科特《农民的道义经济学:东南亚的反叛与生存》,译林出版社2001年版。

论"显然是将乡村社会秩序理想化了。农民日常生活的逻辑中确实存在着如斯科特所说的三条道德原则,这样的道德原则是村落社会的习俗和习惯法。但在土地占有甚为分散的近代中国乡村社会,所谓"地主与农民"的分化至少是不明显的。在"土改"过程中,相当多的村落几乎找不到几户像样的所谓"地主","土改"时各地的"地方特殊论"也不能说全无根据。①

朱先生的批评可能是说我将村民和农民混为一谈了,不太注意发掘史料来反映那些世家大族,特别是居住在城镇的工商地主和官僚地主的生活轨迹。我并未刻意回避这一问题,我运用的一些碑刻资料和档案资料,也有些是关于所谓大地主的素材。从这样的形式逻辑的概念分类来批评我,我想是朱先生没有批到点子上。

这可能是由我的问题意识有些狭隘所致,研究单位的确定也有些问题,比如将村落作为研究单位,就会不自觉地形成一种"村落共同体"假定,犯了一叶障目的错误。即使是以地域社会为研究单位,也应该看到特定地方社会的文化特性,在"一田两主"这种地权形态中,城居地主是一个很重要的研究对象,太平天国时期,吴江县地主柳兆薰往返于城乡之间的生活轨迹就很能说明问题。我在写作相关部分时,也很认真地对《柳兆薰日记》作了详细的索引,但最终没有利用。我当时感觉是资料利用的技术性问题,现在看来,更深层的原因在问题意识和研究单位的方法论层面,也就是要打破"村落共同体神话"。朱先生提供的黄炎培外祖父家族和吴晗家族的资料也很好,我也查阅了黄炎培家族的族谱中的相关资料,但作为一个特定的分析视角,没有很好地反映世家大族和城居地主对土地权的控制,这是拙著的一大缺憾。

我想这有两个原因,一是忽略了城乡关系的视角,正像吴滔所批评的,我制造的村落共同体假象使我在对一田两主的解释中更多地从村落文化的角度看问题,而没有突出一田两主地权结构中复杂的城乡关系,②我对此倒是应该自我检讨的。二是我对以往家族和宗族研究的批评可能有矫枉过正

---

① 参阅秦晖、苏文《田园诗与狂想曲——关中模式与前近代社会的再认识》,中央编译出版社1996年版,第102页。

② 参阅吴滔《清代江南的一田两主制和主佃关系的新格局》,《近代史研究》2004年第5期。

之嫌,傅衣凌的"乡族经济论"和弗里德曼的"宗族模式"过分强调族权对族众的支配倾向,忽视了家族道德和经济实践中一般族众的力量,而我在拙著第七章关于族产分配的研究中,从族产纠纷的视角,更突出了族产权属关系"公私"相对化的逻辑,所注重的是日常生活中的实践逻辑,而对那种"望族"可能注意不够。但我以为,所谓"望族"的研究也不能忽视日常生活中的实践。

我对中国乡村史概念化书写的质疑,曾引起过诸多学界朋友的批评,还在我未完成博士后工作报告时,我在复旦大学历史学系的一次读书沙龙上,曾就评论杜赞奇《文化、权力与国家——1900—1942年的华北农村》之机,阐明我批评乡村史概念化书写的方法论理念,一些朋友很不理解,以为我一味地反对在历史研究中运用概念。朱先生从科学史的角度论证运用概念体系的必要性,这一点我没有异议。其实,我并不反对使用概念,关键在于如何使用概念,这也就是我所说的合理使用概念和概念化书写的区分。不能抽象和笼统地谈合理运用概念,必须结合具体的研究来谈。就我的这项研究来说,我试图通过对乡村地权的乡土意识和秩序的解释,揭示出乡村地权的发生和运行机制。如果有概念的归纳,那也是对地权实践逻辑的理论归结,而不是以地主制经济、过密化等概念为基本框架,做填塞史料的工作。我说与农民乡土化的语言和意识相比,学者的概念明显地缺乏解释的力度,是从颠覆和批评的意义上讲的。在经验研究过程中,当然不是原封不动地照搬农民的日常生活表达,也不是全盘否定学者们建构概念的努力,只是从学术史角度如何"接着他们往下讲"。理论概念只能是我们解释的工具和手段,建构理论体系不能成为研究的最终目的。这涉及规范化与本土化的关系问题,中国社会科学界在20世纪90年代对此已经进行了深入的讨论。问题的缘起其实正是肇始于现代化、市民社会、公共领域等理论在中国社会研究中的广泛运用,刻意模仿所带来的虚假繁荣之后,是进入21世纪后社会科学界对此有了更多的反思。

朱先生说我泛泛地批评学科本位是"实在太过分",朱先生的意见也可能是正确的。我不是历史学科班出身,没有所谓断代史和专门史的学科意识,也真的没有把历史学研究当作安身立命的工具。在这一点上,我和长期在学科分割状态下享受体制内史学资源的,以治历史学营生的历史学家们的确是不一样的,我没有我的史学圈子,即使是我比较熟悉的所谓社会史

"圈子",我也是很外围的成员。我现在所在的社会学和人类学专业,我也没有通读其基本的学科经典,根本没有相关的学科认同意识,社会学和人类学"圈子"里的学者也很少知道我。矫枉过正,我也许在反对片面的学科本位观之路上走得太远了,以至于对相关学科规范浅尝辄止,这也是我上文已经说过的,要"恶补"。我的"一孔之见"尽管标榜为要在多维视野中全方位地透视近代江南乡村地权,但也只能是从特定的地域社会和村落文化场景中进行观察,不可能整合全部专门史研究的成果和方法。比如我对军事史是门外汉,但对于诸如太平天国运动的军事事件对江南地权的影响,我也注意到了,并尽力反映在文本中,而这样的反映绝不仅仅是因果关系的简单化分析,而必须通过地方社会习俗、人们的生活轨迹等映射出其影响。我泛泛地批评史学研究中专门史相互隔绝的学术病态,固然有失偏颇,但我要表达的意思是说这样的研究者缺乏如刘知幾所说的"通识",津津乐道于自己狭隘的研究领域,对更广泛领域的研究视而不见,只能成为工匠,而不可能成为史家。从知识分子类型学划分来谈这一问题,是我没有想到的,已经超出了本文所要讨论的话题逻辑,的确也是比我所理解的更为复杂。

朱先生说,在近代地权问题上,毛泽东的土地革命理论是最深刻的参与式观察了,对此,我实在不能苟同。毛泽东认为,民主革命"最严重的问题是如何教育农民",革命后则是"知识分子接受贫下中农再教育"的问题。毛泽东的农村调查为他的土地革命理论奠定了经验基础,但很难说是文化人类学意义上的参与式观察,因为革命范式的土地革命理论有着十分鲜明的价值认定,突出了对土地占有的阶级分析。[1] 我在前文对此也有所评述。而梁漱溟和费孝通对中国社会,特别是对乡村社会的理解,则要更学理化,从某种意义上说更深刻。准确地说,梁漱溟的研究不是文化人类学的田野工作,倒更像是文化哲学的宏大叙事,即使是他的乡村建设运动,也谈不上参与式观察,但他对中国社会"伦理本位、职业分殊"的理解应该说是准确的。而费

---

[1] 对"土改"时期乡村土地占有状况的分析可参见章有义《本世纪二三十年代我国地权分配的再估计》,《中国社会经济史研究》1988 年第 2 期;〔美〕黄宗智《中国革命中的农村阶级斗争——从"土改"到"文革"时期的表述性现实与客观性现实》,《中国乡村研究》第 2 辑,商务印书馆 2003 年版。

孝通的《乡土中国》和《江村经济》两本书,既有睿智的理论思考,又有精细的田野研究。作这种比较,可能是仁者见仁,智者见智,未必能够说服朱先生,也许我的表述太过分,但我对梁漱溟和费孝通并无崇拜情结,也没有抬出两位老先生来贬低其他学者的工作。在规范化和本土化的关系层面,到目前为止,的确很少有学者能够超越"伦理本位"和"差序格局"的概念。我的这重意思是从中国社会学史的意义上来说的。顺便再说一句,这种本土化的概念不是简单的概念化书写。当然,我在拙著中对他们的概念清理得还很不够,这是我要进一步努力的。至于语言,毛泽东提倡并付诸实践的"为老百姓所喜闻乐见"的语言风格,费孝通深入浅出的文字表达,都是我要学习的。故作高深,专门与读者的眼球作对,是学术上的浅薄和无知,这个毛病我是严重地存在着。对此,我虚心接受并感谢朱先生的批评。

我的确很推崇文化人类学的参与式观察方法,这与我质疑历史学概念化书写的方法论立场有关系,我在拙著中也说,与农民的乡土话语相比,学者的概念往往缺乏解释的力度。但这并不等于说将农民的乡土表达原封不动地拿过来,而不作学理的提炼。文化人类学的参与式观察对历史学研究的意义,并不仅仅是一种田野调查的技巧和方法,更重要的是一种方法论理念,"走进历史田野",不是单纯发现诸如碑刻、族谱等田野资料,调查乡村老人的问题,而是要处理好主位和客位的关系,在"自己人"和"外来人"的角色之间寻求一种平衡,从而尽量避免学者头脑中固有的偏见,如对农民居高临下的廉价同情,真正建立起对地方社会文化的理解。

也正如有朋友批评我的,并不是简单地在历史研究中运用人类学方法就是历史人类学了,历史人类学有其学术规范,尽管它作为一个严格意义上的学科并不存在。加拿大的一位人类学研究者将历史人类学的学术贡献归纳为三点,一是合并历史研究和田野工作,二是对人们日常生活的注意,三是对于地方上群落的研究和对于这些群落与较大社会之间关系的分析。①

---

① 参阅[加] 撒穆尔·克拉克(Samuel Clark)《历史人类学、历史社会学与近代欧洲的形成》,载[加] M. 西佛曼、[加] P. 格里福编《走进历史田野——历史人类学的爱尔兰个案研究》,台北:麦田出版公司 1999 年版,第 386 页。

这虽然不是对历史人类学所下的定义,但也基本说出了其学术规范和方法论取向。拙著尽管竭力借鉴人类学方法,但还不能构成一个历史人类学的文本。朱先生批评说,拙著不是严格的人类学研究,这点我承认。但朱先生说的理由似乎不成立。西方文化人类学的确是发端于对异民族文化(朱先生所说的异土族群文化的说法,似乎不太符合人类学规范)的研究,但从整个人类学史看,人类学研究其实远不止对异民族文化的民族志书写,重要的是,它确立了一种文化相对主义的方法论立场,而其文本形式则呈现多样化趋向,甚至像波拉尼(Karl Polanyi)的《大转折》(*The Great Transformation, The Political and Economic Origins of Our Times*, Beacon Press, 1957),可以作为世界经济史来读,但又是经济人类学的奠基之作。而简单地说中国没有规范的人类学研究,可能还缺乏相当的说服力。从20世纪30年代吴文藻采取"请进来、送出去"的策略,已经将人类学引进中国,费孝通、林耀华、杨懋春、许烺光、杨堃、田汝康等前辈学者的研究,应该算比较规范的文化人类学研究,而当代中国的人类学研究和社会学研究的学科界限也仍然是比较分明的,尽管有些学者已经试图打破两者的学科樊篱。

　　文化人类学研究应有文化相对主义的方法论,但不一定要在世界范围内进行比较研究。我所说的世界眼光,主要是在研究视野的层面上说的,如无比较研究的视角,所谓中国经验又有什么意义呢? 在这一点上,我的经验研究和理论企图之间的差距实在是太大了,朱先生的这一批评我也接受。如前文所述,拙著的问题意识是要解释近代江南地权的发生学意义,所要颠覆的是地权研究中的泛意识形态的叙事,借鉴人类学方法,尽力再现在地方社会中活动的农民的生活轨迹,而村落、市镇和相关的市场网络既是地方民众的生活单位,也是拙著的研究单位。可见问题意识和研究单位是紧密相连的。正如费孝通所说的,对于世界贸易体系对地方社会的影响,必须放在可观察的层面来解释,比如《江村经济》描述了开弦弓村的一位妇女在丝厂工作,一次下雨天,她的丈夫忘记给她送伞而被她当众骂了一通。这种日常生活的琐事,具有十分重要的解释意义,映射了世界贸易体系在一定程度上影响了农民家庭婚姻关系的变化。而在政治史和政治思想史的层面上,分析地权冲突和土地改革的历史轨迹,不是拙著的问题意识,因此也很难满足朱先生的问题意识。不同的学者即使研究同一问题,分析的视角也可能有所不同,如果面面俱到地顾及可能存在的众多学者的问题意识,那一个学者就无从下手,没有办法做研究了。

拙著在方法论层面存在着很多问题,资料也比较单薄,我当时写作时就有些"捉襟见肘"的感觉,应该是一个不成功的作品。况且还是先提出了看起来雄心勃勃的创新设想,而在经验研究中并未真正贯彻。因此,我对朱先生批评的核心观点是持认同态度的,但学术创新的努力是一个有良知的学者所不能丢弃的,我对此仍然是义无反顾的,尽管在落实的过程中会打折扣。我在拙著中也着重申明,我对学界前辈和同行的学术批评,是建立在对他们的学术成就充分肯定的基础上的,只是对相关研究现状不满意,在方法论上有一种焦虑感,并伴随着创新的冲动,没有很狭隘地排斥别人的研究。开放式地吸收多学科的方法论资源一直是我坚持的学术理念,如果我真像朱先生所说的"排斥百家、独尊一术",那可能是我仍然太狭隘,或者是我的学术判断力出了问题。

学术批评首要的是在相关的学术脉络中,指出批评对象文本本身理论分析和经验研究上的不足,而不是批评者制造一套理论逻辑,进而指责被批评者为何违背了这样的逻辑。我想,朱先生的批评有些地方我不能接受,是因为朱先生更多地是在他的知识领域内展开批评,没有在中国乡村史研究的学术脉络中,一针见血地指出拙著自身的学理和逻辑缺陷。当然,毕竟"旁观者清",他还是尖锐地指出了拙著的一些问题,我说过,任何批评都是我所欢迎的,我衷心感谢朱先生的批评。

（本文原载于《中国农史》2005 年第 3 期）

走向产权的在地化解释

——近代中国乡村地权研究再评述

历史研究是个"看菜吃饭"的行当,历史学家确定某一研究主题,总要以某种或数种资料作为基本资料,方才有治史的素材。而基本史料的运用,不仅是个技术性问题,更是个理论问题,涉及诸多方法论问题。在近代中国乡村地权的研究中,围绕着清代刑科题本、台湾淡水新竹诉讼档案、徽州契约文书、"满铁中国农村惯行调查"等基本资料,很多社会史、经济史、法律史学家进行了相当优秀的研究,对近代乡村地权的概念化解释做了不懈的努力,甚至由此产生了某些学派或显学。本文拟对近代中国乡村地权研究中基本资料的运用及相关理论问题进行评述,以更富建设性的解释路径回应笔者若干年前对乡村史概念化书写的质疑。①

一、司法档案及其解释纬度

大致有社会经济史和法律社会史两类学者以司法档案作为研究的基本资料,本文主要评述以刑科题本和台湾淡水新竹诉讼档案为基本资料的相关研究。对于刑科题本资料的利用,最初是中国本土的历史学家在"资本主义萌芽"论解释模式下进行的。在《清代地租剥削形态》这本乾隆刑科题本档案的"编辑说明"中,编者介绍说:"一九六三年至一九六五年间,原中国科学院哲学社会科学部(现中国社会科学院)历史研究所和原中央档案馆明清档案部(现中国第一历史档案馆)合作,于清内阁乾隆刑科题本(土地债务

---

① 见张佩国《近代江南乡村地权的历史人类学研究》第 1 章第 1 节"质疑近代中国乡村史的'概念化'书写",上海人民出版社 2002 年版,第 3—35 页;本书第 2—28 页。

类)档案中,选出一批有关农村社会经济和阶级斗争史料,以供科研工作之需……尤其对于清代农业租佃制和地租形态的发展变化、农村阶级斗争的发展趋势和农业资本主义萌芽等方面的研究,都具有极其重要的史料价值。"①曾经参与过当年刑科题本租佃关系史料编选工作的刘永成在介绍这一工作时这样说:"清代刑科题本本身是当时刑事诉讼与审判的案卷,也是当时阶级压迫的产物。清代刑科题本的价值,首先就在于它既暴露了清代封建统治阶级压迫和剥削劳动人民的罪恶,同时也反映了当时劳动人民进行生产斗争和阶级斗争的实况。在刑科题本所反映的案件中,尽管各级官府衙门在叙述案情时,对于劳动人民的反抗斗争总是企图加以隐讳,或者大肆歪曲和污蔑,但它毕竟是皇家的宫廷档案,封建皇帝要求其下属官僚们详细奏报案情始末,照录供词。这样,就使我们有可能从劳动人民命案的当事人的供词部分,找到较原始、最有价值的第一手材料。"②其史料编选实际上是遵循了阶级斗争史观的基本理念的,由此,在研究中,也发展出地主制经济和资本主义萌芽论两种基本论断。刘永成在解读这批资料的基础上得出了初步结论:"乾隆年间,无论是在南方地区,还是在北方地区,不管是在经济作物的种植区,还是在种植粮食作物的土地上,更不分是在货币租制下,还是在实物租制下,都或先或后地出现了经营地主经济和佃富农经济。一般种植经济作物的地区与货币经济的发展有关,因为获利大,发展也较快些,缴纳货币租的比重就要大些。经营地主经济和佃富农经济是我国封建社会开始解体时期,在农业生产领域里出现的一种新的经营形式,即带有资本主义萌芽性质的经营方式。同时也应当看到,清代前期的经营地主经济和佃富农经济是在占统治地位的封建生产关系的罅隙中出现的,因此,它必然会不断地遭到封建经济和封建势力的钳制和阻挠。但是,随着商业性农业的发展和封建社会内部商品经济的越来越活跃,不仅城市手工业资本主义萌芽获得了一定程度的发展,而且农业资本主义的幼芽也能够星星点点地缓慢地滋长。"③

---

① 中国第一历史档案馆、中国社会科学院历史研究所合编:《清代地租剥削形态》(乾隆刑科题本租佃关系史料之一)"编辑说明",中华书局 1982 年版。

② 刘永成:《乾隆刑科题本与清代前期农村社会经济研究》,《历史档案》1981 年第 2 期。

③ 刘永成:《乾隆刑科题本与清代前期农村社会经济研究》,《历史档案》1981 年第 2 期。

　　在利用刑科题本研究资本主义萌芽问题的学者中,李文治最具影响,他将资本主义萌芽的解释同地主制经济联系起来,并给地主制经济下定义:"地主制经济指整个地主经济体制,即以地主所有制为主导包括农民所有制及各类官公田在内的土地关系整体,并由此形成的社会经济关系。"在李文治的解释体系中,地主制经济以其顽强的生命力,不断适应着农业生产、商品经济发展、地权分配变化、宗法等级关系松懈、农民战争冲击和国家政策调整,其主导作用始终不曾改变。① 他对于地主制经济与农业资本主义萌芽的因果关系这样解释:一方面,"在明代中叶,伴随着农业生产及商品经济发展,已孕育了资本主义萌芽,到清代前期并有进一步发展。但这种发展极为缓慢,其间原因极为复杂,而地主制经济的制约是其中原因之一。由于土地财产比较稳定,土地可以买卖,实行买地收租经济收益更有保证。在这种情况下,形成为以占有广大地产为荣的观念。当时工商业者遂常把他们通过剥削而积累的多余财富转向地产收租,较少投向工业扩大再生产"②。地主制经济因其内在结构而成为制约资本主义萌芽的障碍。但他同时又论证说,地主制经济本身有着孕育资本主义萌芽的可能性:"明清时代,伴随着商品经济的发展,土地进一步商品化,这是封建社会后期一个值得注意的变化。中国地主经济的一个主要特点是,地权的取得主要不是通过分封赏赐,而是通过购买。虽然土地买卖与暴力掠夺每因时期不同而相互消长,而地权转移发展总趋势则是土地商品化的加强……土地商品化的发展,这时已在开始冲击土地回赎权和亲邻优先购买权之类顽固的封建宗法习俗。""以上反映土地制度的封建宗法关系松懈的因素,如地权分配及地主身份地位的变化,土地买卖关系的迅速发展。这种种发展变化,使中国以地主经济为主体的土地关系具有孕育农业资本主义萌芽的可能。"③如此,

① 李文治:《把地主制经济的发展变化作为考察某些历史问题的中心线索》,《中国经济史研究》1996 年第 2 期。
② 李文治:《把地主制经济的发展变化作为考察某些历史问题的中心线索》,《中国经济史研究》1996 年第 2 期。
③ 李文治:《论中国地主经济制与农业资本主义萌芽》,收入氏著《明清时代封建土地关系的松解》,中国社会科学出版社 2007 年版,第 440—441 页。

则在论证上相互矛盾,可以理解为,地主制经济本身有着极强的韧性和适应性,既蕴含了资本主义萌芽的空间,同时,又存在着阻碍资本主义萌芽的结构性障碍,这是否可以理解成如黄宗智所说的社会经济史中的悖论现象?①

　　问题的关键在于,李文治没有对此进行综合论证,这恐怕与其资本主义萌芽论的假设有关,即预先假设了清代前期资本主义萌芽出现的总趋势,并将经营地主经济、佃富农经济、雇工人身份地位的变化②等都作为资本主义萌芽的表现,而这些现象都在地主制经济的弹性限度内。李伯重将资本主义萌芽论的研究归结为"资本主义萌芽情结",认为这是特定时期民族心态的表现和"单元—直线进化"史观的产物。③ 以地主制经济和资本主义萌芽作为基本概念,甚至是带有"范式"意义的分析框架,其预设倾向十分明显,自然,刑科题本中的"土地占有和租佃关系史料"可以为这样的论证提供资料基础。同时,这一时期的历史学家,在阶级斗争史观的主导下,似乎有一种"草根"情结,总能站在农民阶级的立场上解读出刑科题本档案中的农民的诉求,④但又无"他者的历史"视角,无法凸显农民作为他者的"历史主体性"。

　　作为李文治的学生,史志宏以刑科题本档案为基本资料,研究了清代前期小农经济的发展。他将小农经济定义为"个体农民经济",包括自耕农和佃农,并认为:"研究中国封建经济形态,离不开对地主制经济的研究,也离不开对小农经济的研究,因为这是一个问题的两个方面。"⑤然而,与小农经济相对应的概念,不是地主制经济,而是资本主义农场经济,这是土地经营规模层次上的一对概念。应该将所谓的地主经济、自耕农经济、佃农经济,

① 黄宗智对悖论现象的解释为:"悖论现象指的是,那些被现有的规范信念认定有此无彼的对立现象在事实上的同时出现。"参见[美]黄宗智《长江三角洲小农家庭与乡村发展》附录《中国研究的规范认识危机——社会经济史中的悖论现象》,中华书局2000年版,第421页。
② 可参阅李文治、魏金玉、经君健《明清时代的农业资本主义萌芽问题》,中国社会科学出版社2007年版。
③ 李伯重:《"资本主义萌芽情结"》,《读书》1996年第8期。
④ 参阅王学典《意识形态与历史:近50年来农战史研究之检讨》,《史学月刊》2005年第7期。
⑤ 史志宏:《清代前期的小农经济》,中国社会科学出版社1994年版,第6页。

都称为生产方式意义上的小农经济。①

　　接续中国社会科学院历史研究所的学者们整理乾隆朝刑科题本的工作,南开大学冯尔康教授于 20 世纪 70 年代末即开始了嘉庆朝刑科题本的抄录与整理。他充分肯定了历史研究所同行的工作,认为《清代地租剥削形态》和《清代土地占有关系与佃农抗租斗争》两书的编辑者"注重土地制度、地租形态和农村阶级斗争的资料,很有意义,所取得的成就令人钦佩。我们在这类档案中,除了留心于它们相同的内容,还多视角地观察它,关注主佃、东伙、主奴、良贱、特权者与平民、家庭宗族、男女、民族、宗教徒与非教徒、土著与移民等十种人际关系的材料"。并将这十类资料归纳为清代生产关系史、社会等级史、下层民众社会生活史、移动人口史和司法史等五个方面。②之后,冯尔康、杜家骥还与第一历史档案馆合作,出版了嘉庆朝刑科题本档案。③ 这样的分类和史料编辑学,实际上建基于冯尔康关于社会史的学科定位,即"中国社会史是研究历史上人们社会生活的运动体系。多说几句则是,中国社会史以人们的群体生活与生活方式为研究对象,以社会结构、社会组织、人口、社区、物质与精神生活习俗为研究范畴,揭示它本身在历史上的发展变化及其在历史进程中的作用和地位;它是历史学的一个专门史,以期开拓历史研究领域,促进历史学全面系统地说明历史进程和发展规律;它与社会学、民俗学、民族学、人口学等学科有交叉的内容,具有边缘学科的性质"④。冯尔康利用嘉庆朝刑科题本档案所做的研究,也贯彻了这一方法论,但已经在一定程度上摆脱了阶级分析方法,试图在特定的历史场景中理解小业主的从业状况、经营特点和社会地位。⑤ 可以看出,冯尔康及其学术团队已经突破了阶级史观,以社会生活史的视角来解读刑科题本档案了,但这

---

① 参阅严立贤《中国和日本的早期工业化与国内市场》,北京大学出版社 1999 年版,第 167—168 页。

② 冯尔康:《论"一史馆"土地债务类档案的史料价值》,《南开学报》1999 年第 4 期。

③ 南开大学历史学院暨中国社会史研究中心、中国第一历史档案馆编:《清嘉庆朝刑科题本社会史料辑刊》,天津古籍出版社 2008 年版。

④ 冯尔康等编著:《中国社会史研究概述》,天津教育出版社 1988 年版,第 2—3 页。

⑤ 冯尔康:《乾嘉之际小业主的经济状况和社会生活——兼述嘉庆朝刑科题本档案史料的价值》,常建华主编《中国社会历史评论》第 7 卷,天津古籍出版社 2007 年版,第 13—32 页。

样的社会生活史研究距离整体史书写尚有一定的距离。①

　　法律史学家郑秦从亲属法的视角整理了从雍正到嘉庆年间的刑科题本"服制"命案，认为："亲属法的基本概念在十八世纪的中国清代，渗透到法律的各个层面，亲属法不仅是民事法律范畴，而且刑事、行政、经济等各种法律关系的确立和调整都离不开亲属法。这是因为，在当时，整个国家和社会的基础就是各个家庭的集合体，因而全部的社会关系也就可以看成各种各样亲属关系的社会化。"②作为法律史学家，郑秦等学者在编选这部分司法档案时，没有进行概念化的分类，只是照录相关题本后面所附的贴黄，"贴黄是每件题本后面所附的提要，题本往往文字冗长，而贴黄仅数百字，简明扼要，一目了然……是最好的案情简介"③。法律史学的问题和理论关注，使他们不太关注案件的细节所蕴含的社会经济史意义；此外，除了在亲属法的基本概念框架内进行材料的遴选外，选编者对于资料本身没有过多的价值判断和先入为主的理论假设。

　　有学者利用这部分"服制命案"史料，从道义经济学的视角研究了清代前期的小农家庭经济，认为："生存经济是小农家庭经济的主要特征。我们在分析时主要着眼于生存经济这一点。佣工、自耕与租佃结合、典卖房地与回赎找贴、财产均分、婚嫁财礼和童养媳等小农家庭的各种制度安排实际都是为了增强小农家庭抵御经济风险的能力，也是在巨大的生存压力下的一种近乎本能的反应。""因为所选的是服制命案，所以本文所使用的刑科题本中反映的基本上是小农家族和家庭内的社会经济关系，视野的局限可能导致其与真实全貌有不小的差距，而且清代的刑科题本数量巨大，本文的527个案例只是冰山一角，所反映出来的小农家庭经济图景肯定有不足之处。虽然如此，但就发掘的材料看，本文揭示的小农家庭经济之面相与经典文献中所展示的更恢宏壮阔的小农经济图景还是具高度一致性，诸如佣工的地

---

① 参阅张佩国《社会史学整合论》，《史学月刊》2001年第1期。
② 郑秦：《十八世纪中国亲属法的基本概念》，郑秦、赵雄主编《清代"服制"命案——刑科题本档案选编》"代序言"，中国政法大学出版社1999年版，第1页。
③ 郑秦、赵雄主编：《清代"服制"命案——刑科题本档案选编》"选编说明"。

域分布、房地典卖、找赎与找贴等等,这种一致性也表征了小农家庭经济的一般特征。"①这和资本主义萌芽论者的视角已经有很大不同,这一研究试图对小农家庭经济有一种贴近历史现场的"理解之同情",且认识到由于服制命案史料的选编以亲属法概念为框架,只限于家庭和家族内部,故只能从家庭内部关系来透视清代前期小农家庭经济状况。

美国学者步德茂(Thomas M. Buoye)的《过失杀人、市场与道德经济——18世纪中国财产权的暴力纠纷》②是一本以刑科题本档案为基本资料,关于18世纪中国乡村财产权变迁的优秀社会经济史著作。他虽在题目中提及"市场"和"道德经济"概念,却对新古典经济学的交易费用为零的市场假定进行了批评;也并"不挑战'道德经济论'的锋芒",认为"实质经济学强调的价值和制度也是中国自耕农、佃农和地主经济算计的内在部分",但"经济变革在18世纪波及整个农业经济,对支持和使产权合法化的长期恪守的价值取向和传统习惯形成强大的压力",因此"道德经济学"无法对此进行全面的解释;而"欲在广阔的经济场景中理解关于产权的暴力争端,需要对经济历史的变迁和结构有更为全面的理解"。③ 他借用新制度经济学的代表人物道格拉斯·诺思的理论,强调经济增长的决定性因素包括人口、技术、意识形态、政治和经济制度,以调和新古典经济学与实质经济学之间的截然对立。他并申明:"我的意图并不是用18世纪的中国作为'证实'诺思理论的验证个案。事实上,我是依靠其洞见作为理解经济史结构与变迁、经济变迁与社会冲突关联性的一种导向装置。"④步德茂在书中对于中国经济史研究中的西方中心论倾向也有批评,但借用诺思的制度变迁理论真的就能综合新古典经济学和道德经济论的解释吗? 由此能在中国历史实践场境中解释乡村产权的内在逻辑吗?

---

① 周祖文、金敏:《清代刑科题本中的小农家庭经济——以527件服制命案为中心的考察》,《中国社会经济史研究》2008年第1期。
② 该书中文版主译者张世明组织的一组书评,对于理解该书有所助益,见《内蒙古师范大学学报》2008年第3期。
③ [美]步德茂:《过失杀人、市场与道德经济——18世纪中国财产权的暴力纠纷》,张世明、刘亚丛、陈兆肆译,社会科学文献出版社2008年版,第9—10页。
④ [美]步德茂:《过失杀人、市场与道德经济——18世纪中国财产权的暴力纠纷》,第11页。

步德茂有一个基本假定,即"田土产权和经济制度的变革要求加剧了暴力争端的潜在可能。基于这一假定,本书对围绕产权的暴力争端中的主要问题、参与者、官府处置、时空样态与时俱变加以解释,从而揭示其历史意义"。步德茂对于这一假定又以诺思式的理论叙述方式加以陈述:"生产要素的相对价值位移出现时,就会有动力改变现存的经济制度,而改变其的努力将带来冲突的潜在可能。如果这些变迁被延宕并以特殊方式出现,则风险和不确定将更大,而小规模社会冲突的潜在可能亦将加大。"①这使我们想起诺思对西方世界经济史中经济绩效的经典解释:"在分工收益与分工成本间不断发生的冲突,不仅是经济史中制度结构与制度变迁的根源,而且也是现代政治、经济实绩问题的核心。"②这样的事实判断,应该是在经过翔实的经验研究之后得出的,而不是由西方经验移植过来作为对中国社会历史的基本假设。我在阅读该书时,很明显地感觉到,步德茂在"市场"与"道德经济"两个关键词的天平上,倾斜于"市场"这一边,因为,"道德经济"的顽强抵抗蕴含了稳定不发展的特征,而"市场化"动因则使产权制度发生变迁。这一判断只是以另一种理论武装起来,而其基本判断似乎和"资本主义萌芽论"有着异曲同工之妙。佃农和雇工身份等级依附关系的松懈,是否也可以解释为"道德经济"的衰退呢?!

对于刑科题本资料的利用,步德茂还专门从方法论和史料学方面加以论述。步德茂对所利用的刑科题本档案有自己的分类,仅仅选择了与抗租、撤佃、回赎、水权以及田界争端五类特定产权问题相关的案件。在这些案件所关涉的时间与空间分布上,他提出了两个方面的编史学问题:"由于这批档案在分类上相对来说仍很粗略(第一历史档案馆馆藏的死罪案件记录,大部分都只是按照朝代做分类),便很有必要针对这批内容丰富但却庞大不易使用的历史文献,发展出一种更为仔细审慎的抽样技术。另一方面,虽然地方政府档案包括了能使学者针对个案进行深度考察的众多地方司法争讼记

① 〔美〕步德茂:《过失杀人、市场与道德经济——18 世纪中国财产权的暴力纠纷》,第 228 页。
② 〔美〕道格拉斯·诺思:《经济史中的结构与变迁》,陈郁、罗华平等译,上海三联书店、上海人民出版社 1995 年版,第 234 页。

录,但这些地方档案现今只残存在部分州县,档案分布空间的有限性,也让人不得不质疑:那些只依特定州县档案素材而推导出的结论,究竟是否能一体适用到全国其他地方?"①步德茂并在评述黄宗智的清代民事审判研究时,认为黄宗智利用清代巴县、宝坻县、台湾淡水新竹的诉讼档案,"由时间跨越1760 至1909 年的三个州县,选取并分析了三个地方的民事司法案件;而我的研究则是由三个省份送呈中央政府的审撰文书来对死罪案件进行抽样,我用以抽样的母体,则是包含了同样发生在乾隆朝六十年间的来自数百个州县的司法案件。由我对这些乾隆朝暴力争讼案件所做的研究,清楚地显示了:时间与空间因素,对理解和财产有关的争讼行为,是有关键影响的……因而,当我们借助这些史料进行较广泛的推论时,也必须在方法论上更加的小心谨慎"②。步德茂对司法档案统计学意义上的分析,似乎解决了案卷的时空分布和地域代表性问题,但如考虑到司法档案来源受制于帝国官僚体系的制约及档案保存中的制度性、技术性失误以及研究者分类的知识论限制等因素,则其说服力不免会受到质疑。编史学的方法论,不是仅仅局限在史料选取的技术层面,更关系到理论资源的学术史脉络,这样的知识脉络,决定了研究者选题史料的既有框架,由此显示了历史研究的思想史和当代史取向。

如此说来,在地方史的时空脉络中利用司法档案作法律社会史、社会经济史研究,是否如步德茂所说的有资料选取的时空局限性呢? 兹以台湾"淡新档案"的搜集整理和相关研究来加以论说。"淡新档案"的整理者戴炎辉依照案件性质对这部分史料加以整理,将案卷分为行政编、民事编和刑事编三大类,行政编的重点在于财政与抚垦,民事编关于田房事项为数最多,在刑事编,财产侵夺类占一部分。③ 台湾地区学者黄静嘉从法制史学家的视角

---

① [美]步德茂:《司法档案以及清代中国的法律、经济与社会研究》,邱澎生译,《过失杀人、市场与道德经济——18 世纪中国财产权的暴力纠纷》附录二,第 273—274 页。

② [美]步德茂:《司法档案以及清代中国的法律、经济与社会研究》,《过失杀人、市场与道德经济——18 世纪中国财产权的暴力纠纷》附录二,第 277—278 页。

③ 参见戴炎辉编《淡新档案选录行政编初集》,台北:台湾银行经济研究室 1971 年版,第 2—3 页。

如此评价这批史料的价值："《淡新档案》之弥足珍贵,是在它保存了个别讼案的完整记录。从这些资料中,可知原告如何发动诉讼,诉状怎么写及其形式上的要求。它例示了地方衙门的运作及诉讼的程序。从这些资料中,更可了解当时听讼官吏,即掌理诉讼之司法人员之心态与行为模式。从这些资料中,我们可以看到的不仅是纸面上的法制,而是在运作中的法律。"①戴炎辉以"淡新档案"为基本资料,对清代台湾乡治进行了深入研究,他谈及"淡新档案"的整理对这项研究的意义："经过多次的研讨,及'淡新档案'全盘整理之后,我对清代台湾乡庄的全貌,已有更进一步的了解。"②黄静嘉在评论该书时,也特别强调了戴炎辉对"淡新档案"的利用："本书之特色,即其论述之所以超越前人者,即因其论述赖有'淡案'之实证及支援,盖其所述者几乎无一处无所本……其就某一事项之论述,其所引述之'淡案'数量,辄有达到数十条者,本书之附注凡二千条,其引自'淡案'者,即达五百多条。"③

　　美国学者艾马克(Mark A. Allee)则运用"淡新档案"对19世纪台湾北部竹堑地区做了相当优秀的社会史研究。艾马克对于法律案件记录的史料性质有着很好的反思："法律案件记录作为历史的证据,明显地有其不完美之处。可以确定的是,行将失去生命或被剥夺自由的刑案嫌犯,以及企求获得实际利益的涉讼人,有着明确的动机让他们遮掩事实。"④追索其中的"历史事实"固然是史学家的首要任务,但应看到其表达和诉讼策略的意义。黄宗智对诉讼档案的史料价值深有体会："诉讼档案,它同时包含了有关表达与实践的资料、有关结构与抉择的资料,它要求我们同时从文化史和社会经济史的角度来考虑法律制度。"⑤

---

① 黄静嘉:《中国法制史论述丛稿》,清华大学出版社2006年版,第164页。
② 戴炎辉:《清代台湾之乡治》"自序",台北:联经出版事业公司1979年版,第2页。
③ 黄静嘉:《"淡新档案"研究成果之一范例——戴炎辉〈清代台湾之乡治〉初读、选录及书后》,黄源盛主编《法制史研究》第8期,台北:"中国法制史学会"、台湾"中研院"历史语言研究所2005年版,第254—255页。
④ [美]艾马克:《晚清中国的法律与地方社会——十九世纪的北部台湾》,台北:播种者文化有限公司2003年版,第5页。
⑤ [美]黄宗智:《中国法律制度的经济史、社会史、文化史研究》,《北大法律评论》第2卷第1辑,法律出版社1999年版,第376页。

艾马克同时对戴炎辉的"淡新档案"的分类也提出了批评:"对于传统中国法作民、刑两个范畴的区分,导致了较不明显的、模糊的分析地带。中国不像西方传统上将两个范畴分得那么清楚。""('淡新档案')案件区分为三大编以后,继而被细分入强盗、婚姻,以及抗租等款。戴教授根据原件的标记、内文,以及传统法律概念加以分类。不过这最上位的三大编分类,却源自于西方法律传统的分析原则,清代有司并非如此看待这些案例。"①艾马克并未像黄宗智和步德茂那样,在统计学的意义上利用司法档案,而是选取1 161件"淡新档案"中的5件案例,在地域社会史的脉络里进行细密的分析。比如他结合竹堑地区乃至台湾开辟移殖的历史,以个案来研究"一田多主"的土地关系,发现在大租主和小租主的讼争中,小租主反倒在一定程度上占据优势:"这类(大租户)家族或许可以合法收取大租,不过虽有官府的支持,却仍不断地痛失收租的能力。正如我们所见,吴家管事与雇请的人手只在竹堑和大溪墘地区等较大街镇才发生作用。佃人身为小租户,却能公然抵抗大租户,有时甚至依持着若干优势抗拒衙役。他们位于竹堑与艋舺中途,穷远孤立,某种程度上官府的治理显得鞭长莫及。另外,他们毗邻田地而居,永为己业,或是自行耕种,或将剩余田地分租现耕人,与土地休戚相关,对土地的关系不仅较城居大家族更为牢固,而且更为直接。最后,本个案中大部分(或全部)佃人同属客家亚族群,社会文化的和语言的联系,让彼此紧密地结合;语言和传统的连结,又更加强了经济利益上的团结与合作。"②地域社会经济史的个案研究,更能贴近乡村产权的历史实践场境,让我们有如重返历史现场的感觉,也更能呈现当地人关于"业"的观念。

黄宗智则在所利用的巴县、宝坻、淡水新竹经过庭审的221件案件中,发现有170件皆经由知县依据《大清律例》作出明确判决,其中,"淡新档案"87例中有63例,他将其称为"单方胜诉"类型,③其目的在于论证清代民事审判

① [美]艾马克:《晚清中国的法律与地方社会——十九世纪的北部台湾》,第13页。
② [美]艾马克:《晚清中国的法律与地方社会——十九世纪的北部台湾》,第102页。
③ [美]黄宗智:《民事审判与民间调解:清代的表达与实践》,中国社会科学出版社1998年版,第78页。

有保护当事人产权的实践性质的观点。黄宗智还发现了清代民事审判制度的两种形式,根基于宝坻、巴县与淡水—新竹地区的社会分化和结构类型的不同:"清代民事审判制度是在相对简单的小农社会基础上形成的,它颇易对付诸如十九世纪宝坻那样的地方,却不易应付像十九世纪晚期的淡水—新竹那样的较复杂的社会……淡水—新竹衙门所受的压力不断上升,部分原因无疑在于商品化和人口增长所带来的日益增多的土地和借贷交易。土地买卖及银钱借贷越频繁,交易方式越复杂,所引起的争议便越多,官司也就越多。但上述两处运作形式上的差别,主要应从它们截然不同的社会结构中寻找解释。有钱有势的个人与团伙,在宝坻乡间很少见,但在淡水—新竹却很平常。这样的讼民较有见识,不轻易屈从,不轻易罢手,比普通农民更会利用法律制度。他们舍得花时间、出钱财,不避烦难,雇请专人助其诉讼,或代其出面,旷日持久地打官司。他们的出现,乃是淡水—新竹法庭积案日增、负担加重的最终原因。"①如此之区域类型的划分,如果不能以区域史研究作基础,很难想象能真正符合该地的历史实际。黄宗智和艾马克对于"淡新档案"的解读,所得结论截然相反,我们自会从中得到应有的方法论启示。

　　社会史、经济史的研究者,更多地将诉讼档案看作可信的史料,基本上不加考证拿来主义式地加以利用,较少注意到诉讼档案中叙述的技术及其支配逻辑。法国年鉴学派第三代领袖勒华拉杜里的《蒙塔尤》是精神状态史的经典之作,该书利用丰富的宗教裁判所档案,对中世纪一个法国山村的居民的精神世界作了细致入微的描画,显示了作者超凡的史料解读能力,历史民族志的视角和方法似乎也比较真实地将当地居民的性行为、情感、宗教观念等比较私密的精神世界呈现给读者。他是如何呈现"他者"的精神世界的呢?美国人类学家雷纳托·罗萨尔多批评了勒华拉杜里过于天真地相信宗教裁判记录的真实性,富埃尼主教作为审讯者的调查是如此具有权威性,以至于遮蔽了宗教裁判记录作为宗教压迫的文献之事实;在民族志书写的层面,勒华拉杜里以田园诗的书写方式将他的乌托邦憧憬转变为对贫穷但"快

---

① [美] 黄宗智:《民事审判与民间调解:清代的表达与实践》,第 162—163 页。

乐的牧羊人"形象的刻画。① 民族志作者自身权威的构建和乌托邦憧憬,都使对"故事"的叙述技巧和宗教裁判记录的权力支配的反思付之阙如。

美国新文化史学家娜塔莉·泽蒙·戴维斯则注意到了司法档案中故事叙述者的权力关系,她曾研究过16世纪法国司法档案中的赦免状,其中的故事叙述者较少受到法官的干扰和主导,在赦罪故事中,"我们看到的不是一种不可穿透的'官方文化'强将自己的准则加在'百姓文化'上,而是在国王的规则主导下所导致的文化交流的结果。求赦者、听众、赦罪者的利害关系是不同的,但他们都牵扯到关于暴力与和解的一场寻常的讨论"②。

二、契约文书的区域史解读——从经济决定论到现象学解释

契约文书对于法制史和社会经济史研究,可能有着不同的意义,如岸本美绪所说:"大部分契约文书都是以类似的样式制作的……在史料的数量方面,法制史研究者的观察角度可能与要求多多益善的社会经济史研究者不一样。"③社会经济史对契约文书的利用,还特别强调在特定的区域史脉络中对契约文书的解读。开创国内学者运用契约文书研究社会经济史先河的傅衣凌先生,曾结合他在抗战时期的经历谈到他利用契约文书治社会经济史的方法转向:"1939年我曾居住在永安的黄历乡,中间有一个很大的碉堡,四周则是一些矮小的平屋,佃户环之而居……抗战的几年生活,对我的教育是很深的,在伟大的时代洪流中,使我初步认识到中国的社会实际,理解到历史工作者的重大责任,他绝不能枯坐在书斋里,尽看那些书本知识,同时还必须接触社会,认识社会,进行社会调查,把活材料与死文字两者结合起来,

---

① [美]雷纳托·罗萨尔多:《从他的帐篷的门口:田野工作者与审讯者》,[美]詹姆斯·克利福德、[美]乔治·E. 马库斯编《写文化——民族志的诗学与政治学》,商务印书馆2006年版,第111—123页。

② [美]娜塔莉·泽蒙·戴维斯:《档案中的虚构:16世纪法国司法档案中的赦罪故事及故事的叙述者》,台北:麦田出版公司2001年版,第303页。

③ [日]岸本美绪:《明清契约文书》,载王亚新、梁治平编《明清时期的民事审判与民间契约》,法律出版社1998年版,第314页。

互相补充,才能把社会经济史的研究推向前进。这样,就初步形成了我的中国社会经济史的研究方法,这就是:在收集史料的同时,必须扩大眼界,广泛地利用辅助科学知识,以民俗乡例证史,以实物碑刻证史,以民间文献(契约文书)证史。"①傅衣凌先生 1939 年夏天在福建永安黄历乡发现的契约文书,"约有百余纸之多,其中资料有关于永安的农村经济者甚多,其年代系始自明世宗嘉靖年间(1522—1566)迄于清德宗光绪年间(1875—1908)都有,至其内容,则以田地的典当买卖契约为最多;次为佃约,他如金钱借贷字据以及分家合约等,亦都应有尽有,此外,并有两本流水簿,记载历年钱谷出入及物价情形,洵为研究福建农村经济史的可贵资料"。在佃约中,傅先生发现:"有所谓'赔头挂脚'及'作水'字样,原来福建农村常有'一田三主'、'一田四主'的习惯,其在永安则称为赔头谷田,简称为赔田及作水田……因为这种耕作权是一种物权,所以当地权移转时,佃农亦须在场参加,在田地买卖契约所见到的'现佃××人'的签押即是。这或说是保障农民的耕作权,其实,在中世纪的中国农村关系下,这种耕作权的设定,也可说是为地主保证工作人手,更强度的把农民紧缚于土地之一种手段。同时,即以这耕作权是可以典当或买卖之故,于是在租佃之间又产生了一种中间层人物,他们——赔主,也俨如地主一样,可以向佃户坐抽租谷——即是小租"。② 傅先生又在"地主制经济"和"资本主义萌芽"的理论模式中解释"赔主"现象:"中国农村这小租主——中间层人物的存在,只是中国封建制扩大的结果,并且此种赔田的由来,也至为复杂,复因中国资本主义萌芽因素发展的缓慢,于是农民在长期的阶级斗争中所取得的一部分耕作权,并不能在历史上起着积极的进步作用,相反的,却产生有许多不良的影响。特别是中国独立的自营农民的发展,在其前进道路上亦非顺利,而每受到封建势力的压迫;再为了城市工商业发展的迟缓,这样,工业对于农业经营方式的影响,也显见落后,于

① 傅衣凌:《我是怎样研究中国社会经济史的》,《傅衣凌治史五十年文编》,中华书局 2007 年版,第 39 页。
② 傅衣凌:《明清时代永安农村的社会经济关系——以黄历乡所发现各项契约为根据的一个研究》,傅衣凌著、陈支平编《明清农村社会经济、明清社会经济变迁论》,中华书局 2007 年版,第 21、36—37 页。

是遂使得这般小租主差不多都是脱离生产的经营,坐收田租,不劳而获的,这只有使得直接生产者的佃农增加重大的负担,必须付出高额的佃租,造成不合理的租佃关系,而萎缩农村的生产力。"①傅先生结合区域史研究契约文书的方法,是对社会经济史研究的一大贡献,当时的解释也不能逃脱经济决定论的束缚,这只能理解为那个时代的理论范式使然。

作为傅衣凌的学生,杨国桢对于明清土地契约文书的研究深受其影响。他在论及契约文书的研究方法时说道:"契约文书对于中国社会经济史研究具有特殊的价值。首先,作为法律文书,它是所有权制度历史研究的第一手原始资料……在中国古代传统社会,由于始终未能形成完备的契约法,因而对于所有权及其内部结构缺乏理论的升华,但在社会生活中,人们通过不同的乡规俗例实现这种分离组合,契约文书便是实物证明。利用契约文书研究中国的所有权史,可以避免机械地套用外国的或现代的所有权观念,不致把丰富多彩的中国所有权内部结构运动形态简单化、凝固化。"②但他在对"一田两主"现象的评价上基本上延续了傅衣凌的观点,认为:"明清时期,由于永佃权的产生和'一田两主'关系的形成,严重地侵蚀了地主的土地所有权,导致了旧的地主阶级的衰落,展示了农民小土地所有制发展的前景。然而,地权分化并未最后宣告中国封建土地所有制的瓦解,而是被重新纳入封建剥削的轨道。'一田两主'的出现、二地主阶层的产生,反映了明清时期中国封建地主阶级的再组成。由于二地主通常都居住在农村,'日与佃亲',因此可以直接控制和剥削现耕佃户,成为地主阶级中的一部分新生力量。"在考察了近代"一田两主"现象后,杨国桢最后归结道:"从鸦片战争到土改前夕,各地地权分化的发展趋势,表现为'一田两主'关系的扩张和普及。然而,近代中国的地权分化运动,同样没有导致中国封建土地所有制的最后崩溃,而是在新的历史条件下,不断被纳入一田两租的轨道。这说明,在地权分化的形式下,中国的农民不可能摆脱封建剥削的枷锁,只有共产党领导的

---

① 傅衣凌:《清代永安农村赔田约的研究》,《明清农村社会经济、明清社会经济变迁论》,第58—59页。

② 杨国桢:《明清土地契约文书研究》,中国人民大学出版社2009年版,第1—2页。

土地改革运动,才使他们真正成为土地的主人。"①由对"一田两主"的否定性评价,推演出"土改"历史合理性的结论,并没有真正达到避免套用外国所有权观念的本土化目标。实际上,在特定的历史时空序列中,"一田两主"和"土改"都有其由以发生的历史实践逻辑,自应在历史人类学的视野中受到"在地"式的检视。艾马克对于台湾竹堑地区大租权和小租权的解释,就更符合乡土社会的"在地"逻辑。

　　岸本美绪通过综述中国和日本史学界明清契约研究发现:"战后通过对明清契约文书的研究而逐渐意识到的一个问题就是以西洋近代法的概念和生产关系发展阶段论的框架来把握中国契约关系是非常困难的。于是,从80年代以来出现了一种虽然还未成系统却很引人注目的方法论主张,即有意识地立足于'中国的农民、地主等主体日常使用的类别称呼以及他们在日常生产活动中获得的认识'来对契约关系进行分类和加以体系化的整理。这种从当时人们如何认识和理解自身所处社会的结构这一问题出发,把当时人们的观念世界作为分析社会结构时的中心的方法可称为历史研究的现象学方法或主观主义方法。"②

　　兹就徽学领域中以契约文书为基本资料的相关研究进行评述,以梳理如岸本美绪所说的从经济决定论到现象学解释的研究范式的转换。在徽州契约文书的研究中,以经济决定论的地主制经济、资本主义萌芽等概念为分析框架的学者,主要有傅衣凌、杨国桢、章有义、叶显恩、栾成显等先生。在根据若干明代徽州民间文约对庄仆制的研究中,傅衣凌先作了如下判断:"明代徽州庄仆制度的成因,不用说,是由于中国地主阶级的经济压迫的结果,而又通过'政权、族权、神权、夫权'四大绳索,残酷的使一部分无地或少地的农民,失去人身的自由,而成为他们的仆役。"他就文约内容而对庄仆作了分类,即由于耕种地主的田地,而须交租承役者;由于居住地主的庄屋和埋葬在地主山地的关系,而须为地主担负各项劳役;由于入赘婚配的关系,

---

① 杨国桢:《明清土地契约文书研究》,第95、105页。
② [日]岸本美绪:《明清契约文书》,王亚新、梁治平编《明清时期的民事审判与民间契约》,第301—302页。

而须为地主担负无偿的劳役。① 这还是阶级斗争理论为主导的解释模式,且有理论先行的迹象。不似福建永安黄历乡赔田约的研究假以实地生活经验,有地域史的方法和意识,傅衣凌对于徽州契约文书的利用,仅径直从契约文书的内容推知其社会经济史意义。

杨国桢结合山地的开发史,在对徽州祁门县庄仆和棚民营山的研究中,将契约文书与地方志、清人文集等史料结合起来,发现了契约文书中庄仆租佃山场的"力坌"的意义:"'力坌'是租山庄仆所费工力的代价,即因花费工本劳力取得那部分山林产品作为报酬。"他又从近代民法和地主制经济的视角对此加以解释:"'力坌'既为租山庄仆因付出工本所得的一种物权,故可视为财产加以继承和典卖。""'力坌'的存在说明山主对于庄仆,已经更多地运用经济的强制,具有地主佃户租佃制的色彩。"②能发掘"力坌"这样的民俗用语,已经有了一种本土化的解释趋向,但所用解释工具仍在西方近代民法和地主制经济、资本主义萌芽等框架内。

章有义对徽州租佃制度、土地关系的研究,则主要以置产簿、分家书、地租簿等民间文书作为基本资料,他认为这些资料具有比较真实、记载情况比较具体、具有连续性等特点,而对经济史学界利用契约文书和官府档案进行的资料利用方式提出了委婉的批评。③ 同样是对徽州庄仆制的研究,章有义就发现:"就现存的大量的明清时代徽州庄仆文约来看,主仆关系和应役义务的形成,大都不是以租佃关系即土地关系为前提的。有些庄仆根本没有佃耕庄主的田地,显然不能看作佃户。虽然大多数庄仆或多或少耕了庄主的一些土地,但是其所以立下应役文书,沦于奴仆地位,并不是或主要不是因为'种地主之田',而是由于其他原因,如寄住庄屋、借山葬坟、入赘婢女(包括庄仆寡妇)、借债以及家仆分爨分居,等等,无非是生活领域的债务关系。换言之,大都是由于无以为生,而陷入债奴或类似债奴的地位。而租田

① 傅衣凌:《明代徽州庄仆制度之侧面的研究——明代徽州庄仆文约辑存》,《明清农村社会经济、明清社会经济变迁论》,第3—6页。
② 杨国桢:《明清两代的山地经营与山契》,《明清土地契约文书研究》,第116、118页。
③ 章有义:《明清徽州土地关系研究》"前言",中国社会科学出版社1984年版,第iii页。

则往往另立租约,其中仅仅规定交租事项,不载任何应役条件,从租约内容,丝毫看不出立约人的庄仆身份。"①应当说,章有义也未否认庄仆佃耕庄主田地情况的存在,还不如傅衣凌对庄仆的三种分类更全面些。但是,不完全在租佃关系的框架内解释徽州庄仆制度,却在一定意义上更充实了对徽州庄仆制的全面认识。

在徽州土地关系的后续研究中,章有义主要利用中国社会科学院经济研究所收藏的徽州地主账册和地租簿来研究徽州的租佃关系,尤偏重于记账时间较长的地租簿,其大都历时四五十年以上,最长的达一百余年。经过缜密研究,他将近代徽州租佃关系的特点概括为:"一方面,宗法关系削弱,人身依附关系松弛,佃户流动频繁以及佃富农出现,这一切或多或少意味着封建租佃关系原貌有所改变。另方面,地租仍然是剥削农民的剩余劳动的主要和支配形式,仍然具有封建的实质,而且相应于商品货币经济的不够发达,古老的实物地租形态依旧占着统治地位,货币地租几乎没有什么发展……在历史上曾经对农业生产的发展起过促进作用的租佃制度,到了近代,变成农业生产力的桎梏,使得佃农连简单再生产也难以维持。于是中国共产党领导的伟大的土地改革运动终于顺应历史的要求,而胜利地展开在中国大地上。"②这和傅衣凌对福建永安赔田约的研究所得出的结论几乎是一样的,生产力、生产关系的直线经济决定论是那个时代的社会经济史研究的理论范式,无须论证,而地主制经济、资本主义萌芽这些概念和理论判断尚需翔实的史料加以论证。

叶显恩根据佃仆契约文书、家法族规等资料,对徽州的佃仆制做了专门研究,发现"佃仆于地主既有封建的租佃关系,又有主仆名分。佃仆附属于庄屋、土地上,没有迁徙的自由,可随屋、地的变卖、赠送、分籍而变换或增加主人。在法律上划归'奴仆类'。在社会等级上,属于贱民阶层"③。他用"资本主义萌芽"的理论模式来解释佃仆制:"由于商品经济的发展,封建社

① 章有义:《清代徽州庄仆制度管窥——休宁吴葆和堂庄仆条规剖析》,《明清徽州土地关系研究》,第122页。
② 章有义:《近代徽州租佃关系案例研究》,中国社会科学出版社1991年版,第338页。
③ 叶显恩:《明清徽州农村社会与佃仆制》,安徽人民出版社1983年版,第280页。

会内部出现了资本主义萌芽,封建租佃关系也相应地在发生变化。在这种情况下,佃仆制的租佃关系越发显得落后和反动。"但是,在徽州,"带有奴隶制残余的徽州缙绅地主势力的强大及其久而不衰,徽州商业资本的发达,宗法势力的强固,封建理学的以及地理环境和人口的特点等种种原因,交相作用,互相影响,从而形成了导致佃仆制顽固残存的历史条件,使佃仆制得以顽固地残存下来"。①

栾成显利用明代徽州府黄册底籍及立户状文、信票、田土买卖税契文凭、推收税票、攒造黄册合同文约等相关文书,研究了明代黄册制度,特别是对于析产而未分户的所谓庶民地主大户经济形态做了深入细致的研究,得出了这样的结论:"一个拥有众多人口与土地的大户,在诸子均分制的原则下,其土地资产多以析分,而形成了经济上各自独立的众多的子户,但在官府的册籍上仍以原大户一户登记在册。这种析产而未分户的现象至明清时代已相当普遍。其对于阐释传统的大土地所有制和地权分配的概念,揭示在宗族外衣之下所掩盖的阶级关系,乃至理解中国封建社会的特点等等无疑具有重要意义。"②地主制经济的概念影响似乎根深蒂固,而像栾成显所研究的朱学源户,析产而未分户,各个小户之间实际上也有土地交易行为,从土地经营上看,是小农经济形态,从土地占有规模上看,也不属地主阶级。

阶级斗争论、资本主义萌芽论和地主制经济论,虽然还不能称之为范式,但作为一种理论分析模式,在史学家的研究中,却成为预设的事实判断。生活在明清时代的徽州农民们,他们的生活世界到底是怎样一幅图景呢?显然,经济决定论范式主导下的这些理论模式无法使我们获得重返历史现场的感觉。对于契约文书的利用,诸位历史学家也没有很好地放在地域社会的脉络里进行诠释。这和徽州契约文书发现整理的历史有关。20世纪五六十年代,徽州文书流向各个收藏单位,主要是通过屯溪古籍书店这一渠道,但当时由于大部分文书是从废品收购站回收,甚至是从造纸厂抢救出

---

① 叶显恩:《明清徽州农村社会与佃仆制》,第293—294、301—302页。
② 栾成显:《明代黄册研究》,中国社会科学出版社1998年版,第430页。

来的,故归户性、系统性不强,散件居多。① 中国社会科学院历史研究所的历史学家们在整理影印出版该所收藏的徽州契约文书时,即从中"挑选出各类文书散件一千四百余件,簿册七十九册,鱼鳞图册三部,编成《徽州千年契约文书》清民国编,共二十卷"②。也许当时编选者是出于无奈之举,只能挑选文书散件加以整理,可能的情况则是,某户的土地交易文书,分藏于几个图书馆、档案馆或学术机构;又或许是当时尚未意识到某个家户、宗族、村落的系统性文书更有意义。如前文所述,章有义先生较早地认识到散件契约文书的局限性,故才转而利用置产簿、租簿等文书为基本资料。进入 20 世纪90 年代中后期,学者们意识到徽州文书归户的重要性,在收集、整理方式上,也发生了根本的转变,更注重文书的系统性收集、整理,不仅注重文书的归户性,更在一个村落社区乃至一个小区域内发现有内在关联的各类文书。③

　　民间文书的收集整理方式的转变,是和徽学研究范式的转换分不开的。20 世纪 90 年代中后期,西方经济史、社会史乃至社会科学方法大量引进,徽学研究也由此基本摆脱阶级斗争论、地主制经济论、资本主义萌芽论的束缚,并根植于特定地域脉络下解读村落家族契约文书。比如安徽大学徽学研究中心学者卞利在祁门县搜集到一批该县十西都谢村谢氏家庭和家族的契约文书 350 余件,时间跨度为 470 年(时间最早的一张为明永乐十二年卖山合同,最晚的一张为清光绪十年出当茶山契),"内容涉及谢村谢氏家庭和家族的土地经营、转让、标分、继承、纠纷,谢氏家庭和家族成员之间的关系,谢氏家庭和家族的文化教育等。我们重点选择了该批文书中明代正统至万历初年的部分,并结合其他相关资料,进行深入的个案剖析,力图勾勒出僻

---

① 参阅周绍泉《徽州文书与徽学》,《历史研究》2000 年第 1 期;刘伯山《徽州文书的遗存与发现》,《探索与争鸣》2009 年第 6 期;王振忠《在田野中解读历史:徽州文书与实地考察》,《探索与争鸣》2009 年第 6 期。

② 王钰欣、周绍泉主编:《徽州千年契约文书(清·民国编)》"前言",花山文艺出版社 1991 年版,第 2 页。

③ 参阅刘伯山《我与徽州文书的寻获》,《江淮文史》2007 年第 5—7 期;《徽州文书》第 3 辑前言《徽州文书的遗存与整理》《关于第 3 辑的说明》,广西师范大学出版社 2009 年版。

处徽州山区一隅的谢氏家庭和家族财富积累的动态轨迹,并在此基础上,叙述徽州宗族聚居社区一个家庭向家族演变的完整轨迹,进而揭示明代徽州家庭在向家族演变过程中所产生的与家族和宗族之间的矛盾、冲突与制衡的规律"①。作者虽未有明确的问题意识,但显然受到社会学基础理论中关于家庭、家族的概念界定的影响,并试图在社会变迁论的层面对谢氏家族的土地积累和土地经营进行解释。

日本学者中岛乐章对于有关徽州文书的研究作了深入细致的文献梳理,并以休宁县茗洲村吴氏家谱——《茗洲吴氏家记·社会记》为基本资料,研究了这个家族在明代中后期之后与其他家族争斗、讼争的历史,发现"居住在徽州山区一个小村里的茗洲吴氏,逐渐通过商品生产及商业活动积聚财富,拓广生活世界,作为一地方名族的地位得到了承认。同时,与周围村落其他宗族间的对立纠纷相继发生,至十六世纪上半叶达到最高峰……这种与其他宗族间不间断的争斗,成为扩大宗族统合、强化宗族组织的重要契机。茗洲吴氏以嘉靖初年与长丰朱氏间的坟地诉讼案为契机,进行了与此前疏远了其他分支的再结合,形成具备族谱、宗祠及族产的'higher ordered lineage'。随后,在茗洲吴氏内部,也通过完备宗祠和族谱,让祭祀活动系统化,以及制定族规,使得'local lineage'秩序井然"②。从所用概念看,中岛乐章是在运用弗里德曼的宗族理论来解释茗洲吴氏宗族的山场纠纷。这样的解释,虽尚有隔膜感,但已基本摆脱了理论价值预设的倾向。

有的徽学研究者在研究徽州契约文书时,望文生义,以梅因的"从身份到契约"的二分概念为理论依据,从徽州契约文书在明清时期的普遍使用,竟能解读出明清时期徽州社会已实现了从宗族社会向孕育契约精神的市民社会的历史演进,并与时俱进地将其与构建和谐社会的现实意义联系起来。③ 相比

---

① 卞利:《明代徽州一个家庭和家族的财富积累与社会变迁——祁门谢村谢琏家庭和家族个案剖析》,载氏著《明清徽州社会研究》,安徽大学出版社 2004 年版,第 104 页。
② [日]中岛乐章:《围绕明代徽州一宗族的纠纷与同族统合》,《江淮论坛》2000 年第 3 期;后收入氏著《明代乡村纠纷与秩序——以徽州文书为中心》,郭万平、高飞译,江苏人民出版社 2010 年版,第 167 页。
③ 方利山:《徽州文书与徽州社会——也谈徽州契约文书的价值意义》,载氏著《徽州学散论续集》,中国戏剧出版社 2009 年版,第 378 页。

之下,《徽州千年契约文书》的主要整理者周绍泉则就明清徽州"契约"与"合同"的具体用语及契约学原理进行了翔实的探讨,①虽无宏大理论,但这样的本土化解读,确实更有意义。法律史学者梁治平在利用《民商事习惯调查报告录》为基本资料研究清代习惯法时说道:"在借助于现代法律学概念描述和分析习惯法时,我将尽可能由习惯法上之故有概念入手,考察它们各自在当时社会生活中实际具有的涵义。依据这些概念相互之间经常是界限模糊的关系……在使用'权利'(不管是所有权、地权还是请求权、特许权等)一类概念时,谈论的主要不是'主观权利',而是事物的某种外在呈现状态。换句话说,本文运用这类概念基本不涉及权利之观念,而是着重于事物的客观情态,物之归属,行为间之因果关系。"②他解读民俗语汇的本土化努力是值得肯定的,但在着重呈现事物客观情态的同时,可能也会忽略历史当事人的财产观念和地域时空脉络,而这也恰恰是岸本美绪所提倡的明清契约研究的现象学转向。

以法律社会史为研究旨趣的徽学研究者,对契约文书的解读就不免受到学科本位的影响。阿风以契约文书和诉讼档案为基本资料,探讨明清时代徽州妇女的地位与权利,对于"权利"概念也无梁治平的本土化解释取向,对于资料的运用,按照他自己的说法:"本文的内容涉及家族法与诉讼法,但本文研究的内容以契约文书与民事诉讼档案所提供的信息为基准,而不是全部的有关妇女的家族法与诉讼法。"③基于这一法律史的限定,阿风在具体研究过程中,无论是对于契约文书还是诉讼档案,都很少将其放在一个特定的时空脉络中去解读;以"权利"这样的近代法概念为关键词,就不太可能探究特定历史语境中妇女的财产观念。将"徽州法律文化研究"作为"学术自留地"的韩秀桃,更是从民间纠纷及其解决这样的法史学问题意识出发,结合《窦山公家议》解读明代38件民间契约,以探讨"解纷类民间契约"的样式

---

① 周绍泉:《明清徽州契约与合同异同探究》,日本东京都立大学人文学部历史学研究室编《中国史学》第3卷,1993年,第71—84页。
② 梁治平:《清代习惯法——社会与国家》,中国政法大学出版社1996年版,第51页。
③ 阿风:《明清时代妇女的地位与权利——以明清契约文书、诉讼档案为中心》,社会科学文献出版社2009年版,第1页。

特征及其法律意义。"解纷类契约文书的法律意义,最重要的一点乃是其本身的解纷功能,而这一功能所发挥的作用往往既是国家的正式法律所不能实现或者无法实现的,也是官府寄希望于民间社会能够以一种'自制'的方式实现'和谐'社会秩序的一种愿望。"①学科背景的限制和故步自封,是制约对契约文书进行真正的历史研究的障碍。

日本学者寺田浩明认真研究过明清时期法秩序中"约"的性质:"在历史上,称为'约'的种种现象,实际上都是人们为了形成某种共有规范或为了使彼此的行动达到服从某种共有规范的状态而做出的努力,或者说也就是通过这种努力而形成或达到了共通行为规范的社会存在形态总体。就明清时期而言,不仅乡村大的约如此,即使是位于法秩序两极的'法律'和'契约',也不过是这种传统的动态在一定历史过程中的具体表现或归结而已。"②这就是不仅解读其语义,更要深入特定历史场境中探讨其历史发生学机制,这是结构与过程、制度与行动的统一体。

周绍泉先生甚至由徽州文书的研究,将社会科学的整合研究比作是在做"放回去"的工作:"徽州文书为这种按历史本来面貌做综合实态研究创造了有利的条件。我们应该认清徽州文书的这个特点,在利用它做研究的时候,时时想到要按历史的本来面貌做综合实态研究,免得再把其中一部分抽出来做孤立的、直线的研究,等发现弊端之后,再做'放回去'的工作。"③历史的本来面貌当然是无法还原的,但历史实践的整体性特征却是存在的,经济史、社会史、法律史等学科化的研究只是将其碎片化了。周先生是在呼吁进行徽州文书的总体历史社会科学研究,这符合法国年鉴学派的学术旨趣。徽学研究由经济决定论到所谓现象学的转换,不是走到后现代主义的新文化史研究,而是进行整体史研究。由此,可以倡导徽学的整体社会科学研究取向。

---

① 韩秀桃:《明清徽州的民间纠纷及其解决》,安徽大学出版社 2004 年版,第 92 页。
② [日]寺田浩明:《明清时期法秩序中"约"的性质》,王亚新、梁治平编《明清时期的民事审判与民间契约》,第 145 页。
③ 周绍泉:《徽州文书与徽学》,《历史研究》2000 年第 1 期。

三、田野中的档案工作与档案馆中的田野工作

　　——"中国农村惯行调查"及相关研究

　　以"满铁中国农村惯行调查"为基本资料,也形成了一系列社会经济史和人类学研究文献。"中国农村惯行调查"不同于上述两种史料的特别之处在于,由于当时的调查者所秉持的法律人类学方法及由此延伸的关于村落共同体理论的讨论,可以将"中国农村惯行调查"称为"田野中的档案工作",而后来的社会经济史学家、法律史学家和人类学家的相关研究,在以此为基本资料进行研究时,特别注重在解读史料基础上的田野调查,是将"田野中的档案工作"和"档案馆中的田野工作"结合起来了。

　　黄宗智、杜赞奇、马若孟、内山雅生、曹幸穗等学者均对"满铁中国农村惯行调查"资料的局限性和利用价值作过详细介绍。① 因为是将"中国农村惯行调查"作为基本资料,所以他们重点讨论了该资料对于他们各自研究的价值,作为历史学家,他们又特别关注这批资料的可信度以及如何运用这批资料。黄宗智认为:"缺陷虽多,满铁调查仍不失为现存有关河北、山东自然村庄的资料中,最详细、最精确的资料。"并且强调:"必须审慎地阅读资料的整体。"②杜赞奇则借用日本学者小沼正和旗田巍的话说:"利用这批访问资料的最好办法是泛读和精读结合,而不要零摘碎取。"③马若孟也强调在村庄、家户单位的综合比较中整体地阅读利用这批资料。④ 但是,这些历史学家没有充分注意到"中国农村惯行调查"的方法论意义,都是从各自的问题意识和学科本位出发来利用这批资料的。

　　学术界对黄宗智的"过密化"概念、杜赞奇的"国家政权内卷化"概念已

---

① ［美］黄宗智:《华北的小农经济与社会变迁》,中华书局 2000 年版,第 32—42 页;［美］杜赞奇:《文化、权力与国家——1900—1942 年的华北农村》,江苏人民出版社 1995 年版,第 5—6 页;［美］马若孟:《中国农民经济:河北和山东的农业发展,1890—1949》,江苏人民出版社 1999 年版,第 30—40 页;［日］内山雅生:《华北农村社会研究问题和实地调查之原委》,南开大学历史系中国近现代史教研室编《中外学者论抗日根据地——南开大学第二届中国抗日根据地史国际学术讨论会论文集》,档案出版社 1993 年版。

② ［美］黄宗智:《华北的小农经济与社会变迁》,第 42 页。

③ ［美］杜赞奇:《文化、权力与国家——1900—1942 年的华北农村》,第 6 页。

④ ［美］马若孟:《中国农民经济:河北和山东的农业发展,1890—1949》,第 39 页。

有大量的评论,兹不展开论述,只就马若孟的相关研究进行评述。马若孟从经济史的问题意识出发利用这批资料"来研究农村经济是如何组织起来的、怎样行使职能以及怎样随着时间而改变"①。他以"满铁"的"中国农村惯行调查"为基本资料,再参照卜凯的农村调查统计资料,从新古典经济学的理论出发,将华北的农民看作"理性的小农",他们"有理性地、精于算计地利用他的有限的资源,从土地获得生活资料……农户以最大的能力运用手头的资源和几代人积累起来的农业知识,尽力使其收入最大化"。他由此论证说,使用土地方式的改变,精耕细作的加强,农产品价格的提高,农业技术的少量改进,以及城市经济的发展给农民提供了越来越多的就业机会,这一切都促使 1890—1949 年间农业总收入与人口增长率保持大体的平衡,因此,农民生活水平并没有下降,甚至还可能稍有提高。②

　　他在评述英美同行研究中国农村社会经济史的基本著作时,特别提倡对"满铁"调查资料的利用。"日本人关于 20 世纪 40 年代初期华北和华中六大城市的乡村、市镇和市场,以及土地和房地产交易等所编的实地调查资料有待人们去钻研。更多的有关习惯法和村规乡俗等的中国历史记载正在被收集和出版。然而这类数据只有被那些不但能够处理统计资料,而且能够使用多学科的方法,注意到一切有关影响经济实效的因果关系变数性质的任何线索的研究者应用时,才会产生最大的效果。"③他仍然是在经济史的学科视野中来看待"满铁"调查资料的价值。他尤其强调民间惯例对于经济增长的意义,他此后的研究利用新制度经济学的制度变迁理论来研究晚清至民国乡村习惯法对于经济增长的促进作用。在利用"满铁"的"中国农村惯行调查"所提供的乡村土地契约为基本资料,对晚清华北和台湾小农家庭有关抵押、典当和租赁土地的契约文书进行比较研究时,马若孟发现:"农业家庭之间的私人性质的契约文书是调节余缺的常有方式。"农户间的"协作在农村生活中起到了非常重要的作用。它使农户能够分享有限的人力、财

① ［美］马若孟:《中国农民经济:河北和山东的农业发展,1890—1949》,第 38 页。
② ［美］马若孟:《中国农民经济:河北和山东的农业发展,1890—1949》,第 240—244 页。
③ ［美］马若孟:《近代中国经济是怎样发展的——书评》,李必樟译,载丁日初主编《近代中国》,上海社会科学院出版社 1995 年版,第 242 页。

力、物力。由此可知,农村中的协作与农户间的私人性质的契约文书一样,
使人们在利用人财物资源方面比从其他方面获得更多的收益"。①

　　他更直接与新制度经济学的代表人物之一的道格拉斯·诺思的制度变
迁理论进行对话:"经济史学家所说在应该去鉴定其他前现代的和非西方经
济的资源配置制度,使用有效的经济分析方法去阐明交易是怎样运作
的……它首先强调发生在家庭之间的资源交换的形式,特别是在 17 世纪以
前的中国,这种家庭式交换的量的增长主要取决于:使交易费用大幅度减少
的习惯法;国家的活动,即国家既允许习惯法对交易起作用,也通过习惯法
来裁决交易中的争端。"农户间的土地交易契约"导致交易费用与交易收益
之间的比率的下降,鼓励了家庭进行比本来更大量的资源交易。由于习惯
法的实行,清代的经济具有这些特征:日益增多的资源交换;为市场进行更
多的生产;地区与全国市场的增长"。② 马若孟对黄宗智的"过密化"理论有
所批评,但黄宗智尽管对新古典经济学的边际效益理论有所误用,毕竟看到
了小农家庭的道义经济学和生存伦理的实践逻辑;而马若孟则直接从古典
经济学关于充分竞争的市场假定和新制度经济学的制度变迁理论出发,得
出近代华北乡村习惯法促进经济增长的基本判断。他虽也提到诸如"亲族先
买权"等相对于"市场"的"互惠"现象,却不像波拉尼那样,将其看作交互渗透
的制度过程,而是对其基本忽略不计。对此,柯文和李丹都结合中国研究的方
法论批评了马若孟对"满铁"资料运用中的问题,即不仅仅是资料的代表性问
题,还涉及"帝国主义"的概念和经济史研究中变量分析等理论问题。③ 马若
孟仅仅是将"满铁"的"中国农村惯行调查"作为经济史研究的资料,而对其

---

① Fu-mei Chang Chen and Ramon H. Myers, "Customary Law and the Economic Growth of
China During the Ch'ing Period", *Qing Shi Wen Ti*, Vol. 3, No. 10, December, 1978,
Stanford.

② [美] 拉蒙·H. 迈耶斯(马若孟):《晚期中华帝国的习惯法、市场和资源交易》,曹之虎、朱
慧萍、盛洪译,载盛洪主编《现代制度经济学》上卷,中国发展出版社 2009 年版,第 343、
361 页。

③ 分别参见[美] 柯文《在中国发现历史——中国中心观在美国的兴起》,林同奇译,中华书局
1989 年版,第 111、127 页;[美] 李丹《理解农民中国——社会科学哲学的案例研究》,张天
虹等译,江苏人民出版社 2008 年版,第 240 页。

法律社会学方法,则视而不见。

"中国农村惯行调查"所提供的不仅仅是丰富的文献资料,更为可贵的是颇具启发性的法律社会学方法。该项调查是在日本东京大学法学部末弘严太郎的指导下进行的。末弘严太郎强调"这次调查的目的是考察中国社会的法律实践和习惯",与在中国台湾地区"进行的传统习俗调查不同,不是为了法律和行政目标去收集参考资料"。日本学者利谷信义在评价日本殖民当局做的"台湾旧惯调查"时说:"台湾旧惯调查"是"冈松(参太郎)运用比较法的方法搞成的。收集资料以文献为主,具体的采访调查只属从属地位。分析与整理资料的方法,也是以近代法概念为工具对调查到的旧惯按近代法典的构成形式予以论述"。① "如果有人问到这些调查的最终目的是什么,我们可以说,目的是观察中国人生活于其中的制度背景。我们的目标应该是通过尽可能清晰地描述出这一社会的习俗和惯例,记录下它的根本特征"②,与在中国台湾地区进行的"台湾旧惯调查"的比较法分析方法不同,"中国农村惯行调查"采用法律社会学方法,其要义在于呈现中国社会中"有效力的法"。也就是说,末弘严太郎"不是用近代法的概念来把握作为'有效力的法'在现实社会中保持着实际效用的社会规范,而是将它与中国社会固有的传统相比照,从学术的角度来探讨问题的"③。"有效力的法",也可能就是奥地利法学家埃利希所谓的"活法"(the Living Law)。④ 这一法律社会学方法对我们的启发意义在于,通过询问村民,让他们表述当地的土地交易、租佃、借贷等习惯,也有利用民俗语汇的法律人类学取向。"中国农村惯行调查"间或还有纠纷案例和契约文书、碑刻资料、赋税文书的收集,但由于当时的调查重点在习俗和惯例上,因此,对于个案的呈现就相对较少。当然,"中国农村惯行调查"毕竟能通过活生生的农民生活实态去了解地方

---

① [日]利谷信义:《战前的"法社会学"》,转引自[日]内山雅生《二十世纪华北农村社会经济研究》,李恩民、邢丽荃译,中国社会科学出版社2001年版,第8—9页。
② 中国农村惯行调查刊行会:《中国农村惯行调查》第1卷,东京:岩波书店1952年版,第18页。
③ [日]内山雅生:《二十世纪华北农村社会经济研究》,第9—10页。
④ [奥]尤根·埃利希:《法律社会学基本原理》,九州出版社2007年版,第1095页。

惯行,这要比《民商事习惯调查报告录》仅仅列举各县民商事习惯更鲜活,更有地点感。这也提示我们,在诸如土地产权交易的田野调查中,惯例调查和个案调查的结合是一个值得进一步探讨的问题。笔者曾就解读纠纷的发生学机制和阅读民间法意识问题作过论述,窃以为可以将惯例调查和个案调查通过整体的法律民族志实践予以整合。①

可以将"满铁"的"中国农村惯行调查"看作"田野中的档案工作",当年的调查者是有一种较为自觉的法律人类学的方法意识的,虽有配合日军侵略中国之嫌,但还是尽力让当地农民用自己的民俗语汇说话,调查员并且注意到中国农民关于财产观念的表达与日本的差异。日本研究明清法制史的专家滋贺秀三曾大量引用"中国农村惯行调查"资料,他注意到其中关于家产的表述有差异之处,有的村民说家族财产是共有的,有的村民说是父家长的东西。对此,滋贺秀三讨论到了解释法意识的方法论问题:"像这样相反的两样的表达所反映的不同,都是从谈话的脉络自然地定向下来的,归因于说话者的观点所处角度的差异。在两样的表达的深处,决不是存在着实体上的法意识的差异。"②且不去评论滋贺秀三作为法制史学者没有地域史视野,仅看他对法意识的解读,还是有启发意义的。他注意到"满铁"调查员有从日本的"家"观念出发询问村民家族财产的倾向,这或许可以看作在田野调查中两种法观念的文化冲突,关键是在特定的语境中理解民俗语汇和相关的法意识。从这一意义上说,作为法制史学者的滋贺秀三对于"中国农村惯行调查"资料的解读,属于"档案馆中的田野工作",能发现作为"他者"的当时的华北农民表述背后的法意识及其语境,而那几位历史学家则仅仅把这批资料当作社会史和经济史研究的基本资料而已。

而如果将这种现象学取向的法制史研究和社会经济史研究结合起来,那就不仅将农民的所谓"法意识"放在观念层面进行探究,更应该结合地域场景探讨其制度运作的历史实践逻辑。参与日本"中国农村惯行调查"研究

---

① 张佩国:《民间法秩序的法律人类学解读》,《开放时代》2008 年第 2 期。
② [日]滋贺秀三:《中国家族法原理》,法律出版社 2003 年版,第 172 页。

会后续调查活动的张思,在关于华北农村"农耕结合"的研究中,就较好地将这两个层面有机地结合了起来,当地人的道德言说、互惠习俗、交易惯例、民间传说等"小传统"都成为这一制度链条中的某个重要环节。[①] 在对河北昌黎县侯家营村的后续研究中,张思更注意到国家权力和大传统对于农民社会生活的影响。[②] 他没有将农耕结合仅仅当作一种经济制度或习惯法。无疑,这是一种整体史的研究。

"满铁"的"中国农村惯行调查"的研究单位在村庄,这和调查者关于村落共同体的理论假设有关,之后又有学者就此展开了关于有无村落共同体的讨论。[③] 本文不展开评论村落共同体理论本身,只就"满铁"的"中国农村惯行调查"中的村庄研究方法问题进行探讨。兰林友为了与杜赞奇对话,追踪研究了"满铁"调查过的山东恩县后夏寨,并就村庄研究的人类学方法进行了深入讨论,就此提出了追踪调查再研究的学术路线。"将满铁材料与民族志现在时的田野工作结合起来,就可以将弗里德曼宗族理论影响下的华南宗族研究范式传统与满铁的华北村落研究传统融合起来,考察华北村落社会文化变迁的原委,洞悉社会转型期的实质,对处于传统与现代之间的华北村落提供一场人类学个案解说。"[④]这一"学术路线"的贯彻,意味着村落研究虽以村落为基本研究单位,但应将其放在区域社会时空脉络中加以把握。[⑤]

兰林友在后夏寨的追踪调查中,主要与杜赞奇的"权力的文化网络"解

① 张思:《近代华北村落共同体的变迁——农耕结合习惯的历史人类学考察》,商务印书馆2005年版,第50—53页。
② 张思等:《侯家营:一个话本村庄的现代历程》,天津古籍出版社2010年版,第3—4页。
③ 参阅李国庆《关于中国村落共同体的论战——以"戒能—平野论战"为核心》,《社会学研究》2005年第6期;郑浩澜《"村落共同体"与乡村变革——日本学界中国农村研究述评》,吴毅主编《乡村中国评论》第1辑,广西师范大学出版社2006年版;[日] 丹乔二《试论中国历史上的村落共同体》,《史林》2005年第4期。
④ 兰林友:《华北村落的追踪》,庄孔韶等《时空穿行:中国乡村人类学世纪回访》,中国人民大学出版社2004年版,第192—193页。
⑤ 笔者受森正夫、岸本美绪、施添福等学者的启发,提出"地域社会秩序场境"的概念,以图解决村落社区研究与地域时空体融合的问题,参见张佩国《祖先与神明之间——清代绩溪司马墓"盗砍案"的历史民族志》,《中国社会科学》2011年第2期。

说模式进行对话,提出了情境性社会关系解说模式,指出:"后夏寨并非是一个封闭而内聚的村庄,而是充满了激烈的、复杂的争斗,同时与外部世界存在各种联系和关系;后夏寨是一个多姓村,其亲属结构表现出同姓不同宗的特点;同样,还以大小派的个案材料应对了杜赞奇的国家经纪类型划分的讨论,提出杜赞奇的经纪类型划分不足以穷尽复杂的村落政治的保长类型,即使同一个人物任保长,在不同的时期、不同的场合,也有着不同的甚至多种面孔、多种表现、多种声音,更不用说不同的保长人物了。这就是说,简单地将国家经纪划分成赢利型和保护型国家经纪,并不能反映复杂的村落政治的形貌,更难以深刻地揭示村落政治的实质。"他由此提出情境性社会关系解说模式:"应该说,情境性社会关系解说比权力的文化网络解说模式更能说明华北村落的政治实质。由历史的情境推演到现实的、真实的环境,在共时(synchronic)的场景中,即便不直接指涉具体的事项,我们也能比较清晰地看出一些村落政治的现实状况,更不用说借用想象的、虚拟的、暗含的情境了。有时借用地方词汇的确能够比较形象、生动地说明一些问题的实质,如"咬人的狗""内部咬起来"等隐喻性的俗语。在情境性的反应中,我们可以洞察到中国社会的一个重要组织原则:情境性社会关系。"①这是对"他者"日常生活实践的"理解之同情"。

　　对特定文化情境中民俗语汇的解读,须结合学理概念,而两者的结合,则是"在地理解范畴"。本文旨在解释"产权"制度的中国经验,试图超越产权的西方式理论分析模式,将民俗语汇与理论解释有机结合起来,从而走向产权的"在地化"解释。英国著名法律人类学家博汉南在关于非洲替夫(Tiv)人的司法与裁判的研究中,即提出了民俗语汇与学理概念的结合问题。他认为人类学研究就是一种文化翻译,即用当地人的语汇来研究当地的法律,这构成一套民俗体系,然后再用一套我们通常接受的概念作为"分析体系"来进行文化比较的研究。②

---

① 兰林友:《村落研究:解说模式与社会事实》,《社会学研究》2004年第1期。
② Paul Bohannan, *Justice and Judgment among the Tiv*, London:Oxford University Press, 1957, p.4.

　　人类学家谢国雄关于"茶乡"的民族志书写,较好地呈现了"在地范畴"的整体性原则。他认为:"每个社会都有其整体社会范畴,可以很简洁地指涉该社会的终极关怀、凝聚原则与运作原则。以整体社会范畴来构成与再现社会,具有几个特色。首先,整体范畴是全面的,指涉了社会生活的各个面向。其次,整体社会范畴具有历史延续性,在先前社会生活中所发展出来的整体社会范畴,可以沿用到后来的社会生活中。第三,整体社会范畴由于是全面的与持续的,所以是多义的。第四,整体社会范畴的各种意义之间,有着复杂的关系。第五,在地理解范畴可以有新增的意义,从而与既有的诸意义之间发生复杂的纠结。第六,整体社会范畴可以反映与体现该社会的特征,如'头家'这个范畴反映与体现了汉人社会中以'家'为主导,以身体来隐喻家与家之间的关系。'份'则反映了茶乡社会的'平权'的性质与理想。第七,整体社会范畴体现了社会生活原则(如对等交换与事实)。以此来理解茶乡村民对'工资'、'政府'与'国家'等现代范畴的经验,当可以更细致地理解资本主义与现代国家在茶乡的发展之特殊样态。"①在茶乡的民族志实践中,"在地理解范畴"就是整体社会范畴,同时呈现了社会实践的历时性和共时性,从而将结构与过程的纬度融为一体,又将"事实"的实践系统与"理解"的意义系统结合起来,同时还纳入当地人应对现代范畴的经验和理解,应该是整体性地体现了当地人的历史主体性。而努力发掘"在地理解范畴",是实现产权的"在地化"解释的主要路径。"在地化"解释路径中,"田野中的档案工作"与"档案馆中的田野工作"没有明确的分野,历史人类学的学术旨趣则是一以贯之的。

　　(本文原载于《西南民族大学学报[人文社会科学版]》2012年第3期;后收入徐秀丽、黄正林主编《中国近代乡村研究的理论与实证》,社会科学文献出版社2012年版)

---

① 谢国雄:《茶乡社会志——工资、政府与整体社会范畴》,台北:台湾"中研院"社会学研究所2003年版,第327页。

祖先与神明之间

——清代绩溪司马墓"盗砍案"的历史民族志

一、问题、资料与路径

在"十姓九汪"的徽州,汪公是汪姓的祖先,又是徽州的地方"土神",是地域之神。在清代道光年间,围绕着徽州绩溪县登源汪公庙庙产和司马墓坟业的讼争,呈现了地域崇拜、宗族认同、绅权治理、祭祀礼仪、司法实践、风水观念、地权纠纷等要素的整体性历史实践。

以往的宗族制度和民间信仰研究均涉及祖先崇拜,而地域崇拜尽管牵涉到宗族的活动,但基本是在民间信仰研究的学术领域里得到解释的。在"民间信仰论模式"的解释体系中,祖先崇拜的观念和仪式被当作文化象征符号,以此探讨"中华帝国"的政治意识形态。武雅士(Arthur P. Wolf)在那篇影响深广的论文《神·鬼·祖先》中,根据在台北市郊三峡乡的田野调查,对民间观念中的神鬼观作了类型学的划分,即神象征帝国科层制中的官员,鬼象征危险的陌生人,祖先象征亲属关系。① 而如此之分类,是基于中国人在地观念的"原始分类",还是人类学家的象征论类型解释?武雅士在我国台湾地区作田野调查的亲密合作者庄英章通过细致的田野工作,对神、鬼、祖先的关系进行了再思考,他是在象征实践论的框架内进行解释的,只是更关注当地人在神、鬼、祖先观念方面"应用解决思维上的矛盾之处,从而促成其行为的合理性"②,并发现房头神崇拜这一"祖先和地方神明之间的一个中

---

① Arthur P. Wolf, ed., *Religion and Ritual in Chinese Society*, Stanford: Stanford University Press, 1974.

② 庄英章、许书怡:《神、鬼与祖先的再思考——以新竹六家朱罗伯公的崇拜为例》,庄英章、潘英海编《台湾与福建社会文化研究论文集》,台北:台湾"中研院"民族学研究所 1995 年版。

介象征,其重要性在于它提供了继嗣原则和居处原则之间的转换机制"①。

王斯福(Stephan Feuchtwang)则以台湾"山街"的田野经验,解释"地方性的仪式和崇拜与政府及其正统之间的关系是什么,而不在于撰写这一制度的历史"②。在王斯福的研究中,地域性崇拜对于帝国科层制的象征意义,并不是简单的模仿和复制,而是有着地方社会历史实践逻辑的。然而,祖先崇拜作为地域信仰的一种,在王斯福的解释体系中,并没有涉及宗族组织的实践意义。

华琛(James L. Watson)在关于天后信仰的标准化问题上,探讨了"在文化标准化过程中发挥重要作用的中国传统的一个方面——即由国家当局鼓励对被'允准'(approved)神灵的信仰"③。虽然华琛也关注到地方士绅、宗族和民众在"神明标准化"过程中的实践角色,但主要关注王朝国家正统性的表述和治理,并且是在民间信仰的知识脉络里推进其问题意识的,对于宗族制度关注不多。

在宗族制度研究中,弗里德曼(Maurice Freedman)的宗族模式论至今仍是不可越过的。弗里德曼虽也关注到祭祀、丧礼、风水、生死观等祖先崇拜的诸种仪式和观念表现,但他更关注宗族内部结构、宗族间的关系及宗族与国家的关系,特别是注意到基于地产分配而产生的不平等和宗族平均主义观念之间的纠结。④ 华如璧(Rubie S. Watson)沿着弗里德曼祭祀群理论的思路,研究了香港新界的宗族组织,呈现了宗族组织内部因地产支配的不平等而形成的社会分化,但丧仪、祭仪过程和墓地风水观念,则在一定程度上凸显了族人的平等主义意识形态,"世系群经济和政治的完整性有赖于超越财富和阶层差异的所有成员经常是物质层面的支持。因此,世系群的平等主义意识形态无疑在跨越富人与穷人之间鸿沟的过程中发挥了重要

① 庄英章、李翘宏:《房头神与宗族分支:以惠东与鹿港为例》,台湾《"中央研究院"民族学研究所集刊》1999 年第 88 期。
② [英]王斯福:《帝国的隐喻:中国民间宗教》"中文版序",赵旭东译,江苏人民出版社 2008 年版。
③ [美]詹姆斯·沃森(即华琛):《神的标准化:在中国南方沿海地区对崇拜天后的鼓励(960—1960)》,[美]韦思谛编《中国大众宗教》,陈仲丹译,江苏人民出版社 2006 年版,第 58 页。
④ [英]弗里德曼:《中国东南的宗族组织》,刘晓春译,上海人民出版社 2000 年版,第 104 页。

的作用"①。以祖先崇拜为核心的宗族意识形态可以说是宗族制度的基本内涵,但在"制度论模式"的宗族民族志文本中,观念和仪式的意义是在宗族结构的框架内得到解释的。②

到目前为止,已经有学者试图整合这两个看似相对独立的"知识领域",或者从经验层面,将祖先崇拜和地域信仰融合在所研究的经验事象中。以研究道教史起家的法国汉学家、民俗学家劳格文(John Lagerwey)在与中国学者合作的华南客家研究中就发现祖先和神明是密切地交织在一起的,他就此解释道:"乡村生活为两种相互渗透的社会秩序与民俗所支配:其一与宗族社会结构有关;其二则与神明崇拜有关⋯⋯如果神明与祖先是传统社会宗教崇拜的核心,那么举行崇拜的地方则取决于一个象征系统——风水原则。"③劳格文及其民俗学合作者的这一研究可以被概括为"历史民俗志",对祖先与神明通过风水原则结合起来由民俗事象形成的地域历史过程描述有余,而对地域社会秩序再生产的人的历史主体性则呈现不足。

科大卫(David Faure)也认为神明祭祀和宗族制度不可分割:"虽然我们有足够的理由把祭祀神灵与祭祀祖先区分开来,但是,中国的广义'宗教',必须把祖先信仰与祖先祭祀包括在内。"与此相应,其问题意识与研究路径在于:"我们亟须做大量的开拓研究,研究人类的活动如何影响区域社会的形成⋯⋯其中一个共同问题是:地方神灵与祖先何时被整合到王朝国家的意识形态之中?"④此前他与合作者刘志伟已将宗族看作一套与王朝典章制度密切相关的意识形态,⑤从而显示了试图整合政治经济分析和文化解释二

① [美]华如璧:《兄弟并不平等:华南的阶级和亲族关系》,时丽娜译,上海译文出版社 2008年版,第 74 页。

② 关于祖先崇拜的研究,不能不提及许烺光、渡边欣雄和马丁的研究,限于篇幅,这里不再展开讨论。参见许烺光《祖荫下:中国乡村的亲属、人格和社会流动》,台北:南天书局 2001 年版;[日]渡边欣雄《祖先再考——祖先崇拜之社会研究的批评》,《汉族的民俗宗教——社会人类学的研究》,天津人民出版社 1998 年版;Emily M. Ahern, *The Cult of the Dead in a Chinese Village*, Standford: Stanford University Press, 1973.

③ [法]劳格文主编:《客家传统社会》,中华书局 2005 年版,第 475 页。

④ 科大卫:《皇帝和祖宗》,卜永坚译,江苏人民出版社 2009 年版,第 256、431 页。

⑤ 科大卫、刘志伟:《宗族与地方社会的国家认同——明清华南地区宗族发展的意识形态基础》,《历史研究》2000 年第 3 期。

元困境的努力。科大卫的学术团队在"神明与祖先结合的区域类型"及"正统化"历史实践的问题意识指导下,"走进历史田野",试图呈现长时段历史时期在王朝典章制度和正统化意识形态支配下,祖先和神明的结合方式如何反映了地域社会秩序的形成过程。①

以往的研究使笔者认识到,汪公信仰不仅是象征论意义上的仪式,也是家族制度的政治经济学,呈现了社区的社会再生产机制,映射了地方民众的人格建构和宇宙观想象,更是王朝典章制度的治理手段,是对中国文化历史实践的整体论呈现。本文正是围绕清代绩溪司马墓讼争,在地域社会的历史脉络中解释汪公信仰如何将地域崇拜和祖先崇拜结合起来,更深层的问题意识则是揭示地域社会秩序场境中的整体动员机制。

这里有必要对"地域社会秩序场境"和"整体动员机制"这两个关键词作进一步的阐释。"地域社会秩序场境"绕不开日本著名史学家森正夫的"地域社会论"。1981 年,森正夫在一次地域社会史的研讨会上提出对此后日本史学界明清史研究卓有影响的"地域社会论"观点,指出:所谓秩序或秩序原理,与进行生命的生产或再生产的场所,即人们生存的基本场所紧密关联着,它对于整合那些构成这个场所的人们的意识来说,是不可或缺的要素。换言之,虽然孕育着阶级矛盾和差异,但面对着共同的再生产的现实问题时,每个人都处于共同的社会秩序下。这样由共同领导者统治下的被整合的地域场所叫做地域社会。这是和行政区划、市场圈等实体概念不同的方法概念。② 虽然也不断有学者批评,但作为方法论意义上的这一概念,的确对后来的社会史研究具有开创性意义,此后,日本明清史研究更关注地域社

① 贺喜:《土酋归附的传说与华南宗族社会的创造》;唐晓涛:《三界神形象的演变与明清西江中游地域社会的转型》;谢晓辉:《苗疆的开发与地方神祇的重塑——兼与苏堂栋讨论白帝天王传说变迁的历史情境》;陈丽华:《从忠义亭到忠义祠——台湾六堆客家地域社会的演变》;以上均来自《历史人类学学刊》2008 年第 6 卷第 1—2 期合刊。贺喜:《亦祖亦神——广东雷州所见正统化下的礼仪重叠》,《新史学》2009 年第 4 期。
② 转引自常建华《日本八十年代以来的明清地域社会研究述评》,《中国社会经济史研究》1998 年第 2 期。森正夫近年回顾了这一概念提出的学术史背景,并寻求"地域社会场境的秩序论"的自我超越路径。参见[日]森正夫《民众叛乱、社会秩序与地域社会观点——兼论日本近四十年来的明清史研究》,于志嘉译,《历史人类学学刊》2007 年第 5 卷第 2 期。

会形成的过程和内在秩序,而很少不加讨论地在行政区或市场圈的地域范围内研究区域社会史了。① 岸本美绪由此提出"秩序场境"概念,某种程度上,森正夫的地域社会论所提出的,"正是一种不一定与明确的实体性团体范围相重合的'场境',或者说是一个人们在意识中共有的认识的、观念性的世界。在这个世界内部,人们确认相互对立竞合的各种势力、承认自己的领导者、与他人形成结合关系、构成团体以及选择方针政策。这类似一种竞技比赛场境的形象,而所谓'秩序'则可以比喻为参加比赛的人们所共有的关于竞技规则的认识以及对彼此行动所包含意味的理解"②。

本文提出"地域社会秩序场境"概念,不仅注重地域社会的观念史意义,更要将行政区划、市场网络③对于地域观念形成的意义纳入分析视野。比如行政区划对于研究者来说,不仅仅构成诸如"华南""江南""华北""西南""徽州"或某个省、府、县的地域及行政研究单位,还有其人文空间意义。施添福通过对岸里社地理区域的形成过程的研究,阐明了"地理区不是学者为了研究上的方便而切割出来的便利空间,而是需要经过阐释始能界定的未知领域"④;在关于清代土牛沟"番界"对竹堑地区地域空间的分隔的研究中,揭示出土牛沟行政区划造成了一个区域内部地域社会空间的分化,并孕育了不同的社会特质和社会经济特色。⑤ 在徽州地域社会史的脉络里发掘地方文献的历史民族志意义,不应将徽州不加讨论和反思地作为一个研究单位,而应在问题意识和方法论上揭示历史当事人的地域观念,注意特定历

---

① 参见常建华《日本八十年代以来的明清地域社会研究述评》,《中国社会经济史研究》1998 年第 2 期。

② 〔日〕岸本美绪:《伦理经济论与中国社会研究》,王亚新译,载王亚新、梁治平编《明清时期的民事审判与民间契约》,法律出版社 1998 年版,第 344 页。

③ 由于篇幅所限,对于市场体系在地域空间形成中的意义,不再展开讨论,可参见王铭铭对施坚雅的市场层级理论的讨论和批评:王铭铭《社会人类学与中国研究》,生活·读书·新知三联书店 1997 年版,第 146—147 页。

④ 施添福:《区域地理的历史研究途径:以清代岸里社地域为例》,黄应贵主编《空间、力与社会》,台北:台湾"中研院"民族学研究所 1995 年版,第 68 页。

⑤ 施添福:《清代竹堑地区的土牛沟和区域发展——一个历史地理学的研究》《清代台湾的地域社会:竹堑地区的历史地理研究》,黄卓权主编《研究丛书》(8)综论篇(1),新竹:新竹县文化局 2001 年版,第 110 页。

史事件所映射的徽州地方社会秩序运作的基本原则。

地域社会秩序场境不是在历史地理学背景下提出的,其题中内在地蕴含了一个地域社会秩序得以成立的运作原则,所谓的运作原则不是僵硬的理论法则,而是地域社会如何被组织起来的"整体动员机制",它是流动的、鲜活的人的历史实践。董晓萍和法国学者蓝克利在山西洪洞、赵县和霍县交界的四社五村作水权的田野调查时,将该地的水利概括为"不灌溉水利",称之为"不灌而治",揭示了四社五村共享水利的级差秩序与整体社会动员。① 他们提出了"整体社会动员"概念,比较确切地反映了当地水利的特点,也从整体上呈现了当地人的生存伦理;但语焉不详,未能就此展开充分讨论,毕竟局限在狭小的村际地域范围内,无法理解一个特定地域社会秩序的历史实践逻辑。本文将"整体社会动员"发展为"整体动员机制"概念,突出地域社会秩序的结构和过程的融合。

当然,问题意识不是预设的,而是在对经验资料的深度解读中逐渐形成的。本文的基本资料是汪氏宗族于清代光绪年间编纂的《汪氏登原藏稿》。该资料又名《汪司马墓案稿》,是道光七年(1827)"司马墓盗砍案"和光绪十八年(1892)"司马墓盗葬案"讼争案卷的汇编。绩溪县有"横打官司,直耕田"②的民谚,即耕田要"老实",否则就"人哄地皮,地哄肚皮",而打官司,则不免要"横着点",为打赢官司甚至不惜动用欺骗手段。清代名吏汪辉祖对于诉讼中当事人表述的"陷阱"深有体察,将其概括为"无谎不成状"③。对于法律诉讼案卷的解读方法,笔者曾从社会记忆的角度作过探讨,认为不应纠缠于"两造"的表达是否"属实",应看到其表述背后的诉讼策略。④

此外,本文还使用了《越国公祠墓志》《重建吴清山墓祠征信录》《新安

① 董晓萍、[法] 蓝克利:《导言:不灌溉水利传统与村社组织》《不灌而治——山西四社五村水利文献与民俗》,《陕山地区水资源与民间社会调查资料集》第 4 集,中华书局 2003 年版,第 23—27 页。

② 刘汝骥:《陶甓公牍》"绩溪县民情之习惯",官箴书集成编纂委员会编《官箴书集成》第 10 册,黄山书社 1997 年影印本,第 611 页。

③ 汪辉祖:《续佐治药言》,张廷骧编《入幕须知五种》,清光绪十年刻本。

④ 张佩国:《口述史、社会记忆与乡村社会研究——浅谈民事诉讼档案的解读》,《史学月刊》2004 年第 10 期。

汪氏宗祠通谱》等族谱类资料。对于族谱资料的利用,史学界已有很成功的研究。族谱资料关于族源的记载,往往较多附会,刘志伟认为,不能以其所记述事实本身是否可信来评价,而应考虑到有关历代祖先故事的形成和流变过程所包含的历史背景,应该从分析宗族历史的叙事结构入手,把宗族历史的文本放在当地的历史发展脉络中去解释。① 本文的定位不是关于汪氏宗族史的研究,也不是以司马墓讼争为个案的法律社会史研究,而是透视与宗族相关的地域信仰及地域社会的形成,故对族谱资料,更可结合宗族支派分布和族源传说,解释地域空间秩序的结构。

研究路径服从问题意识和基本资料。汪司马墓讼争案不是发生在两个"村族"之间,而是涉及徽州府甚至宁国府、严州府、池州府等州府的汪氏宗支,甚或关系到在京为官的汪姓族裔;讼案且与国家祀典、黄册、鱼鳞图册、里社等王朝典章制度密切相关。西佛曼(Marilyn Silverman)和格里福(P. H. Gulliver)提倡一种"历史民族志"(Ethnography of History),即"使用档案资料以及相关的当地口述历史资料,描写和分析某个特定且可识别地点的民族一段过往的岁月。民族志可以是一般性的、涵盖那个时代社会生活的许多方面,或者,它也可以集中注意力于特定的题目,如社会生态、政治活动或宗教。这种民族志学最后带领人类学家远离民族志的现在、自给自足的'群落'和稳定的'传统'这类根基久固但粗糙的设计和假设"②。历史民族志③方法蕴含了对"民族志现在时"无历史感的批评,试图将共时性和历时性有机结合起来,并试图将"小地方"与"大社会"融合在网络状的空间结

① 刘志伟:《附会、传说与历史真实——珠江三角洲族谱中宗族历史的叙事结构及其意义》,上海图书馆编《中国谱牒研究——全国谱牒开发与利用学术研讨会论文集》,上海古籍出版社1999年版,第149页。
② [加]西佛曼、[加]格里福编:《走进历史田野——历史人类学的爱尔兰史个案研究》,贾士蘅译,台北:麦田出版股份有限公司1999年版,第25页。
③ "历史民族志"实践的基本特征可以归结为"在档案馆里做田野工作"。与"历史民族志"相近的另一种民族志实践是"历史的民族志"(Historical Ethnography)。"历史的民族志"虽也要运用地方历史文献和口述历史资料,但所面对的时间是"当下",而不是"过往的一段岁月",因为历史活在当下,所以,当下也富有历史的厚重感,其基本特征可以归结为"在田野工作中做历史研究"。可参阅 John and Jean Comaroff, *Ethnography and the Historical Imagination*, Boulder: Westview Press, 1992。

构中。本文循着这一路径,将地方文化放在王朝典章制度和政治经济体系的历史脉络中进行解释,也将事件史和长时段的结构史结合起来,[①]唯其如此,才能理解王朝典章制度、正统化意识形态、政治经济体系等对于地域社会秩序形成的历史实践意义。

二、汪公墓、祠、庙的空间秩序

宋代罗愿在《新安志》中说:"汪氏……唐歙州刺史汪华居新安,故望出新安。今黟、歙之人,十姓九汪,皆华后也。"[②]"十姓九汪"之说盖源于此。然考诸汪氏族源,则传说不一。如汪氏江南始祖,就有不同说法。罗愿以为,汪氏族源即使在宋代已不可考:"(胡伸)《行状》称,汉建安二年,龙骧将军文和为会稽令,因世乱避地,家于新安。文和之名,他书无所见……按纲之由新安徙既在陈时,则汪氏之居此旧矣,岂得言自王始乎?太平兴国中,有为王庙记者,言王乃隋将宝欢之族子,或谓陈、隋以上始处此邪。本之龙骧则荒远,就王为说则简陋,俱未适中,故内翰至此略而不言,若以新安之族,由王而望始著则可尔。"[③]明代汪道昆在《始祖龙骧将军墓域碑阴》中则载:"吾宗得姓,自鲁颍川侯汪始。汉建安二年,龙骧将军讳文和为会稽令,始渡江南。于时郡新都而治始新。公迁始新,因而占籍。其后始新入歙州,公卒,与夫人孙合葬邵石山。胄子弸寇将军讳轸卒,与夫人李合葬都督山。后世附葬邵石山者墓二十五,附都督山者六,而公实江南汪氏始祖也。后复

---

① 法国历史学年鉴学派第二代领袖布罗代尔提倡一种"长时段"结构分析的总体历史社会科学研究,将对应的"短时段"事件看作"转瞬即逝的尘埃"(参见[法]费尔南·布罗代尔《历史和社会科学:长时段》,蔡少卿主编《再现过去:社会史的理论视野》,浙江人民出版社1988年版,第51页)。整体史书写对本文的意义在于,将事件史纳入长时段的历史脉络中进行理解,正像保罗·利科批评布罗代尔对事件史的偏见时所说的,"事件虽被赶出了大门,却又飞进了窗户"(参见[法]保罗·利科《法国史学对史学理论的贡献》,王建华译,上海社会科学院出版社1992年版,第42页)。

② 罗愿:《新安志》卷一《州郡·姓氏》,萧建新、杨国宜校著《〈新安志〉整理与研究》,黄山书社2008年版,第26页。

③ 罗愿:《新安志》卷一《州郡·姓氏·汪王庙考实》,萧建新、杨国宜校著《〈新安志〉整理与研究》,第38—39页。

割歙东略隶淳安,世远支分。"①如果汪姓江南始祖为龙骧将军文和,那么其始居地始新和葬地邵石山,在宋代应该隶属新安,故罗愿有龙骧将军"家于新安"之说;在明代,则已属严州府淳安县。

明代《新安名族志》也将文和视为汪氏新安始祖:"汪始于颍川侯,鲁成公黑肱次子夫人姒氏,生侯有文在手曰'汪',遂以名之,后有功于鲁,食采颍川,号汪侯,子孙因以为氏,望鲁之平阳。汉灵帝中平间曰文和,以破黄巾功,为龙骧将军;建安二年,因中原大乱,南渡江,孙策表授会稽令,遂家于歙,是为新安汪氏始迁之祖。"②

对于族源传说,不必作历史考据以辨其真伪,而在于发现其中所映射的宗族认同。③ 章毅通过对《新安名族志》及若干家谱资料的解读,比较了《新安名族志》中提到的休宁县汪氏 26 个族支和程氏 32 个族支在族谱中的族源表述,发现他们的祖先都存在着"渡江祖先—本地始祖—分派祖先"这样三个层次。对于汪氏来说,是"汪文和—汪华—汪华诸子及兄弟",而在这些人物当中,除了本地始祖汪华外,其他的"祖先"真实性并不高。"始祖和渡江祖的结合,使明代的汪、程二氏能够充分地表达出自身与文化正统的关系。"④族谱中关于族源的表述,当然有正统化的逻辑存在,但分派始祖的可信度反不如新安始祖汪华的可信度高,这样的解释恐怕还需要再作推敲。汪华同时代的汪姓族裔的族支难道都绝后失传了吗? 明代族谱攀附汪华作为显祖,这恰是正统化表述的逻辑,无法在历史考据的意义上认为汪华作为新安始祖之说的可信度更高。

徽州汪氏因"显祖"汪华而成望族,故汪华在汪氏族谱的叙事结构中占据着最为权威的地位,祖先祠、墓的修建及祭祀成为宗族强化凝聚力的主要手段。而汪华得到历代朝廷的敕封成为地方神,则使汪氏宗族的祖先崇拜具有了正统性,其表现在,歙县云岚山汪公墓、乌聊山忠烈庙、吴清山汪公

① 汪道昆:《太函集》,胡益民、余国庆点校,黄山书社 2004 年版,第 1451 页。
② 戴廷明、程尚宽:《新安名族志》,朱万曙等点校,黄山书社 2007 年版,第 183 页。
③ 参阅[日]臼井佐知子《徽州汪氏家族的迁徙与商业活动》,《江淮论坛》1995 年第 1、2 期。
④ 章毅:《迁徙与归化——〈新安名族志〉与明代家谱文献的解读》,田澍等主编《第十一届明史国际学术讨论会论文集》,天津古籍出版社 2007 年版,第 530 页。

庙、灵山院汪祠、崇福寺汪祠等五处,明清时代载诸礼部祀典,并经户部批准,"税亩免征"①。而葬浙江严州府淳安县邵石山(即小金山)的汪氏江南始祖龙骧将军文和公,汪华高祖军司马叔举公和汪华的儿子所葬墓地,均未能享受历朝免征的"待遇"。可知,在汪氏祖墓的空间秩序结构中,歙县云岚山汪华墓始终是最重要的标志性"地景"。

清道光年间,汪氏宗族的吴清山祠管理机构(祠首)对于该处三十三世祖澈公墓的祭奠,也要邀集云岚山汪公墓祠祠首先至云岚山汪公墓,然后才至吴清山澈公墓。虽然《新安汪氏宗祠通谱》的编纂者将新都侯澈公作为新安始祖,但祭祀的先后顺序显示了云岚山汪王墓和吴清山澈公墓的等级隶属关系:"吾宗以新都侯为新安始祖,越开两国公皆本所自出,祠墓距云岚山不远,爰集同人之经理云岚山者,亲而上之,并及吴山焉。"②在族源的表述上,清代吴清山宗祠通谱的编撰者和明代汪道昆的叙事逻辑仍然保持一致,但在祭祀实践上,则发生了很大变化,即清代将云岚山汪王墓看作汪氏祖墓地景的中心。

绩溪县登源军司马叔举公墓,在清代汪氏族裔的族源表述中,则从显祖汪华那里获得"正统性"的支持。嘉庆十五年(1810)三月,绩溪县令在汪氏族裔礼部侍郎汪滋畹等官绅的呈请下,发布保护登源司马墓的禁示碑文,③禁碑特别强调,叔举公在宋代"以子越国忠烈王功,追封世惠垂祝善应灵明侯"。汪氏宗族在道光七年的司马墓"盗砍案"讼争中,曾到云岚山谒汪王墓,在云岚山附近汪王墓祠首处开会议事。基于正统性的道德化叙述,祠墓志和族谱尤其注重阐明坟业的宗族公产性质,《越国公祠墓志》在《税业》卷云:"志郡邑者,首详疆域,次及形势,正疆界也。志墓,何独不然? 山川有形,税亩有额,弓步有界,按册备登,广隘短修,了然于目,则承先业,护陇邱,供数典,杜豪侵,均于是乎在。"④

① 《汪氏登原藏稿》第 2 册《户部请禁呈词》(同治八年九月初七日),清光绪二十二年(绩邑)东作门敦叙祠仿聚珍版。
② 汪云:《新安汪氏宗祠通谱》"序",清道光二十年吴清山祠藏板。
③ 《汪氏登原藏稿》第 1 册《嘉庆十五年县主告示碑文》。
④ 《越国公祠墓志》卷二《税业》,清咸丰二年越国公祠藏板。

　　常建华在对徽州府汪氏祠庙祭祖的研究中，就专门述及墓祠："所谓墓祠，就是建于墓旁的祠堂，以此岁时节日上冢祭祀先人及合族。"①云岚山墓祠当然是祭祀汪华，而吴清山墓祠则祭祀澈公、道献公和汪公。绩溪登源军司马叔举公墓近也有忠烈庙，祭祀汪华。由是观之，汪氏祖先祭祀的正统性，即使是对于汪华的先祖，也要从汪华那里得到正统性的支持。

　　作为神明的汪公，则在忠烈庙内得到祭祀。忠烈庙，除吴清山、乌聊山、灵山院、崇福寺、唐金山之外，徽州府六邑均有多处"行祠"。程敏政对于行祠之制有过很好的解释："古忠臣烈士有俊功大惠于世，有国者必崇祀之，著于令，有家者常祀之外，亦别有先祖一祀。著于礼，礼法并行不可偏废，而况有俊功大惠于世者，置弗祀者可乎？专祠矣而复祀于家则亵，置弗祀则简。于是中古以来，有行祠之设，卜地为之，其制视公祠则杀，视家礼则隆，亦犹民间不敢僭称社稷而曰义社也。"②常建华认为："忠烈祠属于名人特庙，而且带有地域神的性质，但是对于汪氏来说，它无疑是一所祖庙。"此说显示了忠烈庙作为祖祠和神庙的双重性质，但他接着又说："国家建庙纪念有功于国家的'忠臣烈士'是一种'专祠'，也是'公祠'。对于被纪念者的家族来说，这种专祠则是一种先祖的祭祀，因此又卜地设置'行祠'，介乎公祠与家庙之间。从形式上看，行祠是作为'公祠'之'专祠'的分祠存在的，实际上行祠除了具有地域性外，主要是作为子孙立祠祭祀始祖或先祖存在的，是一种宗祠。"③仅从程敏政的论述延伸出"行祠实为宗祠"的解释，似乎还缺乏历史实践层面的佐证。

　　行祠之设，最初可能是某一村落宗族（可看作弗里德曼所说的 localized lineage）所设的宗祠。但对于成为地域神的"忠臣烈士"来说，他姓家族也要祭祀，甚或有他姓绅衿捐资助修，遂使"行祠"呈现了复杂的面相。擅长"长时段"分析的历史学家，会注意到宗祠和神庙在不同时代的转化逻辑。林济考察了明中叶徽州宗族"专祠"的复兴和发展，显示了"从'专祠'的神祖及名

① 常建华：《明代宗族研究》，上海人民出版社2005年版，第38页。
② 程敏政：《篁墩文集》卷一四《休宁汉口世忠行祠记》，《四库全书》第1252册，第245页。
③ 常建华：《明代宗族研究》，第37页。

贤功德祖特祭配享中发展出反映宗族结构的祖先象征体系",从而形成后来宗祠祀礼的基本格局,甚至认为这一过程从宋元时期就开始了。[①] 章毅更认为,元明之际,随着理学的社会化,徽州宗族观念兴起,地方神庙也开始了宗族化转向。[②] 历史学家对于长时段的把握,提醒笔者更谨慎地看待明代中后期至清代徽州神庙和祠堂间的复杂关系。忠烈庙(汪王庙)建筑的维护及祭祀礼仪的变化,恰恰说明,宗族的力量(特别是汪氏宗族)在汪王庙的维护和祭祀过程中,起到日益重要的作用,但直至清代中后期,并未排除汪王庙的神庙性质。当然,歙县云岚山的汪王墓祠除外,它始终是汪姓宗族祭祀祖先的大宗祠,徽州汪姓宗族将其作为联宗活动的"标志性地景",盖源于汪氏宗族对于汪王墓的族产性质的认定。

郑力民通过对徽州汪王庙的社庙结构的研究,发现在歙县南乡的孝女会所属诸村落,"每一寺庙为相关村族共有,这在传统徽州乡村社会是一通则。所以每逢迎神赛会,这才会具体表现为,一寺庙之神只能被这一些村族所接送……一庙诸社的现象就自然立体地呈现出'众社拱庙'的样式",这也就是社庙结构。并将这一"众社拱庙"的社庙结构看作徽州一体化进程的最核心要义。[③] 在汪公祠墓庙的空间秩序中,固然六处"标志性地景"占有不容忽视的核心地位,但六邑的忠烈行祠,也在汪公信仰的空间结构中,居于基础性地位。如果没有这些行祠,那么歙县乌聊山、吴清山、崇福寺、灵山院及绩溪登源五处忠烈庙的祭祀则只能是来自六邑城乡汪氏宗支的祭祖活动,而不可能演变为地方神明祭祀。

三、祭祀、坟业与庙产: 道光七年司马墓"盗砍案"

道光七年(1827)农历五月的一天,经过了一场风雨,绩溪登源司马墓护

---

① 林济:《"专祠"与宗祠——明中期前后徽州宗祠的发展》,常建华主编《中国社会历史评论》第 10 卷,天津古籍出版社 2009 年版,第 55 页。

② 章毅:《理学社会化与元代徽州宗族观念的兴起》,常建华主编《中国社会历史评论》第 9 卷,天津古籍出版社 2008 年版,第 120 页;章毅:《元明之际徽州地方信仰的宗族转向:以婺源大畈知本堂为例》,《中国文化研究所学报》2007 年第 47 期。

③ 郑力民:《徽州社屋的诸侧面——以歙南孝女会田野个案为例》,《江淮论坛》1995 年第 4、5 期。

荫的松树被风吹倒了两株。忠烈庙的看庙人广度和尚及徒僧赫即报告附近仁里等八社的管庙首事,众人一同将"风折"松木并枯树十一株抬至忠烈庙内。此时正值八社重修忠烈庙之际,以程姓为主的众首事以为这十一株松木正好派作修庙之用。此事被八社之内梧村的汪连喜知道了,汪连喜迅即往县城报告给东作门宗支的汪南纪,二人遂至庙阻止。包括梧村、汪村等汪姓聚居村落,组成祭祀汪公的八社,首事们当然以为用唐金山司马墓附近的树木做修建忠烈庙之用,是很自然的事情。而汪南纪等则认为,汪公可以为众社所祭,而司马墓荫木,甚至忠烈庙庙产都属汪姓"世业"。双方互不相让,最后汪南纪先行禀告县衙,并通知徽州六邑诸汪姓宗支陆续分别控案到县。这就是汪姓族人所谓的"司马墓盗砍案"。"盗砍"是六邑汪姓族人的表达,源于汪姓宗族对于坟山和庙产的主张;对于八社,修庙的正当性来源于八社对忠烈庙的祭祀和对庙产的捐助。

　　道光七年七月初八日,汪南纪代表县城的东作门汪姓宗支先行控告至县,其禀状[1]云:

> 　　禀为看管盗荫,先行呈明,叩拘究追事,缘身始祖叔举公安葬十一都土名白杨坑坟山一业。本月初六日,身在该山经过,骇见登源庙主持僧广度、徒弟僧赫带领僧俗数十人在该山盗砍。身即往阻,已被砍倒三五尺圆围不等松树十一株。迫泯地保往验,奈保不家,只得奔告本族宗长,修书通知各县各族公同叩案。即时难以齐集,身合抄呈前县主碑文告示,先行匍叩,宪大老爷恩赏拘案讯究盗荫,各族感戴,上禀。

据此,汪姓族人主张对司马墓坟业的占有,而对于忠烈庙庙产,并未有明确的表达。

　　七月十三日,东作门汪姓宗支又联合绩溪县的雄路、孔灵、辇显、古塘、夹川、高桥、黄荆塝、梧村和歙县靠近绩溪的坦头等九族,共十族向县衙递呈禀状。这次动员了十个宗支中的官绅具名禀状。禀状内容与东作门族禀状

---

[1] 《汪氏登原藏稿》,清(绩邑)东作门敦叙祠仿聚珍版,印于光绪丙申秋月。下引"盗砍案"内容恕不一一注明出处。《汪氏登原藏稿》封面写作"登原",而文中则写作"登源"。汪公大庙遗址即在今登源河畔。

大同小异,不赘述。倒是这十个汪姓宗支向六邑及外府汪姓支裔的"传启",除叙述司马墓的坟业归汪姓所有外,对于忠烈庙八社祭祀的正当性倒也持肯定态度:

> 敬启者,我汪氏四十世祖刘宋军司马叔举公墓地在绩溪东七里登源唐金山(鳞册称"白杨坑",今依徽州府志及绩溪县志称"唐金山"),山势壁立,前滨大溪,一冈横亘,状若眠弩,形家呼为将军踏弩,实越国、开国两公高祖也。地额三百一步,树墓檟数十株,墓前里许,公之遗宅在焉。越国公保障六州,殁而为神,土人即是宅奉烝尝,榜曰忠显,公之故宅,世谓之登源庙(宋政和中赐庙额曰忠显,厥后累封至八字王,改赐庙额曰忠烈,详载府县诸志中)。初住羽流,今住释子,守庙兼守墓也。庙与墓之前后左右通计田地山三十四亩有奇,悉付住庙人收执,其税在十一都二图六甲登源庙户解纳,梧村族人之都图也(越国公九子,第九讳献,早死无后,仍八子,其七子散居四方,惟第八子讳俊留居梧村,世守祠墓。前明副使公溥,侍御公滢,其后也,详见二公墓志铭)。该处邻村每岁花朝日迎庙神祭赛祈福,号曰八社赛花朝,梧村族人亦与焉。夫今日之神庙,固曩日之故宅,而汪氏之墓地,实神明所发祥,越国公遗爱在六州,六州之民不能忘越国公者,亦安能忘公之高祖耶?矧八社尚司马公桑梓之区,其感戴宜复何如也?嘉庆七年淮安支裔廷珍以翰林学士奉命督学皖江按试徽郡道,出绩溪,曾檄守令出示封植祖陇。十五年休邑支裔礼部侍郎滋畹予告归里,复鸠各宗绅士呈请绩溪令清公勒碑严禁樵苏。迩来人心不古,妄生觊觎,墓上荫木,被僧俗盗伐,不胜纷扰,附近诸族屡经呈究。盖事在得已,故勉力支持,未尝申告远方诸大族也。

八月初一日,以歙县诸汪姓宗支为主,又有祁门县、黟县、绩溪县的少数汪姓族裔,在乌聊山忠烈庙召开会议,商讨诉讼对策,进而壮大汪姓的声势。

八月初三日,以程姓为主,包括梧村、汪村汪姓在内的八社也呈递诉状,对于庙产与汪姓坟业作出界分:

> 具禀状程修五、程敬敷、程羽丰、程雨顺、汪永贵、汪聘三、汪社璨、汪灶有、王观宝、王灶永、王德进、王邦本、方启宝、方光庆、胡有松、洪士

有、张永妹、周灶来、戴光祥、汪赏桂等,禀为奸唆妄控泄忿败公叩吊察核事切,越国汪王福国庇民,众姓建庙供奉神像,并制各产,以为香灯修理之需。嗣至雍正年间,众姓立议,将土名白杨坑声字一百六十三、四、七等号山地栽养木植,挨班封守,并请示禁,以备修庙取用,历来无异。甫有汪姓出请示禁,八社众村以其即神后裔,未妨奸埋,任请不较。今庙颓塌,身等现修十只有三,竟在缺料,本欲抽砍。该树本年五月适被风雨,损倒松木二株。遂有贪利不仁之汪连喜勾同虎崼在城之汪南纪,借禁有根,公然将倒松木披权锯不(疑为木),并将枯木锯倒三株,欲运肥己。身等闻觉,斥阻,议将仍有枯木四株亦锯,同运庙内作用。讵喜与纪怀恨,旋唆伊姓衿士妄控庙僧,希欲败公报眶,不思该处之业,汪姓仅有六十四号墓地二十步,仍尽庙众之产,鳞册注明,分庄确凭。鳞册存户房,叩吊可阅。至树,八社供养,示议凿凿不磨,如谓树系伊家,势必有业,墨据岂容奸唆,空口妄控,败公坑庙,为此……

八社将汪姓宗族的"妄控"表述为"败公坑庙",显然是将忠烈庙的祭祀与庙产看作"公"。其表述细节中,甚至将汪南纪和汪连喜锯倒松木看作"肥己",于忠烈庙祭祀与庙产则属"私"。这与汪姓的"盗砍"表述在"事实"的陈述上有出入,在道德表述的层面是针锋相对的。王姓知县针对"两造"的表述,批曰:"该山树株若果众姓栽植,以为修理汪姓祖庙之用,固属义举,但汪姓祖坟久葬于此,坟荫示禁盗砍,由来已久,僧人广度砍伐之树,是否在于汪姓坟界?抑在众姓公地,候饬吊契据质讯察究。"此时,知县还是显示了"实事求是"的公正态度,对于所谓"盗砍"树木究竟属于汪姓坟界还是众姓公地,须结合契据等证据方能判明。在王姓知县看来,庙产属于"众姓公地"。

六邑的汪氏宗族将雍正年间八社合议粘呈县衙,称之为"八社私立合议",在六邑的汪氏宗族看来,八社对庙产的主张相对于汪氏坟业,是"私",在权利和道德上都不具有正当性。禀状的作者并就此评述道:"先是雍正初年,主持庙僧懒惰不能侍奉祖庙灯香,经管祖墓荫树,八社于庙祀奉王祖。欺僧弱门,并恃社内有梧村、汪村等处我姓支裔在内,将僧逐去。我姓登源庙户税簿强占经管,潜萌异志,吞据税业。于雍正三年私立合议十五纸,越请前县宪范给示,续于五年,复逐去主持僧人,再请前县宪王给示。梧村、汪村等处暗懦支裔,私利众产为已有,遂扶同立议请禁,不通报各族。此众族支裔之所以不知八社之恃为朋据税业也。八社之中,程姓富强,程姓遂为能干之总,因循渐积,墓庙税业尽由其掌管矣。"

此处所说"八社",从实际参与的村落看,是十三个村落。他处记载,为登源十二社。二月"十二日为花朝日,粘红纸于花果树,祝其繁茂,谓之挂红","十五日,登源十二社挨年轮祀越国公,张灯演剧,陈设毕备,罗四方珍馐,聚集祭筵,谓之赛花朝。其素封之家,宾朋满座,有主人素未谋面者"。[1]

清代乾隆五十三年(1788),沈复至绩溪县衙为幕僚,记述了他和同僚游仁里所见"花果会"祭汪王的盛况:"绩溪城处于万山之中,弹丸小邑,民情淳朴……又去城三十里,名曰'仁里',有花果会,十二年一举,每举各出盆花为赛。余在绩溪适逢其会,欣然欲往,苦无轿马,乃教以断竹为杠,缚椅为轿,雇人肩之而去。同游者惟同事许策廷,见者无不讶笑。至其地,有庙,不知供何神。庙前旷处高搭戏台,画梁方柱极其巍焕,近视则纸扎彩画,抹以油漆者。锣声忽至,四人抬对烛,大如断柱,八人抬一猪,大若牯牛,盖公养十二年始宰以献神。策廷笑曰:'猪固寿长,神亦齿利。我若为神,乌能享此。'余曰:'亦足见其愚诚也。'入庙,殿廊轩院所设花果盆玩,并不剪枝拗节,尽以苍老古怪为佳,大半皆黄山松。既而开场演剧,人如潮涌而至,余与策廷遂避去。"[2]沈复在庙会现场甚至不知道所祭何神,并误以为花果会(当是"花朝会"之误)"十二年一举",实际是十二社轮值,每年二月十五日举行。[3] 对于某一社来说,十二年方才轮值一次,故所养之猪"大若牯牛,盖公养十二年始宰以献神"。

"八社"和"十二社"的不同表述,也是可以理解的,社的数量,在不同的

① 清恺修、席存泰纂:《绩溪县志》卷一《风俗》,清嘉庆十五年刻本。

② 沈复:《浮生六记》,中国青年出版社2009年版,第122—123页。

③ 新编《绩溪县志》谓花朝会有大、小花朝之分,大花朝十二年举行一次,小花朝逢闰年举行。(绩溪县地方志编纂委员会编:《绩溪县志》,黄山书社1998年版,第1054页)新编县志未注明资料来源,笔者猜测,所谓大花朝十二年举行一次,概来自沈复的记载。2010年8月初,笔者到徽州作田野调查,实地考察了歙县云岚山汪王墓、绩溪县唐金岩(即唐金山)汪司马墓、汪公大庙遗址,并访问了附近南观村、仁里村等村落的汪福淳、汪俊庚、程加明等先生,他们的记忆和解释均"验证"了上述推测。

历史时期会有变化。① 社的设立，并不以村落大小为标准，而与村中首领的财富和威望及宗族势力有很大关系。② 据现绩溪县汪村（行政村）南观村人、退休干部汪福琪先生 2005 年撰文，并引用其九十高龄老母亲的回忆："民国15 年（1926）南观村举办花朝会。南观一个仅百十余人口的小村，但在祭祀汪华举办花朝会时却单列一社，因村中富户居多，故有经济实力举办盛会。这期花朝会由村中首富汪老永（名顺成，号老永）当'斋官'。汪老永经商江苏，富甲登源，时又兼任十三都都董，在民间有一定威信。汪老永家房屋有数十间，在村中心地带，自东向西，连成一片，占全村的四分之一。"③亦可推测，社的单位在不同的年代会有变化，雍正三年（1725）八社合议中，南观和庙头为一社，应为史实；民国年间，南观村汪老永"富甲登源"，又任"都董"，南观村单独为社，也是可信的。而在雍正初年，"八社之中，程姓富强，程姓遂为能干之总"，仁里程姓在花朝会中的势力显然是最大的，故"因循渐积，墓庙税业尽由其掌管矣"。六邑汪姓认为雍正初年，"梧村、汪村等处暗懦支裔，私利众产为己有，遂扶同立议请禁，不通报各族"，相对于六邑汪姓的"大公"，梧村、汪村的汪姓支裔的行为即是"私利众产为己有"。

而对于徽州六邑汪姓的联宗④活动，梧村、汪村的汪氏族人则有着另一番表述。清代乾隆三十七年，汪村、梧村汪氏宗支修谱，族裔汪谨撰《谱成告庙文》⑤曰：

> 大清乾隆三十七年岁次壬辰孟冬月宜祭日支下裔孙谨告，维我登源司马开基，肇衍新安万派。越国诞降，爰开令绪千秋四方，自昔播迁，

① 笔者在绩溪县城拜访了绩溪县当地的徽学专家方静先生，他也同意这一解释。
② 参见赵世瑜《明清时期江南庙会与华北庙会之比较》，载氏著《狂欢与日常——明清以来的庙会与民间社会》，生活·读书·新知三联书店 2002 年版，第 224 页。
③ 汪福琪：《汪村南观花朝会》，《绩溪徽学通讯》2005 年第 2 期。
④ 钱杭认为："同姓宗族间的联宗多以实际存在的经济区域和生活区域为范围，如乡、县或相邻地区……在大多数情况下，联宗的直接成果，一是可以极大地唤醒各同姓宗族之间的历史认同感，二是能够成为一座桥梁，将各村落范围的宗族，整合成一个具有某种实际功能的地域社会。"钱杭：《血缘与地缘之间——中国历史上的联宗与联宗组织》，上海社会科学院出版社 2001 年版，第 24—25 页。
⑤ 汪行广等主修：《（绩溪）汪氏世守谱》之《谱成告庙文》，民国四年木活字本。

一支由来居守敝庐,愿处敢忘桑梓,敬忝省墓宜殷。爰近云岚卜筑,同深世守之思,其笃宗盟之好,历阅六朝,年周八伯,衣冠相望于前人,诗礼敬承于后代,巍然右族赫矣……小子欲取旧文重加考订,但念末俗滋偷,人心不古,借统宗而射利,罔顾攻令森严,假征会以为名,不惜多方强附天亲也。而以人合之名场也,适为利薮矣。某等恪遵定例,痛鉴前车,第详本支不侈,合族跋涉长途,甘膺况瘁薪水,自任勇往驰驱,将各族之人丁尽皆收续,数百年之阙略,备悉载登。支匕祖妣,恍若列眉,派派子孙,郎如执掌。告之先祖,编颁族人,呜呼!笔则笔,削则削,深维往迹之难;贤其贤,亲其亲,敢倚世德之厚,更祈阴佑益牖……

汪谨对于"借统宗而射利,罔顾攻令森严,假征会以为名,不惜多方强附天亲"的联宗行为,表达了强烈的不满。咸丰二年(1852)刊刻的《越国公祠墓志》载:"道光二十七年奉府宪同饬各县出示严禁假冒告示……兹因墓祠殿宇倾颓,业经公议各支派批捐兴修。本年五月二十七日,曾沐县主给示,悬祠晓谕杜害。第职祖椒蕃瓜衍,子姓偏延郡邑,讵料有不法匪徒,伪刊墓祠图章,在外撞骗银钱,以致离祠路远支派难辨真假,乐输不前。"①这也从另一侧面印证了汪氏村级宗族和联宗组织之间的矛盾。

民国年间,梧村汪姓族谱的编者又将明代《癸巳司马道昆传帖》收录于谱中,其中关于登源司马墓祭田的记载,特别提到梧村、汪村的捐助:"兹届祭期,余小子力疾而申前议,请十族各一人,行者各携四缗,兼之近墓梧村、汪村亦各出四缗,共四十八缗,付彼买田若干亩,以供祭事,岁以为常。"②道光七年"盗砍案"中,除梧村汪连喜参与六邑汪姓的呈控外,梧村、汪村的汪姓族人均未在六邑汪姓禀状上具名。六邑汪姓族裔谓汪村、梧村族裔"暗懦""私利",而仁里村监生程修五领衔的八社诉状则称:

禀为尊神敬祖由来已久叩鉴情由事,越国汪公生捍大患,殁为神灵,登源八社建庙崇祀,每岁花朝迎请祈福,号为八社花朝。公裔梧村、周村、

---

① 《越国公祠墓志》卷四《道光二十七年奉府宪同饬各县出示严禁假冒告示》,清咸丰二年越国公祠藏板。
② 汪行广等主修:《(绩溪)汪氏世守谱》之《癸巳司马道昆传帖》。

> 汪村、门岱、闾坑、辛田、宗洲各派皆与焉……今八社捐输办理,数百年来,立
> 议请示,众姓节次修理,供奉香火。在八社为尊神,在社内公裔为敬祖……

诉状表述了八社汪公神明崇拜和汪姓祖先崇拜的道德正当性,也在忠烈庙
祭祀的"考古"基础上表达了对庙产的"主张"。

八月初八、九两日,歙县、休宁县、绩溪县、宁国府旌德县等地的汪姓族裔
在绩溪雄路村集合,前往登源会宗省墓,并形成"决议",决定在歙县乌聊山忠
烈庙设立公所,通知六县外省外府族裔,呈讼府县,进一步动员汪姓族裔中的
官绅势力参与其中。八月十三日,汪姓族裔再递禀状,这次动用的汪姓族裔中
的官绅地位较前显赫,地域范围也扩及徽州府之外,领衔禀状的有歙县原任池
州府教授卓异候补知县汪熙、休宁县原任卢州府教授汪忠均、婺源县举人汪松
泰、祁门县举人汪豫、黟县翰林院检讨汪淦、绩溪县廪生汪泽、太平府繁昌县生
员汪杰、浙江杭州府昌化县廪生汪为侢等。此次禀状,并呈登源税册作为证据:

> 旧籍成化八年一户登源庙十一都二图墓神庙,承管道人王伯寿,民
> 实在田地山三十四亩五分七厘二毫,内田五亩九分四厘九毫,地十亩八
> 分二厘三毫,山十七亩七厘九毫。

对于登源税册,汪熙等又写了如下"帖说"加以解释:"成化八年,汪姓已有税
籍,田地山业何待八社捐输,分明是雍正年间逐我庙僧,盗我税籍,私立议
据,以窃食我租利,难逃犀照。"又引"前明支裔司马道昆万历辛丑年,重议登
源标祭事宜":

> 登岭山墓地祠地树木俱召与守祠墓道人长养,荫庇祠墓,不许外人
> 侵盗,亦不许看守自盗,并私刁树丫,如违,罚出本年各项租利,再犯,另
> 召他人看守。其柴草给与道人冬月砍烧,其墓前地亦给与自种自食,以
> 作看守勤劳之资,永为定例。

并撰"帖说":"前明万历年间已有树木,何待八社兴养?且坟荫祠荫,汪姓素
皆茂植,宗谱与前明支裔司马道昆议合。今来龙坟祠木荫已无一存,侵食至
坟之前后左右。痛及剥肤,支裔万难隐忍。即是修庙,亦无斩伐高祖坟荫为
曾孙葺庙宇之理,况盗砍本是肥私,不按律究办程有妹、邵部等之罪,职族何

能甘心?""帖说"可以理解成是"他者"的历史解释,其对坟业、树木、庙产的主张建立在对宗族历史的"考古"基础上,并带有浓烈的道德表述取向。所谓"斩伐高祖坟荫为曾孙葺庙宇",说的是"盗砍"军司马叔举公墓地荫木,为其曾孙汪王修庙,似乎不合礼制。如此之表述,和前述"司马叔举公因汪越国显"的表述,又有抵牾之处。绩溪县有民谣云"横打官司,直耕田",诉状中对于"理"的表述,蕴含了追求功利的机会主义倾向。

在汪姓呈送的一份乾隆四十年徽州府的告示中,有如此之表述:

> 生族迁新安始祖叔举仕齐,代官军司马墓……至宋邑令赵公、李公两奉敕修,后又造基德、绿照两亭于左右。前明郡守董公为立丰碑。裔孙左司马道昆率各族重整。其墓旁所附葬者,即始祖之孙名僧莹,仕隋为海阳令,袭封戴国公,至宋朝,以子越国忠烈王功,追封世惠垂祝善应灵明侯。郡守袁公为书神道碑,详载绩志,墓祠之前建有忠烈王庙。嘉靖年间,尚书胡公宗宪倡修其庙,裔孙御史溥副使滢又建劝忠楼,此皆请于朝者。前朝既荷,敕恩皇朝,尤沐祀典,庙貌久为众姓群瞻,墓祠则属我汪姓世守,岁历千有百年,代传五十余世,松楸并茂,柏榀成行,第子姓殷蕃其鹿,不亿为商、为宦,分寓四方,世远年湮,或被侵于樵牧,或受害于豪强,是均未可逆料。与其匡救于已灾,不若绸缪于未雨。

这份"证据",着重强调的是对于司马墓和戴国公僧莹墓"坟荫"的保护,主张"墓祠则属我汪姓世守",而对于忠烈庙,仍承认"庙貌为众姓群瞻"。由于梧村、汪村、南观等村落的汪姓也参与了八社祭祀汪王的庙会活动,在他们看来,墓与庙是一个整体"地景",不可分割。明代天顺年间梧村族裔苏州知府汪祐清在"登源八景并序"中将司马墓和忠烈庙融合在登源的总体地景之中,序曰:"吾梧村去县治东南十里,前有溪,右有登岭,岭丽有川而流,与溪水相合,因名曰登源。源之南北,峰峦环列,岩洞虚谽。始祖司马公墓、忠烈公庙咸在焉。居之四围,有龙鬃高峰,石泉飞漳……"①八景为龙峰晴云、金山晓雾、岛崖春雨、绿照秋波、隐张层崖、富陵叠嶂、清溪沙鸟、野坞松风。八

---

① 汪行广等主修:《(绩溪)汪氏世守谱》之《登源八景并序》。

景之说,存在于很多徽州古村落中,是村落家族文人的地景想象,由此呈现出"入住权"意义上的村落边界意识。

在县衙的堂讯中,"两造"还各据理力争,互不相让。但是后来,徽州府宪马和安徽提督学院汪的批文,使讼案发生了根本转向。府宪批曰:"候饬县加差干役勒限严拿究办。"提督学院汪批曰:"仰县官吏,文到,立即加差干役,勒限严拿程有妹、程邵部、程东煌、程东台等及管庙僧人到案严讯,按律究办,毋再纵延,大干未便,火速火速,须牌。"八社屈服于官府的强大压力,经过邑绅调解,"两造"和息。

递呈"和息状"的邑绅猜测可能是县衙指定的,而非八社和六邑汪姓出面邀请,因为这样的调解,不是民间调解,而实际上仍是官府审判的一部分。① 最后,八社退还税簿,偿还树价,安奠醮坟。

这起讼案,最后以汪姓联宗组织的胜利而告终,官绅的力量起着关键性的作用。八社的官司虽然输了,但忠烈庙的祭祀权并未被剥夺,花朝会还要按年轮值,年复一年地办下去,这也意味着,庙会的"文化领导权"仍在仁里程姓。六邑汪姓对于"盗砍案"的善后工作,一是禀呈"县主"勒碑示禁,再次借助官府的权威,强化对忠烈庙庙产和司马墓坟荫的占有;同时在绩溪县城东作门宗祠成立由六邑族裔代表参加的公所,清理司马墓税业。而忠烈庙庙产和司马墓坟业的界限能够就此得以厘清吗?②

四、讨论

回到本文主题,道光七年的"盗砍案"不是一般的家族坟山之争,这一讼案

① 这或许就是黄宗智所说的介于官方审判和民间调解之间的第三领域,参见黄宗智《民事审判与民间调解:清代的表达与实践》,中国社会科学出版社1998年版,第108页。

② 据《越国公祠墓志》《重修吴清山祠征信录》《新安汪氏宗祠通谱》等汪氏族谱资料记载,自明至清后期,围绕歙县五处祠、墓、庙和绩溪县司马墓的讼争,大约每隔三十年就有一次(郑小春对明清徽州汪氏祠墓纠纷的研究,较全面地整理了汪氏祠墓纠纷的时空分布,参见郑小春《明清徽州汪氏祠墓纠纷初探》,安徽大学徽学研究中心编《徽学》第4卷,安徽大学出版社2006年版)。当然,族谱的记述体现了宗族集体记忆中的选择性"失忆",即打赢的官司载入墓志和宗谱,而输了的官司,则可能羞于记载。在祖墓纠纷中,官司的输赢对于"两造"固然重要,但无论输赢,借机"会宗展墓"、重修墓祠、"呈官示禁",无疑使联宗组织将官府的正统性和村落宗族的认同有机结合起来,联宗组织过程中城乡权威秩序也得以强化。

将徽州祖先崇拜和地域崇拜的逻辑有机结合起来,从而呈现了徽州地域社会秩序场境中的整体动员机制。该案所反映的汪公信仰的祭祀圈和信仰圈的结合,显示出汪公信仰成为徽州地域社会的"标志性民俗",换言之,汪公信仰成为徽州一体化的象征。民俗学家刘铁梁在民俗志书写的意义上提出"标志性文化"概念:"所谓标志性文化,是对于一个地方或群体文化的具象概括,一般是从民众生活层面筛选出一个实际存在的体现这个地方文化特征或者反映文化中诸多关系的事象。"①汪公信仰作为明清直至民国时期徽州的标志性民俗,在地域上覆盖了作为一个文化区的"一府六邑",在规模上囊括了徽州的所有村社和普通大众,在社会事象上涵盖了地域崇拜、宗族认同、绅权治理、祭祀礼仪、司法实践、风水观念、地权纠纷等政治、经济、宗教诸多要素,映射了徽州地域社会秩序运作的基本原则,呈现了该地域社会的整体动员机制。

　　"盗砍案"中,祭祀和庙产是两个"关键词"。此处的祭祀主要是指八社忠烈庙祭祀汪公,当然,"在八社为尊神,在社内公裔为敬祖",其表达的是将地域崇拜和祖先崇拜结合起来;实际上梧村、汪村、南观等汪姓聚居村落,在忠烈庙没有单独的祭祖活动,八社的花朝会是祭祀汪王的庙会。② 因此,祖先崇拜服从地域崇拜逻辑。汪公在徽州成为"土神""新安之神",但祭祀是在村际的地域空间内展开的,可以用台湾地区学者的"祭祀圈"概念来解释。林美容将"祭祀圈"定义为"一个以主祭神为中心"、所属居民共同举行祭祀的地域单位。③ 林美容在对草屯镇祭祀圈的研究中,看到祭祀圈中"同姓结

---

① 刘铁梁:《"标志性文化统领式"民俗志的理论与实践》,《北京师范大学学报(社会科学版)》2005 年第 6 期。

② 2010 年 8 月初,笔者去南观村、仁里村,访问了退休教师汪俊庚、汪福淳先生。他们说,南观、汪村、梧村等汪姓村落在花朝会轮值时,先将汪王神像抬到祠堂;仁里以程姓为主,在抬汪公时,也在祠堂祭祀显祖程忠壮公。笔者又访问了仁里村的村干部程加明先生,四十多岁的程先生回忆,他还记得小时候离村数里的忠壮庙,但程忠壮公在附近村落没有成为众姓供奉的神明。

③ 林美容:《由祭祀圈来看草屯镇的地方组织》,《乡土史与村庄史——人类学者看地方》,台北:台原出版社 2000 年版,第 121 页。最早提出"祭祀圈"概念的是日本学者岗田谦,我国台湾地区人类学者施振民、许嘉明关于祭祀圈的田野工作,也较为知名。参见施振民《祭祀圈与社会组织——彰化平原聚落发展模式的探讨》,台湾《"中央研究院"民族学研究所集刊》第 36 期,1975 年;许嘉明《彰化平原福佬客的地域组织》,台湾《"中央研究院"民族学研究所集刊》第 36 期,1975 年。

合"的一面,但更注重的是以庙宇为中心的地方祭祀组织。花朝会是一个以共同祭祀汪王为中心的村落联合地域单位,是一个祭祀圈。但是,由于村落均是家族聚居型的,如仁里是程姓,梧村、汪村、南观是汪姓,八社轮值,实际是以村落家族为单位的。

相对于"祭祀圈"的民间信仰解释。科大卫所说的"入住权"对此也有一定的解释力,所谓入住权是指在一指定疆域内享用公共资源的权利,包括开发尚未属于任何人的土地的权利、在荒地上建屋的权利、在山脚拾柴火的权利、从河流或海边捕捞少量鱼类和软体动物以改善伙食的权利、进入市集的权利、死后埋葬在村落附近土地的权利,等等。拥有入住权的依据是,权利是祖先传下来的。这些关于历史的观念,对于村落组织极为重要,村民们正是通过追溯祖先的历史来决定谁有入住权、谁是村落成员。[1] 其要义在于村落宗族通过追溯共同祖先完成对入住权的确定。官府在对绩溪登源司马墓、歙县云岚山汪王墓、乌聊山忠烈庙、吴清山忠烈庙的示禁碑文中,屡次提到禁止当地民众"盗荫损害、纵畜践踏"的行为,实际上,屡禁不止的原因在于,附近拥有"入住权"的农民,以为他们可以享有放牛、砍柴等"共有的权利"。[2]

"盗砍案"的关键在于庙产之争,对于忠烈庙庙产的使用,"两造"均有"公私相对化"的表述。八社将汪姓联宗的"妄控"斥为"败公坑庙",将忠烈庙的祭祀和庙产均当作八社之"公";汪姓联宗将梧村、汪村在乾隆年间与仁里等八社共立忠烈庙会合议行为,视为"私立合议",梧村、汪村"暗懦支裔"的行为是将"私利众产"据为己有,这无疑将忠烈庙庙产视为汪姓联宗组织的公产。从忠烈庙庙产的形成看,既有八社中他姓捐输,也有汪姓"割田入庙"。在八社中的程姓等他姓看来,忠烈庙庙产和司马墓"坟业"虽在地理空间上有边界,但以坟山"荫木"修缮忠烈庙,在法与理上都是具有正当性的,

[1] 科大卫:《皇帝和祖宗》,第5页。
[2] 汤普森对"共有的权利"有如此之解释:"共有的权利是一个精巧的并且有时是复杂的关于财产要求、关于等级制度,以及关于优先接近资源、关于调整需求的惯用语,它作为一种地方法,必须在每个地区实行,并且决不能当作'典型的东西'。"[英]爱德华·汤普森:《共有的习惯》,沈汉、王加丰译,上海人民出版社2002年版,第143页。

都是为了祭祀汪王之"公"。而在汪姓联宗组织看来,忠烈庙和司马墓坟业,均属汪姓"世业",双方在这次讼案中立场不一,对"世业"的解释有着不同的意义。

从形式上看,"盗砍案"将祖先崇拜和地域崇拜要素融为一体,如果仍局限在"祭祀圈"概念所指向的村际地域,或者入住权所指向的地域化宗族空间范围内,则只能解释村际的祭祀活动和庙产、坟业之争,无法解释在徽州一府六县范围内的汪公信仰何以成为标志性民俗,即汪公为何能成为徽州"土神""新安之神"。郑力民通过对汪公信仰的"众社拱庙"的社庙结构的解释,推演出"徽州一体化"概念,即试图回答"汪公信仰何以成为徽州一体化的象征"①这一问题。"众社拱庙"的解释和林美容的"祭祀圈"概念颇为接近,有令人信服的解释力,但在徽州一体化的解释中,却是在"不完全统计"的想象中推测的:由于徽州"十姓九汪",故歙南孝女会所属村落之外的六邑各处,也基本是这一"众社拱庙"的格局,故汪公信仰能成为徽州一体化的象征。这个解释尚待商榷。

笔者认为,如果仅局限在村际层级,很难令人满意地回答这一问题。林美容继祭祀圈研究后,又提出"信仰圈"概念。所谓信仰圈,以一神及其分身之信仰为中心,是区域性的信徒所形成的志愿性的宗教组织。祭祀圈局限于村际范围,信仰圈则是跨乡镇的。祭祀圈和信仰圈并不是两个相互独立的仪式空间,而是呈现了由祭祀圈到信仰圈的转化趋向,"以村庄为最小的地域单位,逐步扩大",波及地方性或区域性的人群。② 林美容所说的信仰圈是局限于地域崇拜的自愿性信仰组织,比如妈祖进香活动的组织体系及其仪式空间。信仰圈概念使笔者认识到汪公之所以成为徽州"土神""新安之

---

① 王振忠认为,六朝以后,随着隋唐时期全国的统一,汪华信仰成了徽州一体化进程的象征。(王振忠:《新安江》,江苏教育出版社 2010 年版,第 133 页)是否在隋唐时期,汪华信仰就已经成为徽州一体化的象征,尚待进一步的历史田野工作。

② 林美容:《由祭祀圈到信仰圈——台湾民间社会的地域构成与发展》,张炎宪主编《中国海洋发展史论文集》,台北:台湾"中研院"中山人文社会科学研究所 1988 年版,第 101、120 页。关于祭祀圈与信仰圈的关系,林美容另一篇文章有系统的阐述,参见林美容《台湾区域性祭典组织的社会空间与文化意涵》,徐正光、林美容主编《人类学在台湾的发展——经验研究篇》,台北:台湾"中研院"民族学研究所 1999 年版。

神"，和徽州汪氏宗族的联宗组织活动密不可分，不妨将此看作基于祖先崇拜的信仰圈。

　　"盗砍案"中，汪氏联宗组织的宗族网络，显示了比《新安名族志》中更具说服力的徽州汪氏宗族的空间分布，当然，汪姓世系分布还可以通过《汪氏统宗谱》《汪氏统宗正脉》等族谱类资料得到证实。但仍能看出，"盗砍案"讼争过程中，汪氏联宗组织的权威结构，呈现了与徽州汪公祠、墓、庙空间秩序结构相一致的逻辑，即以云岚山汪王墓祠首为核心的等级隶属关系。同时，汪氏宗族等级结构的城乡差异，也是一个不容忽视的问题。对于司马墓的"标祀"（即清明祭祀），由近墓族裔"每岁清明祭扫，仅办香循行故事"，绩溪县城东作门族裔居督察地位。梧村的汪连喜许是和八社中的梧村、汪村汪姓族裔有矛盾，发现"盗砍"后，往县城汇报给东作门宗支的汪南纪，此即说明同姓结合的城乡等级关系。汪姓以此为契机，讼争过程中多次展墓会盟，动员了所能动员的族内官绅参与诉讼，事后呈请官府示禁，对始祖坟山加以保护；重修祖墓、重整庙宇、清理"坟业"，坟山讼争本身就是一次绝好的会盟联宗的机会。

　　日本学者上田信将由宗族形成的社会关系分为三个层次，即居住在同一村落中的同族集团，因分支和迁移而居住在不同地区的同族集团的同族联合，由于分支、迁移一度中断到一定时期再度接续上的同族合并。上田信重点研究了浙东的同族合并现象，并认为在明代，县成为解决社会问题的单位，在此基础上，清末以后同族合并的范围有超越县的重要倾向。① 上田信所界定的宗族的三个层次，按照他自己的说法，是预先的分类，而实际上在联宗活动中，并没有表现出如此的层次，也许同族联合和同族合并的分类在实践上反倒不如同族集团和同族联合的意义更为重要。他关于"清末同族合并的范围有超越县的重大倾向"的观点，倒是和本文所揭示的汪姓联宗相符。上田信所说的同族集团，即是弗里德曼定义的地域化宗族（localized lineage），同族联合和同族合并即是联宗组织（higher-order lineage）；②钱杭

① ［日］上田信：《地域与宗族》，刘俊文主编《日本中青年学者论中国史（宋元明清卷）》，上海古籍出版社 1995 年版，第 589 页。

② Maurice Freedman, *Chinese Lineage and Society：Fukien and Kuangtung*, New York：Humanities Press, 1966, p.21.

在关于联宗和联宗组织的研究中认为,无论是在一县或数县范围内,还是在一乡或数乡范围内,联宗的结果都形成了一个地域性的同姓网络。①

司马墓坟山讼争伴随的汪姓联宗,形成了一个甚至跨越徽州府地域的同姓网络。动员徽州府外的汪姓族裔,只是为了扩大声势;而徽州汪公墓、祠、庙的空间分布,又决定了汪氏联宗活动基本还是以徽州六邑为主。联宗组织的活动,必须建立在共同祖先的认同之下,对于祖墓风水的建构也成为宗族认同意识的有机组成部分。日本学者濑川昌久对香港新界联宗组织的风水与移居的研究认为:"在所谓'上位世系群'规模的联合组织中,成为其构成单位的,全是个体性的村级宗族;汇集于联合组织宗祠祭坛上的祖先牌位,以及每个参加宗祠建设和祭祀等活动的现存成员",从根本上说,也都认同他们各自出身的村落。② 同样,研究过香港新界厦村邓氏的美国人类学家华如璧认为,厦村邓氏地方继嗣群是通过合并先前分散的单位而形成的。③这些分散的单位即是村级宗族。可见,联宗组织的基本单位仍然是村级宗族,也就是弗里德曼所说的地域化宗族。关于徽州宗族的研究,已有一些优秀的研究成果,如韩国学者朴元熇的徽州方氏研究,④荷兰学者宋汉理的休宁范氏宗族研究,⑤美国学者贺杰根据《新安名族志》所做的"宗族与社会流动性"的研究,⑥日本学者中岛乐章对宗族山林纷争的研究,⑦等等,他们均是在宗族制度史的研究框架内和弗里德曼对话,是就宗族论宗族,而未顾及民间信仰,尚未形成区域社会秩序层面的问题意识。

林美容将祭祀圈和信仰圈看作民间社会的自发性组织,认为其"与官方

① 钱杭:《血缘与地缘之间——中国历史上的联宗与联宗组织》,第344页。
② [日]濑川昌久:《族谱:华南汉族的宗族·风水·移居》,钱杭译,上海书店出版社1999年版,第93—94页。
③ [美]华如璧:《兄弟并不平等:华南的阶级和亲族关系》,第46页。
④ [韩]朴元熇:《明清徽州宗族史研究》,中国社会科学出版社2009年版。
⑤ [荷]宋汉理:《徽州地区的发展与当地的宗族——徽州休宁范氏宗族的个案研究》,刘淼辑《徽州社会经济史研究译文集》,黄山书社1988年版。
⑥ [美]贺杰:《明清徽州的宗族与社会流动性》,刘淼辑《徽州社会经济史研究译文集》。
⑦ [日]中岛乐章:《清代徽州的山林经营、纷争及宗族形成——祁门三四都凌氏文书研究》,《江海学刊》2003年第5期;[日]中岛乐章:《围绕明代徽州一宗族的纠纷与同族统合》,《江淮论坛》2000年第2、3期。

的行政官僚体制无关,封建帝国时期,政府最低的行政单位只到县,县以下无行政官,较不受官僚体制的控制,也是民间得以自由发挥其组织力的空间"①。本文讨论的很多研究所提供的田野经验和讨论都对林美容的"民间自发论"提出否定性的论证。在司马墓"盗砍案"中,朝廷和官府始终没有将作为地域神明的汪公和作为祖先的汪公完全分开表述。在对待宗族的态度上,儒家正统意识形态所采取的态度,在表达和实践上均是家族伦理本位,但在对待联宗的态度上却是充满矛盾的。日本史学家井上徹认为:"宋儒主张通过复兴周代的宗法原理,形成由宗子统合的宗族集团,以此为单位,世世代代为政界输送人才,实现世袭的官僚家系。这一宗法主义理念与科举官僚制度理念的抵触是不言而喻的。最早面临这个问题的是明朝。明朝在官方礼制(家庙制度)中明确表示要摒弃宗法主义……乾隆年间制订的家庙制度沿袭了明朝摒弃宗法主义的方针,没有把宗祠纳入家庙制度中。清朝的官方态度无疑是否定宗法主义的,并将象征宗法实现的宗祠排斥在正式的礼制之外。换句话说,清朝把宗子在宗祠中以祭祀为媒介统合族人,或者把义田、族谱、家塾等作为统合的物质基础排斥在礼制框架之外,实际上就是采取了容忍的面对现实的政策。"②朝廷和地方官对于纳入礼部祀典的神明祭祀,是持积极支持态度的,而对保护家族墓地则持谨慎态度。在汪公坟山示禁和保护过程中,地方官始终将汪氏坟山的保护纳入汪公信仰的正统化话语体系中,这使汪姓宗族也认识到,对于汪氏坟山的保护"事业"来说,作为神明的汪公,其意义大于作为祖先的汪华。否则,就无法解释,徽州汪氏对共同祖先的追溯为何以汪华为核心。

　　在民间信仰的"标准化"和"正统化"的讨论③中,科大卫、刘志伟认为:"要

---

① 林美容:《由祭祀圈到信仰圈——台湾民间社会的地域构成与发展》,张炎宪主编《中国海洋发展史论文集》,第120页。

② [日]井上徹:《中国的宗族与国家礼制》,钱杭译,上海书店出版社2008年版,第201、202页。

③ 这一讨论肇始于华琛关于香港新界天后信仰中对"神的标准化"的解释,以及1988年华琛和罗友枝主编的关于中华帝国晚期丧葬仪式的论文集(James L. Watson, Evelyn S. Rawski, eds., *Death Ritual in Late Imperial and Modern China*, Berkeley：University of California Press, 1988),2007年又有苏堂栋(Donald S. Sutton)在 *Modern China*(Vol. 33, No. 1)上主持的一组针对华琛"标准化和正统化"理论的批评文章。

对正统性问题做出社会史的解释,需要辨认某类行为到底跟哪一个知识谱系和师承传统相联系;在该师承传统的谱系内,哪些人掌控着判定何谓正统的权力。"①判定何为正统化的权力,无疑是掌握在拥有书写权的官绅阶层手里。如上文所示,族谱和地方志对于汪公墓、祠、庙空间秩序的表述,有不一致之处,但在清代,徽州汪氏族源的叙述,仍服从于汪公地方神明信仰的正统化表述,以至于云岚山墓祠志的编纂者也将郡县志的编史学作为典范加以效仿。

汪公在徽州既能成为地域之神,在"祭祀圈"的地域范围内为里社所祭祀;又因徽州"十姓九汪",形成一个个地域化村族,在此基础上的联宗活动、祭祀祖先汪华,因此形成汪氏祖先崇拜的"信仰圈"。徽州理学和科举制度结合起来所培养的官绅集团,也为儒学正统化在徽州民间的渗透提供了权力保障。② 汪华在历朝不断得到敕封,其墓、祠、庙由历代官府主持重修,汪氏宗族官绅的呈请是最重要的因素之一,而不断出现的墓、祠、庙讼争,也为此提供了契机。与其说汪华集神明与祖先于一身,不如说,神明崇拜和祖先崇拜的有机结合,显示了徽州汪公信仰的地域社会标志性文化的整体化特征。这是历代皇帝、知府、县令、乡绅、族老、徽商、胥吏、村民、和尚、道士各色人等多元互动的历史实践结果。该讼争呈现了地域崇拜、宗族认同、绅权治理、祭祀礼仪、司法实践、地权纠纷等要素的整体性历史实践。当然不能说,这一"事件"成为整体性的历史实践范畴,而是其所映射的汪公信仰的地域社会秩序场境,构成一个整体动员机制。莫斯借用其他人类学家的民族志材料,研究了原始社会的礼物交换,他将礼物交换看作"总体的社会事实"③,莫斯认为礼物交换,如毛利人的"hau"的观念与制度,就是一种"总体呈献体

---

① 科大卫、刘志伟:《"标准化"还是"正统化"——从民间信仰与礼仪看中国文化的大一统》,《历史人类学学刊》2008 年第 6 卷第 1—2 期合刊。
② 唐力行将徽州的地域文化特点归结为:"徽州社会以其特殊的地理、人文环境,造成了一个特有的区域社会生活体系:徽商、徽州宗族与新安理学始终处于互动互补的状态中。宗族文化是新安理学的核心。宗族为了在山地有限的生存空间争得生存发展的权利,必得依靠科举张大门第。徽商为宗族聚居,为文教科举提供物质条件。宗族组织、宗族文化强大的内聚力又是徽州商帮特别强固、富于竞争力的内在机制。"参见唐力行《明清以来徽州区域社会经济研究》,安徽大学出版社 1999 年版,第 3 页。
③ [法]马塞尔·莫斯:《礼物》,汲喆译,上海人民出版社 2002 年版,第 204 页。

系",不能将其肢解分别进行法理学、神话学和经济学的分析。如莫斯的学生迪蒙所言,在"复杂性稍小而协调性易见"的原始文化中,"整体"可以一目了然,"礼物"就属于这种情况。① 汪公信仰作为标志性民俗,呈现了徽州地域社会秩序场境中的整体动员机制,其也构成莫斯所说的"整体社会事实"。传统农业社会,颇类似于"复杂性稍小而协调性易见"的原始文化,比较容易找到如此带有整体动员机制的"标志性民俗"。

(本文原载于《中国社会科学》2011 年第 2 期)

---

① [法]路易·迪蒙:《论个体主义:对现代意识形态的人类学观点》,谷方译,上海人民出版社 2003 年版,第 166 页。

作为整体社会科学的历史人类学

　　尽管存在着"历史学的人类学化"和"人类学的历史学化"的学术发展趋势,但历史人类学并不是历史学与人类学的交叉学科,更不是人类学或历史学的分支学科,这已成为人类学和历史学界的共识。如果说历史人类学是人类学与历史学学科对话的方法论平台,那么可能相当一部分学者会表示赞同。然而,这仅仅是历史人类学学术实践的"冰山一角",历史人类学的意涵远不止于此。笔者试图在特定的学术史脉络下,探讨作为整体社会科学的历史人类学所具有的方法论意义。

一、整体史与历史人类学

　　法国史学"年鉴学派"从第一代领袖吕西安·费弗尔(Lucien Febvre)和马克·布洛赫(Marc Bloch)开始,即秉持"整体史"书写的史学观,其背后有着"整体社会科学"的方法论诉求,但年鉴学派的历史人类学却不是伴随学派的诞生而产生的。有学者认为,是法国年鉴学派第一次提出历史人类学,经过该学派三代学者的努力,影响到了欧美人类学界。[①] 而追溯年鉴学派的学术史则会发现,存在着恰恰相反的学术生态逻辑。

　　年鉴学派第一代领袖马克·布洛赫就已针对分科化的历史研究提出了批评,他认为:"科学将现实分解成部分,这只是为了研究的便利,专业化犹如聚光灯,其光束应不断地互相交叉,互相聚合。"[②]他反对教科书式的诸如"法律史""经济史""政治史"的专门史研究,并以生物学为例,引申出历史

---

① 杨庭硕:《从文化人类学到历史人类学》,《原生态民族文化学刊》2009 年第 4 期。
① 杨庭硕:《从文化人类学到历史人类学》,《原生态民族文化学刊》2009 年第 4 期。
② [法] 马克·布洛赫:《历史学家的技艺》,张和声、程郁译,上海社会科学院出版社 1992 年版,第 109 页。

学所面对的研究对象是人类的意识。这样的"现实",在布洛赫看来,就是作为整体存在的社会历史本身。

马克·布洛赫在史学实践中所贯彻的整体史学观,集中地体现在《法国农村史》和《封建社会》两部经典著作中。在布洛赫看来,《法国农村史》不仅是一部社会经济史,更是一部人文地理史和政治史,"一部法国革命的农村史只有紧密结合对政治现象及其各个不同发展阶段的研究才能写出特色来"①。比如在该书中,他是将法国土地制度作为整体,从经济、政治、地理、风俗习惯乃至集体心理状态等诸方面加以研究。在《封建社会》一书中,布洛赫虽然将封建制作为一个整体来看待,也有关于集体记忆、集体意识之类的探讨,但正如彼得·伯克所说的,"该书关注的是涂尔干研究的一个中心主题——社会整合。在本质上说,这一整合或'依附纽带'的特殊形式,是以功能主义的方式进行解释的"②。也难怪有学者从涂尔干的影响中找到了马克·布洛赫忽视个体的人的鲜活实践的理论根源。③ 在马克·布洛赫的上述两部著作中,我们偶尔能看到生动的个案和事件描述,而无法领略丰富多彩的人物的生活轨迹和精神世界,这与他的整体史观所倡导的对人类意识研究的功能主义方法论有关。

同为年鉴学派第一代领袖的吕西安·费弗尔则以《十六世纪的不信教问题: 拉伯雷的宗教》《马丁·路德的命运》等宗教研究著作闻名,被评论者冠之以"极端的唯意志论者"④。他批评马克·布洛赫的《封建社会》一书社会学味道太重,以至于没有更细致地讨论个人。⑤ 这样的批评并不意味着两人的整体史观有根本的分歧,费弗尔的整体史是"全体部分构成的历史",与

① ［法］马克·布洛赫:《法国农村史》,余中先、张朋浩、车耳译,商务印书馆 1997 年版,第257 页。
② ［英］彼得·伯克:《法国史学革命: 年鉴学派,1929—1989》,刘永华译,北京大学出版社2006 年版,第 19 页。
③ R. Colbert. Rhodes, "Emile Durkheim and the Historical Thoughts of Marc Bloch", *Theory and Society*, Vol.5, No.1 (Jan,1978).
④ ［英］彼得·伯克:《法国史学革命: 年鉴学派,1929—1989》,第 102 页。
⑤ ［英］彼得·伯克:《法国史学革命: 年鉴学派,1929—1989》,第 20 页。

常规的"事件构成的历史"形成鲜明对比。① 应当看到,年鉴学派第一代领袖坚决反对的"事件史",主要是针对以德国兰克为代表的政治史的编年史撰史方式,这与发端于英国的"去除政治的社会史"不谋而合。

整体历史的面相、地域比较研究的人文地理学取向和对"事件史"的强烈反对,年鉴学派第一代领袖的这些整体史观深深地影响了作为年鉴学派第二代领军人物的费尔南·布罗代尔(Fernand Braudel)。如果说布洛赫和费弗尔向涂尔干借鉴功能主义整体观的话,那么布罗代尔则更多地从列维-斯特劳斯(Claude Lévi-Strauss)那里学习结构主义的方法,因为与长时段相对应的结构是布罗代尔最为强调的。布罗代尔虽然批评了列维-斯特劳斯关于亲属关系基本结构的研究不是历史研究,但他借鉴了列维-斯特劳斯的结构人类学方法,并且认为,如果将这种方法与长时段的历史视野结合起来,则是历史社会科学的发展方向。② 他将这样的历史社会科学归纳为数学化、地域论和长时段等方法论特征,并呼吁打破社会科学学科之间的界限,倡导总体的社会科学的历史研究。布罗代尔所归结的这三点方法论与布洛赫和费弗尔的整体史观有着内在的关联性,而对于事件和人的日常生活的忽视则是其共同点。在布罗代尔的"人—地理—时间"的三维解释框架中,人好像是被动地、机械地、本能地活动。保罗·利科(Paul Ricoeur)在评论布罗代尔的史学贡献时,也提及列维-斯特劳斯的影响,并形象地说:"事件虽被赶出了大门,却又飞进了窗户!"③

可以说,年鉴学派第一代和第二代领军人物虽然借鉴了法国社会学、人类学的方法论,强调整体史和结构化的历史研究,但并没有真正走进"他者的世界",也未能真正确立历史人类学的研究取向。年鉴学派第三代领军人物埃马纽埃尔·勒华拉杜里(Emmanuel Le Roy Ladurie)早期的《朗格多克

① 〔英〕杰弗里·巴拉克拉夫:《当代史学主要趋势》,杨豫译,北京大学出版社2006年版,第43页。

② 〔法〕费尔南·布罗代尔:《历史和社会科学:长时段》,承中译,蔡少卿主编《再现过去:社会史的理论视野》,浙江人民出版社1988年版,第70页。

③ 〔法〕保罗·利科:《法国史学对史学理论的贡献》,王建华译,上海人民出版社1992年版,第42页。

的农民》甚至是一部"没有人物的历史",是对马尔萨斯的假设所报道的人口增长与食物价格长周期的相互关系的一份统计分析。① 他之后的《蒙塔尤》一书则成为年鉴学派历史人类学的标志性著作。该书以宗教裁判所的审判记录为基本资料,运用民族志方法对中世纪法国南部一个小山村进行了细致入微的"心态史"研究,如作者所说,"蒙塔尤是一滩臭气扑鼻的污水中的一滴水珠。借助日益增多的资料,对于历史来说,这滴水珠渐渐变成了一个小小的世界;在显微镜下,我们可以看到许多微生物在这滴水珠中游动"②。见微知著,微观的村落心态史研究也体现了整体史书写的基本理念。在最后的结论部分讨论到家庭再生产问题时,则重点与马歇尔·萨林斯(Marshall Sahlins)、卡·波兰尼(K. Polanyi)、恰亚诺夫(A. B. чаянов)等人类学家对话,这实际上涉及经济人类学的形式主义与实质主义之争,由此也可以看出人类学的影响。

　　年鉴学派第三代另一位领军人物雅克·勒高夫(Jacques Le Goff)则更系统全面地在关于中世纪的研究中贯彻了历史人类学的方法论理念。保罗·利科以雅克·勒高夫的研究为例证,归纳了历史人类学的三个方法论特点。在保罗·利科看来,勒高夫的《为了另一个中世纪:西方人的时间、劳动和文化》一书是历史人类学的典范之作。他认为:"这是一种从三层意义上来说的人类学。第一是区别感。'另一个中世纪'首先意味着中世纪与我们有区别,虽然区别并不意味着中世纪是一种'断裂'或'插曲'……第二,这也是一种对主题有所选择的人类学:时间和劳动,劳动和价值体系,雅文化和俗文化,注重日常生活……第三,这是一种注重无法撰写自身历史的普通人的人类学,当时,唯独教会学者能以人的名义,并代替人进行思考、说话和写作。'另一个中世纪'意味着不是站在官方立场上说话的中世纪。"③勒高夫已经意识到"他者"的历史主体性问题,并试图超越结构与事件的二元困境。

――――――――――――――

① [美]格奥尔格·伊格尔斯:《二十世纪的历史学——从科学的客观性到后现代的挑战》,何兆武译,山东大学出版社 2006 年版,第 60 页。
② [法]埃马纽埃尔·勒华拉杜里:《蒙塔尤,1294—1324 年奥克西坦尼的一个山村》,许明龙译,商务印书馆 1997 年版,第 428 页。
③ [法]保罗·利科:《法国史学对史学理论的贡献》,第 87—88 页。

　　年鉴学派第三代的另一位代表人物安德烈·比尔吉埃尔(André Burguière)在总结年鉴学派历史人类学的方法论时,指出了年鉴学派的"整体史"与历史人类学取向的内在关联:"年鉴学派的更为深刻之处,是将历史研究建立在一种从多种范围研究社会现实的观念之上,社会现实的每一个范围,或者更确切地说每一个层次,都既表现着其特定的历史,同时也通过一种联接模式而与其他层次相结合,从而显示了一个社会的运动。"①正如整体史只是一种史学观,并不是政治史、经济史、社会史、文化史的简单叠加一样,年鉴学派的历史人类学也显示了一种将"社会现实"放在长时段的历史进程中进行整体考察的方法论理念。安德烈·比尔吉埃尔在谈到年鉴学派的日常生活史和底层心态史的研究取向时,更是向人类学表达了敬意,谓之"人类学从文化生活的底层征服了史学"②。如果说年鉴学派第一、二代史学家只是在学习、借鉴人类学的研究方法,还谈不上真正的历史人类学研究,那么,到第三、四代史学家,则系统地借鉴了文化人类学乃至体质人类学的方法,甚至是"以联姻的方式思考,换句话说,就是'历史人类学'或是'人类学化的历史学'"③。在这一过程中,年鉴学派的史学家们将历史学作为整体社会科学的整体史理念则是一以贯之的。

二、在实践与象征之间：历史的整体观

　　历史学年鉴学派整体史的史学观与功能主义和结构主义人类学的整体论是内在契合的,虽然不同的历史学家对物质关系和文化象征各有偏重,但在年鉴学派史学家中间,并不存在经济社会史和文化史的"决斗"。而人类学发展到"理论范式多元化"的时代,整体论虽仍是其基本方法论理念,但由于政治经济学派的人类学、阐释人类学、象征人类学的重大影响,政治经济、物质关系和意识形态、象征符号似乎是两个相对独立的经验领域了,这从某种意义上背离了人类学的整体论。又,学科专业化也促使人类学内部的学

---

① [法]安德烈·比尔吉埃尔:《历史人类学》,[法]J. 勒高夫等主编《新史学》,姚蒙编译,上海译文出版社1989年版,第238页。
② [法]安德烈·比尔吉埃尔:《历史人类学》,[法]J. 勒高夫等主编《新史学》,第257页。
③ [英]彼得·伯克:《法国史学革命:年鉴学派,1929—1989》,第74页。

科分化,经济人类学、法律人类学、政治人类学、宗教人类学、生物人类学、语言人类学、艺术人类学、医学人类学等人类学分支,日益成为人类学知识群落中的独立领域,这在一定程度上加剧了政治经济和意识形态的二元界分。

人类学知识脉络中的历史人类学则从一开始就没有学科化的企图,既不是人类学的分支学科,也没有因借用历史视野而成为历史学与人类学的交叉学科。① 相反,人类学的历史化是为了更好地贯彻整体论方法论理念。英国功能主义社会人类学的代表人物爱德华·埃文思-普里查德(E. E. Evans Pritchard)借用法律史学家梅特兰"人类学要么成为历史学,要么什么都不是"的名言,对"无历史的人类学"和"民族志现在时"进行反思和批判。他将史学和社会人类学方法作了比较:"从根本上讲,编史工作和社会人类学的方法都是综合性的描述,虽然人类学的综合通常比历史的综合更抽象,在比较和归纳的目标上,人类学比历史更清楚、更审慎。"②他敏锐地省察到,整体性是两者的共同点。他进一步论证"社会人类学是一种史学","事实上,社会人类学家一直在做的主要是写历史的剖面,综合而说明性地叙述当时的原始民族,这些概述在另一方面像历史学家叙述一般时期的民族,因为历史学家不只是记录事件的顺序,而且试图在它们之间建立联系。人类学家不是把每一制度作为整个社会起作用的部分看待,这也没有什么方法论上的不同"。③ 普里查德说社会人类学是历史学,是为了强调社会人类学的人文学科性质,这明显是在批评马林诺夫斯基的"科学的文化理论"和拉德克利夫-布朗的自然科学化的社会人类学。

普里查德在民族志实践中也贯彻历史研究,他自称《昔兰尼加人的塞努西教团信徒》是"为数不多的由职业的人类学家写的真正的历史书"④。这本民族志文本与《努尔人》的问题意识是一以贯之的,即对于一个部族政治

---

① 张小军:《历史的人类学化和人类学的历史化——兼论被史学"抢注"的历史人类学》,《历史人类学学刊》2003 年第 1 期。
② [英]爱德华·埃文思-普里查德:《论社会人类学》,冷凤彩译,世界图书出版公司 2010 年版,第 43 页。
③ [英]爱德华·埃文思-普里查德:《论社会人类学》,第 108 页。
④ [英]爱德华·埃文思-普里查德:《论社会人类学》,第 138 页。

秩序的关注:"我并不试图撰写一部昔兰尼加的历史,而仅仅关注这个国家贝都因人部落中赛努西人的政治秩序……在本书的最后一部分,有较大篇幅描述了意大利与赛努西人的关系史。如果我对自己这样做会偶尔感到不安的话,那么,我不希望被看作向意大利及其人民故作友善姿态,或者相信意大利的殖民记录迥异于其他殖民机构的记录。"①他对于历史的运用,只是将时间或变迁纬度添加到功能主义理论中,没有涉及"他者的历史制作"这样的认识论问题。当然,我们不能苛求于这样一位历史人类学的奠基人。

结构人类学的代表人物列维-斯特劳斯虽然没有在其研究中贯彻历史人类学方法论理念,但他的相关论述则是必须要检视的。他看到了与历史学结合的人类学的开放性:"一旦人类学与历史学开始在对现代社会的研究中实行合作,那就将清楚地看出,在这里亦如在别处一样,任何一门科学离开其它科学的帮助便将一事无成。"②这实际上是由人类学的整体性目标所决定的。列维-斯特劳斯在谈到人类学与历史学的结合时,也论及了人类学的整体性认识论:"人类学的第二个目标是整体性。它把社会生活当作是各个方面有机地联系着的一个系统。它乐于承认,为了获得关于某些类型现象的更全面的知识,有必要仿照社会心理学家、法学家、经济学家和政治学家的做法去作细致的划分,有必要更多地关心各种模型的方法,以至于不去问这些特殊的模型的有效性问题。但是当人类学家致力于去创造模型的时候,总怀有一种深层的动机,要去发现社会生活的各种表现的一种共同的形式。这种倾向是全部社会现象和模式这两个概念的基础。"③列维-斯特劳斯实际上是在委婉地批评社会心理学家、法学家、经济学家和政治学家对社会诸事象的学科式划分。当然,与普里查德一样,列维-斯特劳斯也没有在其认识论框架中给"历史"以真正的主体性地位,正如王铭铭所说:"在结构人类学的场景里谈历史,就是为了补充结构的'无背景性'、'无时间性'、'无历

---

① E. E. Evans-Pritchard, *The Sanusi of Cyrenaica*, "Preface", Oxford: Clarendon Press, 1949.

② [法]克洛德·莱维-斯特劳斯:《结构人类学》,谢维扬、俞宣孟译,上海译文出版社 1995 年版,第 30 页。

③ [法]克洛德·莱维-斯特劳斯:《结构人类学》,第 394 页。

史性'。"①

　　而在功能主义和结构主义之后的西方人类学历史发展行程中,历史人类学并没有成为一个独立发展的学术领域,而是呈现了枝蔓丛生的知识状态,但却与一个思想"幽灵"密切相关,这个挥之不去的"幽灵"就是马克思主义。当结构主义人类学、象征主义人类学与马克思主义发生思想碰撞时,就产生了真正超越政治经济分析和文化解释二元论的历史人类学,而本来沿着马克思主义理论路径前进的政治经济学派的历史人类学研究,也并没有无视文化象征和意识形态。正如日裔美籍人类学家大贯美惠子(Emiko Ohnuki-Tierney)在概括当代人类学的发展趋势时所说:"尽管所有派别的人类学家都已涉足文化的历史研究,但所谓的马克思主义者和新马克思主义者在这一领域最为活跃。近年来,在人类学界,那些被称为象征或符号人类学家的著作受到格外的关注。读者会发现,本文集即呈现了象征/符号人类学的主要特征。然而,这还不能在马克思主义者和象征主义者之间做出明确区分,比如 E. P. 汤普森、布迪厄、葛兰西等人,与马歇尔·萨林斯一样,都既是马克思主义者,又是象征主义者。"②

　　结构马克思主义人类学的代表人物是法国人类学家莫里斯·戈德利埃(Maurice Godelier,下文所引文献中对 Maurice Godelier 的人名翻译有所不同)。戈德利埃原来是位哲学家,他自己说是在看了马塞尔·莫斯的《论礼物》一书后才决定去美拉尼西亚作田野调查的,从此一发而不可收,成了一位卓有影响的人类学家。戈德利埃将结构主义人类学和马克思主义理论有机结合起来,在整体论视野中较好地处理了物质关系和文化象征的关系。他在礼物交换和亲属关系的研究中,反复论证人类学的整体论,不过他所说的整体论与莫斯不同,他说:"社会现象本身也可以理解为'整体的',这不仅是因为它们融进了一个社会的许多方面,而且因为在某种意义上它们使得一个社会呈现出来(呈现给别人,也呈现给自己),将自身作为一个整体来复

---

① 王铭铭:《我所了解的历史人类学》,《西北民族研究》2007 年第 2 期。
② Emiko Ohnuki-Tierney, ed., *Culture Through Time*, *Anthropological Approaches. Introduction*: *The Historicization of Anthropology*, Stanford, California: Standford University, 1990.

制。莫斯很少在这个意义上使用'整体性'这个观念,而是将它用于划分部族分支的这些社会的运行上。在这些社会中,一个部族分支(半族)的再生产,正是另外一个分支再生产的直接条件,而同时这个分支自身的再生产同样又要依赖另外那一半。"①虽然戈德利埃受莫斯整体论思想的影响极大,但他看到了一个社会文化的自我表征面相,这更需要对"他者"的文化和历史的整体性理解。

在关于亲属关系的研究中,戈德利埃更从亲属关系的不同表征层面来看待政治、经济、宗教等"关系"。他说:"在所有人类关系的核心之处,无论它们的本质是政治的、宗教的还是经济的(为了简便再次使用西方分类),'想象性现实'的核心都是关键元素,它们赋予人类关系以意义,并在制度与象征实践中具体化,进而赋予象征实践以可见的社会存在及'真理'地位。"②人类社会的诸种社会关系,通过文化表征机制,可能成为亲属关系、政治关系、宗教关系或经济关系,"社会关系实际上是什么? 它是有着许多纬度的、产生在个人之间的一系列关系——物质的、情绪的、社会的和精神的。社会关系常常通过一系列关系出现在他们所属的群体之间,这些关系组成了日常生活的方方面面,并根据不同领域的性质而得名,例如亲属关系或政治关系"③。在戈德利埃看来,亲属关系只能产生亲属关系本身,不可能产生作为总体社会存在的政治关系和经济关系。"我用文化一词来指称一套表征、规范和赋予行为方式与思考方式的价值观念,它们共同自动地组织着社会生活的不同领域。因此,一种文化最先存在于大脑之中,但是,直到规范、规则、表征和价值观念等精神要素与它们给与其意义的具体的社会物质实践相连时,文化才真正存在。"④戈德利埃将文化看作对政治、经济关系的实践性表征机制,而不是相对于政治经济之外的意识形态领域。在戈德利埃的理论视野中,诸种社会关系的主体是作为现实存在的人,而政治、经济关

①[法]莫里斯·古德利尔:《礼物之谜》,王毅译,上海人民出版社 2007 年版,第 38 页。
②[法]莫里斯·郭德烈:《人类社会的根基——人类学的重构》,董芃芃等译,中国社会科学出版社 2011 年版,第 23 页。
③[法]莫里斯·郭德烈:《人类社会的根基——人类学的重构》,第 125 页。
④[法]莫里斯·郭德烈:《人类社会的根基——人类学的重构》,第 68 页。

系必须通过人性本质的理解才能得到解释,"事实上,社会和历史的科学理论必须要努力发现层次和实例之间相应的结构关系与因果性存在,这些实例创造了一个被决定的社会,当然,并不能由此否认这些实例的相对自主性和不可化约性。非如此,则政治经济就会变成一个神秘化的理论领域,在这个意义上,人们会看到经济关系的分析将只限于经济关系本身"①。当然,人的活动也必须得到人类学整体论的解释,这种整体论是反对将政治经济化约为一个独立的理论领域的。而离开历史,则对人性本质的理解是不完整的,因为"历史并未在我们的分析中消失。恰恰相反,其确切位置已被恰当地标识。身体、大脑、思想、意识和无意识都构成人性,但这种人性并不构成人本质的全部,因为历史必然介入人的本质。至少在一开始,历史就部分介入人与自然、人与人的关系。这可能是由自然界的演化所导致,整个历史从中也成为人类实践活动和展现思想可能性的'实验室'"②。最终,是人性的本质通过历史实践展现出来,这样,历史实践纬度中的政治经济和文化象征就成为一个社会关系的整体。

　　这让我们想起马克思的那句名言:"人的本质并不是单个人所固有的抽象物。在其现实性上,它是一切社会关系的总和。"③英国人类学家莫里斯·布洛克(Maurice Bloch)把将政治、经济、宗教等作为一个整体来认识的第一次最有力的论述归功于马克思和恩格斯:"事实上,认为宗教、亲属关系、政治、经济等等社会的不同方面构成了一个彼此相连的整体,这一结论一直是当代人类学的试金石之一。而第一次有力地论证了这一点的,也许就是马克思和恩格斯。正是通过证明这种整体性,他们才得以揭示:当这个整体的某一方面发生变化之时,其他的方面也将随之而发生变化。"④莫里斯·布洛克又评论了戈德利埃关于亲属关系的理论与马克思的这一整体论思想的内

---

① Maurice Godelier, *Perspectives in Marxist Anthropology*, London: Cambridge University Press, 1977, p.25.
② Maurice Godelier, *Perspectives in Marxist Anthropology*, p.215.
③ [德]马克思:《关于费尔巴哈的提纲》,《马克思恩格斯选集》第1卷,人民出版社1972年版,第18页。
④ [英]莫里斯·布洛克:《马克思主义与人类学》,冯利等译,华夏出版社1988年版,第105页。

在关联性:"亲属关系从来都是人类学家兴趣的焦点,因为在他们所研究的大量社会中,几乎所有的社会关系都在亲属称谓中表现出来。……戈德利埃争论到,在以血亲关系为基础的社会中,亲属关系是社会基础结构与意识形态二者的不可分割物,原因在于它同时发挥着两种作用,它将社会基础结构的功能与意识形态的功能集于一身。他接着指出,因此,将亲属关系视为阶级关系的'遮盖物'是毫无意义的。在他看来,生产关系纯粹是人们分析过程中的思维产物,因而说人们的思想意识掩盖了人类学家们在分析当中的构造物,这样的立论是不成立的。"①莫里斯·布洛克对戈德利埃关于亲属关系的观点可能有误解,戈德利埃恰恰是要反对将亲属关系视为以血亲关系为基础的社会中的总体呈现这样的观点的;而指出戈德利埃关于生产关系作为思维存在物的观点,则是部分正确的。结构主义和马克思主义的结合,使戈德利埃的结构马克思主义人类学找到一条历史实践纬度的理论通道,以消弭物质关系和文化表征的二元张力;而他关于亲属关系的独特观点,则超越了莫斯无历史的整体论思想。

无独有偶,象征主义人类学大师马歇尔·萨林斯(Marshall Sahlins)也讨论过作为文化实践的亲属关系,并将象征主义与马克思主义结合起来。马歇尔·萨林斯关于亲属关系的观点与西方人类学界的一般看法是一致的,即将部落社会的亲属关系视为那一类型社会的基本组织方案:"在部落社会中,经济、政体、仪式和意识形态不是作为各自分立的'目标系统'而出现的,同样,也不好轻易地说部落社会的各种关系分别负有这种或那种功能。说得更肯定一点,社会是由一个单一的牢固的关系系统构造起来的,这些关系的性质就是我们所说的'亲属关系',它被衍展或图化成不同平面上的社会运动。社会群体和社会关系是'多价的'或'多功能的':它们支配着所有的活动,而在西方文明中,这些活动都服从于社会制度的发展。亲属关系,在西方社会中是'各种专门化关系(specia lizations)'中的一种,它局限在社会生活中的家庭这个角落里,但对比方说泰伦西这样的社会而言却是

---

① [英]莫里斯·布洛克:《马克思主义与人类学》,第 191 页。

整个社会的基本方案。"①

　　在萨林斯看来,这就像经济学中的经济理性不能运用于所谓原始经济的分析一样,历史唯物主义对于生产劳动、经济交换和意识形态的相对划分来自对资本主义社会的认识,不具有"放之四海而皆准"的本体论意义。他深刻地认识到,"资产阶级社会的独特性并不在于经济系统规避了象征性决定作用之类的实施,而在于,经济象征机制是以结构的方式起着决定性作用的"②。通过这种关于亲属关系和经济象征机制的跨文化比较,萨林斯找到了一条理解文化图式的路径,即"文化图式以各自的方式被占支配地位的象征性生产场所曲折变化了,正是这个象征性生产的支配场所为其他的关系和活动提供了主要的惯制"③。这一文化图式不仅适用于资本主义社会,也适用于部落社会。而这一文化图式,可以归结到实践和象征秩序的关系上。

　　以埃里克·沃尔夫(Eric Wolf)为代表的人类学政治经济学派,从马克思主义理论中汲取了主要的学术滋养,将历史的纬度纳入整体视野中。政治经济学派的人类学研究虽然强调"世界体系论"意义上的政治经济分析,但并未忽视文化的意义。有的评论者如此评价:"这一学派倾向于将自己与同时代文化人类学中发生的精美的民族志解释学派隔离开来。这一传统退却到古典马克思主义中去,将文化降级为一个附属的结构,把文化人类学者本身当成唯心论者加以抛弃。"埃里克·沃尔夫的《欧洲与没有历史的人民》甚至"全面地忽略了文化"。④ 这样的评价对于埃里克·沃尔夫和整个人类学政治经济学派是不公平的。

　　埃里克·沃尔夫的《欧洲与没有历史的人民》一书所批判的正是人文社会科学学科专业化过程中对政治、经济、意识形态的领域界分,在埃里克·沃尔夫看来,人类学家虽然曾迷恋于"原始人的神话",但并未将文化当作独

---

① [美]马歇尔·萨林斯:《文化与实践理性》,赵丙祥译,上海人民出版社2002年版,第8页。

② [美]马歇尔·萨林斯:《文化与实践理性》,第272页。

③ [美]马歇尔·萨林斯:《文化与实践理性》,第273页。

④ [美]乔治·E.马尔库斯、[美]米开尔·M.J.费彻尔:《作为文化批评的人类学——一个人文学科的实验时代》,王铭铭、蓝达居译,生活·读书·新知三联书店1998年版,第123页。

立于社会、政治、经济之外的领域,"人类学家已经表明,文化形式——作为事物、行为以及观念的'决定性组织方式'——在支配人类互动方面扮演着醒目的角色。在将来,我们要做的工作不是要否认这种角色,而是更确切地了解文化形式是如何调解各种特定人群之间的社会关系的"①。埃里克·沃尔夫在该书中用了较大篇幅论证了亲族制生产方式、贡赋制生产方式和资本主义生产方式,他没有将生产方式限定在所谓的经济基础层面,而是内在地包含了文化的纬度。

另一位政治经济学派的代表人物西敏司(Sidney W. Mintz)对历史的"偏爱"更为明显,并将物质关系的实践和文化意义融合在人的行动中,他说:"我对历史的偏爱是显而易见的。尽管我不接受那种不加批判的教条,即'人类学必须变成历史的,否则就什么都不是',但我相信假如没有历史,人类学的解释力会被严重地削弱。社会现象就其本质而言都是历史的,也就是说在'某一时刻',事件之间的关系并不能从它们的过去和未来中被抽象出来……是人类创造了社会结构,并赋予其活动以意义;然而这些结构和意义自有它们的历史源流。正是这历史源流在塑造、制约并最终帮助我们去解释上述人类创造力。"②而"人类学的旨趣,即关注人、事物以及行动是如何通过富于意义的方式整合在一起,既能在现代社会中、也能在初民社会中得以延续"③。

在《甜与权力》这本人类学的历史著作中,西敏司为我们展示了蔗糖的生产、消费与贸易的历史,这不是一部经济史,也不是一部消费文化史,而是一部整体史,蔗糖的生产、消费与贸易既是物质关系的实践,也展现了人类行动的文化象征意义。埃里克·沃尔夫和西敏司的代表作还不是规范的民族志,而陶西格(Michael T. Taussig)的《南美洲的魔鬼与商品拜物教》则被誉为政治经济学派实验民族志的典范性著作,"跨越了人类学研究中解释传

---

① [美]埃里克·沃尔夫:《欧洲与没有历史的人民》,赵丙祥等译,上海人民出版社2006年版,第27页。
② [美]西敏司:《甜与权力——糖在近代历史上的地位》,王超、朱健刚译,商务印书馆2010年版,第14页。
③ [美]西敏司:《甜与权力——糖在近代历史上的地位》,第14页。

统和政治经济学传统之间的鸿沟"①。该书"目的是为了充分呈现南美洲种植园工人和矿工魔法拜物教的社会属性。……历史和民族志实践迫使我追问,这种魔法的形象与资本主义发展之间的关系是什么? 是什么社会实践条件制造了这一带有魔法调解精神的'神物'? 在异端的救赎权力与马克思主义分析权力之间存在着一个连接的结构吗? 为了回答这些问题,我尝试发掘自西班牙殖民征服以来,哥伦比亚西部的甘蔗种植园和玻利维亚锡矿的社会史。这一考察的结果是,这种魔法象征了政治经济史的重要特征。将这种社会历史,从发明象征的历史的象征性编纂中区分开来,几乎是不可能的"②。生产实践的政治经济史和发明象征的历史编纂是浑然一体、无法截然分开的。

在陶西格看来,改造自然的生产实践体现为一些具有日常生活意义的实践形式和表征符号。而对于实践和象征的理解,都离不开整体的历史纬度,"因为人们创造着历史,所以,在历史形塑的想象中,历史是被无声的人类认知活动所制作的。马克思主义者尤其不能忘记这一关键标示,即所谓政治经济学批判。马克思的工作战略性地反对客观分类和对由资本主义所创造的物化世界的天真的自我接受,这个物化世界的经济物以商品闻名,的确,客观物质自身主要不是作为物存在,而是作为从中产生的循环往复的人类关系的决定因素。历史的相对性分类主要不是商品劳动时间和价值本身,而是现实的社会建构及其假象"③。在陶西格的民族志实践中,历史不仅是变迁和历时性的纬度,而且蕴含着关于历史实践的反思,政治经济学批判恰恰是这一反思的另一种表述,对象征秩序的反思是政治经济学批判的题中应有之义。

在汉学人类学的民族志文本中,桑高仁(P. Steven Sangren)的《一个汉人社区的历史与魔力》一书,是将实践与象征秩序结合得较为完美的作品。桑高仁是在批判功能主义和结构主义对历史的忽视或曲解的学术史回顾的基

---

① [美]乔治·E. 马尔库斯、[美]米开尔·M. J. 费彻尔:《作为文化批评的人类学——一个人文学科的实验时代》,第 127 页。

② Michael T. Taussig, *The Devil and Commodity Fetishism in South America*, "Preface", Chapel Hill: University of North Carolina Press, 1980.

③ Michael T. Taussig, *The Devil and Commodity Fetishism in South America*, "Preface", p.229.

础上,提出了实践和象征秩序的历史实践形态的。在多元的历史实践纬度中,历史不再是变迁、进化,"仅仅简单地增添对历史描述实践的社会科学理论或文化分析方法,或将时间和变迁添加到功能主义理论中,都是远远不够的。与相当多的学者(如罗萨尔多)的观察相一致,本书的研究显示,历史、社会结构和文化不能被分割为某一学科的原理或有机体的功能模型。时间不能仅仅被视为社会过程中的进化维度,必须被视为社会进程展开的实践维度内的时间。我们必须要考虑文化建构时间的方式以及这些建构在社会进程中的辩证效用"①。桑高仁社区民族志之所以"体现了中国社会中不同领域、观念模式和社会组织的交揉"②,盖因这一融汇实践与象征的历史整体观。

在历史的整体观中,也可以说,"象征""文化""意识形态"不是独立于政治经济实践之外的社会要素或经济基础之上的上层建筑,也不是阐释人类学"深描"和象征人类学关于"隐喻"的想象,而是多维的历史实践的题中应有之义,所有这些文化或社会"碎片",都只有放在整体的历史实践中才能获得真正的理解。这样的历史整体观中,历史的本体论意义已经被其认识论意义所取代,因为作为历史实践主体的行动者在此获得了鲜活的生命力,而对个体生命本质的理解也离不开历史实践的解释。

三、整体社会科学: 历史人类学的知识论姿态

整体史视野中的历史人类学与"人类学的历史学化"过程中的人类学整体观,对历史本体和历史实践的主体性等问题,有了本体论和认识论层面的反思,历史学家和人类学家从不同的角度清理经济决定论和文化决定论对于理解整体历史的障碍,整体社会科学的理念成为历史人类学知识生产的知识论原则。换言之,历史人类学或历史学化的人类学作为整体社会科学的知识论姿态,是由其本体论和认识论意义上的历史整体观所决定的。

作为学科的人类学,本身具有整体性的特点,自莫斯以来,学科史上的

---

① P. Steven Sangren, *History and Magic Power in a Chinese Community*, California: Stanford University Press, 1987, p.9.
② 王铭铭:《社会人类学与中国研究》,生活·读书·新知三联书店 1997 年版,第 39 页。

整体论思想就不绝如缕。澳大利亚人类学家尼古拉斯·托玛斯（Nicholas Thomas）在论及人类学的认识论时，总结了人类学的整体论思想："自从将个别和整体相联系以说明问题以来，用人类学的这个方法来进行解释已经通行。整体可以理解为一种文化类型、一种社会的精神气质、一种社会结构或一种政治体制。……自从 20 世纪初起，对其周围环境影响最大的实体是'社会'和'文化'，它们既组成大的系统又构成限制的系统。"①整体论取向遂决定了人类学具有整合人文科学和社会科学的性质。

当然，这样的知识论姿态，并不是要展现一种如某些经济学家自我命名的"经济学帝国主义"般的人类学话语和理论霸权，毕竟人类学无法取代哲学的"时代精神的精华"地位。人类学的整体社会科学理念，只是在反对狭隘的学科本位观，进行学科整合过程中发挥自身整体论的解释优势。正如莫里斯·戈德利埃所说："任何一门社会科学，人类学也好，经济学也好，社会学也好，都无法单枪匹马地解释它所研究的社会现象。……社会分析需要社会科学全体的联手，但人类学仍不妨有独到的贡献，那便是让对象讲述自己、讲述自己的社会关系的那一套方法。"②玛丽莲·斯特拉森（Marilyn Strathern）也在同样的意义上论证了人类学的整体论所赋予人类学跨文化比较中的学科整合："观察者的视角是整体的，统一关于意义整合的假设。跨文化比较作为一个更高级的整合（连接社会之间或诸多社会相对独立的文化多样性）得以进行，并在联合其他学科学者的基础上分享他们自己经验的独特性。"③

人类学在跨学科合作中的谦逊姿态，来自自身知识生产的独特方式，即来自西方，但又对西方文化和现代意识形态保持着自觉的"文化批评"。在人类学的表述危机中，人类学甚至会质疑自身的学科性质，并对研究对象进行批判式的重新界定。20 世纪 80 年代以来，美国人类学界虽然仍存

① ［澳］尼古拉斯·托玛斯：《人类学的认识论》，王寅通译，载中国社会科学杂志社编《人类学的趋势》，社会科学文献出版社 2000 年版，第 67 页。
② ［法］莫里斯·戈德利耶：《社会人类学产生于西方，就离不开西方么》，黄纪苏译，载中国社会科学杂志社编《人类学的趋势》，第 181 页。
③ Marilyn Strathern, *Partial Connections*, AltaMira Press, 2004, p.9.

在着人类学四分支的学科教育和知识生产模式,但各分支学科大多缩减为供研究生应考者选择的学科指南和专业目录中的专题意向,而在"表述危机"中,人类学重新回归整体主义,并赋予自身反思性的知识论定位。① 格尔兹在其学术自传中表达了人类学的这一自我反思:"在所有的人文科学中,人类学可能是最为质疑自身是什么的学科,而对这些质疑的答复,听起来更像是各种总体世界观或信仰的宣示,而不是对'一门知识'的描述。"② 格尔兹这一说法只是比喻,但也很深刻地说明人类学反学科化的知识论取向。

正如美国人类学家乔治·马尔库斯和米开尔·费彻尔在论及人类学乃至整个人文学科"表述危机"时所说:"知识的现状,与其说是根据它们本身的情况,还不如说是依其所追随的事物来界定和解释的。"③当人类学由"无历史的原始人神话"转向对复杂的现代社会的研究之后,表述危机"带来现代人类学的写作革新,它正在使当代人类学迈向敏锐的政治和历史感,而这种敏感性正在改造我们描绘文化多元性的方式……人类学也成为学科与学科之间理论和方法传播的渠道"④。在表述危机中,历史纬度的引入既是对研究对象的重新定义,也是人类学对自身知识生产进行反思的契机,从而使得人类学走向一种知识论意义上的整体人文社会科学。⑤

---

① [美]古塔(Akhil Gupta)、[美]弗格森(James Ferguson)编著:《人类学定位——田野科学的界限与基础》,骆建建等译,华夏出版社 2005 年版,第 130 页。

② [美]克利福德·格尔兹:《追寻事实——两个国家、四个十年、一位人类学家》,林经纬译,北京大学出版社 2011 年版,第 110 页。

③ [美]乔治·E. 马尔库斯、[美]米开尔·M. J. 费彻尔:《作为文化批评的人类学——一个人文学科的实验时代》,第 24 页。

④ [美]乔治·E. 马尔库斯、[美]米开尔·M. J. 费彻尔:《作为文化批评的人类学——一个人文学科的实验时代》,第 35 页。

⑤ 我在此用"整体人文社会科学"来指称历史人类学,并无意讨论历史人类学的人文科学或社会科学属性,也不刻意区分整体人文科学和整体社会科学。瑞士著名心理学家、哲学家让·皮亚杰的有关论述颇具启发意义:"在人们通常所称的'社会科学'与'人文科学'之间不可能作出任何本质上的区别,因为显而易见,社会现象取决于人的一切特征,其中包括心理生理过程。反过来说,人文科学在这方面或那方面也都是社会性的。只有当人们能够在人的身上分辨出哪些是属于他生活的特定社会的东西,哪些是构成普遍人性的东西时,这种区分才有意义。"参见[瑞士]让·皮亚杰《人文科学认识论》,郑文彬译,中央编译出版社 1999 年版,第 1 页。

　　这样的"表述危机"不仅来自人类学对自身学科规训的反思,也来自人类学对自身"知识生产的政治"的反思。在谈到人类学民族志实践如何书写他者时,美国人类学家琼斯·费边(Jonhhanes Fabian)很深刻地揭示了民族志书写的政治和意识形态意涵:"作为被研究和其殖民主义、帝国主义的扩张已渗透至成为我们调查目标的诸多社会。为此,扩张、侵略和压迫性的社会出现了,我们称之为西方占据空间的需要。更深层的问题在于,他们需要以时间来适应一元史观,进步、发展和现代性(它们的负面镜像是落后、不发展和传统)是其关键词。简言之,地缘政治有其时间政治的意识形态基础。"[1]这要求人类学家对他者的历史实践与人类学知识生产进行自觉的反思。

　　而这样的反思,已经使得人类学历史化了。美国人类学家麦克尔·赫兹菲尔德将这样新的工作伦理与人类学的历史化紧密联系起来:"由于理论常常借助于时下流行的各种概念,将人类学理论和普遍通行的话语分为两个截然不同领域的行为从经验论的角度而言是荒谬的,二者的关系只能通过历史的叙述才能加以厘清和分析。这就是为什么我迫切希望建立一门严格的人类学学科意义上的历史学的原因,因为它将更加关注受访者在我们思想形成过程中所起的作用。"[2]赫兹菲尔德倒不是企图建立狭隘的人类学学科本位意义上的历史人类学,而是从人类学知识生产的政治和工作伦理的角度阐明"人类学的历史化"的。

　　人类学中的历史人类学研究,或更确切地说,"人类学的历史化"是否更能体现这一知识论取向呢? 丹麦人类学家克斯汀·海斯翠普曾作过这样的判断:"20世纪70年代末到80年代的'历史人类学',最后终于使历史和社会科学这两个领域成功整合,我们不再需要用历史人类学一词,因为社会人类学已经整个历史化了。它的研究对象已经重新定义。"[3]社会人类学已经

---

① Jonhhanes Fabian, *Time and the Other*, *How Anthropology Makes Its Object*, New York: Columbia University Press, 2002, p.143.

② [美]麦克尔·赫兹菲尔德:《什么是人类常识——社会和文化领域中的人类学理论实践》,刘珩、石毅、李昌银译,华夏出版社2005年版,第10页。

③ [丹麦]克斯汀·海斯翠普(Kirsten Hastrup)编:《他者的历史——社会人类学与历史制作》,中国人民大学出版社2010年版,第7页。

整个历史化,未免有些夸张,但说社会人类学历史化之后,其研究对象已经重新定义,则是较为中肯的。

历史人类学对研究对象的重新定义,恰恰是在本体论和认识论层面对历史本源和历史主体性的反思,从而使历史的整体观和整体的历史观具有了内在的紧张关系。本体论和认识论层面的整体观,决定了历史人类学的整体社会科学的知识论姿态,任何将历史人类学学科化的企图都将遭到质疑。英国新社会史学家彼得·伯克曾列举了五条标准,以将历史人类学与"其他形式的社会史"区别开来,这些标准是:"定性的个案研究、空间有限的田野考察、深描法、对日常实践或礼俗具有的保持世界图像功能进行的分析以及与人类学和文化学理论传统的联系。"①有许多批评者就指出了人类学和历史学的结合,并不是产生了一个狭隘的学科领域,而是为跨学科研究甚至超越跨学科研究方式提供了契机,而"在这种持久的科学多元性形势之下,历史人类学将自己理解为一种整合理论,它能让大家对各种学科内部的和跨学科的研究形式进行检验"②。因此,历史人类学并不仅仅是一种新的关于历史问题的研究方法,而更是跨学科整合之后的新的知识形态,正如彭兆荣所言:"历史人类学作为当代知识整合和学科交流的一个范例,或许主要还不是学科之间策略性互动的需要,而是更多地表现为二者在知识与叙事上的互补。"③

如果说年鉴学派的"人类学化的历史研究",是从历史学本位出发建立整体的历史社会科学的话;那么,"人类学的历史化"并不否认对人类学科传统的知识传承,但在开放的跨学科甚或"去学科化"合作中,这样的历史人类学应该建立起整体人文社会科学的知识生产模式。对于历史人类学研究来说,无论是人类学化的历史研究,还是历史化的人类学研究,都

---

① Peter Burke, *The Historical Anthropology of Early Modern Italy*, Cambridge,1987;转引自〔瑞士〕雅各布·坦纳(Jakob Tanner)《历史人类学导论》,白锡堃译,北京大学出版社 2008 年版,第 10 页。

② Peter Burke, *The Historical Anthropology of Early Modern Italy*,转引自〔瑞士〕雅各布·坦纳《历史人类学导论》,第 11 页。

③ 彭兆荣:《边界的空隙:一个历史人类学的场域》,《思想战线》2004 年第 1 期。

不必刻意突出学科本位观,相反,倒是应该对历史学和人类学知识生产模式进行自我反思,从而赋予历史人类学开放的整体社会科学的知识论姿态。

（原文载于《西南民族大学学报[人文社会科学版]》2013 年第 4 期）

主要参考文献

一、史料

（一）档案

无锡市档案馆民事诉讼档案、"土改"档案。

锡山市档案馆"土改"档案。

苏州市档案馆"土改"档案。

上海市档案馆郊区"土改"档案。

苏南人民行政公署土地改革委员会编：《苏南土地改革文献》，无锡，1953年。

中国第一历史档案馆、中国社会科学院历史研究所合编：《清代地租剥削形态》，中华书局1982年版；《清代土地占有及佃农抗租斗争》，中华书局1988年版。

郑秦、赵雄主编：《清代"服制"命案——刑科题本档案选编》，中国政法大学出版社1999年版。

田涛、郑秦点校：《大清律例》，法律出版社1998年版。

江苏省都督府提法司编：《江苏司法汇报》，1912—1913年。

上海法学编译社编：《民刑事裁判大全》，上海会文堂新记书局1937年版。

凌善清编：《（全国律师）民刑诉状汇编》，上海大东书局1923年版。

大理院书记厅编：《大理院判决录》，北京，该院，1913年。

南京国民政府司法行政部编，胡旭晟、夏新华、李交发点校：《民（商）事习惯调查报告录》，中国政法大学出版社2000年版。

张传玺主编：《中国历代契约汇编考释》，北京大学出版社1995年版。

［日］东洋文库明代史研究室编：《中国土地契约文书集（金—清）》，东

京,1975 年。

[日] 滨下武志、[日] 久保亨、[日] 上田信等编:《东洋文化研究所所藏中国土地文书目录·解说》,东京:东京大学东洋文化研究所 1986 年版。

上海市档案馆编:《清代上海房地契档案汇编》,上海古籍出版社 1999 年版。

(二) 调查

华东军政委员会土地改革委员会编:《江苏省农村调查》《浙江省农村调查》《山东省、华东各大中城市郊区农村调查》,上海,1952 年。

华东军政委员会土地改革委员会编:《我所见到的苏南土地改革运动》《土地改革前的苏南农村》《苏南、上海市郊区土地改革画集》,上海,1951 年。

人民出版社编:《土地改革前的新区农村》,人民出版社 1952 年版。

[美] 明恩溥:《中国乡村生活》,时事出版社 1998 年版。

[美] 卜凯:《中国农家经济》,商务印书馆 1935 年版;《中国的土地利用》,南京金陵大学,1937 年。

[美] 卜凯主编:《中国土地利用统计资料》,南京金陵大学,1937 年。

[美] 卜凯主持"中国农业调查"的原始资料,藏南京大学图书馆、南京农业大学农业经济系资料室,未整理。

陈翰笙主持"无锡保定农村调查"的原始资料,藏中国第二历史档案馆、保定市档案馆、中国社会科学院农村发展研究所。

陈翰笙、王寅生等编:《亩的差异》(中央研究院社会科学研究所《社会科学集刊》第 1 号),上海,该所,1929 年。

原中国科学院经济研究所(前国立中央研究院社会科学研究所):《无锡县(市)农村经济调查报告》,载陈翰笙、薛暮桥、冯和法编《解放前的中国农村》第 3 辑,中国展望出版社 1989 年版。

中国社会科学院经济研究所"无保"调查课题组:《中国村庄经济——无锡保定 22 村调查报告》,中国财政经济出版社 1999 年版。

[日] 林惠海:《中支江南农村社会制度研究》,东京:有斐阁 1953 年版。

[日] 福武直:《中国农村社会结构》,东京:大雅堂 1945 年版。

［日］"满铁"上海事务所调查室:《上海特别市嘉定区农村实态调查报告书》,上海,1939 年。

［日］"满铁"上海事务所调查室:《江苏省松江县农村实态调查报告书》,上海,1940 年。

［日］"满铁"上海事务所调查室:《江苏省常熟县农村实态调查报告书》,上海,1939 年。

［日］"满铁"上海事务所调查室:《江苏省太仓县农村实态调查报告书》,上海,1939 年。

［日］"满铁"上海事务所调查室:《江苏省无锡县农村实态调查报告书》,上海,1941 年。

［日］"满铁"上海事务所调查室:《江苏省南通县农村实态调查报告书》,上海,1941 年。

［日］"满铁"调查部:《无锡工业实态调查报告书》,上海,"满铁"上海事务所调查室,1940 年。

［日］兴亚院华中联络部:《上海地区土地制度》,出版地不明,该部,1942 年。

［日］"满铁"上海事务所调查室:《中支占领地区农业经济概况》,大连,"满铁"调查部,1942 年。

萧铮主编:《民国二十年代中国大陆土地问题资料》(详细目录不另列),台北:成文出版社有限公司、(美国)斯坦福中文资料中心 1977 年版。

冯和法编:《中国农村经济资料》,上海黎明书局 1933 年版;《中国农村经济资料续编》,上海黎明书局 1935 年版(这两种资料汇编所收资料详细篇目不另列)。

李文治、章有义编:《中国近代农业史资料》,生活·读书·新知三联书店 1957 年版。

彭泽益编:《中国近代手工业史资料》,中华书局 1962 年版。

徐新吾主编:《江南土布史》,上海社会科学院出版社 1992 年版。

林举百:《南通土布史》,南京大学学报编辑部 1984 年内部铅印本。

陈翰笙、薛暮桥、冯和法编:《解放前的中国农村》,中国展望出版社

1985—1989 年版。

（南京国民政府）行政院农村复兴委员会：《江苏省农村调查》《浙江省农村调查》《云南省农村调查》《河南省农村调查》，商务印书馆 1934 年版。

［日］滨岛敦俊、［日］片山刚、［日］高桥正编：《长江、珠江三角洲农村实地调查报告书》，《大阪大学文学部纪要》第 34 号，1994 年。

［日］中国农村惯行调查刊行会编：《中国农村惯行调查》，东京：岩波书店 1958 年版。

刘大钧：《吴兴农村经济》，上海文瑞印书局 1939 年版。

乔启明：《江宁县淳化镇乡村社会之研究》，《金陵大学农学院丛刊》第 23 号，1934 年。

乔启明、姚禹：《安徽宿县原有乡村组织之概况》，金陵大学农学院农业经济系，1934 年。

杨家驹等编：《江宁县秣陵关城乡经济调查报告》，金陵大学农学院农业经济系，1950 年。

俞庆棠编：《申报农村生活丛谈》，上海申报馆 1937 年版。

（南京国民政府）中央政治学校地政学院、平湖县政府：《平湖之土地经济》，平湖县政府 1937 年编印、发行本。

冯紫岗编：《嘉兴县农村调查》，国立浙江大学、嘉兴县政府 1936 年印行本。

千家驹编：《中国农村经济论文集》，中华书局 1935 年版。

实业部国际贸易局：《中国实业志·江苏省》《中国实业志·浙江省》，上海，该局，1934 年。

沈雏鹤：《松江社会》，松江，朱宗飓、沈雏鹤发行，1925 年。

王艮仲等著：《为建设新农村而奋斗》，中国建设出版社 1947 年版。

施中一编：《旧农村的新气象》，苏州中华基督教青年会 1933 年刊行本。

中华职业教育社编：《昆山徐公桥乡村改进事业试验报告》，中华职业教育社 1928 年印行本。

江恒源编著：《徐公桥（昆山徐公桥乡村改进事业试验第二次报告）》，中华职业教育社 1929 年印行本。

陆叔昂编著：《三周岁之徐公桥(昆山徐公桥乡村改进事业试验第三次报告)》，中华职业教育社1931年印行本。

中华职业教育社编：《农民生计调查报告》，中华职业教育社1929年印行本。

江苏省立民众教育院劳农学院实验区编：《黄巷实验区》，该院，1933年。

建设委员会经济研究所统计课：《中国经济志·浙江省》，建设委员会经济研究所1935年印行本。

言心哲编：《农村家庭调查》，商务印书馆1935年版。

吴德麟等编：《无锡嘉兴蚕农经济与吴兴之比较》，出版地不详，中国经济统计研究所，1939年。

李元凯：《善人桥区政录》，出版地和发行人不详，1933年。

王洁人、朱孟乐编：《善人桥的真面目》，吴县善人桥农村改进会委员会1934年印行本。

中国农村经济研究会编：《农村通讯》，中华书局1934年版。

中国农村经济研究会编：《中国农村描写——农村通讯选集》，上海新知书店1936年版。

孙东城：《农村调查实录——无锡鲍家庄》，载江苏省民政厅《明日之江苏》第2卷第1期，1930年1月1日。

过探先等调查、傅焕光等编辑：《江苏兵灾调查纪实》，商务印书馆1924年版。

中共浙江省委党史资料征集研究委员会、中共萧山县委党史资料征集研究委员会编：《衙前农民运动》，中共党史资料出版社1987年版。

张镜予编：《社会调查(沈家行实况)》，商务印书馆1924年版。

万国鼎：《江苏省武进南通田赋调查报告》(日文本)，上海：(日本)华中建设资料整备事务所1941年版。

（三）地方志

《中国地方志集成·乡镇志专辑》，江苏古籍出版社、上海书店、巴蜀书社1992年版。

《中国方志丛书·华中地方》,台北:成文出版社有限公司 1970 年版。

中国科学院图书馆编:《稀见中国地方志汇刊》,中国书店 1992 年版。

《日本藏中国罕见地方志丛刊》,书目文献出版社 1991 年版。

丁世良等编:《中国地方志民俗资料汇编》华东卷、华北卷,书目文献出版社 1992 年版。

戴鞍钢、黄苇主编:《中国地方志经济资料汇编》,汉语大词典出版社 1999 年版。

（四）歌谣、民谚

顾颉刚等辑:《吴歌·吴歌小史》,江苏古籍出版社 1999 年版。

洪亮:《浙江歌谣第一集——浦江歌谣》,上海女子书店 1932 年版。

袁飞编:《江苏歌谣散辑》,上海文化出版社 1955 年版。

钱静人编著:《江苏南部歌谣简论》,江苏人民出版社 1953 年版。

王有光:《吴下谚联》,中华书局 1982 年版。

（五）族谱

有关族谱的详细目录可参见国家档案局二处、南开大学历史系、中国社会科学院历史研究所编《中国家谱综合目录》,中华书局 1997 年版。

杨炳堃辑:《杨氏家乘》附《杨氏宗祠义产事略》,湖州(此地名为该族所在地,下同),宝俭堂刻本,1858 年。

曾铸等撰:《曾氏瑞芝义庄全案》,上海,1900 年。

钱文选等修:《钱氏家乘》,临安,1924 年。

陈懋和修《毗陵双桂里陈氏宗谱》,武进,忠节堂刻本,1880 年,载《中华族谱集成》陈氏谱卷第 1 册,巴蜀书社 1995 年版。

陈蔼孙等修:《流瑛陈氏宗谱》,江阴,聚星堂铅印本,1920 年,载《中华族谱集成》陈氏谱卷第 7 册。

周钟毓等修:《周氏小园里家谱》,无锡,1937 年。

许同莘、许同莱纂辑:《歙县迁无锡许氏支谱初修本》,无锡,石印本,1919 年。

吴大根等重修:《皋庑吴氏家乘》,吴县,刻本,1881 年。

曾棣等修:《上海曾氏族谱》,上海,铅印本,1925 年。

赵锡宝、赵楚雄编辑:《忠诚赵氏支谱》,上海浦东周浦镇,刻本,1923 年。

王季烈等纂:《莫厘王氏家谱》,吴县,上海元昌印书局石印本,1937 年。

张坤照主修:《韦庄张氏宗谱》,常州,承德堂刻本,1911 年,载《中华族谱集成》张氏谱卷。

刘兴开、刘昌明修:《中梅刘氏续修家乘》,溧阳,道胜堂刻本,1940 年,载《中华族谱集成》刘氏谱卷。

伍世璜等修:《伍氏宗谱》,常州,务本堂刻本,1929 年。

黄士焕等编辑:《黄氏雪竹公支谱》,嘉定,江夏雪社排印本,1923 年。

黄有恒等修:《练西黄氏宗谱》,嘉定,诚明堂铅印本,1915 年。

盛世皞等编:《一团盛氏支谱》,南汇,商务印书馆石印本,1925 年。

潘廷燮等修:《歙县迁苏潘氏家谱》,吴县,上海竞新印刷所铅印本,1913 年。

李均源等修:《常熟李氏支谱》,常熟,铅印本,1936 年。

朱世杰等修:《周浦朱氏家谱》,南汇,铅印本,1925 年。

张文均等修:《东山张氏族谱》,吴县,石印本,1917 年。

何春泉等修:《经城湾何氏宗谱》,无锡,承禄堂刊本,1925 年。

钱在文等纂修:《(学圩)钱氏宗谱》,无锡,锦树堂刊本,1942 年。

严家炽等修:《六修严氏族谱》,吴县,上海中华书局聚珍本,1933 年。

(六) 报刊

《申报》

《大公报》

(天津)《益世报·农村周刊》

《无锡报》

《青浦县报》

《工商半月刊》

《中华实业界》

《中华农学会报》

《中国农村》

《中国经济》

《中山文化教育馆季刊》

《中外经济周刊》

《申报月刊》

《江苏》

《江苏农讯》

《地政月刊》

《社会科学杂志》

《村治月刊》

《吴县律师公会报告书》

《东方杂志》

《金陵大学农学院农业推广丛刊》

《浙江省建设月刊》

《浙江经济调查》

《家庭研究》

《国立中央研究院社会科学研究所集刊》

《国立中央研究院社会科学研究所丛刊》

《国际贸易导报》

《复旦大学社会学系半月刊》

《统计月报》

《新中华》

《农村复兴委员会会报》

《农村经济》

《农林新报》

《农情报告》

《农业周报》

《乡村建设》

《实业部月刊》

《歌谣》

《江苏司法汇报》

《新真如》

《南浔通俗报》

《新周庄》

《江苏社会月刊》

《社会月刊》

（七）其他

顾禄：《清嘉录》，江苏古籍出版社 1986 年版。

柳兆薰：《柳兆薰日记》，载茅家琦等编《太平天国运动史料丛刊》，上海古籍出版社 1979 年版。

梁方仲编著：《中国历代户口、田地、田赋统计》，上海人民出版社 1980 年版。

江苏省博物馆编：《江苏省明清以来碑刻资料选集》，生活·读书·新知三联书店 1959 年版。

苏州市历史博物馆等编：《明清苏州工商业碑刻集》，江苏人民出版社 1981 年版。

上海市博物馆编：《上海碑刻资料选辑》，上海人民出版社 1980 年版。

彭泽益主编：《中国工商行会史料集》，中华书局 1995 年版。

苏州市档案馆等编：《苏州商会档案丛编》第一辑，华中师范大学出版社 1991 年版。

苏州市档案馆编：《苏州丝绸档案汇编》，江苏古籍出版社 1995 年版。

王国平、唐力行主编：《明清以来苏州社会史碑刻集》，苏州大学出版社 1998 年版。

洪焕椿编：《明清苏州农村经济资料》，江苏古籍出版社 1988 年版。

上海通社编：《上海研究资料续集》，上海书店 1984 年版。

二、论著

（一）专著

费孝通：《乡土中国》《生育制度》，均载《乡土中国·生育制度》，北京大学出版社 1998 年版;《江村经济》,江苏人民出版社 1986 年版;《禄村农田》,载《费孝通文集》第 2 卷,群众出版社 1999 年版。

梁漱溟:《中国文化要义》《东西文化及其哲学》《乡村建设理论》,均载《梁漱溟全集》,山东人民出版社 1992 年版。

［德］马克斯·韦伯:《儒教与道教》,江苏人民出版社 1997 年版。

［日］仁井田陞:《支那身分法史》,东京:座右宝刊行会 1942 年版;《中国的农村家族》,东京:东京大学出版会 1952 年版;《中国法制史研究:土地法、取引法》《中国法制史研究:奴隶农奴法、家族村落法》《中国法制史研究:法与惯习、法与道德》,东京:东京大学出版会 1980 年版 。

［日］滋贺秀三:《中国家族法原理》,东京:创文社 1967 年版;《清代中国法与裁判》,东京:创文社 1984 年版;同氏主编《中国法制史——基本资料的研究》,东京:东京大学出版会 1993 年版。

戴炎辉:《中国法制史》,台北:联经出版事业公司 1979 年版。

瞿同祖:《中国法律与中国社会》《中国法律之儒家化》《法律在中国社会中的作用:历史的考察》《礼与服制》《清律的继承和变化》《清代地方司法》,均载《瞿同祖法学论著集》,中国政法大学出版社 1998 年版。

潘光旦:《明清两代嘉兴的望族》,商务印书馆 1947 年版;潘乃穆、潘乃和编:《潘光旦文集》,北京大学出版社 1995 年版;潘乃谷、潘乃和选编:《潘光旦选集》,光明日报出版社 1999 年版。

陈翰笙:《解放前的地主与农民——华南农村危机研究》,中国社会科学出版社 1984 年版;《帝国主义工业资本与中国农民》,复旦大学出版社 1984 年版;《解放前西双版纳土地制度》,中国社会科学出版社 1984 年版;《陈翰笙文集》,商务印书馆 1999 年版。

萧公权:《调争解纷——帝制时代中国乡村社会的和解》,载汪荣祖编校《中国现代学术经典·萧公权卷》,河北教育出版社 1999 年版。

［法］谢和耐:《蒙元入侵前夜的中国日常生活》,江苏人民出版社 1998 年版。

［美］孔飞力:《叫魂——1768 年中国妖术大恐慌》,上海三联书店 1999 年版。

［美］费正清：《美国与中国》，世界知识出版社 2000 年版；同氏主编：《剑桥中国晚清史》《剑桥中华民国史》，上海人民出版社 1991 年版。

林耀华：《金翼——中国家族制度的社会学研究》，生活 ·读书·新知三联书店 1989 年版；《义序的宗族研究》，生活 ·读书·新知三联书店 2000 年版；《凉山彝家的巨变》，商务印书馆 1995 年版；《林耀华学述》，浙江人民出版社 1999 年版；《从书斋到田野》，中央民族大学出版社 2001 年版。

庄孔韶：《银翅——中国的地方社会与文化变迁》，生活 ·读书·新知三联书店 2000 年版。

［美］黄宗智：《华北的小农经济与社会变迁》，中华书局 1985 年版；《长江三角洲的小农家庭与乡村发展》，中华书局 1991 年版；《民事审判与民间调解：清代的表达与实践》，中国社会科学出版社 1998 年版；《中国农村的过密化与现代化——规范认识的危机及出路》，上海社会科学院出版社 1992 年版。

［美］施坚雅：《中国农村的市场和社会结构》，中国社会科学出版社 1998 年版。

梁治平：《清代习惯法：社会与国家》，中国政法大学出版社 1996 年版。

邢铁：《家产继承史论》，云南大学出版社 2000 年版。

陈其南：《家族与社会》，台北：联经出版事业公司 1990 年版；《文化的轨迹》，春风文艺出版社 1987 年版。

［日］草野靖：《中国的地主经济——分种制》，东京：汲古书店 1985 年版；《近世中国的寄生地主制——田面惯行》，东京：汲古书店 1989 年版。

［日］滨岛敦俊：《明代江南农村社会之研究》，东京：东京大学出版会 1982 年版。

［日］森正夫：《明代江南土地制度之研究》，东京：同朋舍 1988 年版。

［日］岸本美绪：《明清交替与江南社会——17 世纪中国的秩序问题》，东京：东京大学出版会 1999 年版。

［日］森田成满：《清代土地所有权研究》，东京：劲草出版服务中心 1984 年版。

梁方仲：《明代粮长制度》，上海人民出版社 1957 年版。

傅衣凌：《福建佃农经济丛考》，福建协和大学中国文化研究会 1944 年版；《明代江南市民经济初探》，上海人民出版社 1957 年版；《明代商人与商业资本》，人民出版社 1958 年版；《明清农村经济》，生活·读书·新知三联书店 1960 年版；《明清社会经济变迁论》，人民出版社 1982 年版；《明清封建土地所有制论纲》，上海人民出版社 1992 年版。

［日］内田雄智：《中国农村的家族与信仰》，东京：弘文堂 1970 年版。

［日］旗田巍：《中国村落和共同体理论》，东京：岩波书店 1973 年版。

罗香林：《中国族谱研究》，香港：中国学社 1971 年版。

吕思勉：《中国制度史》，上海人民出版社 1985 年版。

杨联陞：《中国制度史研究》，江苏人民出版社 1998 年版。

［英］弗里德曼：《中国东南的宗族组织》，上海人民出版社 2000 年版。

冀朝鼎：《中国历史上的基本经济区与水利事业的发展》，中国社会科学出版社 1981 年版。

许倬云：《汉代农业：早期中国农业经济的形成》，江苏人民出版社 1998 年版。

［日］天野元之助：《支那农业经济论》，东京：改造社 1941 年版。

［美］珀金斯：《中国的农业发展，1368—1968》，上海译文出版社 1984 年版。

［日］斯波义信：《宋代江南经济史研究》，江苏人民出版社 2001 年版。

［日］村松祐次：《近代江南的租栈——中国地主制度研究》，东京：东京大学出版会 1970 年版。

［日］川胜守：《明清江南农业经济史研究》，东京：东京大学出版会 1992 年版。

［日］田仲一成：《中国的宗族与演剧》，东京：东京大学出版会 1985 年版。

杨国桢：《明清土地契约文书研究》，人民出版社 1988 年版。

［美］艾尔曼：《经学、政治和宗族——中华帝国晚期常州今文学派研究》，江苏人民出版社 1998 年版。

［美］沃特纳：《烟火接续——明清的收继与亲族关系》，浙江人民出版

社 1999 年版。

[美] 萧邦奇:《血路——革命中国中的沈定一(玄庐)传奇》,江苏人民出版社 1999 年版。

李文治:《明清时期封建土地关系的松解》,中国社会科学出版社 1993 年版。

李文治、江太新:《中国宗法宗族制和族田义庄》,社会科学文献出版社 2000 年版;《清代漕运》,中华书局 1995 年版。

章有义:《明清时期徽州土地关系的研究》,中国社会科学出版社 1984 年版。

叶显恩:《明清徽州农村社会与佃仆制》,安徽人民出版社 1983 年版。

罗仑、景苏:《清代山东经营地主经济研究》,齐鲁书社 1984 年版。

史志宏:《清代前期的小农经济》,中国社会科学出版社 1994 年版。

秦晖、苏文:《田园诗与狂想曲——关中模式与前近代社会的再认识》,中央编译出版社 1996 年版。

曹幸穗:《旧中国苏南农家经济研究》,中央编译出版社 1996 年版。

刘石吉:《明清江南市镇研究》,中国社会科学出版社 1984 年版。

樊树志:《明清江南市镇探微》,复旦大学出版社 1990 年版。

范金民:《明清江南商业的发展》,南京大学出版社 1998 年版。

马俊亚:《规模经济与区域发展——近代江南地区企业经营现代化研究》,南京大学出版社 1990 年版。

刘志伟:《在国家与社会之间——明清广东里甲赋役制度研究》,中山大学出版社 1997 年版。

刘淼:《明清沿海荡地开发研究》,汕头大学出版社 1996 年版。

栾成显:《明代黄册制度研究》,中国社会科学出版社 1998 年版。

何平:《清代赋税政策研究:1644—1840 年》,中国社会科学出版社 1998 年版。

[日] 中村哲夫:《近代东亚经济的发展和世界市场》,商务印书馆 1994 年版。

[日] 滨下武志:《近代中国的国际契机——朝贡贸易体系与近代亚洲

经济圈》,中国社会科学出版社 1999 年版。

[美]郝延平:《中国近代商业革命》,上海人民出版社 1991 年版。

[美]陈锦江:《清末现代企业与官商关系》,中国社会科学出版社 1997年版。

刘佛丁、王玉茹:《中国近代的市场发育与经济增长》,高等教育出版社 1996 年版。

严立贤:《中国和日本的早期工业化与国内市场》,北京大学出版社 1999 年版。

龙登高:《中国传统市场发展史》,人民出版社 1997 年版。

张忠民:《前近代中国社会的商人资本与社会再生产》,上海社会科学院出版社 1996 年版。

许檀:《明清时期山东商品经济的发展》,中国社会科学出版社 1998年版。

庄维民:《近代山东市场经济的变迁》,中华书局 2000 年版。

段本洛、单强:《近代江南农村》,江苏人民出版社 1994 年版。

钱杭、承载:《十七世纪江南社会生活》,浙江人民出版社 1996 年版。

何炳棣:《明初以降人口及其相关问题——1368—1958》,生活·读书·新知三联书店 2000 年版;《中国古今土地数字的考释与评价》,中国社会科学出版社 1993 年版。

朱国宏:《人地关系论——中国人口与土地关系问题的系统研究》,复旦大学出版社 1996 年版。

侯杨方:《明清时期江南地区的人口与社会经济变迁》,复旦大学历史地理研究所博士学位论文,1997 年。

池子华:《中国近代流民》,浙江人民出版社 1996 年版。

夏明方:《民国时期自然灾害与乡村社会》,中华书局 2000 年版。

周晓虹:《传统与变迁——江浙农民的社会心理及其近代以来的嬗变》,生活·读书·新知三联书店 1998 年版。

姜彬主编:《稻作文化与江南民俗》,上海文艺出版社 1996 年版。

曹锦清、张乐天、陈中亚:《当代浙北乡村的社会文化变迁》,上海远东出版社 1995 年版。

张乐天:《告别理想——人民公社制度研究》,东方出版中心 1998 年版。

郑振满:《明清福建家族组织与社会变迁》,湖南教育出版社 1992 年版。

陈支平:《近 500 年来福建的家族社会与文化》,上海三联书店 1991 年版;《福建族谱》,福建人民出版社 1996 年版。

陈礼颂:《一九四九前潮州宗族村落社区的研究》,上海古籍出版社 1995 年版。

〔日〕濑川昌久:《族谱:华南汉族的宗族·风水·移居》,上海书店出版社 1999 年版。

钱杭、谢维扬:《传统与转型:江西泰和农村宗族形态——一项社会人类学的研究》,上海社会科学院出版社 1995 年版。

冯尔康等:《中国宗族社会》,浙江人民出版社 1994 年版。

费成康主编:《中国的家法族规》,上海社会科学院出版社 1998 年版。

徐扬杰:《中国家族制度史》,人民出版社 1992 年版。

林济:《长江中游宗族社会及其变迁》,中国社会科学出版社 1999 年版。

王铭铭:《村落视野中的文化与权力——闽台三村五论》,生活·读书·新知三联书店 1997 年版。

王沪宁:《当代中国村落家族文化——对中国社会现代化的一项探索》,上海人民出版社 1991 年版。

张研:《清代族田与基层社会结构》,中国人民大学出版社 1991 年版。

朱勇:《清代宗族法研究》,湖南教育出版社 1987 年版。

李卓:《家族制度与日本的近代化》,天津人民出版社 1997 年版。

李银河:《生育与村落文化》,中国社会科学出版社 1994 年版。

刘广明:《宗法中国》,上海三联书店 1993 年版。

〔美〕杜赞奇:《文化、权力与国家——1900—1942 年的华北农村》,江苏人民出版社 1995 年版。

〔美〕马若孟:《中国农民经济——河北和山东的农业发展,1890—1949》,江苏人民出版社 1999 年版。

从翰香主编:《近代冀鲁豫乡村》,中国社会科学出版社 1995 年版。

乔志强主编:《近代华北农村社会变迁》,人民出版社 1998 年版。

苑书义等:《艰难的转轨历程——近代华北经济与社会发展研究》,人民出版社 1997 年版。

李金铮:《借贷关系与乡村变动——民国时期华北乡村借贷之研究》,河北大学出版社 2000 年版。

尹钧科:《北京郊区村落发展史》,北京大学出版社 2001 年版。

张小林:《清代北京城区房契研究》,中国社会科学出版社 2000 年版。

[美] 王国斌:《转变的中国——历史变迁与欧洲经验的局限》,江苏人民出版社 1998 年版。

马克垚主编:《中西封建社会比较研究》,学林出版社 1997 年版。

[美] 黄仁宇:《万历十五年》《资本主义与二十一世纪》,生活·读书·新知三联书店 1997 年版。

[英] S. 斯普林克尔:《清代法制导论——从社会学角度加以分析》,中国政法大学出版社 2000 年版。

郭松义:《伦理与生活——清代的婚姻关系》,商务印书馆 2000 年版。

王跃生:《十八世纪中国婚姻家庭研究》,法律出版社 2000 年版。

王善军:《宋代宗族和宗族制度研究》,河北教育出版社 2000 年版。

张仲礼:《中国绅士——关于其在 19 世纪中国社会中作用的研究》,上海社会科学院出版社 1991 年版;《中国绅士的收入——〈中国绅士〉续篇》,上海社会科学院出版社 2001 年版。

周荣德:《中国社会的阶层与流动—— 一个社区中士绅身份的研究》,学林出版社 2000 年版。

王先明:《近代绅士——一个封建阶层的历史命运》,天津人民出版社 1997 年版。

程歗:《晚清乡土意识》,中国人民大学出版社 1990 年版。

[美] 周锡瑞:《义和团运动的起源》,江苏人民出版社 1994 年版。

[美] 柯文:《历史三调:作为事件、经历和神话的义和团》,江苏人民出版社 2000 年版。

陈宝良:《中国的社与会》,浙江人民出版社 1996 年版。

沈大德、吴廷嘉：《黄土板结——中国传统社会结构探析》,浙江人民出版社 1994 年版。

孙达人：《中国农民变迁论》,中央编译出版社 1996 年版。

杜芳琴：《中国社会性别的历史文化寻踪》,天津社会科学院出版社 1998 年版。

[美] D. 布迪、[美] C. 莫里斯：《中华帝国的法律》,江苏人民出版社 1998 年版。

陈鹏：《中国婚姻史稿》,中华书局 1990 年版。

陶毅、明欣：《中国婚姻家庭制度史》,东方出版社 1994 年版。

叶孝信主编：《中国民法史》,上海人民出版社 1993 年版。

郑秦：《清代民事审判制度研究》,湖南教育出版社 1987 年版。

汪世荣：《中国古代判例研究》《中国古代判词研究》,中国政法大学出版社 1997 年版。

张晋藩：《清代民法综论》,中国政法大学出版社 1998 年版。

吴吉远：《清代地方政府的司法功能研究》,中国社会科学出版社 1998 年版。

童光政：《明代民事判牍研究》,广西师范大学出版社 1999 年版。

苏亦工：《明清律典与条例》,中国政法大学出版社 2000 年版。

[英] 保尔·汤普森：《过去的声音——口述史》,辽宁教育出版社、牛津大学出版社 2000 年版。

[美] 华勒斯坦等：《开放社会科学》,生活·读书·新知三联书店 1997 年版;《学科·知识·权力》,生活·读书·新知三联书店 1999 年版。

[瑞士] 让·皮亚杰：《人文科学认识论》,中央编译出版社 1999 年版。

邓正来：《研究与反思——中国社会科学自主性的思考》,辽宁大学出版社 1998 年版。

[英] 卡·波普尔：《历史主义的贫困》,社会科学文献出版社 1987 年版。

[德] 马克斯·韦伯：《社会科学方法论》,华夏出版社 1999 年版。

[瑞士] 皮亚杰：《结构主义》,商务印书馆 1984 年版。

［德］哈贝马斯：《交往与社会进化》,重庆出版社 1989 年版;《公共领域的结构转型》,学林出版社 1999 年版。

［匈］阿格妮丝·赫勒：《日常生活》,重庆出版社 1990 年版。

［美］彼德·布劳：《社会生活中的交换与权力》,华夏出版社 1987 年版。

［美］詹姆斯·S. 科尔曼：《社会理论的基础》,社会科学文献出版社 1999 年版。

［英］安东尼·吉登斯：《社会的构成》,生活·读书·新知三联书店 1998 年版。

邓正来、［英］J. C. 亚历山大编：《国家与市民社会———一种社会理论的研究路径》,中央编译出版社 1999 年版。

［德］曼弗雷德·弗兰克：《个体的不可消逝性》,华夏出版社 2001 年版。

［美］塞维尔·亨廷顿等：《现代化理论与历史经验的再探讨》,上海译文出版社 1993 年版。

［美］西里尔·E. 布莱克编：《比较现代化》,上海译文出版社 1996 年版。

金耀基：《从传统到现代》,中国人民大学出版社 1999 年版。

［美］艾恺：《世界范围内的反现代化思潮——论文化守成主义》,贵州人民出版社 1991 年版。

［美］波林·罗斯诺：《后现代主义与社会科学》,上海译文出版社 1998 年版。

蔡少卿主编：《社会史的理论视野》,浙江人民出版社 1988 年版。

［英］S. 肯德里克、［英］P. 斯特劳、［英］D. 麦克龙编：《解释过去、了解现在——历史社会学》,上海人民出版社 1999 年版。

［英］彼得·伯克：《历史学与社会理论》,上海人民出版社 2001 年版。

［英］丹尼斯·史密斯：《历史社会学的兴起》,上海人民出版社 2000 年版。

［法］保罗·利科：《法国史学对史学理论的贡献》,上海社会科学院出

版社 1992 年版。

[日] 沟口雄三:《日本人视野中的中国学》,中国人民大学出版社 1996 年版。

[美] 柯文:《在中国发现历史——中国中心观在美国的兴起》,中华书局 1989 年版。

侯且岸:《当代美国的"显学"——美国现代中国学研究》,人民出版社 1995 年版。

[法] 马克·布洛赫:《法国农村史》,商务印书馆 1991 年版。

[法] 费尔南·布罗代尔:《菲力普二世时代的地中海和地中海世界》,商务印书馆 1996 年版;《15 至 18 世纪的物质文明、经济和资本主义》,生活·读书·新知三联书店 1992 年版;《法兰西的特性》,商务印书馆 1995 年版;《资本主义论丛》,中央编译出版社 1997 年版。

[法] 埃马纽埃尔·勒华拉杜里:《蒙塔尤——1294—1324 年奥克西坦尼的一个山村》,商务印书馆 1997 年版。

[法] 雅克·勒高夫:《中世纪的知识分子》,商务印书馆 1996 年版。

[法] 安德烈·比尔基埃等主编:《家庭史》,生活·读书·新知三联书店 1998 年版。

[美] 伊曼纽尔·华勒斯坦:《现代世界体系》,高等教育出版社 1999 年版。

[德] 安德烈·冈德·弗兰克:《依附性积累与不发达》,译林出版社 1999 年版。

[巴西] 特奥托尼奥·多斯桑托斯:《帝国主义与依附》,社会科学文献出版社 1999 年版。

[英] E. P. 汤普森:《英国工人阶级的形成》,译林出版社 2001 年版。

[英] 佩里·安德森:《从古代到封建主义的过渡》《绝对主义国家的系谱》,上海人民出版社 2001 年版。

[美] 巴林顿·摩尔:《民主和专制的社会起源》,华夏出版社 1987 年版。

[以色列] S. N. 艾森斯塔得:《帝国的政治体系》,贵州人民出版社 1992

年版。

[德] 诺贝特·埃利亚斯:《文明的进程——文明的社会起源和心理起源的研究》,生活·读书·新知三联书店 1998、1999 年版。

[英] 梅因:《古代法》,商务印书馆 1959 年版。

[美] R. M. 昂格尔:《现代社会中的法律》,译林出版社 2001 年版。

[英] A. J. M. 米尔恩:《人的权利与人的多样性——人权哲学》,中国大百科全书出版社 1995 年版。

[英] S. F. C. 密尔松:《普通法的历史基础》,中国大百科全书出版社 1999 年版。

[英] F. H. 劳森、[英] B. 拉登:《财产法》,中国大百科全书出版社 1998 年版。

[美] 本杰明·卡多佐:《司法过程的性质》,商务印书馆 1998 年版。

[美] 哈罗德·J. 伯尔曼:《法律与革命——西方法律传统的形成》,中国大百科全书出版社 1993 年版。

[美] M. E. 泰格、[美] M. R. 利维:《法律与资本主义的兴起》,学林出版社 1996 年版。

张冠梓:《论法的成长——来自中国南方山地法律民族志的诠释》,社会科学文献出版社 2000 年版。

[英] 约翰·希克斯:《经济史理论》,商务印书馆 1987 年版。

[美] 道格拉斯·C. 诺思:《经济史中的结构与变迁》,上海三联书店、上海人民出版社 1994 年版。

[美] 西奥多·W. 舒尔茨:《改造传统农业》,商务印书馆 1987 年版。

[俄] A. 恰亚诺夫:《农民农场组织》,中央编译出版社 1996 年版。

[美] 康芒斯:《制度经济学》,商务印书馆 1962 年版。

[英] 约翰·内维尔·凯恩斯:《政治经济学的范围与方法》,华夏出版社 2001 年版。

[美] 约瑟夫·熊彼特:《经济分析史》,商务印书馆 1991 年版。

[英] 阿瑟·刘易斯:《经济增长理论》,商务印书馆 1983 年版。

[美] 曼瑟尔·奥尔森:《集体行动的逻辑》,上海三联书店、上海人民出

版社 1995 年版。

　　[美] A. 爱伦·斯密德:《财产、权力和公共选择——对法和经济学的进一步思考》,上海三联书店、上海人民出版社 1999 年版。

　　[美] 科斯等:《契约经济学》,经济科学出版社 1999 年版。

　　[美] Y. 巴泽尔:《产权的经济分析》,上海三联书店、上海人民出版社 1997 年版。

　　[英] 马尔科姆·卢瑟福:《经济学中的制度》,中国社会科学出版社 1999 年版。

　　林毅夫:《制度、技术与中国农业发展》,上海三联书店、上海人民出版社 1994 年版。

　　毛科军:《中国农村产权制度研究》,山西经济出版社 1993 年版。

　　杨善华、沈崇麟:《城乡家庭——市场经济与非农化背景下的变迁》,浙江人民出版社 2000 年版。

　　[德] 沃尔特·克里斯塔勒:《德国南部中心地原理》,商务印书馆 1998 年版。

　　[德] 阿尔弗雷德·韦伯:《工业区位论》,商务印书馆 1997 年版。

　　[英] 大卫·哈维:《地理学中的解释》,商务印书馆 1996 年版。

　　[美] 理查德·哈特向:《地理学的性质——当前地理学思想述评》,商务印书馆 1996 年版。

　　[英] I. 霍普金斯:《人文地理学导论》,贵州人民出版社 1992 年版。

　　[法] 埃米尔·涂尔干:《社会分工论》,生活·读书·新知三联书店 2000 年版;《宗教生活的基本形式》,上海人民出版社 1999 年版;《社会学方法的准则》,商务印书馆 1995 年版。

　　[英] 赫伯特·斯宾塞:《社会学研究》,华夏出版社 2001 年版。

　　[德] 马克斯·韦伯:《经济与社会》,商务印书馆 1997 年版。

　　[德] 斐迪南·滕尼斯:《共同体与社会——纯粹社会学的基本概念》,商务印书馆 1999 年版。

　　[法] 皮埃尔·布迪厄、[美] 华康德:《实践与反思——反思社会学引论》,中央编译出版社 1998 年版。

郑也夫：《代价论——一个社会学的新视角》，生活·读书·新知三联书店 1995 年版。

［英］马林诺夫斯基：《文化论》，中国民间文艺出版社 1987 年版；《科学的文化理论》，中央民族大学出版社 1999 年版。

［英］A. R. 拉德克利夫-布朗：《社会人类学方法》，山东人民出版社 1988 年版；《原始社会的结构与功能》，中央民族大学出版社 1999 年版。

［美］克莱德·克鲁克洪等：《文化与个人》，浙江人民出版社 1986 年版。

［美］怀特：《文化科学——人和文明的研究》，浙江人民出版社 1988 年版。

［法］克洛德·莱维-斯特劳斯：《结构人类学》，上海译文出版社 1995 年版。

［美］克利福德·格尔兹：《文化的解释》《尼加拉：十九世纪巴厘剧场国家》，上海人民出版社 1999 年版；《地方性知识——阐释人类学论文集》，中央编译出版社 2000 年版。

［美］保罗·康纳顿：《社会如何记忆》，上海人民出版社 2000 年版。

［美］乔治·E. 马尔库斯、［美］米切尔·M. J. 费彻尔：《作为文化批评的人类学——一个人文学科的实验时代》，生活·读书·新知三联书店 1998 年版。

［日］栗本慎一郎：《经济人类学》，商务印书馆 1997 年版。

［法］若盖·塞尔维埃：《民族学》，商务印书馆 1996 年版。

李亦园：《人类的视野》，上海文艺出版社 1996 年版；《田野图像——我的人类学研究生涯》，山东画报出版社 1999 年版。

乔健：《飘泊中的永恒——人类学田野调查笔记》，山东画报出版社 1999 年版。

［英］A. C. 哈登：《人类学史》，山东人民出版社 1988 年版。

［美］埃尔曼·R. 瑟维斯：《人类学百年争论：1860—1960》，云南大学出版社 1997 年版。

［美］理查德·G. 福克斯主编：《重新把握人类学》，云南大学出版社

1994 年版。

中国社会科学院文献信息中心国外文化人类学课题组:《国外文化人类学新论——碰撞与交融》,社会科学文献出版社 1996 年版。

中国社会科学杂志社编:《人类学的趋势》,社会科学文献出版社 2000 年版。

纳日碧力戈等:《人类学理论的新格局》,社会科学文献出版社 2001 年版。

［美］顾定国:《中国人类学逸史——从马林诺斯基到莫斯科到毛泽东》,社会科学文献出版社 2000 年版。

王铭铭:《社会人类学与中国研究》,生活·读书·新知三联书店 1997 年版。

李强等:《生命的历程——重大社会事件与中国人的生命轨迹》,浙江人民出版社 1999 年版。

［俄］史禄国:《满族的社会组织——满族氏族组织研究》,商务印书馆 1997 年版。

［法］许让神父:《甘肃土人的婚姻》,辽宁教育出版社 1998 年版。

庄英章:《林圯铺:一个台湾市镇的社会经济发展史》,上海人民出版社 2000 年版。

麻国庆:《家与中国社会结构》,文物出版社 1999 年版。

陈俊杰:《关系资源与农民的非农化——浙东越村的实地研究》,中国社会科学出版社 1998 年版。

罗红光:《不等价交换——围绕财富的劳动与消费》,浙江人民出版社 2000 年版。

阎云翔:《礼物的流动——一个中国村庄中的互惠原则与社会网络》,上海人民出版社 2000 年版。

项飚:《跨越边界的社区——北京"浙江村"的生活史》,生活·读书·新知三联书店 2000 年版。

折晓叶、陈婴婴:《社区的实践——"超级村庄"的发展历程》,浙江人民出版社 2000 年版。

王晓毅、张军、姚梅:《中国村庄的经济增长与社会转型——广东省东莞市雁田村调查》,山西经济出版社 1996 年版。

王颖:《新集体主义:乡村社会的再组织》,经济管理出版社 1996 年版。

[奥地利] 赖因哈德·西德尔:《家庭的社会演变》,商务印书馆 1996 年版。

[美] 加里·斯坦利·贝克尔:《家庭论》,商务印书馆 1998 年版。

[美] J. 罗斯·埃什尔曼:《家庭导论》,中国社会科学出版社 1991 年版。

David Faure, *The Rural Economy of Pre-Libertion. China, Trade Expansion and Peasant Livelihood in Jiangsu and Guangdong, 1870 to 1937*, Hong Kong: Oxford University Press, 1989.

Hilary J. Beattie, *Land and Lineage in China, a Study of T'ung-Cheng County, Anhwei, in the Ming and Ch'ing Dynasties*, Cambridge, London, New York, Melbourne: Cambridge University Press, 1979.

Robert Ash, *Land Tenure in Pre-Revolutionary China: Kiangsu Province in the 1920s and 1930s*, London: Contemporary China Institute School of Oriental and African Stuies, 1976.

Kathryn Bernhardt, *Taxes, and Peasant Resistance: The Lower Yangzi Region, 1840-1950*, Stanford: Standford University Press, 1992.

Women and Property in China, 960-1949, Standford: Standford University Press, 1996.

Kathryn Bernhardt, and P.C.C.Huang, *Civil Law in Qing and Republic China*, Stanford: Standford University Press, 1994.

Mark Elvin, *The Pattern of the Chinese Past*, Stanford: Stanford University Press, 1973.

Thomas G. Rawski, *Economic Growth in Prewar China*, Berkeley and Los Angeles: California University Press, 1989.

James C. Scott, *The Moral Economy of the Peasant: Rebellion and Subsistence in Southeast Asia*, New Haven, CT: Yale University Press, 1976.

Popkin Samuel, *The Rational Peasant: The Political Economy of Rural*

Society in Vietnam, Berkeley：California University Press，1979.

Martin Yang, *A Chinese Village: Taiton, Shantung Province*, New York：Columbia University Press，1945.

Cohen Myron L., *House United, House Divided：The Chinese Family in Taiwan*, New York：Columbia University，1976.

（二）论文（含论文集）

王亚新、梁治平编：《明清时期的民事审判与民间契约》，法律出版社1998年版。

梁治平编：《法律的文化解释》，生活·读书·新知三联书店1994年版。

王铭铭、王斯福编：《乡土社会的秩序、公正与权威》，中国政法大学出版社1997年版。

高道蕴、高鸿钧、贺卫方编：《美国学者论中国法律传统》，中国政法大学出版社1994年版。

叶显恩主编：《清代区域社会经济研究》，中华书局1993年版。

刘俊文主编：《日本学者研究中国史论著选译》，中华书局1992年版；《日本中青年学者论中国史》，上海古籍出版社1995年版。

武汉大学中国三至九世纪研究所编：《中国前近代史理论国际学术研讨会论文集》，湖北人民出版社1997年版。

［日］森正夫主编：《江南三角洲市镇研究》，名古屋：名古屋大学出版会1992年版。

李中清、郭松义、定宜庄编：《婚姻家庭与人口行为》，北京大学出版社2000年版。

唐力行主编：《"家庭·社区·大众心态变迁国际学术研讨会"论文集》，黄山书社1999年版。

费孝通：《学术自述与反思——费孝通学术文集》，生活·读书·新知三联书店1996年版。

潘乃谷、马戎主编：《社区研究与社会发展》，天津人民出版社1996年版。

马戎、周星主编：《田野工作与文化自觉》，群言出版社1998年版。

郭于华主编:《仪式与社会变迁》,社会科学文献出版社 2000 年版。

史宗主编:《20 世纪西方宗教人类学文选》,上海三联书店 1995 年版。

中国社会科学院民族研究所、中央民族学院民族研究所编:《民族学译文集(一)》,中央民族学院出版社 1987 年版。

赵汀阳等:《学问中国》,江西教育出版社 1998 年版。

[美]科斯等:《财产权利与制度变迁——产权学派与新制度学派译文集》,上海三联书店、上海人民出版社 1994 年版。

汤敏、茅于轼主编:《现代经济学前沿专题》第 2 集,商务印书馆 1993 年版。

[美] V. 奥斯特罗姆、[美] D. 菲尼、[美] H. 皮希特编:《制度分析与发展的反思——问题与抉择》,商务印书馆 1992 年版。

周其仁:《中国农村改革:国家和所有权关系的变化——一个经济制度变迁史的回顾》,《中国社会科学季刊》(香港)1994 年第 3 卷总第 8 期。

[美]黄宗智:《中国经济史中的悖论现象与当前的规范认识危机》,《史学理论研究》1993 年第 1 期;《中国革命中的农村阶级斗争——从土改到文革时期的表述性现实与客观性现实》,中译文载《国外社会学》1998 年第 5 期;《学术理论与中国近现代史研究——四个陷阱和一个问题》,中译文载贺照田主编《学术思想评论》第 5 辑,辽宁大学出版社 1999 年版;《中国法律制度的经济史、社会史、文化史研究》,载《北大法律评论》第 2 卷第 1 辑,法律出版社 1999 年版。

[美]周锡瑞:《把社会、经济、政治放回二十世纪中国史》,载刘东主编《中国学术》第 1 辑,商务印书馆 2000 年版。

傅衣凌:《中国传统社会:多元的结构》,《中国社会经济史研究》1988 年第 3 期。

刘志伟、陈春声:《历史学本位的传统中国乡村社会研究》,载《历史学年鉴》1997 年卷,中华书局 1998 年版。

王先明:《中国近代社会史研究的理论思考——兼论历史学的社会学化》,《近代史研究》1993 年第 4 期。

岳庆平:《社会史研究中的学科整合》,《社会科学辑刊》1989 年第 5 期。

贾宁:《关于历史学与人类学跨学科研究的探讨》,《史学理论》1988 年第 4 期。

陈春声:《社会史研究必须重视田野调查》,《历史研究》1993 年第 2 期。

陈支平:《中国社会经济史学理论的重新思考》,《中国社会经济史研究》1998 年第 1 期。

赵冈:《地主经济制质疑》,《中国社会经济史研究》1989 年第 2 期;《论中国传统社会的性质》,《中国社会经济史研究》1994 年第 2 期;《制度学派的经济史观及其他》,《中国经济史研究》1996 年第 3 期;《过密型农业生产的社会背景》,《中国经济史研究》1997 年第 3 期;《经济史上的相关分析》,《中国社会经济史研究》1997 年第 3 期;《历史上农地经营方式的选择》,《中国经济史研究》2000 年第 2 期。

居之安:《"土地制度决定论"质疑》,《光明日报》1987 年 11 月 25 日。

李伯重:《"选精"、"集粹"与"宋代江南农业革命"——对传统经济史研究方法的检讨》,《中国社会科学》2000 年第 1 期;《"最低生存水准"与"人口压力"质疑——对明清社会经济史研究中两个基本概念的再思考》,《中国社会经济史研究》1996 年第 1 期;《"资本主义萌芽情结"》,《读书》1996 年第 8 期。

吴承明:《论历史主义》,《中国经济史研究》1993 年第 2 期;《中国经济史研究的方法论问题》,《中国经济研究》1992 年第 1 期;《经济学理论与经济史研究》,《经济研究》1995 年第 4 期。

常宗虎:《社会史浅论》,《历史研究》1995 年第 1 期。

折晓叶:《村庄边界的多元化——经济边界开放与社会边界封闭的冲突与共生》,《中国社会科学》1996 年第 3 期。

[日] 渡边信一郎、[日] 宫泽知之、[日] 足立启二:《日本关于中国前近代经济史的研究》,《中国经济史研究》1987 年第 2 期。

常建华:《日本八十年代以来的明清地域社会研究述评》,《中国社会经济史研究》1998 年第 2 期。

秦晖:《"大共同体本位"与传统中国社会》,《社会学研究》1998 年第 5 期、1999 年第 3 期、1999 年第 4 期。

〔日〕寺田浩明:《清代民事审判:性质及意义——日美两国学者之间的争论》,载《北大法律评论》第1卷第2辑,法律出版社1999年版。

赵晓力:《中国近代农村土地交易中的契约、习惯与国家法》,载《北大法律评论》第1卷第2辑。

〔美〕居蜜:《一六○○年——一八○○年皖南的土地占有制与宗法制度》,《中国社会经济史研究》1982年第2期。

王日根:《清代地权转移中的非经济因素》,《中国社会经济史研究》1996年第2期。

沈炳尧:《明清遂安县房地产买卖》,《中国社会经济史研究》1995年第4期。

邵鸿:《明清江西农村社区中的会——以乐安县流坑村为例》,《中国社会经济史研究》1997年第1期。

吴滔:《明清江南地区的"乡圩"》,《中国农史》1995年第3期;《清代嘉定宝山地区的乡镇赈济与社区发展模式》,《中国社会经济史研究》1998年第4期。

章有义:《本世纪二三十年代我国地权分配的再估计》,《中国社会经济史研究》1988年第2期;《康熙初年江苏长洲三册鱼鳞簿所见》,《中国经济史研究》1988年第4期;《关于中国近代农业生产计量研究的几则根据》,《中国社会经济史研究》1990年第2期;《近代中国人口和耕地的再估计》,《中国经济史研究》1991年第1期;《抗日战争前我国农民租税负担的估计》,《中国经济史研究》1991年第4期。

李文治:《论清代后期江浙皖三省原太平天国占领区土地关系的变化》,《历史研究》1981年第6期;《把地主制经济的发展变化作为考察某些历史问题的中心线索》,《中国经济史研究》1996年第2期;《从地权形式的变化看明清时代地主制经济的发展》,《中国社会经济史研究》1991年第1期;《明代宗族制的体现形式及其基层政权作用——论封建所有制是宗法宗族制发展变化的最终根源》,《中国经济史研究》1988年第1期。

江太新:《略论清代前期土地买卖中宗法关系的松弛及其社会意义》,《中国经济研究》1990年第3期。

侯建新:《明清农业雇佣经济为何难以发展——兼与英国封建晚期农业雇佣劳动比较》,《中国经济史研究》1997 年第 3 期。

〔加〕布兰德、〔美〕桑德斯:《超越马尔萨斯和李嘉图:20 世纪前期中国农村的经济增长、土地集中和收入分配》,中译文载丁日初主编《近代中国》第 9 辑,上海社会科学院出版社 1999 年版。

陈春声、刘志伟:《清代经济运作的两个特点——有关市场机制的论纲》,《中国经济史研究》1990 年第 3 期。

崔晓黎:《家庭·市场·社区——无锡清苑农村社会经济变迁的比较研究(1929—1949)》,《中国经济史研究》1990 年第 1 期。

吴柏均:《无锡区域农村经济结构的实证分析(1920—1949)》,《中国经济史研究》1991 年第 3 期。

林刚:《长江三角洲近代经济三元结构的产生与发展》,《中国经济史研究》1997 年第 4 期;《中国国情与早期现代化》,《中国经济史研究》1999 年第 4 期。

张丽:《关于中国近代农村经济的探讨》,《中国农史》1999 年第 2 期。

李伯重:《简论"江南地区"的界定》,《中国社会经济史研究》1991 年第 1 期;《"天"、"地"、"人"的变化与明清江南的水稻生产》,《中国经济史研究》1994 年第 4 期;《"人耕十亩"与明清江南农民的经营规模——明清江南农业经济发展特点探讨之五》,《中国农史》1996 年第 1 期。

侯杨方:《"过密化"论与小农经济决策行为分析——以湖州小农家庭缫丝业为个案》,《学术月刊》1994 年第 7 期;《"过密化"论质疑——以盛泽为例的个案实证研究》,《复旦学报》1994 年第 2 期。

王建革:《人口、生态与地租制度》,《中国农史》1998 年第 3 期。

杨国桢:《论近代永佃权的基本特征》,《中国社会经济史研究》1988 年第 2 期。

刘和惠:《清代徽州田面权考察——兼论田面权的性质》,《安徽史学》1984 年第 5 期。

柳河(刘克祥):《近代北方地主经营方式三例——近代农村调查札记之一》,《中国经济史研究》1989 年第 1 期;《解放前五十年八角村农户经济的变迁——近代农村社会经济调查札记之三》,《中国经济史研究》1990 年第 1 期。

姜涛:《传统人口的城乡结构——立足于清代的考察》,《中国社会经济史研究》1998 年第 3 期。

戴鞍钢:《近代上海与苏南浙北农村经济变迁》,《中国农史》1997 年第 2 期。

陈学文:《明代中叶江南一个县份的社会经济结构——浙江崇德县个案研究》,《浙江学刊》1985 年第 5 期。

罗仑:《论清代苏、松、嘉、湖地区农业计量研究的发展趋势》,《中国社会经济史研究》1989 年第 1 期。

蒋兆成:《明清时期杭嘉湖地区乡镇经济试探》,《中国社会经济史研究》1986 年第 1 期。

王家范:《明清江南市镇结构及历史价值初探》,《华东师范大学学报》1984 年第 1 期;《中国传统社会农业产权"国有"性质辩证》,《华东师范大学学报》1999 年第 3 期;《中国传统社会农业产权辨析》,《史林》1999 年第 4 期。

马俊亚:《近代江南地区工业资本与农村社会经济关系初探》,《中国农史》1998 年第 1 期;《民国时期江南现代工业的发展与农家经济结构的演变》,《民国研究》总第 5 辑,1999 年。

萧正洪:《清代陕南的土地关系与农业经营》,《中国经济史研究》1994 年第 1 期;《历史时期关中地区农田灌溉中的水权问题》,《中国经济史研究》1999 年第 1 期。

[日]佐藤仁史:《清朝中期江南的一宗族与区域社会——以上海曹氏为例的个案研究》,《学术月刊》1996 年第 4 期。

Fu-mei Chang Chen and Ramon H. Myers, "Customary Law and the Economic Growth of China During the Ch'ing Period", *Qing Shi Wen Ti*, Volume Ⅲ, Number 10, 1978.

John Fincher, "Land Tenure in China: Preliminary Evidence from a

1930's Kwangtung Hillside", *Qing Shi Wen Ti*, Volume Ⅲ, Number 10.

Robert Y. Eng, "Luddism and Labor Protest among Silk Artisans and Working in Jiangnan and Guangdong, 1860-1930", *Late Imperial China* Vol. 11, No.2, 1990.

Kathy Lemons Walker, "Economic Growth, Peasant Marginalization, and the Sexual Division of Labor in Early Twentieth-Century China", *Modern China*, Vol. 19, No.3, 1993.

Mi Chu Wiens, "Lord and Peasant: the Sixteenth to the Eighteenth Century",*Modern China*, Vol.6, No.1, 1980.

Linda Grove, Joseph W. Esherick, "From Feudalism to Capitalism: Japanese Scholarship on the Transformation of Chinese Rural Society", *Modern China*, Vol.6, No.4, 1980.

Sulamith Heins Potter, "The Position of Peasants in Modern China's Social Order", *Modern China*, Vol.9, No.4, 1983.

Joseph W. Esherick, "Number Games: A Note on Land Distribution in Prerevolutionary China", *Modern China*, Vol.7, No.4, 1981.

Robert Y. Eng, "Institutional and Secondary Landlordism in the Pearl River Delta, 1600-1949", *Modern China*, Vol.12, No.1,1986.

Linda Gail Arrigo, "Landownership Concentration in China", *Modern China*, Vol.12, No.3, 1986.

R. Keith Schoppa, "State, Society, and Land Reclamation on Hangzhou Bay during the Republican Period", *Modern China*, Vol.23, No.2, 1997.

Joseph W. Esherick, "Revolution in a Feudal Fortress: Yangjiagou, Mizhi County, Shanxi, 1937-1948", *Modern China* Vol.4, 1998.

后　记

　　记得李泽厚先生曾说过,每当走进图书馆的书库,看到那一排排的书架,就会发出这样的感慨:"我何必再为这书库增加一本。"李泽厚先生是思想大家,他的著作具有一种思想的原创性和文本的不可替代性,他的感慨背后隐含着学术创新的不懈追求。现在再看一看目下一些所谓"学术著作",相当一部分是为了应付评职称或其他的功利需求,简直可以说是"文字垃圾",如用"学术垃圾"来指称之,会玷污了"学术"这个神圣的字眼。当然,也不容否认,仍然有相当多的学者能够耐得住寂寞,"板凳要坐十年冷",在为学术事业尽自己的一份努力。但是,在不少的学位论文答辩和"友情书评"中,我们常常会听到或看到某某论文或著作"填补了国内甚至国际学术空白"之类的评价。这样的评价言过其实自不必说,究其原因,恐怕与他们对学术创新的认识误区有很大关系。我们也常常听到学界的朋友们这样说:"某某课题没人搞过,我来搞一搞。"其实,这不是创新意识。我曾在去年某一天的《光明日报》上看到一篇学术随笔,评论某学者对一本研究宋代宗族制度著作所写的书评,大意是说,这本著作填补了宋代宗族制度研究的学术空白,而该书却未提及吕思勉先生的《宗族制度小史》这一宗族制度研究史上的基本文献,所谓"填补了学术空白"是值得怀疑的。我生来愚钝,自然不敢奢想要留下传世之作,但也总想要在研究中有所创新,才能对得起自己的学术良心。

　　然而,创新又谈何容易呢! 我1999年9月进入复旦大学历史学博士后科研流动站后,一开始曾打算做有关中国土地改革的研究。同年的11月初确定做近代江南乡村地权的研究,然而在经过近两个月的文献阅读后,发现江南社会经济史研究领域不乏学术大家,想要创新是很困难的。在12月底的选题报告论证会上,我坦白地向流动站上的诸位老师说:"我想打退堂鼓了。"考虑另选题目。我现在清楚地记得,我的联系导师姜义华教授及时地鼓励我,说:"你原来学政治学的学科经历是一种优势,在理论上创新应是你的强项。"(我硕士阶段学习的是政治学,博士阶段学习的是中国近现代史,现正从事的是法律人类学的研究。)从事史学理论和西方史学史研究的张广智教授也说,必须借鉴西方新社会史的理论方法,才能推陈出新。大概在此前后不长的时间里,复旦大学历史地理研究所召开了一次"灾害与社会变迁"的学术讨论会,当时在南京农业大学农业遗产研究室工作的吴滔先生与会,我看到他提交的论文题目是关于明清江南社会研究的,于是就选题报告论证提纲征询于他,他浏览了我所列的参考文献后,第一句话就是:"怎么没有列上日本学者森正夫的著作?"说实在的,这对我的刺激是很大的,当然其意义绝对是积极的和良性的,因为这激发我尽量穷尽所能看到相关研究文献,也只有这样才能有所创新。否则,我的文本写出来后,业内专家会如此评价:"连最基本的学术积累都没有,这样的研究有什么意义?"我现在十分注意在指导研究生时,要求他们必须培养一种文献意识,就是在研究过程中,在技术许可的条件下尽可能地穷尽一切文献,包括研究史上的基本文献和研究所需的实证资料。这也是我的一点切身体会。

我在这项研究中试图进行创新的努力,是以社会人类学的方法论整合多学科的学术资源,并突破概念化的中国乡村史书写方式,力求拿出本土化和乡土化的研究文本。我的这一尝试得到了业师姜义华教授的积极肯定,但是周围的大多数老师和学友并不是很理解,有的朋友认为,我的博士后工作报告与博士论文比起来,甚至是一种学术上的倒退。我当时做博士论文(《地权分配·农家经济·村落社区——1900—1945年的山东农村》,齐鲁书社,2000年12月出版)的思路,是试图以地权分配为基本概念和线索,来解释20世纪前半期山东农村的土地问题。现在看来,这一解释策略是不成功的,因为在我称之为经济社会史的分析框架中,以西方制度经济学为基本学术资源对农村土地问题进行解释,会"过滤掉"一些本来对理解地权很重要的历史要素,比如有关地权的民间习俗和民事纠纷,就需要引入法制史的视角。我在最初做博士后研究报告的资料搜集工作时,并未能清楚地认识到这一点。2000年年初,我去无锡市档案馆查阅资料,主要目的是想看一看该馆是否藏有陈翰笙主持的无锡农村调查资料。这一资料倒是没有见到,却意外地发现了大量民事诉讼档案,约六千件,其中大部分是有关地权纠纷的,诸如分家析产、宗祧继承、业佃纠纷等。这一发现,也迫使我思考一个问题:"学者头脑中的地权分配概念究竟是否能够全方位地再现农村土地问题的事实?"这一问题曾经困惑了我很长时间,直到 2000 年初夏,我向当时还在华东理工大学任教的张乐天教授请教时,才算终于走出了这一困境。他一针见血地指出,按照原来的分析框架,有些问题其实不冠之以"地权分配",照样可以研究。于是,我就想到,不用"地权分配"概念,而是以社会人类学的参与式理性观察方法,尽量发掘乡村社会本已存在的乡土概念,应是一种更为合理的研究进路。农民不像我们学者有所谓的学科意识,难道农民们的家产观念与地权分配没有内在的联系吗? 村界、村籍、家产、家业、"烟火"、族田、田面等乡土观念,正与地权有着本质的联系,有些本身即是地权的表现形式,农业社会地权的最主要形态就是家产。按照这一解释策略重新列出写作提纲,也就是现在大家所看到的,思路一下子就豁然开朗了,虽然我并没有时时强调地权分配这一概念,而研究的问题却与地权的联系更为密切了。

　　我的这项研究能够最终完成,除直接得到业师姜义华教授的指导外,还得益于流动站上邹逸麟、葛剑雄、周振鹤、樊树志、张广智、金重远等教授和复旦大学历史学系吴景平教授的指点。与曹树基、张乐天、戴鞍钢、李金铮、王建革、吴滔、董国礼、张江华等诸位朋友的多次讨论,也使我受益匪浅。上海人民出版社的朱金元编审慨允拙著纳入"学术创新"丛书,并为审读拙稿付出了艰辛的劳动。尊敬的姜先生在百忙之中拨冗作序,更是为拙著增色不少。在此,一并致以诚挚的谢意。

　　我不敢自我标榜这一研究是一种学术创新,也可能是不成功的,但至少可以说我作了创新的努力。衷心地希望学界朋友不客气地进行尖锐的批评。

张佩国

2001 年 12 月 6 日

于上海大学社会学系

跋

　　时光荏苒,2001 年的仲夏,我从复旦大学历史学博士后工作站出站,到上海大学文学院社会学系任教,后来该系独立成立社会学院,我也被安排在社会学院人类学与民俗学研究所工作。2020 年 5 月,我离开服务了 19 年的上海大学,调往上海交通大学人文学院历史系,自我定位,算是“回归历史学界”。在博士后工作报告基础上稍加修订出版的《近代江南乡村地权的历史人类学研究》,蒙业师姜义华教授鼎力推荐,纳入上海人民出版社“学术创新”丛书,于 2002 年在该社出版,也有 20 个年头了。当时博士后工作报告的题目是“再现农民的生活世界——近代江南乡村地权研究”,向出版社提交定稿时,我擅自贴了个“历史人类学”的标签,后来也受到一些学界朋友的诟病,现在想来,是有些“无知者无畏”。我自 2004 年开始,在上海大学为人类学专业的研究生开设了 15 年的“历史人类学文献选读”专业课,才逐渐熟悉“历史人类学”的学术脉络,在历史研究中简单地运用人类学社区研究方法,尤其是历史研究和田野调查的结合,并不是历史人类学的主流。我最近几年关于明清地方善举的研究,已经试图逐渐摆脱“社区论”模式,也不敢轻易贴“历史人类学”标签了。

　　今年年初,中西书局发来电邮,说拟再版拙著,或增订,或修订,均可。我想,为存“历史原貌”,原书的内容还是保持不变,只是再增加近年来若干篇相关论文,作为“增订版”。其中,有对于历史人类学、历史民族志理论脉络的梳理,也有对近代地权研究的重新回顾及反思,亦有对徽州坟山的个案研究。如果徽州也可以纳入“大江南”的地域史范围,“坟山”也可以作为地权的一种形态,那么,这也可以算是江南地权的研究。

　　此次再版,亦删除"历史人类学"这一忽悠读者的标签,将书名修改为"有土兹有财——近代江南地权与农民日常生活"。"有土兹有财",出自清代李光庭《乡言解颐》。李光庭为直隶宝坻县人,所记"乡言"虽不属江南,但由此亦可想到费孝通在《江村经济》中所呈现的吴江县开弦弓村农民的土地观念:"传给儿子最好的东西就是地,地是活的家产,钱是会用光的,可地是用不完的。"故以"有土兹有财"来揭示江南农民的土地观念,虽未以"历史人类学"相标榜,但却恰如其分地呈现了农民的乡土观念和地权分配的日常生活逻辑。

　　在此,还要衷心感谢拙文发表时的责任编辑——刘亚秋、李克建、沈志忠三位老师。徐晶和谢杲馥作的那篇学术访谈,使我有机会梳理对历史人类学和历史民族志的理解,还要对她们表示诚挚的谢意。伍珺涵编辑在编校拙著过程中付出了诸多辛劳,谨致谢忱。

　　但愿拙著增订版不会对读者造成某种浪费。任何形式的批评均受欢迎。

张佩国

2022 年 4 月 15 日

于沪上　东篱斋